走向全面合规

农村中小金融机构合规管理理论与实践

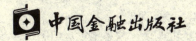

罗继东　彭洪辉　著

中国金融出版社

责任编辑：赵燕红
责任校对：李俊英
责任印制：程　颖

图书在版编目（CIP）数据

走向全面合规：农村中小金融机构合规管理理论与实践（Zouxiang Quanmian Hegui：Nongcun Zhongxiao Jinrong Jigou Hegui Guanli Lilun yu Shijian）罗继东，彭洪辉著．—北京：中国金融出版社，2012.5
ISBN 978－7－5049－6277－5

Ⅰ．①走…　Ⅱ．①罗…②彭…　Ⅲ．①农村金融—金融机构—管理—研究—中国　Ⅳ．①F832.35

中国版本图书馆CIP数据核字（2012）第022784号

出版发行 中国金融出版社
社址　北京市丰台区益泽路2号
市场开发部　（010）63266347，63805472，63439533（传真）
网上书店　http://www.chinafph.com
（010）63286832，63365686（传真）
读者服务部　（010）66070833，62568380
邮编　100071
经销　新华书店
印刷　北京松源印刷有限公司
装订　平阳装订厂
尺寸　169毫米×239毫米
印张　21.25
字数　389千
版次　2012年5月第1版
印次　2012年5月第1次印刷
定价　66.00元
ISBN 978－7－5049－6277－5/F.5837

前 言

自2006年《商业银行合规风险管理指引》颁布以来，农村中小金融机构即开始启动合规建设，合规管理从无到有，取得了积极进步。2011年，为巩固案件治理以及合规建设成果，扎实推进案件风险防控和合规文化建设，中国银监会引导全国农村中小金融机构深入开展“合规文化建设年”活动，再次掀起了合规建设新高潮。不容忽视的是，农村中小金融机构的合规工作起步较晚，目前很大程度上还存在着合规风险意识淡薄、合规管理资源匮乏、合规部门独立性不强以及合规风险管理有效性差等问题，合规工作与监管要求、与业务发展需要、与风险管控的需要相比仍然存在较大差距。

当前，由于经济增长模式的变化，金融服务多元化的加快发展，农村金融市场竞争的加剧，国内监管要求的不断更新和改进，全面风险管理体系建设紧迫性等，都越来越凸显出农村中小金融机构实施有效合规管理的重要性。

合规管理有助于提升价值创造能力。首先，通过建立合规管理机制，促使农村中小金融机构实现对信用风险、市场风险和操作风险的有效管控，以约束农村中小金融机构承担的风险总量，加快经营转型，使经济资本在风险资产中的配置得到优化，进而提高经济增加值和资本回报率。其次，通过对经营活动中的违规行为加强自我监督和主动纠偏，使农村中小金融机构因违规遭受法律制裁和监管处罚而导致财务损失的可能性大大降低。此外，通过倡导“人人合规，主动合规”的理念，尽量避免从业人员违规、违纪和违法行为的发生，可以使员工的职业生涯保持健康发展，提升员工职业价值，进而激发其为整个机构创造价值的自信心和责任感。

合规管理有助于提升市场竞争能力。坚持合规管理，可以促使农村中小金融机构不断树立良好品牌形象，通过诚信合规的品牌形象不断吸引新老客户，并赢得自己的忠实客户，享有更多的客户资源，从而在竞争中取胜。此外，合规管理还能够促进各家机构与监管部门之间的良性互动，在一定程度上较快得到监管部门对于新业务申请的准入资格，避免业务活动受到限制，拓展盈利空间和市场机会。

合规管理有助于提升基础管理能力。信贷管理、财会管理、运营管理和内控管理是银行业机构基础管理的重点领域，合规管理能够促进农村中小金融机构信贷业务流程优化，不断推进信贷管理精细化；促进财务行为合规，保证会计信息真实准确，可以不断推进财会管理规范化和专业化；促进内控执行力建设，可以不断强化内控管理的约束性等。可见，把合规贯穿于经营管理的全过程，使合规落实到每一个业务流程、每一个基础环节，能够促进农村中小金融机构基础管理能力的稳步提升。

合规管理有助于提升金融创新能力。创新是银行业机构发展的动力源泉，但创新不是无原则的冒险，而必须是基于对经济金融运行规律的深刻认识和对市场环境的准确判断而作出的审慎决策。因此，银行业机构要在自身发展战略的框架内进行金融创新，并由决策层、合规、研发和业务部门等共同参与新产品的研发，努力消除创新的合规风险，提高创新效率；同时通过推进流程银行建设，着力解决制度流程中环节过多、控制过死和运行不畅等问题，探索制度集中管理、事后评价及动态更新的机制，为创新营造良好的制度环境。

合规管理有助于提升风险防控能力。合规风险与信用风险、市场风险、操作风险密切关联，是导致或影响各类风险发生、发展、扩散的重要诱因。合规风险管理在全面风险管理中处于核心地位，从某种程度上来说，控制住了合规风险，即使不能避免其他风险的发生，也可以大幅度地降低其发生的概率和所造成损失的程度。特别是，合规风险是案件风险发生的重要诱因，农村中小金融机构要从政策、制度、流程等合规层面强化对合规风险的管控，严防案件。

积极应对合规挑战，促进稳健持续发展。近年来，农村中小金融机构在合规管理方面进行了积极的探索，取得了明显的进步，但面向未来，挑战尚存，责任尤重，仍需同仁共同努力，积极采取有效的应对措施。而作为农村中小金融机构的高层领导，在积极推进本机构各项业务及其管理活动走向全面合规过程中，一要讲“策”，二要治“为”，三要守“信”，四要明“责”，五要重“学”。

讲“策”，即要重视合规政策的制定与实施。合规政策不仅是体现银行内部合规经营的“基本法”，同时也是适应外部监管需要和对外表明本机构坚持合规守法和稳健发展以及正确履行社会责任基本理念的重要宣言和检验标准。董事会作为所有者代表，机构安全的最终责任者，要根据机构发展面临的最新形势和外部监管部门以及行业管理机构的最新要求，结合实施新资本协议相关路径，制定合规政策，构建合规管理政策、制度及流程体系，明确合规导向，并按照合规政策要求进行资源配置，始终将合规风险管理作为一项核心的风险管理活动进行有效规划和实施，以此引领整个机构稳健发展。

治“为”，即始终以合规为准绳规范各项经营管理行为。要将“合规、创新、发展”作为完善公司治理的三大原则，在股东大会、董事会、监事会和高管层之间形成权责明晰、有效制衡、协调运转的法人治理结构，并将发挥党的政治核心作用与完善公司治理机制完美结合起来；要创建覆盖本机构所有经营单位（分支机构）、各个业务条线、职能部门等的合规管理组织体系，将合规管理贯穿于经营管理的全过程，并通过构建标准化的“流程银行”管理模式，规范各级管理者及广大员工的操作行为，将“流程管事，制度管人”落到实处，保证业务流程的风险可控，严防案件。

守“信”，即要恪守市场规则，加强信息透明度。诚实守信是社会对银行业机构的最低标准和要求，农村中小金融机构要积极维护金融市场秩序，强调公平竞争，在开展业务过程中认真履行对客户的承诺，加强信息披露，提高金融产品信息透明度。例如，要对金融创新过程中的潜在利益共同体加强约束，防范有可能的道德风险，对金融创新产品建立起严格的信息披露标准，提高市场透明度，健全投诉处理机制，提高金融服务质量。

明“责”，即有责必问，问责必严。要让各层级管理者及员工从思想上真正树立制度至上、合规为先的理念，单靠教育和监督难以实现预期效果，必须建立和实施严格的问责制度，对不认真履职行为、违规违章行为、操作失当行为等进行追究，有责必问，问责必严。屡查屡犯问题之所以不能根治，问责不严是主要原因。合规人人有责，位高者责重。亦即出了风险事故或案件，“民”与“官”皆有责，因此还必须实行连带问责制度。既问“民”责，更问“官”责。即在追究具体责任人的同时，还应追究本单位有关领导、上级有关部门及有关领导的责任。通过连带问责，形成对各级岗位的强约束，形成各级岗位敬畏制度的氛围，如此，“执行制度无借口”才能成为行为准则。

重“学”，即以合规文化为先导，推进全面合规。在农村中小金融机构的经营管理中，合规文化作为企业文化的核心，体现为一种思维方式和价值观，对全体员工有着潜移默化的行为导向作用，加强合规风险教育和合规文化建设对银行业机构有很强的现实性和必要性。合规基础建设薄弱的农村中小金融机构更要重点从“物质、行为、制度和精神”四个层面来加强自身的合规文化建设，并在此基础上逐步构建健康的合规文化。

通过几年来的摸索和实践，广东省农村合作金融机构在合规管理、内部控制、流程银行建设、全面风险管理机制建设等方面作出了积极的探索和尝试，特别是在合规文化、流程银行建设等方面，取得了令人瞩目的成果，值得肯定。在本书中，我们总结了农村中小金融机构在合规经营管理、全面风险管理、流程银行建设、内部控制等诸多方面的经验和心得，同时汇集了广东省辖内多家农村合作金融机构的高层以及员工的实践经验，为农村中小金融机构进一步提升合规管理水平提供有益的启示和参考，也为农村中小金融机构下阶段的改革发展提供良好的理论与实践指导。文章的编排分成两部分：第一部分是理论篇，主要是围绕合规建设、公司治理、风险管理、流程银行建设、内部控制、案件防控等领域相关的理论知识、监管要求以及行业做法等进行介绍；第二部分是启示篇，通过对基层机构日常工作所面对的合规问题及其案例进行剖析，告诫农村中小金融机构各层级管理者和全体员工要引以为戒，严防合规风险和案件风险等。

本书的读者对象主要是农村中小金融机构全体从业人员，也适合对银行业机构合规管理及风险控制等领域感兴趣的金融类大专院校教师及学生。编者期望本书的出版能够对国内银行业的合规管理起到抛砖引玉的作用，同时恳请同行和读者朋友对本书存在的不足提出宝贵意见。

编者

2012 年 3 月 10 日

目 录

理论篇

第一章 合规管理：一项核心的风险管理活动 …… 3
一、合规的内涵、原则及作用 …… 4
二、合规风险与银行其他风险的关系 …… 11
三、农村中小金融机构合规管理存在的问题 …… 13
四、当前农村中小金融机构合规管理的核心工作 …… 16

第二章 公司治理新阶段：合规、创新与发展 …… 27
一、国际金融危机以来银行业公司治理的新发展 …… 28
二、公司治理的实质及其核心要素 …… 31
三、近年国内银行业公司治理的主要成效 …… 35
四、农村中小金融机构公司治理存在的主要问题 …… 36
五、合规、创新、发展——完善公司治理三大原则 …… 39
六、农村中小金融机构完善公司治理的其他途径 …… 43

第三章 合规政策：体现银行合规经营的“基本法” …… 46
一、制定和实施合规政策的重要性和必要性 …… 46
二、合规政策的主要框架 …… 48
三、如何制定农村中小金融机构的合规政策 …… 55
四、落实合规政策的主要途径 …… 59

第四章 合规风险：案件风险的重要诱因 …… 65
一、合规风险的界定 …… 66
二、合规风险管理的主要内容 …… 69
三、合规风险是案件发生的重要诱因 …… 73
四、强化合规风险管理的重要意义 …… 75
五、加强合规风险管理的核心工作 …… 77

第五章 流程管事，制度管人 …… 82
一、流程和制度的区别 …… 83
二、流程与制度的联系 …… 84
三、以流程银行建设为抓手，建立“流程管事”运行机制 …… 86
四、强化制度执行力，让“制度管人”落到实处 …… 91

第六章 内控先行，合规经营 …… 98
一、内部控制的核心内容 …… 98
二、内部控制与全面风险管理的关系 …… 101
三、内部控制在银行管理中的作用 …… 103
四、先进商业银行内部控制实践的启示 …… 107
五、建立内部控制长效机制的原则与途径 …… 110

第七章 实施合规嵌入式管理，提高全面风险管理能力 …… 115
一、合规嵌入式管理的途径及主要内容 …… 115
二、稳健货币政策下的信贷风险管理策略 …… 119
三、合规嵌入市场风险管理的路径 …… 126
四、建立符合监管要求的操作风险管控机制 …… 135

第八章 加强内部审计，提高合规管理有效性 …… 143
一、内部审计与内控、合规的关系 …… 143
二、内部审计的内容、功能及其实施意义 …… 146
三、巴塞尔委员会对银行内部审计提出的要求 …… 150
四、农村中小金融机构内部审计存在的问题 …… 153
五、防范内部审计风险需要注意的问题 …… 155
六、农村中小金融机构强化内部审计工作要点 …… 157

第九章 抓好反洗钱，打造合规银行 …… 162
一、反洗钱工作涉及的若干法律问题 …… 163
二、洗钱的过程、方法及其对社会的危害性 …… 166
三、金融机构反洗钱工作的义务 …… 171
四、金融机构反洗钱工作的合规要求 …… 173
五、农村中小金融机构反洗钱工作存在的问题 …… 175
六、打造“合规银行”的途径 …… 177

第十章　合规文化：企业文化之灵魂 …………………………………… 182
一、合规文化与企业文化的内涵及其关系 …………………………… 182
二、银行业机构建设合规文化的意义 ………………………………… 188
三、农村中小金融机构合规文化建设现状分析 ……………………… 189
四、银监会对农村中小金融机构合规文化建设的目标要求 ………… 191
五、合规文化的建设过程就是良好企业文化的形成过程 …………… 194

附录 ………………………………………………………………………… 201
一、吴海恒：顺德农村商业银行合规与风险管理机制建设情况介绍 … 203
二、何沛良：东莞农村商业银行合规管理实践 ……………………… 209
三、王乙茹：浅谈银行柜面操作风险及防范 ………………………… 214
四、廖山鑫：新监管标准对中山市农村信用合作联社的影响和对策 … 220
五、李杰冠：基于传统百家文化浅谈合规文化建设 ………………… 227
六、谢永伟：流程化改革的成效、问题及解决措施 ………………… 232

启示篇

第一章　制度制定与执行 ………………………………………………… 241
一、业务未动，制度先行 ……………………………………………… 241
二、执行“四项制度”一个都不能少 ………………………………… 243
三、制度既要严格又要切合实际 ……………………………………… 244
四、制度设计预期与执行必须依赖员工的认同 ……………………… 245
五、制度执行重在检查与评价 ………………………………………… 247
六、规章制度要及时让员工领会和掌握 ……………………………… 248
七、以信任代替制度后果严重 ………………………………………… 249
八、领导的行动就是无声的制度 ……………………………………… 250
九、授权与转授权制度必须严格遵守 ………………………………… 251
十、制度面前人人平等 ………………………………………………… 252
十一、反洗钱手段要与时俱进 ………………………………………… 253
十二、有效监督是提高制度执行力的重要手段 ……………………… 255
十三、内部的承诺制度与投诉制度 …………………………………… 256
十四、严格遵守操作制度才能防范洗钱风险 ………………………… 257

第二章　服务与营销 ……………………………………………………… 259
一、用优质服务塑造良好形象 ………………………………………… 259

二、检验服务质量的四大标准：快捷、准确、合规与安全 …………… 261
三、不可忽视对普通客户的服务 ………………………………………… 262
四、认真对待客户的每一次询问 ………………………………………… 263
五、吸引新客户但别疏远了老客户 ……………………………………… 264
六、与客户交往要学会换位思考 ………………………………………… 265
七、主动营销，抢占先机 ………………………………………………… 266
八、应把客户投诉作为重要资源来经营 ………………………………… 267
九、持之以恒，真诚服务 ………………………………………………… 268
十、服务标准化是提高服务质量的关键 ………………………………… 269
十一、员工对外提供服务要讲合规、防案件 …………………………… 270
十二、与客户来往必须严格遵守保密法 ………………………………… 272
十三、员工与客户之间要保持“一臂之隔” …………………………… 273
十四、认真履行客户身份识别义务，维护客户正当利益 ……………… 274

第三章　风险管理与内部控制 …………………………………………… 276
一、任何一项业务操作都不能“一脚踢” ……………………………… 276
二、顶岗式稽核检查，直观暴露风险隐患 ……………………………… 277
三、员工的风险意识要潜移默化 ………………………………………… 278
四、加大责任追究力度是预防案件风险的有效手段 …………………… 279
五、预防风险事故，高层责任必须到位 ………………………………… 280
六、不可忽视员工相互监督制约机制的作用 …………………………… 281
七、风险防控要求建立科学的薪酬激励机制 …………………………… 282
八、风险防范不可忽视细节管理 ………………………………………… 283
九、防范声誉风险要实行协作中的“首问负责制” …………………… 284
十、管理人员要时刻关注日常业务的异常情况 ………………………… 285
十一、加强反洗钱制度执行力，规避合规风险 ………………………… 286
十二、要时刻关注员工的异常动态 ……………………………………… 287
十三、定期轮岗有利于管理者及员工的成长 …………………………… 288
十四、适时开展营销审计有利于防范内部合规风险 …………………… 289
十五、严防内外勾结的洗钱风险 ………………………………………… 290

第四章　流程优化与再造 ………………………………………………… 292
一、制度建立应充分体现流程控制 ……………………………………… 292
二、流程优化与再造应突出合规文化 …………………………………… 293
三、流程优化与再造要同步明确岗位职责 ……………………………… 294

四、员工岗位流程操作必须制定统一规范的标准 …… 295
五、对外受理业务要统一操作流程 …… 296
六、授权适度性是保障授信业务流程运行顺畅的关键 …… 297
七、理性认识并持续推进流程优化与再造 …… 299
八、轻“师傅带徒弟”，重“按流程办事” …… 300
九、树立过程管理理念，强化业务运营全过程控制 …… 301
十、流程银行建设既要规划好又要实施好 …… 302
十一、要实施差异化的流程管理战略 …… 303
十二、努力实现部门银行向流程银行的转变 …… 304

第五章　合规文化与合规导向 …… 307
一、诚信是用人的第一要素 …… 307
二、管理者要积极营建“合规·和谐”的工作环境 …… 309
三、规规矩矩办银行 …… 310
四、要深刻理会“合规从高层做起” …… 311
五、合规文化建设不能搞形式主义 …… 312
六、扑克规则对合规文化建设的启示 …… 313
七、“心系员工鱼得水，背离群众树断根” …… 314
八、从“海尔定律”看文化与制度的关系 …… 315
九、员工行为规范：人人要遵守 …… 316
十、树立正确的合规导向：效益、质量、规模均衡发展 …… 318
十一、规则就是让人来遵守的 …… 319
十二、反洗钱，一项不容懈怠的职责 …… 319
十三、要将文化管理提升到经营管理的最高层次 …… 321
十四、建立有效的培训机制是提高员工素质的关键 …… 322
十五、坚持“5P”原则，帮助员工规划事业生涯 …… 324

参考文献 …… 325

理　论　篇

第一章 合规管理：一项核心的风险管理活动

截至2011年8月底，我国拥有农村商业银行117家，农村合作银行215家，农村信用社2 020家，村镇银行、贷款公司以及农村资金互助社等新型农村金融机构约500家。近年来，得益于中国经济的再次腾飞以及相关优惠政策的进一步落实，这些以服务“三农”① 和服务中小企业为主要业务的地方性、区域性农村中小金融机构，资本扩张能力、盈利能力、抗风险能力、市场竞争力都有了明显的提升。在自身取得快速发展的同时，农村中小金融机构也促进了我国银行业竞争格局的形成和发展，并加快了我国金融市场资金配置效率的提高，成为我国金融体系中不可或缺的重要组成部分。但在快速发展的同时，绝大部分农村中小金融机构仍处在改革发展和战略转型的进程当中，在体制机制、公司治理、业务创新、综合竞争力等方面与其他商业银行对比仍存在较大差距，特别是在合规、内部控制、风险量化、案件防范等管理环节仍然十分薄弱，日益成为各家农村中小金融机构进一步做大做强的瓶颈。历史经验表明，在流动性收缩和机构改革时期，农村中小金融机构特别容易发生或爆发因合规管理不到位而导致的信用风险、市场风险、操作风险和案件风险。例如，在流动性紧缩压力下，银行业存款市场竞争加剧，个别机构可能会放松合规要求，迎合大客户不合理甚至不合规、不合法的需求，致使犯罪分子以融资为诱饵骗取资金，或者内外勾结，盗取信贷资金；而在自身体制改革和战略转型的压力下，农村中小金融机构长期隐藏的信用风险、案件风险等又可能集中暴露。与此同时，近年来针对农村中小金融机构的外部侵害案件也不断增多，包括抢劫、盗窃、诈骗等，涉案领域主要是营业场所、自助机具、解款运送、网银、银行卡等多个领域，而且技术手段日趋暴力和复杂化。为此，对于新形势下的合规问题以及由合规管理不到位引发的信用风险、市场风险、操作风险和案件风险等风险问题，各家农村中小金融机构必须警钟长鸣，积极采取各项有效措施，以合规为基础，认真防范，切不可掉以轻心。

---

① 三农，即农村、农业和农民。

一、合规的内涵、原则及作用

2011 年初以来，各家农村中小金融机构面临的经济金融形势越来越复杂。特别是在国家进一步实施稳健货币政策和地方经济发展对农村中小金融机构信贷投放需求加大的环境下，各家机构面临的一些新老矛盾和风险问题日益突出，导致一些机构的不合规、不审慎经营行为出现反弹，部分机构内部运营机制和信贷管理、风险控制等出现回潮和倒退，融资平台贷款风险、房地产贷款风险、贷款集中度风险、流动性风险、案件风险等一些突出的风险隐患正在孕育和聚集。在这种形势下，进一步加强合规管理，确保国家各项政策、法规有效贯彻执行，确保本机构严格做到依法合规经营和稳健发展，比任何时候都显得更为迫切，更为重要。

对于以经营风险为重要特征的银行业而言，如何有效地控制风险关乎着企业的生死存亡。银行的生存、发展、竞争力的加强、美誉度的提升等，无不系于风险的管控，未来银行业的竞争也将集中在风险管理能力上展开，能否实施有效的风险防范和控制是衡量各家银行核心竞争力强弱的重要标尺。随着巴塞尔委员会将“合法和合规性”列为银行内部控制框架的重要要素，合规已作为风险管理的重要组成部分开始受到关注和重视，合规也逐渐发展成为银行内部的一项核心的风险管理活动和有效内部控制的基础、“抓手”或载体。合规部门、合规意识、合规文化和合规风险管理机制等框架的搭建和实施，使得银行的合规不再是不可触摸的“理念”，而是实实在在的日常风险管理活动。

作为社区性地方中小银行，农村中小金融机构特别是农村合作金融机构经过 60 多年的发展，自身纵向比较越来越好，公司治理逐步完善，经营管理水平逐步提高，风险状况逐步改善。目前，“依法经营、稳健发展”这一体现“合规”概念的企业文化在实践中正逐步形成。特别是近几年来，在监管部门和行业管理机构的引导帮助下，各家农村中小金融机构围绕改革发展与风险控制两条主线，进一步重视并加强了合规管理，普遍制定和完善了相关的规章制度，梳理、优化或再造了业务流程，为业务的发展和改革的深化奠定了较好的制度基础和流程平台，尤其是不少机构的董事会和高级管理层对整个机构因合规风险管理不当而可能招致的声誉风险和其他相关风险越来越重视，开始将合规风险与其他风险一道纳入全面风险管理框架。但与先进商业银行相比、与监管部门制定的合规标准相比，农村中小金融机构无论是在合规理念、合规实践上，还是在合规文化的建设上，都存在较大的差距和不少的缺陷，特别是在当前形势下，经济形势跌宕起伏，风险因素复杂交织，合规风险以及由此引发的信用风险、市场风险、操作风险等正严重威胁着农村中小金融机构的改革和发展，亟须通过强化管理来真正提升合规在风险控制和业务发展中的积极效用。例如，2011 年 2 月江西省鄱阳县农村信用社巨额财政资金侵占案，不仅严重影响了银行业信誉，而且也引起了一系列连锁反应，导致农村中小金融机构的社会公信力受到严重危害。

（一）合规的内涵

合规是指银行业机构制定和执行合规制度，建立合规机制，培育合规文化，防范合规风险的行为。简单来说，银行合规就是在有一个比较明确的规定、制度、要求之下开展的一系列合规活动的集合。所谓合规即符合规范，银行的合规就是符合金融法规、政策所要求的规则、规范。从具体要求的内容来看，宏观方面是银行的经营要符合国家政策、法规，符合市场经济要求的规则；微观方面是银行核心价值观念及银行经营管理的各项制度、标准、操作程序、业务流程必须符合银行监管部门的要求，必须符合防范和控制金融风险的要求。合规实际上就是在银行内部“立法”，是依法管理、依法治理的具体体现，就是把法制建设落实在银行，使银行经营管理合规化、标准化、程序化、法制化。

1. 监管部门以及国际金融组织对合规的定义。早在 1998 年 9 月巴塞尔银行监管委员会（以下简称“巴塞尔委员会”）公布的《银行机构的内部控制制度框架》中规定，合规性目标是银行内部控制过程的三大主要目标之一。鉴于银行经营活动的特殊性，为保护银行的经营特权和声誉，必须确保所有的银行业务遵循相关的法律与管理条例、合乎监管部门的要求并遵守银行业的相关政策和程序。合规对于银行持续稳健经营具有极其重要的作用，银行业监管部门也日益重视银行的合规。合规实质上是按照银行的合规目标来定义的银行管理活动。它首先是银行组织的管理，是对组织合规风险进行管理的过程，应当体现在银行管理的全过程中，涵盖银行业务的各个方面。也就是说，银行合规的最终目标是实现银行的合规性目标，其基本作用是确保银行遵循各项相关法律、准则和标准，控制合规风险，以保护银行的声誉，从而保证银行实现最大的利益。

从巴塞尔委员会关于合规及合规风险的界定来看，银行的合规特指遵守法律、法规、监管规则或标准。中国银行业监督管理委员会（以下简称银监会）《商业银行合规风险管理指引》对合规的含义也进行了如下明确：“合规是指商业银行的经营活动与法律、规则和准则相一致”。而与银行经营业务相关的法律、规则及标准包括诸如反洗钱、防止恐怖分子进行融资活动的相关规定、涉及银行经营的准则（如避免或减少利益冲突等问题、隐私、数据保护以及消费者信贷）等。此外，依据监管部门或银行自身采取的不同监督管理模式，上述法律、规则及标准还可延伸至银行经营范围之外的法律、规则及准则，如劳动就业方面的法律法规及税法等。法律、规则及准则可能有不同的渊源，包括监管部门制定的法律、规则及准则，市场公约，行业协会制定的行业守则以及适用于银行内部员工的内部行为守则。它们不仅包括那些具有法律约束力的文件，还应包括更广义上的诚实廉正和公平交易的行为准则。

其他国际金融组织对合规的定义：（1）合规就是使银行经营活动与法律、管治及内部规则保持一致（瑞士银行家协会）；（2）合规就是与目标连用，具体指必须致力于遵守企业主体所适用的法律法规（COSO）；（3）合规就是合规部门代表管理层独立监督核心流程和相关政策、流程，确保银行在形式和精神上遵守行业特定法律法规，维护银行声誉（荷兰银行）。

银监会履职以来，高度重视合规建设和风险管理机制建设，于2006年10月出台了《商业银行合规风险管理指引》，随后，又相继出台了《商业银行操作风险管理指引》（2007年5月）、《商业银行声誉风险管理指引》（2009年8月）、《银行业金融机构国别风险管理指引》（2010年6月）以及专门针对信用风险、市场风险和全面风险管理等相关的一系列法律、法规，如2009年12月专门下发了《农村中小金融机构风险管理机制建设指引》，要求各家农村中小金融机构以建立健全合规风险管理框架为基础，倡导优良合规文化和风险文化，促进全面风险管理体系建设，确保风险可控和依法合规稳健经营。目前，以创建合规管理机制、营造良好合规文化和风险文化为基础，积极搭建全面风险管理体系，不但是国内大型商业银行已经成熟的通行做法，也已成为全国中小银行正在开展的具有重要意义的一项全局性和战略性的工作。

作为银行业监管的重要辅助力量，中国银行业协会自2000年成立以来陆续出台的一系列行业自律要求及规范等，在协助监管部门开展工作、协调会员银行关系、促进行业自律、维护行业权益方面起到了重要作用。继2005年10月40位会员银行的代表共同签署了3个被称为中国的“梧桐树协定”的行业公约（即：《中国银行业文明服务公约》、《中国银行业自律公约》和《中国银行业维权公约》）之后，2006年3月又成立了中国银行业协会自律工作委员会，并着手制定《中国银行业从业人员道德行为公约》等相关自律性公约，同时还组织会员单位开展全行业从业人员职业操守宣传教育活动，营造诚实守信、依法经营、公平竞争的银行业文化，自觉纠正各种不规范竞争的陈规陋习，督促会员合规经营，共同维护公平竞争的市场环境。同年7月，中国银行业协会68家会员单位向社会各界作出“反对商业贿赂”的郑重承诺，并共同签署了《中国银行业反商业贿赂承诺》、《中国银行业从业人员道德行为公约》、《中国银行业从业人员流动公约》和《中国银行业反不正当竞争公约》。银行业协会的自律性公约虽然不具备法律法规那样的强制力，但是作为会员行共同签署的约定文件，签署方有自觉遵守和执行的义务。因此，签署公约的各商业银行应当把公约以及银行业协会的其他自律性规定及行为准则等作为构建银行内部合规风险管理体系的重要依据，并将其纳入银行合规政策以及银行员工合规培训、岗位职责、业务操作规程和考核管理等各项制度。

2. 合规风险的表现形式及其管理的主要内容。合规管理是银行内部一个独立的机制，负责识别、评估、提供咨询、监控和报告银行的合规风险，通过引导银行全面制定合法合规性目标，促进与法律法规、监管要求、银行内部制度和操作程序相一致，进而确保所有的银行业务安全稳健运行。合规风险是指银行因未遵循各项相关法律、行政法规、部门规章及其他规范性文件、经营规则、自律性组织的行业准则、行为守则和职业操守（合称“法律、准则和标准”），导致受到法律和监管条例制裁、财务或声誉损失的风险。合规风险不仅包括由于没有合规带来的直接损失风险，同时也包括间接损失风险。作为一项核心的风险管理活动，银行的合规风险管理是其有效识别合规风险，主动避免违规事件发生，主动采取各项纠正措施和适当的惩戒措施，持续修订相关制度及详尽描述具体做法的岗位手册，有效管理合规风险的周而复始的循环过程。合规风险管理是银行合规管理的核心，其主要内容包括：一是合规风险管理与银行其他风险管理活动息息相关，银行合规风险管理的目标就是通过建立健全合规风险管理框架，实现对合规风险的有效识别和管理，促进全面风险管理体系建设，确保依法合规经营。二是合规风险管理是银行内部主动管理合规风险的动态过程，体现了银行主动管理风险的理念和做法，即银行通过科学界定和量化，主动对日常经营活动中存在的合规风险进行识别、评估、监测和报告，主动采取适当纠正措施，控制和管理面临的合规风险。这一过程是健全银行有效内部控制机制的基础和核心，也是外部合规风险监管与银行内部合规风险管理实现有效良性互动的过程。三是合规机制建设和合规文化的渗透，能为银行的业务管理垂直化和组织结构扁平化改革提供必要的合规支撑。如果没有相应的合规机制建设和合规文化的渗透，银行业务管理的垂直化和组织结构的扁平化，可能会加剧银行内控各环节上的失控，使银行的内部控制机制失效。尤其是，业务垂直化管理后的报告路线以及报告路线所涉及各方责任界定必须清晰，接受报告各方的责任必须予以明确，否则拿到报告的人不知道应该做些什么，合规风险管理就不可能有效。

3. 合规管理主要内容。从管理的基本职能——计划、组织、控制方面进行分析归纳，合规管理主要内容应包括：结合银行实际识别、评估合规风险以及由此引发的其他各类风险，并制定合规和全面风险管理规划和相关政策程序；组织、指导各相关部门、条线和分支机构（经营单位）实施合规和全面风险管理事宜和有关的政策、程序；督促、监控、核准银行的合规管理和全面风险管理机制建设，定期对银行的合规管理和全面风险管理体系运行情况进行考核评价，发现并纠正其中的偏差和不足。具体工作包括但不限于以下内容：合规制度建设、全面风险管理机制建设、内部控制机制建设、流程的规范与操作标准的确定、合规咨询、合规审查、合规检查、合规监测、法律法规追踪、合规报告、反洗钱、投诉举报处理、监管配合、合规文化建设、合规信息系统建设、合规考核与风险管理能力评价、合规问责等。对于一个银行业机构的合规部门来说，开展合规管理重点要解决四个问题：一是确保银行的规章制度合乎法律法规；二是确保银行内部规章制度之间不相冲突；三是确保规章制度在整个组织得到严格执行；四是确保各项风险管理活动和程序的一致性和有效性等。

（二）合规的基本原则

体现和促进价值创造，是银行业机构开展一切风险管理活动的基本导向和价值所在，也是其风险管控体系建设成效的最终检验标准。而作为一项核心的风险管理活动，银行业机构也要以“独立性、系统性、全员性、强制性和价值性”等基本原则为导向，采用程序性嵌入路径，开展各项合规管理工作，确保在当前金融市场竞争激烈的环境下始终坚持审慎经营理念和作风，实现又好又快发展。

1. 独立性原则。银行业机构的合规管理应当独立于整个机构的业务经营活动，包括建立独立的合规部门、独立的合规风险识别工具、独立的合规风险事项报告路径、独立的合规责任追究机制等，以真正起到牵制制约的作用。同时要根据组织设计原则，将合规部门与其他部门/条线各相关人员的角色和职责通过书面文件予以清晰界定，系统组织，提高合规效果，确保目标实现。

2. 系统性原则。合规风险是一项综合性风险，因此，银行业机构的合规管理应当运用系统观点进行系统的设计和组织，构建全面合理的运行体制，明确董事会、监事会、高级管理层等各层级人员在合规体系中的职责和协调运作机制，强化互相之间的约束和监督，实现合规的最大效能。

3. 全员性原则。银行业机构的合规活动必须做到全员参与，即从董事会、监事会和高级管理层到基层的全体员工，在各自的业务活动中都必须全面遵循合规性要求，合规部门要将相关政策、规章、制度等嵌入具体的业务操作流程，明确所有业务活动和管理工作的合规标准和操作规程，同时要立足于形成整体的合规文化以从职业道德上约束所有员工。

4. 强制性原则。鉴于规章制度的强制执行的性质，银行业机构的合规相对于其他管理而言，具有强制性，任何人必须服从合规性要求，而不能讨价还价。这里需要特别重视合规部门应在银行内部享有正式地位，保障合规人员为履行职责能够获取和接触必需的信息和人员；同时银行内部要建立合规部门直接向董事会及其委员会报告合规风险的路径，以确保合规风险信息得到及时处置，从而为合规制度的强制执行建立一个良好内部环境。

5. 价值性原则。银行业机构实施有效的合规风险管理，能够降低违规风险损失，提升整个机构无形资产价值；能够增强服务产品竞争价值，巩固优质客户的贡献价值；能够提高员工的合规意识和风险意识，最大限度地发挥员工的奉献价值。“合规创造价值”既是一种理念，也是有效合规管理的一项基本原则。

（三）合规的重要性

稳健经营、合规管理对银行生存发展具有十分重要的意义，合规是银行提升经营管理水平和有效防范金融风险的重要的、具有战略意义的工作。合规的具体内容包括按照现代企业制度要求建立科学、规范、制度明晰、健全良好、有效制衡的公司治理结构和涵盖从体制、机制、组织机构、管理方式到用人机制、考核机制、激励机制，以及各业务流程、管理、操作、风险控制、内控管理、企业文化、审计监督等各方面、各环节、各个流程和操作程序的管理标准、规章、制度，确保银行员工及各级管理人员严格依照国家政策法律和银行内部“立法”的制度、操作程序从事经营活动及业务操作。

1. 通过完善制度促进流程优化。建立和健全规范的合规制度是银行实施有效合规的前提，而银行在建立合规机制过程中通过对各项制度的梳理、整合和完善，实现对业务流程及管理流程的全面优化或再造，从而建立起比较科学的流程化管理体系和风险管理体系。例如，有的银行通过梳理和完善风险管理流程，为银行管理者提供一个框架，以使其明确地考虑风险敞口的变化，从而判断该机构愿意承受的风险量，并确保有到位的风险缓释措施，将风险限定在可控水平。有的银行以“内外规映射”及“流程立规”原则为指导思想，对业务管理的风险进行流程化描述，通过合规审查、法规解读、合规考评等各项合规风险识别与管理手段，将合规的触角渗入各项经营管理活动，优化了业务流程。有的银行通过建立统一的制度管理机制，实施业务制度梳理与后评价工作，使制度的合规性、完整性、协调性、操作性与有效性得到提升，而通过建立统一、完整的制度库，使制度的适用性大幅提高。有的银行则通过内控合规体系的建立逐步形成了一整套业务及管理流程文件控制体系，为持续开展业务及管理流程梳理提供了重要的合规依据。有的银行通过对合规进行流程穿行测试，梳理出合规风险点，并开展合规风险检查。有的银行还积极拓宽合规预警信息的发布渠道，通过采用《内控合规预警提示单》、定期召开内控合规预警会议等多种形式及时向与预警信息相关的部门、条线、经营单位进行预警提示，提高了整个机构的合规预警时效性和有效性。

2. 通过合规保障银行稳健经营。国内外银行业发展经验表明，银行业机构违规经营将付出高昂的代价，不仅可能受到行政制裁、司法制裁、民事赔偿而导致财务损失，更重要的是受到声誉的损害。银行经营的是信用，声誉就是银行的生命线。一旦发生声誉风险，就会动摇银行正常经营的社会心理基础，导致交易成本上升。在极端情况下，还会被市场淘汰。通过对各类案件的分析，一个明显的事实说明，尽管案件的表现形式有不同特征，但其内在原因都有一个共同的特点，即违章操作，甚至违法操作在先，案件发生在后。有的银行总结出"十案十违章"的警示，并不是危言耸听。如果说违规违法必然萌发或诱发案件，那么可以反证：只要合规守法，一定可以减少案件发生。为此，近年来无论是大型商业银行，还是中小银行，都十分重视合规在整个机构经营管理中的地位和作用，普遍以风险管理的理念和方法来推进银行内部制度与程序的建设和规范，从而构建有效的内控机制，防范各类违规事件的发生。例如，许多银行根据银监会组织开展 2010 年"内控和案防制度执行年"以及 2011 年农村中小金融机构"合规文化建设年"的活动方案，积极开展自查自纠以及柜台业务内控、柜台经理履职、存款风险滚动检查等专项活动，并从强化合规意识、明确责任、加强业务管理入手，加强案件防控能力，提高制度执行力，切实防止差错重犯，通过合规问责与诚信举报机制功能的发挥、员工异常行为的排查等，较为有效地防控了案件。

3. 通过合规提升银行价值。银行作为公众企业，要为股东、员工和社会创造更高的价值。要实现这一目标，必须加强合规。首先，健全的合规有利于提升银行管理各类风险的有效性，避免资产减值和财务损失，给银行带来经济效益；其次，合规能有效避免银行经营因违规受到限制，增加银行参与市场竞争、实现盈利的机会；再次，在合规过程中，通过密切关注和跟踪法律法规、监管规定和市场规则的最新发展，能够对某一项特定的法律如何影响银行业务作出及时有效的评估；最后，良好的合规，可以提升银行的声誉和无形资产，吸引更多的优质客户，扩大客户回报价值。另外，根据巴塞尔协议Ⅱ、Ⅲ（统称"新资本协议"）有关精神以及银监会 2011 年出台的新监管标准，外部监管资本的要求将与银行的内在风险水平以及所选择的风险管理方式直接相关，即风险管理越好，监管资本的要求越低。也就是说，通过合规降低银行风险损失程度，从而可以减少银行的资本成本。

4. 通过合规实现与监管部门的良性互动。银行的市场准入条件及相关的法律规则和监管措施等比一般企业更为严格和复杂，一旦发生违法违规事件将面临更为严厉的法律制裁或监管处罚。因此，银行在开展业务时必须始终力求坚持高标准地遵循法律的规定与精神。从这个意义上说，合规是银行自身发展的内在要求，是内生的，而不是外生的。但是，如果银行业机构都有一套很好的合规制度安排，又有健全的公司治理结构，董事会和高级管理层都充分重视合规风险的管理，不但能准确理解和贯彻法律、规则和准则的精神，又能够通过持续关注法律法规和监管制度的变化和最新发展，来建立并保持与监管部门之间的和谐与互动，这样就能全面提升整个银行业的风险管理质量，提升监管部门的风险监管效率。因此，各家银行实现有效的合规，既是监管部门关注的重点，也是各家银行自身努力追求的目标。银行董事会和高级管理层要确定合规的基调，确立全员主动合规、合规创造价值等合规理念，在全行推行诚信与正直的职业操守和价值观念，提高全体员工的合规意识，促进银行自身合规与外部监管的有效互动。例如，有的银行利用外部审计及监管部门的监督检查结果，查找原因，完善制度，以不断适应外部监管部门的监管需要；有的银行还提出，监管的重点在哪里，合规的重点就要跟到哪里；有的银行由合规部门与内审部门联合对外部审计、监管部门、行业管理机构等发现的合规问题进行逐项整改，并实行严厉的合规问责。

综合来说，从我国目前金融犯罪居高不下的严峻形势看，合规经营更为迫切和重要。近几年我国银行大案要案及一般案件持续不断，大部分都是因道德风险、操作风险引发的，其中因操作风险引发的案件占80%，这些案件风险的发生都是钻了管理上的漏洞，都是管理不严，违规违法经营或违法犯罪造成的。内外勾结、钻管理空当，是金融犯罪的突出特点。由此可见，实施合规，严格银行“立法”，严明规章制度，严肃各项管理，对银行安全稳健发展是多么重要。同时，合规也是银行适应市场经济发展要求，提升经营管理能力和经营管理水平的客观要求，是市场经济条件下银行生存发展的必然选择。事实上，银行经营只有合规、合法才能生存发展，只有合规合法才能提高经营效益和防范风险，只有合规合法才能从根本上规范从业人员和各级管理人员经营行为，提高经营管理能力，从而确保银行安全稳健发展。

二、合规风险与银行其他风险的关系

良好的风险管理对任何行业的经营来说都是不可或缺的，尤其对于银行业来讲更是如此。所有的银行业机构都应当努力改善其风险管理，至于采用何种方法改进风险管理，则取决于银行规模的大小和经营的复杂程度。但毋庸置疑的是，良好的风险管理势必增加银行的价值，提高银行的经营绩效。由于银行业面临多种风险，包括信用风险、市场风险、操作风险和合规风险等，这就要求我们在研究合规风险的同时，将合规风险与银行面临的其他风险的关联性一并考虑进去，从而保持风险管理的一致性。而合规风险就是银行因未能遵循法律、准则和标准而可能遭受法律制裁或监管处罚、重大财务损失或声誉损失的风险。很显然，合规风险的定义与信用风险、市场风险、操作风险三大风险是有所不同的。其主要的不同之处是，合规风险简单地说是银行做了不该做的事（违法、违规、违德等）而招致的风险或损失，银行自身行为的主导性比较明显。而三大风险主要是基于客户信用、市场变化、员工操作等内外环境而形成的风险或损失，外部环境因素的偶然性、刺激性比较大。因此，巴塞尔委员会将合规风险界定为一种需要独特管理技术和专业人员管理的风险，并将合规视为“银行内部的一项核心风险管理活动”。但合规风险与信用、市场、操作风险之间又是有着紧密联系的，其联系之处在于：合规风险是其他三大风险特别是操作风险以及由此导致的案件风险的重要诱因，而三大风险的存在使得合规风险更趋复杂多变而难以控制，且它们的结果基本相同，即都会给银行带来经济或名誉的损失。在一定程度上来说，合规风险与其他风险之间有着某种因果或递进关系，主要表现在以下几方面：

第一，合规风险就是操作风险的直接诱因，并与市场风险和信用风险高度关联。近几年国内银行业机构大案要案的频频爆发给我们提出警示，银行面临许多风险的源头与其内部人员有意或无意的违规操作甚或与外部不法人员勾结串通的贪污、侵占、欺诈、盗窃等违法行为不无关系。例如，2009 年曝光的北京农村商业银行被骗贷案，其原因主要是犯罪嫌疑人通过使用虚假营业执照，虚构公司需要流动资金等事实，采取虚假担保等手段，骗取银行贷款；此外，该行个别管理人员和内部员工收受犯罪嫌疑人重金贿赂，为虚假房贷按揭、小企业贷款开绿灯，贷款审查/审批程序形同虚设，使得这些房屋按揭获“免面签”，大量贷款根本没有经过查实就予以发放，致使放贷程序表面上有序运作，实质上合规严重失效，内部控制机制形同虚设。

第二，合规风险无法量化，而信用风险、市场风险则可以通过技术模型进行量化并计提资本。从根本上说，只要银行能够严格按照相关法律、准则和标准进行经营管理，是可以规避相应的合规风险，这一点不像信用风险、市场风险，只要银行去放贷就必然面临客户违约的信用风险，只要银行持有投资组合就必然面临资产价格变动或利率变动带来的市场风险。因此，银行对信用风险、市场风险，甚或是操作风险，都可以通过技术模型和专家判断等进行量化并通过定价、计提损失准备和计提风险资本等进行管理，而银行一般无法对其面临的合规风险进行量化或计提成本。但如果银行没有严格遵循相关的法律、准则和标准，则由此引发的合规风险、声誉风险等是无法估量的，甚至会给违规或违法的银行带来灭顶之灾。

第三，合规风险并不等同于操作风险。过去我们通常把合规风险视同于操作风险，多注重于在业务操作环节和操作人员上去设关卡，其结果并不奏效，操作风险仍然在银行内部人员中大量存在并不断变换手法。这就说明，银行简单地把合规风险等同于操作风险的认识是不全面和不准确的。虽然大量的操作风险主要表现在操作环节和操作人员身上，但其背后往往潜藏着操作环节的不合理和操作人员缺乏合规守法意识。而银行合规风险在绝大多数情况下发端于银行的制度决策层面和各级管理人员，往往带有制度缺陷和上层色彩。例如，个别农村中小金融机构的领导层自身合规意识不强，习惯以自身的主观判断去指导客户经理进行授信业务的营销和审批，甚至强加命令进行业务操作。因此，就现实情况而言，银行即使防范了基层机构人员操作风险的发生也未必能防范制度或管理上合规风险的发生。所以，银行对合规风险一定要另眼相看，格外重视，因为它有时造成的危害和损失比一般操作风险要大很多。

第四，重大合规风险事项会给银行带来相应的重大声誉风险。所谓声誉风险就是由银行经营、管理及其他行为或外部事件导致利益相关方对银行负面评价的风险。声誉事件是指引发银行声誉风险的相关行为或事件。重大声誉事件是指造成银行业重大损失、市场大幅波动、引发系统性风险或影响社会经济秩序稳定的声誉事件。由于银行经营货币和信用的特殊性，假如银行内部控制不严或风险管理存在漏洞而发生因员工违规操作或内外勾结损害银行利益等重大合规风险事项，必然对该银行甚至整个银行业带来相应的重大声誉风险。例如，2010 年底曝光的齐鲁银行内外勾结进行票据诈骗的声誉事件，不但给齐鲁银行的声誉带来毁灭性打击，而且也给整个银行业的票据业务带来巨大的声誉影响，成为整个银行业重大声誉事件。

第五，合规风险管理是全面风险管理的基础。合规风险不仅是银行其他风险，尤其是操作风险和声誉风险发生的一个重要诱因，而且还是银行其他风险管理的基础环节，由于部分银行业机构全面风险管理缺乏合规风险管理过程的有效支撑，风险管理制度以及保证制度执行的合规文化无法确立，全面风险管理也就不可能真正落实。与此同时，内部审计部门因为忙于大量的、重复发生的合规检查，不能有效发挥内部控制再控制的职能，致使银行内控体系的有效性难以保证。因此，只有通过构建有效的合规风险管理机制，确保合规这一银行核心风险管理活动落到实处，加快银行风险管理的政策和程序的建设步伐，切实提高执行效力，实现合规风险的有效管理，才能为真正落实全面风险管理奠定基础。而且通过合规风险管理机制的构建，对于弥补银行法人治理结构中合规风险控制缺陷、增强规章制度的可执行性以及执行效力等都具有极为重要的意义和推动作用，并且有利于银行真正落实全面风险管理，提高内控体系的有效性。

三、农村中小金融机构合规管理存在的问题

2011 年是中国银监会统一推进的全国农村中小金融机构合规文化建设年。

通过这项活动的全面开展，农村中小金融机构的合规管理进一步得到加强，各机构董（理）事会（本书统称“董事会”）和高级管理层的合规意识明显增强，内控合规制度进一步完善，良好的合规文化正在形成。但也应清醒地看到，目前大部分农村中小金融机构的合规水平总体不高，合规机制运行不畅，制度的健全性和有效性明显不足，合规意识淡薄，制度执行不到位，“三道防线”未能形成整体合力，部门职责界定不清，导致政出多门、各自为政，削弱了其整体性、协调性，同时合规人才匮乏，能力不高，素质不够，缺少长期系统的合规队伍培养机制，与监管要求、与业务发展需要、与有效管控风险的需要相比还存在很大差距，在很大程度上制约了合规的发展。这些问题归纳为如下五个方面。

（一）合规意识淡薄

由于管理体制、经营机制和人员素质等方面原因，农村中小金融机构普遍还处于过去传统的经营和管理模式中，从高级管理层到中层管理人员再到一般操作柜员，对合规风险的理解还存在模糊，“合规从高层做起”、“合规人人有责”等理念无法落地。一些管理层成员往往把合规当成口号，“雷声大，雨点小”，“忙一阵，歇一阵”，同时对规章制度学习不深，掌握不透，理解不全，“蜻蜓点水”，浅尝辄止，没有自觉地把合规风险当做一项重要风险源去管控，合规管理的主动性和积极性不高。例如，一些机构对于合规管理的认识远不到位、责任远不到位、措施远不到位、处罚远不到位，把合规要求当成任务，简单走过场，有违规或案件线索的也不深挖，躲躲闪闪，得过且过，甚至包庇纵容、隐瞒不报。一些员工对合规内涵和重要性认识不够，甚至把合规同业务发展对立起来，逃避或抵制合规部门的约束和监督，往往导致“合规意识不高→制度执行不力→违规行为发生”的恶性循环，使合规管理“走过场”，在一定程度上为农村中小金融机构业务发展埋下合规风险隐患。

（二）合规机制运行不畅

目前大部分农村中小金融机构合规的实质性功能尚不具备，完善、垂直的合规体制还没有完全形成，尚未形成横向到边、纵向到底的全方位的管理架构，有些机构甚至没有把合规风险纳入整个机构全面风险管理的范畴。例如，独立于其他检查的合规风险检查机制尚未建立，独立检查尚未开展，合规部门组织开展的专项合规检查较少，对一些违法、违规问题的调查受到机构负责人或相关人员的干扰或影响，达不到合规风险管理职责的要求。农村中小金融机构对合规风险管理技术的认识和应用尚在起步阶段，合规风险管理的方法与手段落后，有关合规风险的识别、监测、控制技术严重缺乏，远达不到监管要求。合规部门与业务、审计稽核、风险管理和监察等部门普遍没有形成资源信息共享、沟通合作、协同配合的机制，合规问责机制也没有真正建立起来。与此同时，由于缺乏一个统一完整、全面科学的合规风险管理法规制度及操作规则，合规的激励约束机制也不健全，合规考核徒有虚名。

（三）制度的健全性和有效性明显不足

农村中小金融机构由于自身风险管理力量薄弱，制度建设滞后，制度局部、零散、不系统，甚至有粗略化、大致化的现象，大多数制度都是沿袭自身原有制度，并在此基础上，伴随改革的深入和业务的发展而逐步修订和完善起来的。从制度规定的健全性和有效性方面分析，还存在不少缺陷，如制度缺乏体系化、系统性和完备性，部分内容空洞，条文陈旧，更新不及时，没有贯穿新颁布的政策规定和监管指引等要求，既有交叉重复，又有疏漏和空白，缺乏可操作性，“规”本身不充分、不系统或者没有得到及时修订，埋下一定的合规源头风险，也影响了管理效率，导致执行力下降。此外，在实践中，即使防范了基层人员操作风险的发生，也未必能防范制度或管理上合规风险的发生。

（四）制度执行不到位

从发生案件的农村中小金融机构来分析，这些机构违规案件的根源主要来自“三个代替”，即“以信任代替制度、以习惯代替制度、以情面代替纪律”。归根到底，就是制度执行力严重缺失，“熟人文化”盛行，“遇到红灯绕着走”，执行制度有弹性、打折扣、不系统，“有章不循、有禁不止、屡查屡犯”，从而加大了合规风险。而对发现的问题也存在整改不力、处理不及时、量度不科学等弊端，如在违规的责任追究方面，存在处罚依据可协商、处罚标准“就低不就高”、以经济处罚代替行政处理等现象，形成“屡犯屡查，屡查屡犯”的现象，难以“予其惩而毖后患”，由于违规成本小，无法达到“惩处一个，教育一片”的效果，从而在一定程度上纵容了违规违纪行为，致使制度形同虚设，没有真正做到“流程管事，制度管人”。

（五）合规力量不强

虽然大部分农村中小金融机构都已成立专职的合规部门或将合规职能与全面风险管理职能进行整合成立合规与风险管理部门，但在职责的明确、职能的履行、人员的安排、资源的整合等方面仍然存在严重不足。例如，一些机构从事合规管理的人员较少，管理力量单薄，特别是合规部门专职管理人员普遍达不到专业要求，大多是信贷、审计、监察等部门中的岗位轮换人员，未接受过合规的专业学习与技能培训，缺乏合规应具备的水平、资质、经验和能力；各经营单位/分支机构层级设置的合规岗位也多数为兼职，集“运动员”与“裁判员”于一身，合规经理、合规员等岗位人员自身仍要参与业务操作与经营管理，形成了经营者对自己经营合规性进行监督的局面，合规的独立性大打折扣，难以发挥合规的职能作用。

四、当前农村中小金融机构合规管理的核心工作

合规涉及银行所有的业务环节和管理流程，涉及所有管理人员和一线员工，为保证合规各项职责能够在各个环节和对应岗位/人员得到较好的履行，银行业机构要根据国家相关法律、准则和标准，结合自身实际，对合规的核心内容及其实施路径等予以明确。从本质上说，合规具有“创造价值、防范风险、产生效益、提升形象”四大功效，有助于银行业机构提升品牌价值、增强核心竞争力，是银行“稳健经营、持续发展”的保障。因此，农村中小金融机构的合规应该是业务活动与内部管理相协调的运行机制，是思想与行为相统一的管理模式。为保证合规有效性，农村中小金融机构在未来一段时期，要特别重视做好以下几项核心工作。

（一）建立有效的合规风险管理机制

如果没有一个强有力的合规风险管理机制，各项内部控制措施就只是停留在嘴巴上的一个口号而难以有效落实。巴塞尔委员会指出，如果一家银行建立起符合监管要求的有效的合规部门及其他组织体系，该银行就能更有效地管理合规风险。银监会在《商业银行合规风险管理指引》中明确要求所有银行业机构都应建立与其经营范围、组织结构和业务规模相适应的合规风险管理机制，该项机制的基本要素包括合规政策、合规部门的组织结构和资源、合规风险管理计划、合规风险识别和管理流程、合规培训与教育制度等。对各家农村中小金融机构来说，构建有效的合规风险管理机制包括但不限于以下内容：（1）制定并积极组织实施合规政策。农村中小金融机构的合规政策应明确所有员工和业务条线、经营单位需要遵守的基本原则，以及识别和管理合规风险的主要程序，并对合规职能的有关事项作出明确规定。（2）构建合适的合规部门，配置充足的人力资源和给予先进的技术支持。明确合规部门的功能、职责及权限；明确合规负责人的合规职责，保证合规负责人和合规部门独立性的各项措施，包括确保合规负责人和合规人员的合规职责与其承担的任何其他职责之间不产生利益冲突等；合规部门与风险管理部门、内部审计部门等其他职能部门之间的协作关系；设立业务条线和分支机构、经营单位合规部门（岗位）的原则等。（3）建立合规风险识别与管理流程体系，在完善的流程操作规程中实现对合规风险的识别、评估与有效的技术和系统管理等。（4）构建合规问责、合规检查、合规绩效考核、合规培训与教育等配套机制。（5）建立融合制度检索、合同审查、授权管理、合规互动问答、合规讲堂、监管动态、反洗钱监控等工作为一体的合规管理电子信息化系统，以促进业务部门和合规管理部门之间的流程化

配合、衔接，实现内部实时互动与合规管理的可持续改进目标，并以此加速内部运营模式由部门银行向流程银行的转变。

（二）树立全面合规管理理念

各家机构在制定各项合规制度的过程中，其内容不仅应重视专业性，更要兼顾全面性。也就是说，合规的“规”，既包括对现有的外部法律法规、行业准则和自律组织的规定，也包括内部的规章制度。“合规”属于广义的范畴，相对于合法而言，范围更广，要求更高，既要合“外规”，也应合“内规”。因此，各家机构不仅需立足银行业金融机构的特殊角度，强化专业性的合规制度建设；也要从企业管理角度重视规章制度设置，建立完备的合规制度体系。从合规管理内容角度，农村中小金融机构应重视全面性，不仅要涵盖所有业务、各后台部门、各分支机构及各经营单位，更要涵盖全体工作人员；不仅重视专业合规，还应涵盖非专业合规；不仅要覆盖业务流程，也要覆盖所有的管理活动，使合规成为机构上下的一致行动。同时，各项合规管理要注重完整性。合规管理从内容来看，表现为各家机构内部日常经营管理合规和员工执业行为合规等多方面内容的有效整合；而从执行力的角度来看，合规管理应涉及农村中小金融机构决策、执行、监督和反馈等不同工作环节。因此，合规管理应成为各家机构的一项全面性工作，而不仅是合规部门及其高管的任务。目前，很多农村中小金融机构的合规管理并没有实现自上而下、完全渗透到全部日常经营和管理中的理想状态。主要表现为：事前决策和事中执行的合规抓得紧，而事中监督和事后反馈环节的合规力度相对较弱；侧重预先的风险防范，但对于合规绩效考核、合规问责制度、诚信举报制度等需持续改进的后续制度建设体系，相对弱化甚至不完整；合规管理的长效机制建设工作有待深化等。

（三）建立高级管理层切实履行合规职责的监督机制

农村中小金融机构董事会、监事会及其相关的委员会，要积极创造条件督促高级管理层采取各项有效措施履行合规经营和合规管理的职责。具体来说，各机构（含省级农村信用社联合社、农村商业银行及其他农村中小金融机构）的董事会和高级管理层必须承担起合规和案件治理工作的责任，董事长是合规和案件防控工作的第一责任人。在实际工作中，高级管理层应根据董事会的战略规划和合规要求，积极创造条件履行好以下合规职责：一是制订书面的合规政策，并根据合规风险管理状况以及法律、规则和准则的变化情况适时修订合规政策，报经董事会审议批准后传达给全体员工；二是贯彻执行合规政策，确保发现违规事件时及时采取适当的纠正措施，并追究违规责任人的相应责任；三是任命合规负责人；四是明确合规部门及其组织结构，为其履行职责配备充分和适当的合规人员，并确保合规部门的独立性；五是识别本机构所面临的主要合规风险，审核批准合规风险管理计划，确保合规部门与风险管理部门、内部审计部门以及其他相关部门之间的工作协调；六是每年向董事会提交合规风险管理报告，报告应提供充分依据并有助于董事会成员判断高级管理层成员管理合规风险的有效性；七是及时向董事会或其下设委员会、监事会报告任何重大合规事项及案件等事件；八是其他合规职责。

（四）建立健全合规部门及合规管理人员正确履职的工作机制

农村中小金融机构的业务创新是其摆脱同质化竞争，进行市场拓展和提升竞争力的重要途径，而这也对合规管理提出更高的要求。目前，大部分机构的合规管理人员能力不足，导致其对合规风险的判断难以把握，一方面因忽略风险而埋下风控隐患，另一方面又可能因过分夸大风险而影响整个机构的发展。从这一实务角度出发，合规管理人员除具备法律、业务知识以外，还要求其具有很好的学习和领悟能力。合格的合规管理人员，应能够做到及时、正确把握法律、规则和准则的最新发展动态及其内涵，分析其对机构经营的影响，并及时提出规避风险的解决方案或建议。目前很多机构的合规管理人员水平有很大提高，但依然难以满足上述要求。因此，作为独立的法人机构，农村中小金融机构的董事会和高级管理层应为合规部门配备有效履行合规职能的各项资源，并通过相关专业技能培训保证合规管理人员具备与履行职责相匹配的资质、经验、专业技能和个人素质。有条件的机构可将合规的组织架构铺设到经营单位/分支机构等业务经营的一线，设置合规管理的专门岗位，配备专门的管理人员，独立于所在经营单位和经营的业务，彻底改变由经营者对自己经营的合规性进行自我监督的现状。同时，要把审计稽核部门的职责扩展至合规风险管理的审计，由审计稽核部门对合规风险管理职能的履行情况、适当性和有效性进行监督。

在较为完善和健全的合规管理机制下，合规部门应在合规负责人（有条件的机构可设立首席合规官或首席风险官）的管理下协助高级管理层和董事会有效识别和管理整个机构所面临的合规风险，并履行好以下基本职责：一是持续关注法律、规则和准则的最新发展，正确理解法律、规则和准则的规定及其精神，准确把握法律、规则和准则对商业银行经营的影响，及时为高级管理层提供合规建议。二是制定并执行风险为本的合规管理计划，包括制定合规政策并督促合规政策的实施与评价、合规风险评估、合规性测试、合规培训与教育等。三是审核评价本机构各项政策、程序和操作指南的合规性，组织、协调和督促各业务条线和职能部门对各项政策、程序和操作指南进行梳理和修订，确保各项政策、程序和操作指南符合法律、规则和准则的要求。四是协助相关培训和教育部门对员工进行合规培训，包括新员工的合规培训，以及所有员工的定期合规培训，并成为员工咨询有关合规问题的内部联络部门。五是组织制定合规操作程序以及合规操作手册、员工行为准则等合规指南，并评估合规程序和合规指南的适当性，为员工恰当执行法律、规则和准则提供指导。六是积极主动地识别和评估与本机构经营活动相关的合规风险，包括为新产品和新业务的开发提供必要的合规性审核和测试，识别和评估新业务方式的拓展、新客户关系的建立以及客户关系的性质发生重大变化等所产生的合规风险。七是收集、筛选可能预示潜在合规问题的数据，如消费者投诉的增长数、异常交易等，建立合规风险监测指标，按照风险矩阵衡量合规风险发生的可能性和影响，确定合规风险的优先考虑序列。八是实施充分且有代表性的合规风险评估和测试，包括通过现场审核对各项政策和程序的合规性进行测试，询问政策和程序存在的缺陷，并进行相应的调查。合规性测试结果应按照内部风险管理程序，通过合规风险报告路线向上报告，以确保各项政策和程序符合法律、规则和准则的要求。九是保持与监管部门和行业管理机构日常的工作联系，跟踪和评估监管意见和监管要求的落实情况。

需要说明的是，目前，绝大部分农村中小金融机构都按照监管部门要求成立了专职的合规部门，或者将合规职能纳入风险管理部门范畴。从实践来看，为保证合规风险管理与全面风险管理的对接和统一管理，我们认为农村中小金融机构可以将合规与全面风险管理职能进行资源整合，成立专业的合规与风险管理部门，作为风险管理的第二道防线，专门履行整个机构的法律服务、新制度新业务的合规审核、流程银行建设、内部控制及其评价、全面风险管理、反洗钱等职责。具体岗位及其职责设置可参照以下内容：①政策制度岗，代表董事会拟定机构合规政策以及全面风险管理政策、制度与程序（包括合同审批与管理、所有政策制度的统一出口、合规咨询与合规报告），合规、流程银行、全面风险管理的培训以及资格认证考试的统筹和管理等。②法律事务岗，对整个机构的法律事务进行管理、不良资产的管理与清收、协调与外部监管部门和法律部门的沟通与联系、诚信举报受理等。③内控与风险评价岗，负责从强化内控角度出发对机构整体操作风险进行控制，负责全面风险管理能力评价的组织与协调，负责整个机构各类重大风险事项的及时跟踪和监督，并将掌握的风险事项数据及相关材料提交内审稽核部门进行监督检查。④流程运行岗，负责流程银行建设的策划、统筹与协调，不断组织力量进行流程优化与再造；流程型组织架构的调整与优化；流程运行维护与流程文件更新等。⑤授信风险管理岗，负责对法人和个人客户的主体评级（先评级后授信再用信）；对需要调查的项目、企业进行资信调查；负责内部评级体系的建立与协调以及内部评级法的推进与运用等。⑥市场风险管理岗，负责整个机构市场风险特别是流动性风险管理进行统筹与协调，督促运营部（会计结算部）、资金条线等做好风险控制工作；分析资产组合和风险计量，对组织风险、集中度风险等进行控制；分配经济资本以及协助人力资源部门进行经风险调整后的绩效管理等。⑦风险（合规）经理管理岗，负责对整个机构的风险（合规）经理进行聘任、考核与管理；向各业务条线/部门派驻风险经理；整个机构风险信息汇总并向董事会或高级管理层报告。⑧反洗钱岗，负责整个机构的反洗钱管理；与人民银行反洗钱工作的协调与沟通；反洗钱培训与教育；反洗钱专项检查的组织与协调以及检查结果的通报和问题的上报处理等。

（五）搭建符合监管要求的全面风险管理体系

全面风险管理体系是农村中小金融机构实施对包括信用风险、市场风险、操作风险、合规风险等在内所有风险进行有效管理的整体框架。各家机构要从完善组织体系和梳理制度、优化流程和建立健全风险量化技术模型等方面入手，尽快搭建全面风险管理体系。通过开展对规章制度的分析梳理、查缺补漏，探寻各项业务流程、岗位职责中的合规风险点，明晰各岗位的职责边界，明确业务流程中的承接流转关系，熟悉前后手的业务内容及操作规程，确保业务经营与风险控制能力同步提升。同时，为实现风险管理与业务发展的有效制衡，目前农村中小金融机构风险管理组织架构应从现行的平面式层级化管理向矩阵式垂直化管理过渡，确保风险管理的独立性和权威性，将合规与全面风险管理的决策、执行、操作职能分别赋予不同层次的岗位/人员，由董事会对合规事项和风险管理负最终责任，董事会授权首席合规官/首席风险官和风险管理委员会在保持独立性的前提下代为行使全面风险管理职权，实行在首席合规官/首席风险官统一领导下的“下管一级”和“分类管理”的积极的风险管理模式。合规与风险管理部门要独立于业务部门，承担起平行制约和行为监督的责任，要根据董事会、风险管理委员会、高级管理层确定的合规与风险管理战略、规划、政策和操作指引，通过授权管理、授信制度、控制目标等手段，及时有效地传导给各部门、经营单位/分支机构和各个风险窗口，对信用风险、市场风险、操作风险等实施全面有效管理。要进一步优化风险管理流程，实现风险管理与业务管理的平行作业，并从管理的角度对风险进行分类，确定相应的风险管理授权，逐步做到按产品、地区、业务、主线来识别风险，各经营单位/分支机构要在授权范围内，对信用、市场、操作等风险进行控制。在此基础上，实现风险的分类管理，即所有风险都由专门的风险管理部门和专业的风险管理人才进行分类管理和实时监测，提高风险管理的效率。同时，要建立科学的风险决策流程，决策的各个环节既要讲程序和制约，更要讲科学和专业；既要讲控制，也要讲效率；既要讲民主，也要有问责，确保风险决策的程序性、科学性和专业性，确保对业务发展及市场竞争的快速反应和对风险的及时预警。要及时进行风险管理制度、方法、措施的梳理归纳，尽快填补风险管理制度建设的空白，建立内部控制评价制度，将所有风险单元的风险管理过程纳入监控和考核体系，并与绩效管理、薪酬分配和员工晋升挂钩，促进风险管理工作的完善和开展；要建立制度评估反馈机制，各项制度的制定部门要定期自我评估，从而使规章制度的建立、修改和废止工作始终处于良性循环的状态。要在进一步完善核心业务系统、信贷管理系统和财务管理系统的基础上，适时引进或开发合规风险管理技术系统，可考虑借鉴国内先进商业银行合规风险管理的先进技术手段，提高合规风险管理的技术含量，运用科技手段对合规风险进行识别、计量和监测，及时发现合规风险线索，完善合规管理程序，提高合规风险管理的有效性。

（六）建立配套的合规机制

目前，农村中小金融机构配套的合规机制主要包括设立首席合规官和诚信举报机制、合规咨询与法律服务机制、合规检查机制、合规问责机制、合规绩效评价机制、合规风险报告机制、合规全员教育培训机制等。

1. 设立首席合规官或首席风险官（风险总监）。根据银监会要求，鉴于农村中小金融机构作为独立法人机构以及合规与全面风险管理的特殊性，有条件的机构应积极探讨和实施首席合规官或首席风险官制度，以强化对整个机构的合规和全面风险管理。首席合规官或首席风险官负责分管合规与风险管理条线工作（但不得分管前台业务工作），直接对行长（主任，以下同）负责，但同时还应建立直接向董事会汇报的路径；负责确定本机构在各个风险管理领域应该遵守的基本原则和合规要求，促进本机构风险管理政策、制度完备且被有效执行；确定风险管理各个层级授权及其责任，促进风险管理组织体系良好运行，确保有充足的人力资源正确履行合规与风险管理职能；参与经营管理规划与发展战略制定，确保合规审慎稳健运营所需资本数量与质量，定期评估长期资本持有计划；确定有效开展识别、计量、监控各种风险的必要手段和技术工具；确定风险管理报告内容和报告频率；定期组织合规性检查和风险控制情况检查，确保适用于本机构业务的法律法规被严格遵守，确保各项业务规范运行，对违反风险管理政策、制度或程序的事项或个人提出处理意见等。

2. 建立诚信举报机制。诚信是立业之本，维护好农村中小金融机构的职业操守，一定要有制度保障。建立诚信举报机制，鼓励员工举报违法、违反职业操守或可疑的行为，就是要让那些不守规矩、不讲诚信的人有一种外在的压力，让他们知道还有一双眼睛在盯着，促使他们在思想上时刻牢记、行为上处处体现银行机构最高标准的职业操守。合规与风险管理部门作为管理合规事项的内控部门，是诚信举报的一个很好渠道。同时要积极建立起有效的举报保护机制，不让那些举报人遭到打击报复，否则没有人敢举报，诚信举报机制也就发挥不了作用。而对举报属实，纠错及时，规避风险，挽回损失的人员要给予奖励。诚信举报包括但不限于以下内容：本机构董事会、监事会成员以及高级管理层成员各项违规行为；本机构落实交流、轮岗、回避和强制休假等“四项制度”的情况；法人机构的高管人员是否采取定期离岗、强制休假、定期脱产培训等制度；对“柜员卡管理、印鉴密押、空白凭证、金库尾箱、查询对账和复核授权”等内控管理制度是否落实到位；本机构与客户和其他银行业机构之间以及内部的适时对账制度是否认真执行，特别是在对账频率、对账对象、对账人员三个方面是否认真执行相关的合规要求；员工 8 小时内、外行为联动监督制度是否认真执行，对涉及“黄赌毒”、经商办企业、异常消费等“九种人”关注情况是否存在漏洞等。

3. 建立合规咨询与法律服务机制。合规部门对内承担合规咨询及法律服务的重要职能，并作为代表董事会拟定合规政策和全面风险管理政策、制度，以及机构其他规范性文件合规性审查的统一出口部门。建立完善、顺畅、高效的合规咨询与法律服务机制，是做好合规管理的基础性保障。为此，一要配备相应资质、经验、专业技能的人才，如法律及风险管理的人才。二要明确机制运作的工作流程，包括报送条件、程序，审核、审批流程，响应时间等。三要明确合规咨询与法律服务的工作内容及职能边界，包括持续关注和正确理解法律、规则和准则的最新规定及其精神，准确解读和把握法律、规则和准则对机构的影响；审核评价机构各项规章制度和操作指南的合规性，组织、协调和督促各业务条线/部门对各项政策、程序和操作指南进行梳理和修订，确保其符合法律、规则和准则的要求；审核对外签订的各项合同和发布的文件，防止法律风险的发生；为各条线和分支机构、经营单位提供法律咨询和合规咨询服务；负责处理各种民事、经济及行政纠纷，维护本机构的合法利益等。

4. 建立合规检查机制。要将合规检查落实到各个业务条线和各个岗位，特别是要做好对重点地区、重点机构、重点岗位和重点人员的合规检查工作，切实杜绝管理死角和灰色地带。对检查出的风险隐患和管理漏洞，要及时采取有效的针对性措施。对整体风险较大的业务要及时进行整顿，建立健全内控制度和流程规范。对重要岗位和业务环节存在风险的，要加强制度建设和流程控制。同时要结合案件高发领域、高发部位和辖内案件暴露出来的管理漏洞，对照监管要求，认真梳理内部规章制度，认真整改，强化执行力，按规则运行，按章办事。例如，合规与风险管理部门组织力量对本机构对公存款账户进行合规检查，检查重点应包括对公存款账户的开立是否符合有关管理规定、对公结算账户的存入和支取是否按章操作、支票及汇兑业务办理程序是否合规、对公账户的对账是否按规定要求操作、过渡性账户发生是否真实等内容。而由银监会统一部署和各省级联社集中组织开展的 2011 年农村合作金融机构假冒名贷款、抵质押贷款、置换贷款等三个领域的操作风险整治，就是一项以合规性检查为主要内容的专项整治活动，它对进一步摸清农村合作金融机构的合规现状和信贷风险状况等都起到积极有效的作用。此外，农村中小金融机构要积极建立合规审计机制，合规职能的履行情况应受到内部审计部门定期的独立评价，内部审计部门应负责各项经营活动的合规性审计，应明确合规部门与内部审计部门在合规风险评估和合规性测试方面的职责，内部审计部门应随时将合规性审计结果告知合规负责人，并将是否满足合规要求作为对各部门、经营单位、营业网点等的重要考核指标，从考核导向上引导各层级人员重视合规风险管理工作。

5. 建立合规问责机制。作为从严治理的重要举措，农村中小金融机构的合规问责制度必须落实到位，严格对违规行为的责任认定与追究，加大对违规行为的处罚力度。根据银监会要求，无论是新案还是陈案，各相关机构一经发现，就要立即组织力量查清原因、保全资产、锁定损失。凡是新发现的案件，要按照“上追两级”、“双线问责”、“一案四问责”、“引咎辞职” 等要求严肃追究责任。特别要强化领导层责任追究，尤其对于失职渎职、不作为或乱作为，造成合规机制不健全、执行力差、内部控制混乱而引发案件的机构，更要加大问责。对于发生特大案件、潜在资金损失巨大以及在社会上造成恶劣影响的案件，省级联社分管负责人要引咎辞职，并依法进行后续责任认定和追究。同时，问责要从案件问责向违规问责延伸，特别是对屡查屡犯、屡纠屡错和各类重复出现的操作风险隐患和重大违规行为，实行“硬约束”、“零容忍”。全面实行违规问责制，不仅追究当事人的责任，而且追究上级的管理责任，做到违规必究、违规必惩。对于已进行过风险提示又发生同质同类案件的机构，除追究其案件责任外，还要追究其落实风险提示不到位的责任。对于工作变动的责任人，要继续延伸追究。

6. 建立合规绩效评价机制。要把合规绩效评价与业务绩效评价结合起来而不是对立或割裂开来，建立并完善合规考核制度和奖惩管理办法，在综合绩效考核中突出合规考核的地位，与薪酬待遇直接挂钩，促使各级员工意识到违规必究、违规必惩。同时要通过合理的绩效考核制度设计，大力倡导诚信合规，充分体现本机构对合规价值的重视和鼓励。产品创新、业务拓展必须以遵章守法为前提，以立法精神和政策意图为导向。一些农村中小金融机构之所以存在大量违规操作，屡查屡犯，它的根源就在绩效考核机制上，不适当的激励会产生误导。现在绝大部分农村中小金融机构的绩效考核仍然是重业务指标、轻合规，有些机构的关键绩效指标没有内控合规的内容，考核机制中没有体现内控合规优先，这样，所谓的重视合规，只能是空中楼阁，落不到实处。目前，有些机构在设立合规部门后，采用平衡计分卡方法实施绩效考核，对业务指标完成好的给予加分，合规做得不好的给予减分，报告重大合规风险有功者给予奖励，这种做法正是我们所提倡的合规正向激励。同时，我们要积极鼓励实施薪酬延期支付和延期追索，坚决遏制冲时点、重规模等不审慎行为，坚决走出对有功人员的软约束甚至无约束的怪圈，坚决改变置合规要求于不顾，一味迁就满足大客户不合理、不合法要求等问题。

7. 建立合规风险报告机制。合规风险报告机制就是指银行业机构为确保向银行董事会和高级管理层提供的合规风险报告的及时性、全面性和完整性，及时发现、防范和化解经营风险，有效防止和纠正银行违规问题和合规风险管理体系上的缺陷，在银行内部建立的有关合规风险报告的一系列制度、程序和措施。其中核心内容是合规部门依照内部合规风险管理程序，并按规定的合规报告路线，以定性和定量描述的方式向董事会和高级管理层报告整个机构经营过程中所涉及的合规风险状况。合规风险报告可按报告内容划分为综合合规风险报告和专项合规风险报告，并且还可以按报告的时间和频率分为定期合规风险报告和不定期合规风险报告。巴塞尔委员会在“加强银行公司管理”一文中明确指出，银行应保持健全的内部控制部门，其中包括有效的合规部门，负责日常监测银行遵循公司治理规则、监管规定、准则和政策的情况，并确保将违规问题报告给适当的管理层，必要时报告给董事会。此外，巴塞尔委员会在《合规与银行内部合规部门》、《银行机构的内部控制制度框架》和《操作风险管理与监管的稳健做法》等一系列重要文件中，也都一再强调了银行内部建立畅通的信息交流和明确、简洁、高效运转的合规风险报告运行机制的重要性。例如，在《银行机构的内部控制制度框架》中归纳了“有问题银行的五种主要内部控制缺陷”，其中之一就是银行的各管理层次之间信息交流不充分，尤其是问题上报不充分。巴塞尔委员会在该文件中指出，银行产生损失有时是由于相关工作人员没有意识到或不理解银行的政策；而在有的情况下，本应通过组织机构上报的不适当活动的信息未能报告董事会或高级管理层，直到问题严重。在其他情况下，管理部门报告中的信息不全面或不准确，使人们对经营状况产生虚假的良好印象。为此，该文件强调，为实现有效运转，与某项业务有关的政策与程序应与相关人员之间有效交流。尤其是对于银行内部控制的缺陷，不管是由业务活动发现的，还是由内部审计或其他控制人员发现的，都须及时向适当的管理层报告，并迅速解决。因此，农村中小金融机构应当根据内部控制和合规风险管理的要求，建立有效的内部合规风险报告机制，包括制定一套完善的内部合规风险报告制度，明确合规风险报告的主体和对象、报告内容、报告方式和格式、报告频率、报告路线以及相关责任等，以确保及时、全面、完整地向董事会和高级管理层提供高质量的合规风险报告。

8. 建立合规全员教育培训机制。农村中小金融机构要强化以合规风险管理为主题的全员培训，增强员工的合规意识，培育“合规从高层做起”、“合规人人有责”、“主动合规”的理念。要制订培训计划，并根据整体的准确性、新产品（服务）信息的完全性、监管要求变化的趋势性、新产生问题的特殊性，对培训计划进行持续的更新。要使每个条线、部门及经营单位的管理人员和广大员工在法律法规、监管规定以及内部政策、程序等方面，对与其工作产生直接影响的内容，获得全面、完整的培训。要注重对合规专业人才的培训，并对培训的满足度进行有效评估。要强化以案施教，发挥风险警示作用。要注重通过案例教育，引导员工进一步树立合规创造价值的理念。同时要通过各种培训和教育等途径加快合规队伍建设，精耕合规，细作内控，着力打造具有高素质的合规团队，充分发挥合规经理/合规员的“纽带”作用，用合规队伍的“点”，用规章制度的“线”，串起合规机制的“面”，建立起“点、线、面”结合的合规风险管理模式。对于合规团队的搭建可以通过以下途径实现：一是在现有员工中选拔懂得金融、财务、会计、法律等知识的专业人才，充实到合规岗位，鼓励现有在岗人员通过自学、培训等途径提升素质；二是招聘具有国家法律职业资格、企业法律顾问执业资格的专业人才，为合规培养后备力量；三是选拔派遣骨干力量到先进银行和同业合规与风险管理部门挂职或进修，学习他们先进的合规经验，并进行严格的考核；四是与监管部门实行互动和对接，参与监管部门的合规风险检查，分享监管现场检查重大案例信息，提升农村中小金融机构合规人员的资质、经验、专业技能和个人素质；五是加大省级联社等行业管理机构对合规的指导与培训力度，拓宽培养合规人才的途径，造就一批活跃在法人机构的合规风险管理队伍，为农村中小金融机构合规风险管理提供组织和素质上的保障。

农村中小金融机构正处在变革的关键时期，机遇与挑战都可能超出想象，以风险为本的合规风险管理机制建设作为一项复杂而长期的系统工程，注定要面对更艰巨的考验。面对新形势，我们要研究新情况，积累新经验，采取有效措施努力实现新突破。当前，我们要以银监会统一推进的全国农村中小金融机构“合规文化建设年”等活动为载体，以合规操作为着力点，上下同心，深植合规理念，深刻认识并贯彻“人人合规、事事合规、时时合规”的合规文化，形成机构和人员诚信守规的合规意识；同时加强合规培训和宣传，大力开展岗位操作和职业道德培训，形成正确的认识，了解自己在操作中的职责边界和风险点。通过加强宣传教育，让员工了解和掌握合规知识，使其做到“不能违规、不敢违规、不愿违规”。特别是在当前农村中小金融机构的案件防控工作仍然十分艰巨的情况下，我们必须始终坚持合规的基本原则，进一步发挥合规在强化内部控制、防范案件风险、提升核心竞争力等方面的作用，加强制度建设和流程优化与再造，全面落实各项合规管理，以降低违规风险损失，提升整个机构的商誉，增强客户的信任度和忠诚度，最终提升农村中小金融机构的核心竞争力。当然，合规守法绝不能仅限于上层领导者的倡导垂范，而应该是全体员工的广泛参与；绝不能仅仅是口头上的号召和纸面上的条文，而应该是贯穿于农村中小金融机构经营活动中的实际行为规范；绝不能仅仅依靠硬性条规的外在强制，而应该内化为全体员工的信念并自觉指导自己的行动。欲达此目的，合规及其合规文化建设不能不借助于各种形式的活动，晓之以理，动之以情，导之以行。“随风潜入夜，润物细无声”！这正是监管部门和行业管理机构近年来采取各种方式包括推进“合规文化建设年”活动以及举办各种合规专业培训、合规文化宣传、合规理念培育等来达到强化和推进农村中小金融机构合规更上新台阶的根本目的。

第二章　公司治理新阶段：合规、创新与发展

公司治理是现代企业制度的核心和灵魂，是实现企业持续发展的根本性制度安排，公司治理模式的优劣直接决定着企业的核心竞争力，进而影响一个国家的竞争力。银行公司治理是指建立以股东大会、董事会、监事会、高级管理层等为主体的组织架构和保证各内部组织的独立运作、有效制衡的制度安排，以及建立科学、高效的决策、激励和约束机制。依据1999年6月21日《经济合作与发展组织公司治理原则》的权威定义，公司治理是公司管理层、董事会、股东和其他利益相关者之间的一整套制度安排，为公司提供了一个架构，通过这一架构制定公司的目标，确定目标实现以及监督实施的措施。巴塞尔委员会在《健全银行的公司治理》指出，稳健的公司治理可以不考虑银行形式，但银行的组织结构中至少应有四种监督，以确保存在适当的制衡：（1）董事会或监事会监督；（2）不参与日常经营的个人监督；（3）不同业务领域的直接监督；（4）独立的风险管理和审计。因此合规作为风险管理的核心组成部分，自然应当包括在公司治理之中。也就是说，公司治理是一个总体的概念，包括风险管理、内部控制和合规管理。从广义的概念来说，在公司治理的大框架下，风险管理、内部控制与公司治理是融合的，它们包含合规管理，而合规管理作为风险管理的核心，也应当应用于银行经营管理的全过程，应用于银行的每一个层次和机构，并与银行的商业活动保持独立性。在实践中，完善的公司治理不仅要“形似”，更要“神似”，要形成制度，嵌入流程，融进文化，通过企业经济附加值的创造力以及股东回报来检验成效，即“形似为表，神似是里；架构易生，机制难成；制度规范，流程高效；文化精髓，创造价值”。

金融业是现代经济的核心，金融机构尤其是银行业机构，在一个国家的公司治理系统中之所以至关重要，一方面是因为它们自身的治理是否良好影响到整个经济系统的运行安全，另一方面就是它们的业务中所自然蕴涵着的对其他各种社会经济单位“现金流”的监控，是整个国家经济运转的“大转盘”。尤其是对于制造业企业，银行承担着监控和在一定程度上参与治理的角色。与此同时，金融业自身行业的特殊性——具有高杠杆以及短期资金长期运用等特点，使得其经营具有明显的脆弱性。而且，金融风险具有极大的传染性，特别是银

行业流动性风险的传染迅速，2008年雷曼兄弟公司的倒闭拉开了百年一遇的国际金融危机的序幕，众多的西方大型商业银行、保险公司和投资银行被拖入深渊，不少机构最后只能完全依靠政府的救助才免遭破产。直至今天，欧洲一些主权国家仍然难以从危机中摆脱出来，国家主权信用陷入前所未有的危机。反思本轮国际金融危机，部分金融机构公司治理机制缺陷、合规管理和风险控制失效以及制衡和激励机制不科学是造成危机的重要原因。步入后金融危机时代，加强银行公司治理和强化对银行公司治理的监管成为世界各国银行业机构和监管当局的共同选择。虽然这场危机对我国的银行业冲击相对有限，但显然其中有许多经验和教训值得我们深思，这也促使我们更加深入地去探索和分析如何从“合规、创新与发展”的角度来建立一种更加符合我国国情，更加符合我国银行业机构特别是农村中小金融机构发展规律的公司治理机制。

一、国际金融危机以来银行业公司治理的新发展

金融机构公司治理缺陷是导致本轮国际金融危机的重要原因之一。例如，一些金融机构董事会履职失效和高级管理层过度逐利，致使激励机制失衡；资本市场和银行体系缺乏防火墙，导致风险在不同市场间快速扩散；复杂而不透明的银行结构以及银行治理失效等，如将这些问题厘清溯源后，均能找到公司治理结构上的缺失。正如乔治·索罗斯所说：“本次突发性金融危机并非外部冲击所致……它发源于金融机构自身的治理。”从理论上分析，本次危机正是过去30年来自由市场理论主宰经济政策的最终结果。这种理论有时也被称为新自由主义、经济自由主义等，其理论核心是应限制政府监管活动，减少监管当局的硬性合规要求，最终由市场力量全面取而代之。在这种理论影响下，一些金融机构过分依赖市场调节的力量而回避接受外部监管法律、法规和行业标准的约束，忽视合规管理对各项业务创新和价值创造的作用，肆无忌惮地以新银行业务模式承接巨大的风险，而对可能出现的各类风险又往往估计不足，应对不力，缺乏严密可行的全面处理预案，对过度授信所导致的信用风险、过度授权所导致的市场风险、内控失效所导致的操作风险和合规风险等长期重视不够，处置不当。例如，一些商业银行并未按照严格的信贷准入规则和制度发放贷款，或者人为地割裂了市场风险和信用风险之间的关联风险，一家金融机构或多家金融机构因过度承受风险而破产带来的多米诺效应就给整个国际金融体系造成巨大的破坏。

步入后金融危机时代，加强银行公司治理和强化对银行公司治理的监管成为世界各国银行业机构和监管部门的共同选择。欧美各国以及相关的国际组织除了积极进行“亡羊补牢”外，还陆续发布金融监管改革方案中涉及的宏观审

慎监管办法和合规管理要求，显示出监管理念和重点的转变，“合规、创新与发展”再次成为全球银行业完善公司治理的根本思路。例如，2010 年 2 月，经济合作与发展组织（Organization for Economic Cooperation and Development，OECD）发布题为“公司治理与金融危机”的报告，针对金融危机中所暴露出来的问题，对其 2004 年修订的《公司治理准则》进行了重要的补充，重点从合规的角度对银行业机构的公司治理（包括薪酬、风险管理、董事会实践和股东权利等）进行规范，强调银行业机构在积极发展市场业务的同时必须严格遵循相关的法律、法规和行业约束标准，共同维护金融体系的稳定。巴塞尔委员会也于 2010 年 10 月 4 日正式推出第三版《加强银行公司治理原则》，对商业银行公司治理提出了更高标准，作出了更严格规定。与之前版本相比较，新版本更加突出董事会在银行公司治理中的作用，强调由董事会负责审议监督银行的风险策略；增加对风险管理的要求，要求银行将风险管理渗透到公司治理的各个方面；增加对银行员工薪酬的制度安排，要求由董事会监督薪酬体系的设计运行，并且首次提出对银行复杂结构及复杂产品的治理要求。受监管理念和新监管标准的影响，国际银行业机构不断检讨和反思自身的公司治理体制，并以此为契机，从规范制度、强化监督、流程再造、组织重塑、系统完善等方面进行全方位重构，积极推进公司治理改革，全球银行业的公司治理理念和治理模式迎来新的时期。其特点归纳如下：

第一，公司治理框架由法律、规则、自我监管和自愿标准四位一体构成。在经济全球化的影响下，越来越多的国家认识到公司治理是提高经济效率的关键因素之一。良好的公司治理可以激励企业董事会和高级管理层为股东利益最大化而努力，并能够提供有效的监督，促进企业经济效率的提高。多年的实践证明，公司治理框架依赖于各国法律、规则的制度环境，也离不开市场参与者的商业实践和自愿承诺以及行业规范约束。有效的公司治理框架应以维护和加强市场主体的信誉和经济绩效为目标。仅有公司治理的监管和法规，缺乏市场参与者的合规意识和自愿约束，公司治理也会流于形式，无法取得实质性效果。

第二，强调董事会在公司治理中的核心作用和银行董事的受托责任。巴塞尔委员会特别关注银行是否采纳并实施稳健的公司治理，在总结了有关银行公司治理监管经验和最佳公司治理实践的基础上，巴塞尔委员会提出构成银行有效治理的七大原则，其中一条核心内容就是要求银行从健全和优化董事会构成及董事履职标准入手。银行董事会的首要职责是进行正确的战略决策，保持银行的长久竞争力。董事会不仅要制定银行的战略和政策，还要负责监督高级管理层的经营管理，实现股东和存款人利益最大化。此外，银行业国际化、多样化和专业化的发展趋势，给董事会的治理提出了更高的要求和挑战。其中，选定具有战略眼光的董事会成员，其关键是要招募具有专业化水平和管理经验的合格董事。另外，独立性也是银行董事会能够在公司治理中发挥重要作用的前提条件，这就要求银行业机构尽可能地减少内部人在董事会中的比例。与此同时，为了合规地履行各项职责，董事会应建立符合监管要求的信息来源渠道，以确保及时得到相关的内外部信息，并保证董事会及时有效地进行决策和监督。

第三，以风险管理为核心，健全银行风险管理体系。银行作为经营风险的市场主体，归根到底是要在有效控制风险的前提下持续地创造价值。巴塞尔委员会推出的新资本协议对银行业的公司治理提出了更高的要求。新资本协议从公司治理、信用风险控制、内部审计和外部审计等多个角度来阐述银行业的公司治理和监督。新资本协议所倡导的银行风险管理框架，标志着银行业资本约束机制的重大变革，要求银行从端正风险管理理念和方法，到健全风险管理组织体系以及改进银行风险计量手段，全面提升银行的风险管理能力。巴塞尔委员会面对金融危机的教训，对银行市场风险和操作风险资本计提的技术也提出了更高的要求，反映出更加审慎的银行监管趋势。

第四，提高信息披露的透明度，强化市场约束。透明度对于稳健、有效的公司治理至关重要。当透明度缺乏时，股东、其他利益相关者和市场参与者很难对董事会和高级管理层进行有效监督和适当问责。银行由于其业务的专业性和复杂性，信息不对称问题更为突出，从而对信息披露和透明度要求更高。这场金融危机教训之一便是信息披露的不足导致市场无法获得准确信息。新资本协议第三支柱——市场约束的原则要求银行根据适用范围、资本及资本充足率、风险评估结构等多方面的信息元素进行信息披露。可见，今后对银行业机构更高标准的信息披露是监管部门和市场竞争的共同要求。

从以上分析可以看出，目前巴塞尔委员会对银行业监管的关注重点已从单纯的风险管理转向风险管理与公司治理并重，即将较为完善的公司治理作为监管部门允许银行实施信用风险内部评级法、市场风险内部模型法和操作风险高级计量法等高级风险计量法的前提条件，并更加重视发挥监管部门监督检查和信息披露等外部公司治理机制的作用。特别是 2008 年金融危机爆发以来，随着一向被认为风险管理技术水平较高的花旗集团和高盛集团等世界著名的金融机构纷纷陷入困境甚至破产倒闭，巴塞尔委员会深化了对公司治理的认识：有效的公司治理是维护公众对银行体系信心的关键，不良的公司治理会导致市场对银行管理其资产和负债（包括存款）的能力失去信心，由此引发流动性危机和系统性风险。

从国内监管部门的监管动态来看，近年来，中国银监会一直高度重视银行业机构公司治理问题，先后出台一系列公司治理法规和指引，不断强化公司治理监管力度，防范银行风险并促进银行稳健经营。需要提出的是，中国银监会已于 2011 年 7 月向各家商业银行发布《商业银行公司治理指引（征求意见稿)》，对原有的《国有商业银行公司治理及相关监管指引》、《股份制商业银行公司治理指引》、《股份制商业银行独立董事、外部监事制度指引》、《股份制商业银行董事会尽职指引》、《外资银行法人机构公司治理指引》和《进一步完善中小商业银行公司治理指导意见》等法律法规进行整合、补充和完善，以制定统一的适用于各类银行业机构的公司治理指引，完善公司治理要求，指导银行业机构不断提高治理水平。《商业银行公司治理指引（征求意见稿)》的主要创新内容包括：一是加强董事会运作及董事履职的内容；二是强化监事会职责要求；三是加强对主要股东行为的约束；四是强化了银行业机构的战略规划和资本管理；五是增加对风险管理与内部控制的具体规定；六是明确了对建立科学的激励机制和有效的问责机制的要求；七是增加了对信息披露建设和透明度的具体规定；八是增加了监管部门对银行业机构公司治理的评估、指导与干预职能；九是采用了新的公司治理定义，借鉴 OECD 和巴塞尔委员会的定义，提出了利益相关者的概念，更加突出银行业机构的公司治理应履行对存款人、内部员工等利益相关者的权利保护责任。

根据监管部门新的监管理念，结合国内公司治理发展现状和全球范围内对公司治理的反思与改革，当前国内银行业公司治理结构发展已呈现几个主要趋势：董事会及高级管理层的公司治理法律意识不断增强，在合规基础上积极创新和发展已得到各家银行业机构董事会成员和高级管理层的普遍认可，主动合规已成为银行业机构发展的主格调，“主动违规”事件逐渐减少；努力实现审慎监管与稳健经营，日益成为监管部门和银行业机构双方共同追求的目标；机构控股股东越来越顾及中小股东权益，机构投资者积极参与银行的公司治理；高管激励从以单纯的薪酬为主向与股票期权、远期利益等长期激励相结合的模式发展。总体而言，银行业机构公司治理已经处于“主动合规”阶段，但我国要真正实现所有银行业机构的“主动治理”仍需时日。

二、公司治理的实质及其核心要素

公司治理简单来讲就是一国政治经济体系中的企业制度安排。这种安排决定了企业为谁服务，由谁控制，风险和利益在投资人、管理层、员工和相关利益群体之间怎样分配，以及企业高管层的架构及决策机制。公司治理结构要解决两个基本问题：一是如何保证投资者的投资回报，即协调股东与企业的利益关系；二是企业内各利益方的关系协调。而要解决这两个问题的重点在于明确代理人的定位。现代公司制度下所有权和管理权的分离，使得行使管理权的“代理人”可能会作出一些只对自己有利而伤害到公司其他利益相关方的行为，而两权分离必然带来一系列的“代理成本”。公司治理，广义地理解就是可以用来降低代理成本，约束代理人问题的一系列机制的总和。在欧美国家，资本市场相对发达，公司治理机制的设计基本上围绕资本市场进行，这便是公司治理的市场模型。而在资本市场相对不发达、银行在金融体系中地位更为显著的经济体中，公司治理机制的设计普遍强调自上而下的控制与监管，这便是与市场模式相对立的管控模式。在我国资本市场"向上成长"的二十多年来，由于一直强调资本市场在企业改革中的辅助性角色，普遍采纳的是行政管控式的公司治理模式。

与普通的工商企业相比较，基于银行业三个方面的内在特点，其公司治理具有特殊性。首先是基于银行脆弱性的特点。众所周知，银行由于其高杠杆性和"短借长用"的特点，具有内在的脆弱性，这种内在的脆弱性对银行的风险管理和内部控制提出了更高的要求。其次是基于银行外部性的特点。由于银行出现风险甚至倒闭具有极强的传染效应，各国政府一般都建立了安全网对银行进行保护，安全网的存在一定程度上削弱了对银行的市场约束，从而进一步凸显了银行内部治理的重要性。最后是基于银行信息高度不对称的特点。相比于非金融企业，银行由于其业务的专业性和复杂性，信息不对称问题更为突出，从而对信息披露和透明度要求更高。

基于银行业公司治理的特殊要求，银行业机构完善的公司治理应具备以下七项基本要素，即健全的组织架构；清晰的职责边界；明确的决策规则和程序；完善的风险管理与内部控制机制；有效的激励和监督机制；信息披露和透明度；合理的社会责任。

1. 健全的组织架构。全球范围内的公司治理模式大体可以分为四种：英美国家的市场监控模式、德日国家的股东监控模式、东南亚国家的家族控制模式以及东欧等国的"内部人控制"模式。世界各国的公司治理结构差别较大，但主流是英美模式和德日模式。英美模式以外部监督为主。美国公司受到企业外部主体（如政府、中介机构等）和市场的监督约束，但因股权过于分散，股权结构不稳定，一般股东不可能联合起来对公司实施有效的影响，使股东对高管人员的监控力度大为减弱，形成"弱股东，强管理层"特征。德日模式是一种典型的内部监控模式。公司的资本负债率较高，股权相对集中，特别是法人之间相互稳定持股，以及银行对企业的持股和干预，使企业内部的各相关利益主体监控企业成为可能，虽然它们也有发达的股票市场，但市场治理机制的作用发挥有限。家族控制模式是建立在以家族为主要控股股东基础上的，以血缘为纽带的家族成员内的权利分配和制衡，企业高管具有一定的排外性，同时企业决策方式也大多是"家长式"的。内部人控制模式本身就是一种不健全、不完善的模式，这种模式既缺乏股东的内部控制，又缺乏企业外部治理市场及有关法规的监控，从而导致企业的经理层和职工成为企业实际控制人。中国的公司治理模式主要借鉴了英美及德日模式。本次金融危机中所表现出的社会信用恶化、市场监管缺失、企业内控失效、信息不对称、道德风险等公司治理问题，再次引发了人们对各种模式的公司治理结构进行反思。从我国银行业现状来看，目前各家银行普遍按照监管部门要求建立了包括股东大会、董事会、监事会和高级管理层在内的公司治理架构，董事会中设立了一定数量的独立董事，同时建立了包括审计委员会、薪酬与考核委员会、风险管理与关联交易控制委员会、战略委员会等在内的多个委员会，一些银行业机构的监事会还设立了监督委员会，公司治理组织架构日益健全。但我国银行业机构特别是中小金融机构，普遍存在内部人控制现象，加上监事会监督机制缺失，高级管理层自我约束机制尚不完善，导致公司治理机制运行不畅，效果不明显，问题也较多，亟须从法律、规则和行业约束等方面进行规范。

2. 清晰的职责边界。清晰的职责边界是确保银行各个治理主体独立运作、有效制衡的基础。应当包括以下内容：一是职责明确。银行业机构应当在法律的框架内，以章程或议事规则的形式对股东大会、董事会、监事会和高级管理层的职责作出明确的规定，职责相互之间应当不重叠、不交叉。二是履职要求明确。董事、监事和高级管理人员的履职要求，应当由银行自身作出清晰、严格的规定。三是问责明确。对于董事（包括独立董事等）、监事和高级管理人员违反法律、法规或者不能尽职的，应当规定明确的处罚措施和处罚程序。

3. 明确的决策规则和程序。如果说职责边界是明确由谁作出决策，决策规则和程序就是明确怎么作出决策。例如，董事会要作出决策，首先，由董事长召集会议，并在一定时间之前通知董事，让大家充分了解情况，有所准备；其次，要有二分之一以上董事出席，董事会会议才能有效，那些经常不能出席董事会会议的，应当及时除名，及时更换；最后，要对某一事项作出决议，应当由出席董事会会议的二分之一或三分之二以上董事通过。在对有关事项进行讨论时，还应当明确有关联关系的董事能不能参加讨论，能不能参与投票。此外，银行应当清楚、明确地规定股东大会、董事会、监事会和高级管理层等各个层次决策的规则和决策程序，确保公司治理运作顺畅有序。在建立健全股东大会、董事会和监事会的基础上，要明确股东大会、董事会和监事会以及经营层之间的职责和权力，完善公司治理的组织体系，形成有效的制衡机制，同时要科学合理地成立专业委员会，要根据自身组织特点及经营管理现状来成立专业委员会，专业委员会的设立通常基于以下的依据：提高决策效率；弥补组织部门中职能的缺失；提高跨部门协作的有效性；强调组织中某项职能的重要性，例如风险管理职能。

4. 完善的风险管理与内部控制机制。完善的风险管理和内部控制机制是保障银行业机构稳健发展的基础。董事会应根据本机构风险状况、发展规模和速度，建立全面的风险管理战略、政策和程序，确定本机构面临的主要风险、适当的风险限额和风险偏好，督促高级管理层有效地识别、计量、监测、控制并及时处置面临的各种风险。董事会及其风险管理委员会应定期听取高级管理层关于风险状况的专题报告，对风险水平、风险管理状况、风险承受能力进行评估，并提出全面风险管理意见。同时要建立健全内部控制责任制，确保董事会、监事会和高级管理层充分认识自身对内部控制所承担的责任。董事会、高级管理层对内部控制的有效性分层负责，并对内部控制失效造成的重大损失承担责任；监事会负责监督董事会、高级管理层完善内部控制体系和制度，履行内部控制监督职责。

5. 有效的激励和监督机制。在当前激励形式日益多样化的情况下，银行业机构如何建立合法、合规并能兼顾社会公平等问题的有效激励约束机制，正成为各家机构共同面对的现实问题。巴塞尔委员会的公司治理原则也强调“薪酬制度和银行的道德观念、经营目标、战略以及外部环境相一致”的理念。约束机制是公司治理的另一重要方面，其中最为核心的问题就是要尽快配备足够数量的、独立且合格的内部审计人员，同时要进一步增强外部审计的独立性，其工作应当定期评价，原则上也应有所更换。此外，监事会要充分发挥其法定的监督作用。与约束机制密切相关的另一个问题是独立性。独立是监督的前提，缺乏独立性将使得监督成为虚设。在银行公司治理中，较为突出的独立性问题包括：董事会如何更好地独立于经营管理层和控股股东；独立董事和外部监事如何保持在整个任期内均具有独立性；监事会如何独立于董事会和高级管理层，例如，有的银行监事会成员的薪酬由董事会决定，而监事会又有监督董事会的职责，这种安排本身就存在利益冲突；各专门委员会的独立性，特别是审计委员会和关联交易控制委员会在相当一部分银行都存在独立性不足的问题。如何提高相关治理主体的独立性，也是我们必须关注的重点之一。

6. 信息披露和透明度。阳光是最好的防腐剂。曾任纽约联邦储备银行行长的麦克唐纳先生讲过，“金融稳定最大的敌人莫过于丧失信心，而对信心最大的损害莫过于可靠信息的缺失”。强有力的信息披露和透明度有利于加强对银行的市场约束，督促其提高经营管理水平。巴塞尔委员会的公司治理准则，将透明度列为公司治理的一项重要要素。如何增强股东信息的透明度、加大对银行控股股东的监督、有效控制关联交易，是我们面临的另一个挑战。国内银行业机构披露的公司治理信息应包括：年度内召开股东大会情况；董事会构成及其工作情况；独立董事工作情况；监事会构成及其工作情况；外部监事工作情况；高级管理层构成及其基本情况；薪酬制度及当年董事、监事和高级管理人员薪酬；部门设置和分支机构设置情况；对本机构公司治理的整体评价；监管部门规定的其他信息。

7. 合理的社会责任。银行是服务于公众的企业，它既是以盈利为目的的商业机构，也是社会公共基础设施的一部分，这就注定了它必须承担一定的社会责任，必须以较高的道德标准要求和规范其行为。这也是现代大型公司的共同做法。例如，日本瑞穗银行将其银行的合规管理不仅定位为对法律法规和内部政策与程序的遵守，还要求必须对环境保护和社会福利等作出贡献。当前，国内银行业机构应当在经济、环境和社会公益事业等方面履行社会责任，积极配合国家宏观经济调控政策，支持国家产业政策和环保政策，保护和节约资源，促进社会可持续发展，并在制定发展战略时予以体现，定期向公众披露社会责任报告。同时，银行业机构应遵守公平、安全、有序的行业竞争秩序，以优质的专业化经营，不断改进和创新金融服务，保护金融消费者合法权益，持续为国家、股东、员工、客户和社会公众创造价值，树立具有社会责任感的价值准则、合规文化和经营理念，以此激励全体员工更好地履职。其中董事会负责核准包括董事会自身、高级管理层及全体员工应遵循的职业规范与公司价值准则；高级管理层负责制定包括整个机构各部门管理人员和业务人员的行为规范，明确具体的问责条款，并建立相应处理机制。银行业机构应鼓励员工通过合法渠道对有关违法、违规和违反职业道德的行为予以报告，并充分保护员工合法权益。

三、近年国内银行业公司治理的主要成效

近年来，监管部门不断推动包括全国性大中型商业银行、城市商业银行和农村信用社等银行业机构的股份制改造，深化银行业机构经营体制机制变革，银行业机构初步建立了符合行业特点的公司治理机制，公司治理制度不断完善，公司治理水平显著提高，公司治理有效性逐步增强。主要成效包括：

一是公司治理理念和意识已深入人心，中央政府以及人民银行、银监部门等始终将银行公司治理监管放在整个银行业监管中的核心地位，持续通过制度建设和国际国内最佳做法的推广引领，使得银行业机构从上到下充分认识到公司治理的重要意义并将建立较为完善的公司治理机制作为整个机构核心工作付诸实践。

二是银行业机构普遍搭建了较为健全规范的公司治理组织架构，普遍建立了以独立运作的股东大会、董事会、监事会和高级管理层（以下简称“三会一层”）为主体的公司治理组织架构，基本明确了职责边界和议事规则。通过设立董事会专门委员会、优化董事会构成、提高董事独立性和专业性等措施，不断强化董事会的核心地位和决策职能；董事、监事和高级管理层人员的履职评价和激励约束机制初步建立；全面风险管理和内审职能垂直独立等内控体系建设

逐步完善，公司治理的有效性开始显现。

三是银行业机构通过股改、上市和增资扩股等方式形成了多元化的股权结构，绝大部分全国性大中型商业银行完成上市工作，城市商业银行基本完成内部体制机制改革，农村中小金融机构股权改造工作的力度也越来越大，农村信用社改制为农村商业银行的步伐明显加快，村镇银行、小额贷款公司和其他新型农村金融机构的运行模式逐渐成熟。

四是经营理念和经营方式发生重大变化，发展目标开始从片面的追求数量调整到数量与质量并重、质量为先的原则上来。这突出表现在银行已经初步确立了价值意识、资本约束意识、风险管理意识和品牌意识；银行发展也改变了过去“无本经营”的局面，开始建立资本经营、资本与风险相匹配的理念，经济资本（EC）、经济增加值（EVA）和经风险调整后的资本回报（RAROC）等在银行业机构得到重视和应用，它们在资本配置、风险覆盖和激励考核等方面都发挥了日益重要的作用。

五是逐步形成了市场约束机制，目前绝大部分银行业机构实现了向社会公众披露经营管理信息，特别是上市银行信息披露的及时性、准确性、全面性显著提高，市场约束机制开始发挥作用。

六是银行业机构的企业社会责任意识不断增强，自觉履行社会责任，倡导和推行绿色信贷，积极推动内部的廉政建设和合规建设，严格履行包括反洗钱、反恐等方面的社会责任，同时积极投身社会公益事业，树立了良好的社会形象。

四、农村中小金融机构公司治理存在的主要问题

当前，农村中小金融机构普遍搭建起公司治理组织架构，基本明确了职责边界和议事规则，“三会一层”各司其职，有效制衡，协调运作的公司治理结构基本形成。但由于管理体制及其内部管理机制存在缺陷，绝大多数农村中小金融机构的决策、执行、监督相互制衡以及激励和约束相结合的经营机制尚未真正发挥作用，公司治理结构仍是“形似神非”，与中央政府要求农村中小金融机构通过改革实现“自我经营，自我约束，自我发展，自担风险”的市场主体目标存有差距，这也是导致部分机构经营机制落后、经营风险积聚、约束机制弱化以及经营绩效较差的根本原因。归纳起来，由于多种因素的综合作用，目前农村中小金融机构法人治理存在以下问题：

1. 产权关系不明晰，所有者主体（或委托人）缺位。部分农村中小金融机构股权仍存在分散性、流动性甚至“存款性”的特征，股权结构不尽合理，产权主体位置被虚置，产权关系模糊，导致在经营决策上存在短期性和盲目性。此外，完善法人治理结构，其实质是使农村中小金融机构从以“行政约束”为

主逐步转向以“所有者约束”为主，也就是所有者与经营者的契约关系，即一种市场化的委托代理关系。目前，股东（或社员，以下同）代表大会作为农村中小金融机构的最高权力机构，理应享有选择董事会（或理事会，以下同）及监事会成员的权利，审议董事会、监事会工作报告，对农村中小金融机构重大事项作出决议等，但在现实中，股东代表大会往往流于形式，股东代表对机构经营管理的基本情况不了解或者了解不多，股东与机构之间存在着严重的信息不对称，客观上缺乏参与重大决策的基础条件和内在动力。

2. 决策权与经营权界定模糊，容易导致董事长串位。根据“三会一层”制度要求，农村中小金融机构行长（主任）由董事会聘任，在董事会授权范围内开展经营活动，并实行任期目标责任管理，经营管理层对经营效益的好坏负有经营责任，要对经营不善或违规经营等造成的损失承担责任。但有的农村中小金融机构董事长受传统管理习惯影响，角色转换缓慢，习惯于事必躬亲，反而所担负的重大决策职能作用没有得到充分发挥；有的董事长受既得利益的影响，对应由经营管理层实施的职能和权利（如贷款审批、财务开支等）明放暗不放，存在“签字的说了不算，说了算的不签字”的现象，导致出现问题时责任无法追究，严重影响和削减了经营管理层的工作积极性、主动性。此外，目前监管部门对农村中小金融机构经营目标考核以及经营管理不善追究责任时，也往往不加区分，大多由董事长承担最终责任，这也使得不少农村中小金融机构的董事长很难置身于经营之外。

3. 监督机制薄弱，监事会（监事长）虚位。监事会成员的来源渠道及其职级决定了其名不符实的位置，很难做到独立于经营之外或独立于整个机构利益之外，实施对经营管理层经营活动的监督、检查及处理。大多数农村中小金融机构的监事会会议成了稽核检查工作汇报会，没有按照监事会的职能实施对农村中小金融机构业务、财务等经营管理活动进行全面监督。

4. 信息披露和风险提示不够，导致股东及社会公众监督不到位。自觉接受股东和社会公众监督，是农村中小金融机构公司治理的重要内容，也是科学管理的必然要求。但由于受经营理念和实际经营业绩不景气等方面的制约，部分机构在对公众公开披露自身经营业绩和经营活动时，效果大打折扣。究其原因，一方面是农村中小金融机构领导层在情感上和传统观念上视股东为外人，不愿意过多暴露其经营情况，另一方面是绝大多数入股股东只对能得到多少分红感兴趣，而并不在意农村中小金融机构经营的好坏和管理上的问题。

5. 经营机制转换不到位。从已过渡到统一法人的农村合作金融机构来看，大多数还是遵循以往的经营管理模式，缺乏应有的流程优化、内控加强、成本节约、绩效提高等方面的手段和方法，尤其是信贷方面，更是依赖下属经营单位（分支机构）为前沿阵地，在下达了包括贷款增量、不良清降、利息收入等为主要内容的一系列指标后，采取分级授权管理的模式，这与改革前没有太大区别，高效的风险识别与评价体系、严格的审贷分离制度和赏罚分明的信贷市场营销战略以及相应的责任追究制度等并未完全建立。

由于大多数农村中小金融机构在公司治理上存在上述多种缺陷，导致在合规管理、风险管理和金融创新等方面也同样存在诸多问题：第一，绝大部分农村中小金融机构尚未从董事会层面核准本机构的合规政策，合规的高层导向不明确。第二，确定并监督实施风险偏好、风险管理战略和风险管理规则不是由董事会独立负责审定，而是由高级管理层取而代之，使得董事会对高级管理层经营决策行为的风险监控职能受到严重削弱。第三，股东代表大会、董事会、监事会的职责不能正常履行，存在巨大利益冲突的高级管理层缺乏动力去推进合规管理机制和全面风险管理体系建设，也缺乏动力去追求产品创新和服务创新，许多机构现行合规管理和全面风险管理组织架构不健全，创新机制不完善，人才不齐备，职能不到位，合规管理、全面风险管理以及创新机制运作常常陷入不正常状态，表现出时紧时松，产品和服务创新跟不上客户的需求，不良资产和不良率时升时降，资产质量状况总体表现不佳，违规问题或大小案件时有发生。第四，由于大部分农村中小金融机构组建的合规与风险管理委员会主要由业务部门负责人组成，业务部门对来自合规要求以及风险管理监督的天然排斥性，使得很多政策制度和程序不是从合规角度或全面风险管理本质要求出发，而是从其自身需要出发，部门/条线利益主导下制定出来的合规与风险管理政策、制度和程序，必然缺乏整体性和统一性，因而缺乏规范性和权威性，相关政策制度在执行过程中也出现各取所需，随意性很大，这也正是目前监管部门和行业管理机构（省级联社）很多合规管理政策在一些机构流于形式、执行力度差的根本原因所在。第五，缺乏高效规范运作的董事会，也就难以通过市场程序选聘合格的高级管理层成员，更谈不上在合规管理和全面风险管理过程中实施严格的监督、考核和硬性约束，有些机构经营管理者来自政府机关，不仅金融风险管理知识严重缺乏，还因官僚行政惯性而轻视风险管理技术，疏于风险管理信息系统建设，这使农村中小金融机构与先进商业银行相比，在风险评估方面差距较大，会计信息失真、信息传递效率低下、系统的开发与应用水平不高、风险评估和管理缺乏统一、内部风险揭示不足、风险评估手段落后、贷款风险分类真实性差、风险评估对象局限于信用风险等问题突出。第六，法律类人才在农村中小金融机构的董事群中所占的比例很小，在高级管理层也没有配备专职的首席合规官或风险官，很多机构把握业务运营合规性和整个机构运作合规性的重担落在合规部门负责人身上，而合规部门负责人又往往缺乏法律知识和风险管理经验，这一状况极易造成董事会决策过程和高级管理层经营过程中对相关法律、法规的忽视，经常出现一些法律问题，如财务信息造假、违规出具票据/保函、信息披露不全面或不及时等。

五、合规、创新、发展——完善公司治理三大原则

通过对当前农村中小金融机构公司治理现状的分析，我们可以清晰地感受到，完善公司治理的根本目标，就是要通过制度的执行和流程的规范来保障农村中小金融机构内部建立起科学决策、高效执行、有效监督、不断创新的经营管理模式，尽快形成满足机构长远发展的合规机制和创新机制，并永远保持科学可持续发展的生机和活力。为此，在新的发展时期，合规、创新和发展应成为我们完善公司治理的重要途径和基本原则。

（一）合规性原则

合规是银行业机构进行业务创新和追求更大发展空间的底线，合规管理是银行战略实施和持续发展的基础管理过程。合规本身也同样创造价值，好的“规”的形成过程本身就是对农村中小金融机构业务和管理流程的整合和优化，促进其提升经营管理能力，并带来直接的经济效益；通过建立有效的合规管理机制，避免违规风险及由其带来的声誉风险，提升农村中小金融机构的无形资产价值，增强对员工、对客户、对公众、对股东的吸引力；通过关注、了解各类“规”的最新发展，加强与外部监管部门的有效互动，可以积极争取有利于农村中小金融机构未来发展和业务创新的外部政策环境。当然，合规也不是机械地执行各类法律法规，被动地接受监管，而是要主动合规、有效合规、科学合规、创新合规，创新中履行合规，合规中蕴涵创新。我们应充分认识合规的价值，主动满足合规的要求，完善合规的制度安排，在此基础上共同推动合规内涵的不断完善和扩展。

从实质上说，农村中小金融机构建立和完善合规管理机制的过程，本身就是对整个机构的董事会、监事会和高级管理层及其相关委员会的职责进行规范的过程，也是逐步建立符合外部监管要求的监督约束机制的过程。同时，通过业务流程的梳理、优化或再造，将各项合规要求落实到具体的流程操作中，规范对董事会决策的制度约束，健全对高级管理层经营管理活动的流程制约，以此提升整个机构的公司治理水平。此外，通过加强合规管理，可以有效防范各类金融风险，推动农村中小金融机构稳健经营，提高农村中小金融机构支持“三农”和中小企业的质量和效率，在合规的前提下追求又好又快地发展；通过加强合规管理，夯实内部管理基础，为业务创新和服务创新提供坚实的合规保障，集中更多的力量抓市场营销、抓客户服务、抓品牌建设，提高自身信誉度和知名度，从而在同业竞争中处于更加有利的位置；通过加强合规管理，不仅能够通过减少违规事项降低由其带来的坏账损失，同时可以减少遭受监管处罚

和行政诉讼而导致财务损失的可能性，降低业务拓展和外部融资成本，最终提升农村中小金融机构的市场价值；通过加强合规管理，强化合规教育和培训，提高全体员工的合规意识，增强员工对本机构的认可，凝聚、鼓励员工尽职工作、开拓创新，严守业务操作规程，防范内外人员作案，尽快形成“合规有益，违规有害”的新观念，创新企业文化的内涵，为农村中小金融机构未来发展保驾护航。

（二）创新性原则

创新是一个民族进步的灵魂，对任何企业来说，观念创新是一个前提，体制创新是先导，技术创新是主线。金融业务、产品、服务创新等既是一家银行业机构获取利润的直接手段，也是银行业机构保持发展后劲的动力所在。事物的法则，永远是用进废退，这是颠扑不破的真理。经济社会如此，农村中小金融机构的事业发展更是如此。要想在异常激烈的竞争中不被淘汰，就必须未雨绸缪，主动出击，多一点创新意识，多一点创新举措，寻找新的金融产品、新的金融项目、新的盈利空间，甚至是新的开局，这样才能促进进步，这样才能拓宽金融业务的发展空间。落实到实际工作中：一要通过体制创新和经营管理机制创新来调整自身的公司治理结构，不断提升管理水平，防范各类风险；二要积极推进综合管理信息化建设，建立各种内部管理信息化系统，运用科技手段缩短管理半径，做到业务和管理决策有机结合、客户服务和信息分析有机结合，为各项管理决策、考核和评估、分析和监控等提供依据，提高经营决策水平和效率；三要推进科技和业务的整合创新，创造条件积极推行新一代业务综合系统，为客户提供“一站式”、全过程的金融服务；四要加强同业间在创新上的合作，开展重大创新项目的联合开发攻关，努力实现销售结算网络、信息管理系统等方面的资源有限共享，共同开拓、分享新的市场机会，带动创新业务。同时要强调的是，创新可以创造价值，但只有合规前提下的创新才具备价值。再高水平的创新，再高价值的创新，如果脱离了合规这个大前提，都将只是水中月、镜中花。一旦出现违规风险，可能产生高于创新本身价值数倍的有形资产和无形资产损失。农村中小金融机构在金融业务创新上不能想怎么做就怎么做，必须自觉遵守相关法律法规，对一些不能逾越的规章制度和道德准则、社会责任等绝对不能逾越，而对可以创新求变的规章制度也要适时适度，并要遵循一定的行业公约和道德规范，不能损人利己，不能违背公平竞争的市场法则，否则就会得不偿失，甚至带来巨大的声誉损失和合规风险。

创新不足、金融产品匮乏，制约着农村中小金融机构核心竞争力的提升。面对激烈的市场竞争格局，为了赢得自身的生存发展空间，农村中小金融机构要以完善公司治理为目标，以合规经营和稳健发展为前提，尽快建立起“以客户为中心，以市场为导向”的创新机制，深入开展“三农”和中小企业需求导向的金融创新。董事会要从战略上明确本机构未来一段时期的发展规划，加快制定面向“三农”、面向“中小企业”、面向“地方经济”的差异化发展战略；高级管理层要根据董事会要求，把市场细分到具体行业、具体产业，鼓励按照传统小规模经营农户、专业化规模经营农户、专业合作社、农村中小企业、农村小城镇和基础设施建设等划分标准，建立客户信息数据库，为业务发展提供支撑，同时要加强产品细分，结合农村信贷规模小、需求急、季节性强和缺乏抵押担保的特点，开发批量化与特色化的金融产品；要加强渠道建设，要毫不放松地深入推进金融服务全覆盖工作，把重点调整到拾遗补缺、增强功能、提高服务覆盖面和有效性上，各项工作要经得起历史和广大农民群众的检验；要加强营销队伍和激励约束机制建设，探索招收大学生充实农贷营销队伍，给予涉农业务必要的内部资源倾斜政策，合理设定风险容忍度，健全涉农业务目标责任考评机制和激励机制，适当加大涉农不良贷款处置回收的奖励力度；要继续鼓励结合实际大力探索抵押担保创新；要积极创造条件大力发展网上银行、电话银行、手机银行，通过这些电子银行渠道实现账务查询、转账汇款、缴费、网上支付、投资理财等各项功能；要不断改进服务方式，倡导人性化亲情服务，构建多元化的服务网络体系，改善与客户之间的关系。

在积极推进业务创新和服务创新的同时，农村中小金融机构要不断推进管理、技术与文化的创新。在管理创新方面，努力借鉴先进银行管理经验，提高公司治理水平，提高董事会决策能力，全面提升高级管理层管理素质，重塑机构总部与各经营单位和网点之间的责、权、利关系，逐步向扁平化组织架构转变；要加快实施流程银行建设，规范业务操作流程，完善各项管理活动，在具体的流程操作中落实各项制度、规定，提高制度执行力；要建立全面风险管理机制，努力实现对信用风险、市场风险、操作风险、合规风险等的全面管理和流程控制，提高风险量化水平和风险管控能力。在技术创新方面，要以数据集中为载体，积极推进财务系统、信贷管理系统、银行卡结算系统、风险管理系统等方面的系统建设，增强系统操作能力和服务功能；要积极引进客户信用内部评级技术、市场业务风险量化技术、操作风险系统管控技术、经济资本风险与考核技术、资金内部专业定价技术等，真正提升内部管理水平，积极向现代金融企业迈进。在文化创新方面，要积极培育和建设适合自身发展的企业文化体系，将最初的拼搏文化、奉献文化、服务文化逐步扩展到信用文化、合规文化、风险管理文化，逐步丰富和发展企业文化的内涵，并在提高资产质量、增进服务效率、防范经营风险等方面发挥向心力作用。

（三）发展性原则

银行业总是在机遇和挑战中不断发展、前进，银行业就是在发展中不断完善自我，如同“逆水行舟，不进则退”。公司治理，也是如此，如果不能满足发展的内在需求，必将不能适应自身所面对的约束条件、外部环境以及社会需求，最终面临被淘汰的厄运。发展不是天马行空、为所欲为的发展，必须是在合规前提下的发展，不仅要严格遵守国家的法律法规、规章制度、行业规定和监管要求，同时也必须着重分析监管部门和行业管理机构的具体要求；密切关注整个宏观经济金融形势；前瞻性地分析客户群的需求，准确把握社会金融需求的变动趋势，这样的发展才是合规的发展。发展也不是故步自封、亦步亦趋的发展，必须是科学创新，敢于打破禁锢的发展，只有在前人的基础上，有所创新和突破，我们的发展才会源源不断地焕发出生命力。所以，发展与合规、创新是紧密相连，彼此不分的。当前，农村中小金融机构要在发展中逐步建立起较为完善的公司治理体制，其中的主要工作就是要把握三个标准、实现四大目标、处理好五大关系。

1. 把握三个标准：科学决策、高效执行、有效监督。科学决策就是通过股东大会、董事会和监事会发挥作用的内部监督机制以及外部监管部门、行业管理机构和市场约束等外部监督机制发挥作用，来实现建立在科学决策基础上的公司治理。高效执行是银行业机构成功的关键和核心竞争力的重要组成部分，一切治理理念和制度的价值只有在高效执行的过程中才能得到真正的体现，制度执行力是实现良好公司治理的基础。有效监督就是在内部要接受监事会的监督，在外部要接受监管部门、行业管理机构、股东和社会各界的监督，经营透明化，管理公开化。

2. 实现四大目标：为客户创造价值，为股东创造收益，为员工创造未来，为社会创造财富。农村中小金融机构在业务发展过程中，要不断加强产品创新、为客户提供个性化、高品质的产品和服务，满足客户不同区域、不同时段、不同形式的金融需求；要全面提升机构和股东价值，努力追求股东利益最大化；要努力营造公平开放的内部环境，建立起规范的员工竞聘渠道，规划好员工的职业生涯，加强新型职位管理体系、薪酬管理体系、绩效管理体系和员工培训及职业发展体系建设，将员工视为最珍贵财富，构建以人为本的企业文化；要热心社会公益，积极履行社会责任，在为社会创造财富的过程中打造最受大众尊敬的银行业机构，树立良好的品牌。

3. 认真处理五大关系：要认真处理好党委与制度、架构与机制、制衡与配合、外部监管与内部治理、股东利益与相关者利益之间的关系。农村中小金融机构要始终坚持中国共产党的领导，明确党委会是整个机构的政治领导核心，董事会是领导决策层，监事会是执行决策的监督层，而高级管理层（经营班子）则是决策的实施层；要严格遵守各项法律法规，以党委为核心，不断完善公司治理体制，形成完善的规章制度、有效的激励机制、科学的运行机制和严谨的内部控制机制，在促进发展这一共识基础上，各个治理主体各司其职、积极配合，形成协调有序、互相监督的运行模式，在实现股东、客户、员工及社会价值的过程中，提升整个机构的核心价值。

六、农村中小金融机构完善公司治理的其他途径

农村中小金融机构要实现长治久安，必须借鉴和吸收先进的经验，标本兼治，不断优化公司治理建设，才能在激烈的竞争中立于不败之地。特别是巴塞尔协议Ⅲ出台后，中国银监会加快了实施新资本协议和新监管标准的步伐，对农村中小金融机构公司治理又提出了新的要求，这既是挑战，更是机遇，我们应该好好把握。当前，农村中小金融机构在坚持合规、创新、发展的基础上，对完善公司治理还要重点做好以下工作。

第一，优化股权结构。当前，各地农村中小金融机构特别是农村信用社已通过增资扩股、引进战略投资者等途径加快股份制改造，在这个过程中，要特别注意引进异质股东和异地股东，促进解决股东行业集中、股东实力不强、股权分散的问题。要严格按照商业银行公司治理要求，从一开始就打造有效治理基础。操作上要注意合法化、规范化和股东资质的严格把关。特别是对于控股股东或相对控股股东，要遵循四大原则进行资质审查和持续监管：一是实际控制力原则，加强关联关系审查，防止股东集团化、财团化和家族化；二是远离破产原则，选择公司治理良好、投资资金真实合法、债务清偿能力充分、主动配合监管的优质股东，并坚持有限参与，主动防止盲目扩张；三是力量来源原则，强调持续支持意愿和持续注资能力，原则上不允许引入投行、基金公司等有短期投机可能的法人股东；四是诚信义务原则，要求其签订诚信承诺，防止出现侵害银行或相关利益方的短视行为。

第二，选好董事长。完善公司治理的关键是制度、机制和文化，而这些制度、机制和文化等都建立在董事长及其领导下的高级管理层能否正确有效履职的基础上。长期的实践告诉我们，一家独立法人的金融机构，如果董事长不能严格要求自己或者带头违规违纪，或者不能认真履职或无所作为，那这家机构在一定时期内会出现各种各样的问题，有的会导致不良资产急剧上升，有的会发生违规或违法案件，有的会出现内部管理不善而整个机构停滞不前等。董事长是农村中小金融机构公司治理的“总舵手”，必须抱定对党的事业负责，对股东、对客户、对员工负责的信念，诚实做人、合规做事，如临深渊、如履薄冰，心无旁骛，专心做事，在对自我行为的严格约束中带领整个机构的发展。因此，农村中小金融机构在建立公司治理架构的基础上，要选好董事长，并通过董事长的认真履职，建立起公司治理的制度体系和确保公司治理有效运行的各项机

制，形成公司治理文化，将领导层的管理理念融入员工思想，形成全员一致的行动，实现整个机构的永续发展目标。

第三，落实独立董事制度。公司治理结构的核心思想是董事会的独立性。目前，独立董事制度作为公司治理的一项重要内容已在国内银行业推广且外部董事特别是独立的外部董事所占的比例越来越大。农村中小金融机构要进一步完善独立董事提名、选聘和激励约束机制，发挥独立董事在公司治理中的积极作用。要优化外部董事知识结构，提高董事会及专门委员会的专业性。通过引入具有行业经验的管理人才，具有银行或金融行业理论知识的学派专家，具有专业知识和实践经验的人才来提升董事会、专门委员会的专业性。要逐步提高独立董事参与程度，并建立独立董事的述职与评价体系，明确规定独立董事参与董事会及专业委员会的时间要求，并进行监督评估。要逐步增加独立董事数量，确保董事会独立判断的能力。要逐步建立独立董事领导的非执行董事例会机制，明确规定每年至少召开一次没有执行董事参加的例会，讨论相关议题。要建立独立董事年度述职机制，由独立董事在股东大会上总结年度工作，同时采取自评、独董互评、股东大会评价相结合的方式进行独立董事的履职评价。

第四，完善监督激励机制。当前重点要强化对高级管理层的监督、约束和激励作用，建立健全监督约束机制和激励机制，建立科学的考核体系，强化董事会和监事会对经营者的监督和约束。激励机制方面可以探讨以年薪制为主体的激励性薪酬体制或者以机构全年经营效益作为经营治理者获取薪酬的依据等。此外，在我国法律框架之内，监事会应该更加充分发挥外部监督功能，如探讨引入债权人代表和中小股东代表，限制机构内部大股东和党组干部的比例，以有效地监督董事会决策和高级管理层经营管理行为的独立性。同时要建立高级管理层的绩效管理体系，明确高级管理层成员的考核指标应与机构整体业绩指标、分管业务条线/职能的绩效指标及分管经营单位（分支机构、信用社等）的业绩指标挂钩。要完善高级管理层绩效管理流程，明晰绩效计划、绩效指导、绩效评估和绩效反馈四个环节中考核者与被考核者的权责，使得整个机构的绩效管理文化从高管做起。

第五，提高公司治理透明度。透明度对良好的公司治理而言必不可少。一方面，在董事会和高级管理层，应提高公司治理结构和运作的内部透明度。巴塞尔委员会在《加强公司治理的原则》中明确提出："董事会和高级管理层应清楚并了解银行的运营结构及产生的风险"，即"了解结构"；"在董事会的监督下，高级管理层应避免建立不必要的复杂结构"；"高级管理层应告知董事会集团的组织和运营结构，以及集团收入和风险的关键促进因素"。巴塞尔委员会在《增强银行透明度》文件中则专门指出，如果缺乏透明度，将很难判断董事会和高级管理层是否对他们的行为和表现负责。另一方面，应通过信息披露提高公司治理对于股东、客户和社会公众而言的外部透明度。巴塞尔委员会提出，要使市场参与者及其他信息使用者能够对银行进行有意义的评估。新资本协议第三支柱解决了“披露什么”和“怎么披露”的问题，提出：银行应判定哪些披露信息属于重要信息，如果信息缺乏或虚假将会改变或影响信息使用者的评估或决策，这样的信息就是重要性信息。农村中小金融机构的信息披露应该每半年进行一次。另外，如果有关风险暴露或其他项目的信息变化较快，农村中小金融机构也要按季度披露这些信息。

第六，理顺沟通协调机制。巴塞尔委员会将畅通、高效的沟通协调机制作为评价银行有效风险管理和规范公司治理的首要因素。农村中小金融机构要尽快建立和规范董事会、监事会和高级管理层所属各个专业委员会的议事规程，以此完善董事会、监事会和高级管理层之间的沟通协调机制。同时，要尽快建立清晰的风险报告路线和信息共享机制，确保董事会、监事会和高级管理层以及各个部门、经营单位能及时获得有效的风险信息和其他相关信息资源，这是董事会监督检查高级管理层在具体落实公司治理政策、制度和程序的必要途径，也是董事会以最快速度掌握整个机构总体经营管理状况（特别是风险管理状况）的制度保障。高级管理层要同步建立风险管理及内部控制的报告、评估程序，包括检查现行的各项公司治理政策、程序的执行情况，并及时将评估结果报告董事会和监事会。

中国特色的渐进改革模式是银行业取得成功的关键，建立合规、创新和可持续发展的公司治理机制是银行业稳健发展的保障。如何在新的竞争格局下打造出一套合理的公司治理机制并迅速提升自身的核心竞争力，是当前各家农村中小金融机构必须面对的重大课题。我们必须客观、辩证地看待农村中小金融机构与先进商业银行的优势与差距所在，继续坚持稳健的改革，并与国内同业相互借鉴、加强合作、共同发展。面向未来，我们要按照国际国内银行业的最佳实践标准，在股东大会、董事会、监事会和高管层之间形成权责明晰、有效制衡、协调运转的法人治理结构，并将发挥党的政治核心作用与完善公司治理机制完美结合起来，探索建立起既符合现代金融企业制度要求，又具有中国特色的公司治理模式，建立基业长青、永续发展的制度传承机制。

第三章　合规政策：体现银行合规经营的“基本法”

促进和保障银行各项经营管理活动在符合国家金融法规、监管要求和同业惯例的框架下合规运作，是保持金融稳定和发展的重要条件，更是银行自身健康发展的根本保证。作为社会公众企业，银行必须主动承担一定的社会责任。银行社会责任是银行的法律义务和道德义务的统一体，是指银行对社会合乎道德的行为，其要求是银行在赚取利润的同时，必须主动承担对环境、社会和利益相关者的责任。从银行内部看，其社会责任主要就是在兼顾相关各方利益的基础上保障员工有一个良好的工作环境和职业生涯；从外部看，就是银行要主动遵循市场交易规则，坚持诚实守信，依法合规经营等，充分发挥银行在社会环境中的良好示范作用，从而获得可持续发展的能力。而银行履行社会责任的表现形式之一就是要制定符合监管要求的合规政策，接受外部相关各方的监督，并采取有效措施保证合规政策的贯彻和实施，以发挥合规政策在引导银行发展战略、开拓业务和风险管控等方面的积极作用。

所谓“合规政策”就是银行以国家有关法律法规和行业管理规范以及本机构总体发展战略为依据，制定并对外发布的合规管理大政方针，是规定银行合规管理的指导思想以及与合规风险管理体系总体框架等有关的纲领性文件，是体现银行合规经营基本理念的“基本法”，也是制订合规管理计划、合规管理流程、合规管理办法以及其他管理制度和业务流程的重要依据。同时，合规政策还是银行董事会和高级管理层（统称领导层）向包括股东、员工、客户及监管部门等所作出的明确承诺，表明领导层坚持合规经营的决心和姿态，体现银行贯彻“合规从高层做起”的原则和在整个机构推行诚信与正直的价值观念、鼓励人人合规的基调。因此，合规政策不仅是体现银行内部合规经营的“基本法”，同时也是适应外部监管需要和对外表明本机构坚持合规守法和稳健发展以及正确履行社会责任基本理念的重要宣言和检验标准，它将指引银行在业务发展创新和体制机制改革中，沿着正确、合规、稳健的轨道快速前进。

一、制定和实施合规政策的重要性和必要性

合规政策作为银行合规经营的“根本法”，是银行合规管理体系的主体和核

心，其作用主要体现在三个方面：

第一，银行合规政策是其他一切合规制度、办法赖以产生和存在的依据。合规政策是银行合规管理的基本方针和指导思想，它好比是大树的根和主干，其他规章制度、操作细则等都是大树的枝叶。它规定了合规管理体系框架中最基本的内容，明确合规管理的范围、组织、权责及基本要求，用于指导银行内部各个部门、各个业务条线和各个经营单位建立健全相关制度，规范和完善操作流程，最终建立有效的全面风险管理长效机制。因此，银行内部一切有关经营管理的规章制度、实施细则、操作流程等均不得与合规政策相抵触。

第二，为银行的稳健发展确定明确的政策导向。完善公司治理结构、加强内部控制、增强风险防范能力、提高盈利水平等措施和途径，对于稳定银行正常运营和应对外部经营环境变化以及提升银行的竞争能力都是非常重要的。但是，如果领导层的合规政策导向不明确，员工的合规意识不强，规章制度执行不到位，那么，我们再怎么努力，制度漏洞、管理漏洞、操作漏洞等内部问题仍然存在，大小案件不可避免，适应外部变化的能力和市场竞争力等也难以得到实质性的提升。只有建立全面合规的内部管理机制和全员合规的企业文化机制，形成以合规导向鲜明、合规职责清晰、合规问责严明、合规文化创新等为重要特征的合规政策，使合规管理从“政策”层面上切实参与到银行组织管理和业务流程操作等过程中去，使依法合规经营原则真正落实到业务流程的每一个环节乃至每一位员工，并把合规政策升华为合规理念、把合规理念转变为员工的行为操守、把员工的行为操守转换为银行的价值利润，才能从根源上堵塞漏洞，防范各类案件的发生，真正提升银行的盈利能力、应变能力和核心竞争力。

第三，有利于提高公众认可度。如今在客户心目中，守法经营、合规经营已成为客户衡量银行是否稳健、发展前景是否广阔的主要指标之一。对于农村中小金融机构来说，受传统理念的影响，我们根植农村、服务“三农”，始终给人经营落后、管理不规范、服务层次低的印象。可以说，重塑机构声誉，树立客户信心对农村中小金融机构来说至关重要。而树立一个良好的声誉、一个知名的品牌，绝非用一两天的时间，也不是靠做一两件事情就能够实现的，必须通过长期在方方面面所做的努力，由客户从一点一滴的认同到全面的肯定形成的。而合规政策正是代表机构向包括股东、员工、客户及监管部门等所作出的明确承诺，表明领导层坚持合规经营的决心和姿态，正是中小金融机构树立形象、打造品牌，提高公众认可度的有效途径。

对于农村中小金融机构制定和落实合规政策的必要性，我们还可以从以下三方面来理解。

首先，部分机构对合规管理工作还存在着“高层重视、基层轻视，管理者重视、员工轻视”的现象，因此有必要以出台合规政策的形式，使全员形成共识和上下联动的良好工作格局。近年来，通过持续的合规文化宣传，虽然大部分农村中小金融机构的领导层对合规建设的重要性、紧迫性有了深刻的认识。但是这种认识在向基层传达和贯彻过程中，往往会因为“信息递减”规律的存在以及具体措施、要求的缺乏，使得基层员工对合规建设重视不够。甚至在基层员工中有个别人将合规建设与业务发展相对立，认为合规操作会束缚业务发展的手脚，会制约发展的步伐。还有个别人将合规与处罚画等号，片面地认为强调合规建设仅仅是在找员工麻烦，想多罚点钱、多处理点人，以致产生抵触情绪和逆反心理。

其次，农村中小金融机构内部一些员工仍然认为合规只是一项暂时性的活动，还存在着走过场的心理。因此，农村中小金融机构有必要通过出台合规政策，明确合规导向，使全体员工明白合规是本机构的基本政策，合规是一项永恒的工作，并通过合规政策的出台，逐步建立和持续改进各项合规风险的有效识别和管理，为形成合规风险管理的长效机制提供基本依据，以促进全面风险管理体系建设，确保依法合规经营，保障机构战略发展目标的实现。

最后，部分机构仍然存在着对董事会、监事会、高级管理层以及其他层级管理者和员工在合规方面的职责划分不清的现象。例如，对合规部门自身的工作职责以及合规部门与内审稽核等职能部门之间的权责划分不清。因此，要通过出台合规政策，明确银行内部各个层级人员的合规责任，以利于内部相互约束监督机制的运行和薪酬激励机制的实施，同时也方便外部监管部门、行业管理机构（农村合作金融机构的省级联社）等方面的监督和评价。

二、合规政策的主要框架

根据中国银监会的要求，银行业机构的合规政策至少应明确以下内容：合规导向；合规职责分工；合规部门的功能与权限，包括享有与银行任何员工进行沟通并获取履行职责所需的任何记录或档案材料的权利等；合规负责人的合规管理职责；保证合规负责人和合规部门独立性的各项措施，包括确保合规负责人和合规管理人员的合规管理职责与其承担的任何其他职责之间不产生利益冲突等；合规部门与风险管理部门、内部审计部门等其他职能部门之间的协作关系；设立业务条线和分支机构合规部门/岗位的原则等。当然，由于银行业机构各自的文化差异，各家银行的合规政策也不可能是千篇一律的，但它必须做到每一个条款都是可执行的。综合来说，银行业机构制定的合规政策基本框架要涵盖三个“一”：一种理念，即机构上下员工及各业务部门和管理条线必须遵守的诚实守信、合规经营的基本理念和价值取向；一种体系，即建立与本机构经营范围、组织结构和业务规模相适应的合规风险管理体系，包括合规管理组织架构、合规制度安排、合规管理计划、合规风险识别和管理流程等；一套制度，即建立合规管理机制，实现合规目标的一整套合规制度框架。对农村中小金融机构来说，其制定的合规政策应涵盖以下七方面内容。

（一）清晰界定董事会、监事会、高级管理层的合规职责

合规从高层做起，这是巴塞尔委员会指导原则中的一个重要理念。这个“高层”是个相对概念，对于一些大中型商业银行来说，高层应该包括总行、一级分行和二级分行的各级领导，对于独立法人的农村中小金融机构来说，“高层”一般是指总部（包括农村商业银行的总行、农村信用社的联社等，以下同）董事会、监事会和高级管理层的各位成员。清晰界定这些“高层”成员的合规职责，是农村中小金融机构制定合规政策的核心要素。总体来说，农村中小金融机构的合规管理由高级管理层统一负责，接受董事会、监事会及外部审计、监管部门和行业管理机构的监督、指导。

1. 董事会合规职责。董事会在合规管理中的主要职责是核准高级管理层制定的合规政策并在整个机构推行诚信与正直的价值观念，要求所有员工遵循按照法律、规则和准则办事的基本原则，并通过下设的相关委员会监督、保障合规政策的实施。同时要履行以下合规职责：确保制定适当的政策、制度、程序，以有效管理合规风险以及相关的其他风险事项；确保整个机构的发展战略、产品开发、业务拓展、内部控制以及各项风险暴露都有独立的管控机制和评审、监督机制；核准设立首席合规官或首席风险官，保证提供充足的资源（包括监督设立独立的合规与风险管理部门等）使首席合规官或首席风险官能带领整个合规与风险管理团队有效管理合规风险和有效实施全面风险管理措施，并能独立地与董事会或其下设风险管理委员会、监事会以及监管部门和行业管理机构等进行有效沟通；定期获取和恰当处理本机构合规方案和合规问题的报告以及监督高级管理层对各项重大合规事项的处置等。

2. 监事会合规职责。监事会主要负责监督董事会和高级管理层合规风险管理的有效性。其合规职责主要包括：监督董事会和高级管理层合规职责的履行情况；监督被认定的合规缺陷得到及时有效的解决和纠正；每年至少一次评估本机构有效管理合规风险的程度等。

3. 高级管理层合规职责。高级管理层负责建立全面风险管理机制对合规风险以及其他所有风险进行全面、有效的管理。其合规职责包括：负责制定和适时修订合规政策，报经董事会审议批准后传达给全体员工；率先垂范，切实贯彻合规政策，确保合规政策得以遵守，确保发现违规问题时及时采取适当的补救方法或惩戒措施；负责组建一个常设的合规部门（或将合规管理与风险管理

职能进行整合，成立合规与风险管理部门，以下同），聘任或解聘合规部门负责人，确保其配有足够的资源，同时确保合规部门负责人和合规部门的独立性，并审核批准合规风险管理计划，确保合规部门与其他相关部门之间的工作协调；每年至少一次识别和评估本机构所面临的主要合规风险以及管理这些风险的计划；每年至少一次就合规风险及其相应的全面风险管理情况向董事会或其下设风险管理委员会、监事会和监管部门、行业管理机构报告，该报告应有助于董事会、监事会和监管部门、行业管理机构等就有效管理合规风险以及相关的其他风险的程度作出有充分依据的判断；及时向董事会或其下设风险管理委员会、监事会和监管部门、行业管理机构报告任何重大违规情况等。

（二）明确合规文化作为企业文化的核心

企业文化决定着银行、团队和员工的具体行为，银行领导层和员工如果对银行内部有章不循、违规不究的现象视而不见，非但不予以制止，甚至同流合污，这家银行的内部管理肯定不会好，并且很容易导致重大违规事件甚至违法违纪案件的发生。所以，银行倡导诚信与正直的价值观念和合规文化，与制订一套好的制度和一个好的流程体系同等重要。

农村中小金融机构合规政策应体现以下合规理念、价值取向和高层导向：倡导并推行诚信正直和公平交易的行为准则；明确坚持为“三农”、中小企业和地方经济发展服务的方向宗旨，确立为客户提供最佳服务、为股东创造最大价值、为员工营造最好发展机会、构建富有持续竞争力和鲜明特色的战略愿景；承诺合规从董事会、监事会、高级管理层及其他各层级管理人员做起，并通过不断完善公司治理和强化合规风险管理，保证董事会、监事会、高级管理层及其他各层级管理人员的言行与整个机构的方向宗旨和价值观相一致；设定鼓励合规的基调，明确合规是对员工的有效保护，应努力培育员工的合规意识，推行合规人人有责、全员主动合规、合规创造价值的理念，树立倡导合规、惩处违规的价值观，实现内部合规与外部监管的有效互动，为本机构的经营活动和效益增长提供合规、安全、有效的保障；积极提倡自觉践行合规，明确每一位员工应对自身经办的每一项经营活动的合规风险进行认真审查，并对该项经营活动的合规性负责，同时有权利和义务举报各种合规风险和违规行为等。

（三）明确合规部门职责和合规资源落实

从国内先进商业银行合规风险管理的实践经验和发展趋势来看，银行的合规管理必须满足现代银行业全面风险管理的要求，合规管理应当渗透到银行的各项业务过程和各个操作流程，覆盖所有的部门/经营单位、岗位和人员。与此同时，银行的合规管理一方面必须遵循全面风险管理的原则，另一方面也应当遵循集中管理的原则，重视协调与效率的有效结合。对农村中小金融机构来说，集中管理的原则就是在合规管理框架设计时，应当在总部（总行，联社）层面设立一个统一集中管理整个机构合规风险以及负责全面风险管理的重要职能部门——合规管理部（或称合规与风险管理部），积极支持和协助高级管理层有效管理合规风险和统筹全面风险管理事宜，同时，应由一名合规负责人（首席合规官或称首席风险官）全面负责协调整个机构的合规管理和全面风险管理。

1. 合规部门职责。研究、整理与本机构经营管理相关的法律、监管规则和行业标准，持续跟踪其变动情况，向高级管理层和业务部门提供合规建议；协助高级管理层制定、有效推动和执行合规政策、合规计划和实施方案、标准，报董事会批准后实施，并采取各种有效的方法对整个机构的合规政策事项进行指导、监督、管理和推进；按照“有岗位就有手册，有业务就有流程”的原则，组织各部门/条线梳理、整合、优化或再造本机构的规章制度和操作流程，同时负责制定跨越专业条线的合规管理制度和流程，使其符合法律、规则和准则的要求，并具有较强的执行力；组织力量定时进行内部控制的评价或进行全面风险管理能力评价，针对评价结果提出完善内控措施和全面风险管理的建议；为业务部门提供合规咨询，并参与新产品开发，提供必要的合规测试、审核和支持，包括新产品、新业务的拓展，新客户关系的建立以及客户关系发生重大变化等所产生的合规风险；定期向高级管理层报告合规事务，提示合规风险，说明报告期合规风险状况的变化情况、已识别的违规事件和合规缺陷、已采取的或建议采取的纠正措施等，并定期接受董事会、监事会的质询；会同人力资源部门开发有效的合规培训和教育项目，包括新员工的合规培训和合规测试，以及所有员工的定期合规培训等，并成为员工咨询有关合规问题的内部联络部门；负责完成收集、筛选法律法规、监管层面、金融同业等动态信息，组织差异化分析和未来发展态势研究，提出改进和完善合规政策的量化建议，促进合规政策执行工作有序高效运转；保持与监管部门日常的工作联系，会同职能部门跟踪和评估监管意见和监管要求的落实情况等。

2. 合规资源落实。合规部门应根据业务计划编制合规计划，对列入计划的业务资源，高级管理层要给予有效保障，包括必要的人力、财力和技术支持等。根据工作需要，经高级管理层批准，合规部门可以在职责范围内委托其他部门或人员（受托人，如合规员、合规经理等）受理特定合规事务，受托人应向合规部门反馈受托合规事务执行情况。对各业务条线、部门可能违反合规政策的事项，合规部门可独立进行调查，经授权合规部门也可委托其他部门（如外部审计、内部审计等）进行调查，对经调查发现的异常情况或可能的违规行为，合规部门可绕开通常的报告路线直接向董事会或其下设风险管理委员会、监事会报告，必要时可随时向上一级合规部门报告。同时，合规部门应接受内部审计部门的履职尽职审计，对合规人员履职行为应给予公正客观的评价，禁止对合规人员进行打击报复或冷遇。此外，合规人员应具有与其职责履行相匹配的资质、经验、专业技能和个人素质，具备正确把握合规政策对本机构经营影响的能力，能持续跟踪国内外法律、规则和准则的最新发展，促进制度和业务创新。合规部门在开展合规风险识别、评估、调研、检查和监控工作中应有效利用管理信息系统、数据集中系统或其他业务支持系统，设计合规风险监测指标，提高管理合规风险和逐步实施全面风险管理的技术手段。

（四）明确合规风险报告路径

合规政策要明确合规风险的不同层级报告路径，高级管理层要采取措施确保各条线、各部门和各个经营单位报告合规风险路径的畅通。各层级报告合规风险的路径主要包括：总部（总行、联社）高级管理层向董事会报告；总部合规部门向高级管理层报告，总部各业务条线/部门向总部高级管理层和总部合规部门报告；各经营单位（分支机构，如支行、信用社等）及其内设的合规岗/合规人员可以直接向总部合规部门报告；各业务条线、经营单位的合规员/合规经理向条线/部门负责人、经营单位管理层报告的同时，还必须向总部合规部门报告。对于农村合作金融机构来说，还应建立向省联社合规部门及省联社驻当地办事处报告合规风险的路径。

合规风险报告路径不受任何部门和员工的干预；报告合规风险应明确报告人员的职责、报告要素、报告方式和报告格式，以及被报告人直接受理或向上级转达报告的要求等。为及时有效地处置、化解合规风险，合规政策应明确要求合规部门建立合规风险事项报告机制和对违规举报的工作机制，落实专门联系渠道和联系人员，确保合规信息安全畅通。对重大违规风险事项，应在第一时间报告高级管理层知悉；在特别紧急情况下，可直接向行长（主任）报告。合规部门对任何举报违规行为的机构或人员负有严格保密义务，禁止将举报材料转给被举报人员。报告合规风险以书面形式随时上报（可事先以口头形式），要明确风险基本情况、风险原因（成因）及处置措施或建议等。对于报告的要求，以被报告人能据此迅速、准确判断所涉及的合规风险为标准，便于被报告人直接受理或向上一级报告。为及时有效地掌握合规风险，合规部门要建立重大情况的快速报告机制和对违规举报的工作机制，落实专门联系渠道和联系人员，确保合规信息安全畅通。对于农村合作金融机构来说，合规政策应明确本机构如发生重大违规风险事项，要在第一时间报告董事会、监事会、高级管理层和省联社合规部门及省联社驻当地办事处知悉；在特别紧急情况下，可直接向董事长、监事长、行长（主任）和省联社合规部门负责人及省联社驻当地办事处负责人报告。

（五）明确合规工作的执行程序

认真按照合规政策要求进行各项业务操作和管理活动，是银行所有部门、条线、经营单位及其员工的职责范畴。农村中小金融机构制定的合规政策必须明确内部各项合规工作的执行程序，内容包括：一是传达法律、规则和准则的要求。如将适用的法规通知高级管理层、分析对经营活动及业务操作的影响、制作相关责任分解表、监督内部程序符合法规要求等。二是直接参与业务程序的制定。如新产品审定、市场宣传品审定、操作流程审定、培训内容审定、业务计划审定、外包计划审定等。三是申报制度。如合规部门负责人每半年提交评估问卷及合规申报；合规员、合规经理每半年提交自我评估报告；重大事项及违规事项即时报告；其他方面专项申报等。四是日常合规监督。如分析客户投诉、分析自查或内审报告、查阅员工交易记录、留意是否有增加合规风险的因素，包括对大量出现新增员工、员工流失、新业务开展、新系统启用等风险要素的分析，关注合规风险源、风险点，审阅交易记录，对疑似洗钱交易进行及时报告，进行综合合规性风险评估等。五是现场检查。如分支机构/业务部门自我检查；合规部门检查；内控部门检查；内部审计等。六是及时解决合规风险。如根据掌握的合规风险事实或现象，及时向高级管理层提交解决合规风险的建议报告，由高级管理层审定后，批转相关部门或经营单位分类快速处置等。七是建设合规文化途径。如由高级管理层亲身传达合规的强烈信息；建立合规人人有责的作风；建立合规是竞争优势不是障碍的思维；建立合规是行为准则的观念；建立没有任何交易和客户比本机构信誉更重要的判断标准；制定员工手册、员工行为准则、业务规章；在员工入职培训、持续培训中强调合规；将员工的合规表现全面纳入个人、部门和经营单位的评价考核体系中等。八是合规管理计划。根据业务计划每年制订合规计划；分析法规及经营环境的状况；分析业务计划的合规风险；配备足够执行计划的资源；经高级管理层确认，将合规管理计划上报董事会或其下设风险管理委员会、监事会；持续检查计划的执行等。

（六）明确部门、条线之间协同有序的工作关系

为确保内部控制和合规管理的有效性，农村中小金融机构在合规政策上要列明合规部门与业务部门、条线和其他管理职能部门（如授信管理部门、内部审计部门等）以及外部监管的关系，形成相互联系、相互促进、相互协调、各尽其责、共保合规、共促发展的工作关系。一要明确合规部门与业务部门（含业务条线、经营单位等）的关系。合规部门与业务部门是相互联系、相互促进的关系，合规部门要为业务部门提供合规咨询、帮助、培训，通过提供合规性预警、预告、评价等方式，指导、督促业务部门管理合规风险，并为业务部门

的业务发展或产品创新等提供合规支持；同时，根据工作需要，合规部门可对业务部门执行规章制度情况进行合规性的独立检查，也可商请内审部门等对业务部门执行规章制度情况进行合规性联合检查；业务部门根据合规部门的相关要求，向合规部门提供相应的合规信息，报告合规风险情况，接受合规部门根据工作职责和工作需要进行的合规性调查、检查、督查、指导等，配合合规部门完成合规风险识别、评估、监测、报告等工作，对合规督查意见要认真落实，有效整改，及时反馈。二要明确合规部门与风险管理部门的关系。已经通过流程银行建设或组织架构重造而将合规管理与全面风险管理职能进行整合的机构，合规部门必须同时承担全面风险管理职能。对于合规部门与风险部门分开履职的机构，要对这两个部门的职责进行划分，合规部门主要依据外部政策、法规、规章等，侧重管理机构在运营过程中的合规风险；风险管理部门主要管理机构所面临的信用、市场、操作等风险，是负责机构风险管理与内部控制、风险分类判别与监控、授信基础管理的综合管理部门。三要明确合规部门与内部审计部门的关系。合规部门接受内部审计部门对自身尽职程度有效性、公正性、客观性的定期检查或审计。在审计检查工作完成后，内部审计部门要将有关审计情况和结果及时反馈合规部门，并督促整改。合规部门与内部审计部门要建立恰当的合作机制，合规部门工作要为内部审计部门开展合规审计、检查提供方向。内部审计部门要将审计、检查发现的合规性问题和审计意见等抄送合规部门，为合规部门开展后续工作提供信息来源和管理依据。四要明确合规部门与法律、监察部门的关系。对于规模较大的机构，如将合规部门与法律部门进行分开履职，则要建立起合规部门与法律服务部门在合规守法事务方面建立密切合作机制，合规部门在识别、评估、检查合规风险过程中发现的法律风险要及时提供给法律部门，为法律部门管理法律风险提供信息和案例线索；法律部门负责机构法律事务和法律风险管理等工作，其在检查、诉讼等工作中发现合规失效等问题，要将合规风险信息和合规风险点提供给合规部门。而合规部门与监察部门在保证全体员工行为合规、纠正违规等方面有共同职责，合规部门会同有关职能部门进行信贷、财务、会计、结算等方面违规责任认定后，要将认定材料提交监察部门，由监察部门负责对相关责任人员的处理等工作；监察部门在日常工作中掌握的重大违规风险信息应及时提供给合规部门共享。五要建立内部合规与外部监管的有效互动关系，合规政策应明确合规部门在本机构的枢纽地位，将合规部门作为外部监管规则的接口部门，经合规部门吸收消化后，将监管规则、风险提示以及监管意见等分解给各业务部门或其他后台支持部门；同时，所有报给监管部门的材料或信息经合规部门审核后，由合规部门统一呈报监管部门；合规部门参加本机构与外部监管部门之间进行的工作座谈或信息沟通等活动，如对有关监管规则、监管意见和风险提示等监管文件的要求有不明之处，应咨询相关监管部门，以准确理解和把握监管部门的要求；合规部门要积极参与外部法律、法规和监管规定等制度建设活动，提出意见和建议，为本机构业务发展和制度创新提供良好的合规环境。

（七）明确合规问责与考核

合规不仅仅是合规部门或专业合规人员的责任，更是农村中小金融机构每一位员工的责任。合规政策应明确合规部门作为协助高级管理层管理合规风险的职能部门，合规人员作为合规管理的工作人员，应履行尽职责任；每一位员工对其所经办的经营活动的合规性负直接责任；各条线、部门负责人和经营单位负责人对本条线、部门和本经营单位经营活动的合规性负首要责任；高级管理层对整个机构经营活动的合规性负管理责任；监事会对整个机构经营活动的合规性负监督责任；董事会则对整个机构经营活动的合规性负最终责任。同时，合规政策还要明确在整个机构的绩效考核中要充分体现“倡导合规、惩处违规”的价值观和合规文化，注意协调业务拓展与合规管理的关系，以增强全体员工的合规意识，促进良好合规文化的形成；要明确建立有效的合规评价制度，考核评价各部门、业务条线、经营单位人员管理合规风险的能力时，应征询合规部门负责人的意见。问责制是合规管理机制能否有效运作的关键，合规政策要明确制定违规的内部责任追究制度和纠错规范，落实合规责任；要明确对违规责任人的处理过程和处理结果，以及所采取的纠正措施，要充分体现本机构的合规价值取向。合规政策还要倡导和鼓励员工参与整个机构的合规建设，设定鼓励主动报告合规风险的基调，对于发现或者应当发现合规问题却隐瞒不报的，一旦被外部监管部门或内部职能部门查实，要给予隐瞒不报者严厉处罚；对于主动报告合规问题或合规风险隐患的，可以视情况给予主动报告者减轻处罚、免责或奖励；对员工据实举报违规问题、减少风险损失或有其他合规贡献者，要明确给予表扬和奖励，充分体现鼓励合规和约束违规的内控原则。

三、如何制定农村中小金融机构的合规政策

（一）制定合规政策的主要依据

巴塞尔委员会在其出台的《合规与银行内部合规部门》、《有效银行监管的核心原则》、《加强银行公司治理》（1~3 版）等监管文件中明确要求，银行的董事会有责任确保其所制定的适当政策能够有效管理银行的合规风险。董事会还应监督有关合规政策的执行情况，包括确保合规问题都得到及时有效的解决。银行高级管理层负责制定有效的合规政策，采取各项措施确保合规政策得以遵守，并向董事会报告政策正在执行的情况。高级管理层还应负责评估合规政策是否仍可适用。同时，银行必须发布书面的合规政策，用于识别银行所面临的

主要合规风险问题，说明银行计划如何管理和处置这些问题。合规政策应该包含全体员工（包括高级管理层）均需遵守的基本原则，以及根据实际需要给予员工执行原则更加细致的指导。但银行在根据合规政策制定实际的操作规程时，要把全体员工都要遵守的一般性标准和只适用于特定员工群体的规则加以区分，以最大限度地增加合规政策的清晰度和透明度。例如，对于银行专门制定的贷款审批各项合规要求及其操作规程，只适用于从事贷款营销的客户经理以及相关的授信审批人员，这些合规要求及其操作规程应与合规政策的大体方针相一致。此外，高级管理层有责任从制度、流程、激励等方面入手，建立切实可行的各项机制，确保合规政策得到遵守和执行，在发现违规问题时，有责任确保银行采取适当的补救方法或惩戒措施。

中国银监会从2006年开始陆续出台包括《商业银行合规风险管理指引》、《商业银行内部控制指引》、《商业银行信息披露办法》、《商业银行操作风险管理指引》、《商业银行流动性风险管理指引》、《固定资产贷款管理暂行办法》、《项目融资业务指引》、《流动资金贷款管理暂行办法》和《个人贷款管理暂行办法》等一系列有关银行风险管理和内部控制的法律法规，在不同程度上要求银行业机构尽快建立起以合规政策为导向的合规管理机制和全面风险管理体系，并通过完善公司治理、规范内部控制、健全风险管理机制等方式予以落实。

（二）制定合规政策的主要原则

结合目前经营管理现状，农村中小金融机构制定和落实合规政策应坚持以下四项基本原则：

1. 合规是农村中小金融机构必须履行的社会责任。企业社会责任是对其自身经济行为的道德约束，它既是企业的宗旨和经营理念，又是用来约束其自身经营行为的一套管理和评估体系。企业社会责任理念与合规文化密切相关，彼此相互影响。合规政策必须倡导把担负企业社会责任的核心价值观和经营理念融入农村中小金融机构的成长之中，同时把正确履行社会责任作为合规文化的重要组成部分，推行诚信和正直的道德观念，树立“合规人人有责”的观念，使合规成为每一位员工的行为准则，成为各级管理人员和各岗位员工每日的自觉行动，共同保证有关法律、规则和标准及其精神得到遵循和贯彻落实，从而使农村中小金融机构的经营风险始终处于其可以承受和控制的范围之内，并确保董事会和高级管理层在作出决策的时候，把承担社会责任作为战略决策的重要组成部分，充分考虑农村中小金融机构的战略发展及其配套措施等是否有利于公众利益、生态环境、社会进步和社区和谐等因素。

2. 强调合规从高层做起。合规政策应当强调“合规从高层做起”这一根本理念。巴塞尔委员会文件《合规与合规部门》的引言指出：“合规应从高层做起。当企业文化强调诚信与正直，并且董事会和高级管理层率先作出表率，合规才最为有效。合规与银行内部的每一位员工都相关，应被视为银行经营活动的组成部分。银行在开展业务时应坚持高标准，并始终力求遵循法律的规定与精神。如果银行疏于考虑经营行为对股东、客户、雇员和市场的影响，即使没有违反任何法律，也可能会导致严重的负面影响和声誉损失。”合规从高层做起，就是要领导重视并形成示范效应。因此，农村中小金融机构领导层应带头遵循“诚信、正直、守法、合规”的理念，并将合规理念转化为合规行动，率先垂范，以身作则，提倡用最高道德标准和价值准则实现人人、事事、处处、百分百合规，不抱违规可以谋利取巧的侥幸心理，不做有违国法、党纪、行规、公德、人格的事。合规从高层做起，不仅限于董事会和高级管理层的垂范，各部门、经营单位负责人的执行更具针对性、紧迫性和实效性。合规政策要深入基层，不仅是总部领导层要发挥带头作用，更需要与基层员工朝夕相处的基层经营单位和营业网点负责人在管理决策和业务操作中切实执行合规政策，形成正确的、符合整个机构合规政策的行为导向。

3. 体现合规文化的价值导向。农村中小金融机构是典型的风险管理型企业，其风险管理特性决定其经营活动始终与风险为伴，其经营过程就是管理风险的过程。这就要求农村中小金融机构必须改变粗放式管理的套路，建立一整套有效管理各类风险的职业行为规范和做事方法，并在内部形成浓厚的合规文化，做到人人合规。合规文化是一种价值导向，它通过一系列的政策、措施、安排、对事情的处理方式，鼓励合规守法行为，抑制违规违章行为，严惩违法乱纪行为，在潜移默化中使全体员工了解到什么该做，什么不该做，并将这种文化渗透到每一位员工的行为之中。而合规政策所体现的合规文化，不但应包括诚实、守信、正直等道德价值标准或行为操守准则，还包含“合规人人有责”、“合规创造价值”、“合规与监管有效互动”和“主动合规”等理念、意识和行为准则，其中有四个关键环节：一是董事会和高级管理层采取一系列措施，推进本机构合规文化建设，促使所有员工在开展业务时都能遵守法律、规则和标准；二是内部的合规部门要以完善和规范员工职业操守为基础，确定明确的合规导向和行为标准，引导员工积极参与建设蓬勃向上、富有活力的合规文化；三是所有员工都要有良好的职业行为、具有诚信正直的个人品行以及良好的风险意识和行为规范；四是内部要具有清晰的责任制和问责制，以及相应的激励约束机制，形成所有员工理所当然要为自己从事的职业和所在岗位的工作负责任的氛围，进而逐步形成全新的经营管理理念和文化。合规文化建设本身就是合规管理机制的建设过程，而这种合规文化的形成，对于农村中小金融机构有效管理包括合规风险在内的各类风险都是至关重要的。

4. 明确做好合规管理是流程化管理的重要前提。现在，银行业机构正面临着一个共同的趋势——由“以任务为中心”向“以流程为中心”转变，即以银行长期发展战略需要为出发点，以价值增值流程（使客户满意）的再设计为中心，打破传统的职能部门界限，通过组织改进员工授权、客户导向及正确运用信息技术，建立合理的业务流程，以达到企业动态适应竞争加剧和环境变化的目的。各业务条线制定的相应政策、程序、操作手册或合规手册，组成了满足整个业务流程管理要求的相关制度，成为指导实际操作的标准。合规管理工作就是要在确保内部管理制度的合规性的同时，确保内部管理制度的体系化和系统性，以提升高级管理层的管理效率和制度的执行力。因此，建立健全良好的合规管理机制也为农村中小金融机构实现从“部门银行”向“流程银行”转变提供了有力的保障。以流程为中心的合规管理活动也要求将合规建立在持续测试和验证的基础上，并以此促进农村中小金融机构从整体上优化流程管理、强化内部控制、实现稳健经营。因此，合规政策必须明确：在建立合规管理体系过程中应确立以核心业务为基础、依据相关监管要求对所有业务和管理活动的流程进行梳理、优化与再造，完成基于流程的、文件化的合规管理体系的建立。同时，全面开展风险评估，建立基于流程的风险信息库，努力实现业务经营集约化、内部管理规范化、市场营销专业化、考核激励科学化和风险控制流程化，使农村中小金融机构的风险管理能力与其业务快速发展相匹配。为实现上述目标，首先要对现有的合规管理体系进行梳理，包括对现有的法律法规和内部的规章制度、产品和业务、部门和岗位职责、信息系统等方面进行梳理、整合和优化。其次要协调其他管理项目之间的关系，包括公司治理层面上开展的优化组织结构的调整与再造、产品创新与业务流程再造、岗位责任管理、绩效考评与激励等各方面的相互匹配和衔接、确定合规部门的组织结构和资源要求，编制合规管理计划和合规风险识别和管理流程等。

（三）制定合规政策的注意事项

1. 农村中小金融机构领导层要做好合规政策的撰写与执行工作。作为独立的法人机构，农村中小金融机构在合规政策的编制、贯彻、执行和检查结果的过程中，应当强调和贯彻“合规要从高层做起”的原则和精神。为确保合规风险管理的有效性，领导层应当亲历亲为，亲自参与合规政策等重大管理制度及相关文件的撰写工作，并做到“写、改、查、奖、罚”五字，即第一要组织力量编制出符合监管要求和适合本机构操作的可行的合规政策；第二要根据内外部环境的变化不断修改和完善与合规政策相对应的各项管理制度和业务流程；第三要及时检查合规政策的执行情况；第四要建立有效的激励约束机制，对合规政策执行比较好的部门、经营单位及个人要实行奖励；第五要建立严格的问责制度，对不认真执行合规政策和违背合规政策的事件进行严格惩罚。

2. 明确合规政策制定的牵头部门。根据农村中小金融机构的实际情况，合规政策的编制工作一般由机构总部合规部门牵头负责。但这并不意味着从合规管理制度内容的确定、文件的起草一直到此后的修订完善等所有的过程和具体事务全部由总部合规部门包揽负责。如前所述，农村中小金融机构合规政策的内容涉及所有业务部门或业务条线，并且与机构上下每一位员工都有关，因而单靠合规部门是不可能完成的。在合规部门的统筹指导下进行合规政策的编制工作，旨在确保机构合规政策的系统性以及政策的统一贯彻和落实。因此，合规部门应当首先确定合规政策的基本框架，并系统地罗列出涵盖所有重要合规政策的目录大纲。各相关部门根据合规部门确定的基本框架以及目录大纲，结合各部门自身的业务特点和合规风险，确定应当遵循的合规法律、规则和准则的对象范围，并在此基础上共同起草合规政策。

3. 切忌“拿来主义”和流于形式，注重针对性和可操作性。由于各家机构均具有独立的法人资格，存在一定的差异性，在编制合规政策时还应当具有各机构自身的特色，可以借鉴国内先进商业银行的实践经验和好的做法，但必须切合本机构实际，切忌“拿来主义”和流于形式。也不能因闭门造车而脱离实际，使合规政策及相关文件被束之高阁而形同虚设。另外，由于编制合规政策的主要目的在于建立以流程管理为基础的文件化、制度化合规管理体系，将合规风险管理过程中各个部门或相关人员的合规管理职责及具体内容等传达到所有员工，使所有员工都能够在充分系统地了解和掌握相关合规政策的基础上，自觉地遵守和执行。因此，合规政策的内容应当明白易懂，切实提高合规政策的执行力。

4. 确保与法律及监管要求的一致性。合规政策的制定、修改和完善必须始终以国家相关法律法规和其他监管要求为准绳。因此，各个业务部门及管理职能部门在撰写本部门、本条线有关的合规制度、流程及规定时，要结合最新的监管要求并在合规部门的指导下完成。合规部门要组织专业律师及内部管理专家等对合规政策的总体内容进行法律审核，以确保合规政策及其配套的各项管理制度和操作流程始终与现行法律法规及监管要求相一致。

四、落实合规政策的主要途径

有了导向鲜明的合规政策，并不能自动提高农村中小金融机构的合规管理能力。为确保制定的合规政策能够不折不扣地得到贯彻执行并取得成效，农村中小金融机构必须采取各项有效措施，以充分发挥合规政策在保障稳健经营、提高内控质量、减少案件发生、增强经营效益、促进业务创新等方面的作用，这也是我们制定合规政策的宗旨和根本出发点。

（一）总体要求

一是要确保合规政策和相关信息能够得到充分的沟通，使合规政策及时上传下达，合规部门与业务部门相互沟通配合，形成有效的协调机制；二是合规风险要按确定的报告路线逐级上报，以确保各级管理人员及时识别合规风险及制定管控这些风险的计划，高级管理层应让全体员工完全了解合规政策，把法规和内部指引的要求层层分解传达给相应的员工，通过培训、内部会议和文件传达等形式，使之深入人心；三是合规部门应为各业务部门提供明确的合规政策导向和合规支持，通过提供建设性意见，帮助业务部门管理好各类风险；各业务部门在日常经营中应主动寻求合规部门的支持和帮助，向合规部门提供合规风险信息和风险点，支持和配合合规部门的风险监测和评估；四是完善相关的合规配套措施，包括合规绩效考核机制、问责与激励机制及诚信举报机制等，建立起一套与各项业务及管理活动、各个业务条线、各个经营单位以及各个岗位形成明确映射关系的现代合规管理制度，促使岗位责任体系、报告路线、检测评价、激励机制等多项管理要素实现有机结合。

（二）主要途径

1. 以合规政策为依据，结合监管部门以及行业管理机构等要求，制定操作性强的员工合规操作手册，将各项合规要求告知每一位员工，使全体员工对照执行，对标操作，提高全员的制度执行力，鼓励基层员工及时发现、积极报告并主动规避各类风险，真正发挥合规制度的作用。合规要求包括但不限于以下内容：遵守国家各项法律、法规，坚持合规审慎原则，培养良好的职业道德，恪守各项合规承诺，及时履行各项法律、合规义务，确保符合法律、规则及监管要求；遵守相关业务操作规程、会计准则和财务程序，保证真实、完整、准确和及时地记录各类业务和财务信息；遵守有关关联交易及公平交易、公平竞争的法律、规则及监管要求，以避免所从事的经营管理活动引发不正当竞争和垄断方面的指控；遵守有关劳动关系的法律法规，为全体员工提供公平的工作机会，创造安全、健康的工作环境；遵守有关反贿赂的法律法规，与客户、政府、合作伙伴等各方交往时，不得违反规定直接或间接给予、许诺或授权他人给予上述各方人员金钱、物品、服务或从事其他有行贿嫌疑的行为，不得违反规定直接或间接接受对方提供的金钱、物品、服务或从事其他有受贿嫌疑的行为；遵守有关反洗钱的法律法规，避免为法律所禁止的任何贸易和交易行为提供金融服务，根据相关规定履行反洗钱方面的职责和义务；遵守有关专利、商标、著作权、商业秘密和其他知识产权法律法规，建立知识产权管理工作机制，保护和管理知识产权，打击针对本机构知识产权的侵权行为，避免侵犯他人知识产权；所有员工不得从事与其作为本机构员工的职责发生利益冲突的活动，不得滥用机构任何资源、声誉或其他便利谋求自身利益，如个别员工在非故意情况下已发生或认为可能发生与上述利益相冲突，应及时向合规部门报告；倡导并积极实施在诚信合规基础上的绩效考核制度，任何部门、经营单位或员工不得通过违规手段获得绩效，在对员工实施考核方案时，应综合考虑被考核者履行合规职责、遵守合规要求和执行合规政策的情况等。

2. 以流程优化与再造为手段，将合规政策融入具体的业务流程和管理流程，通过流程的操作和风险控制来实现事事合规、时时合规。在流程管理体系建立过程中，以下合规管理流程要重点关注：①董事会、监事会、高级管理层等履行合规职责的流程及其规范程序；②合规管理授权管理流程；③合规风险监控流程及规范程序，及时跟踪与本机构利益相关的法律、规则及监管要求的更新情况，有效获取、分析、整合合规风险信息，识别和评估合规风险并及时作出风险提示、做好应急预案，逐步实现对合规风险的信息化监控；④规章制度合规性审查流程，对规章制度的合规性审查及其后评价实施由合规部门统一管理，确保其符合外部法律、法规和监管要求，促进规章制度的有效性和相互协调性；⑤合同管理流程，通过对合同草拟、审查、签署、履行、保管等环节实施归口管理，控制业务、管理中与合同有关的法律合规风险；⑥新产品和新业务合规管理流程，在新产品和新业务开发中进行合规性论证和审查，对开发中可能产生的知识产权采取必要保护措施，在新产品和新业务即将投入市场前，对相关法律文件及宣传品进行法律合规审查；⑦合规培训管理流程，为各级管理人员及员工提供多方面、多层次的培训，实施岗位合规培训、管理层合规培训、新员工合规培训和员工上岗前合规培训等强制培训制度，各级管理人员及员工有接受相应合规培训的义务；⑧合规咨询管理流程，解决各级管理人员及员工提出的合规问题；⑨违规整改流程，对通过外部监管部门、外部审计、内部审计及其他渠道发现的违规行为及时实施整改，明确各部门、经营单位及员工在整改中的责任，制订书面整改计划，监控整改计划实施过程，公示整改结果；⑩中介机构聘用、监督等工作统一管理的流程，确保中介机构选聘程序及结果的公开、公正和公平，就监管部门、法律、法规要求的以及其他应咨询中介机构的事项听取其专业意见，监督其尽职工作并追究其违反相关义务的法律责任；⑪合规工作内部审计流程及规范程序，内部审计部门对经营管理过程中遵守法律、法规、监管要求和规章制度的执行情况进行内部审计，督促其贯彻实施合规政策；⑫合规报告管理流程，明确合规风险报告路线以及合规风险报告的要素、格式和频率等实质内容；⑬违规问责流程及规范程序，设定鼓励主动报告合规风险的基调，对于发现或者应当发现合规问题却隐瞒不报的，一旦被外部监管部门或内部职能部门查实，将给予隐瞒不报者严厉处罚等。

3. 建立切合实际的合规管理模式及其组织架构，强化合规政策执行。合规政策旨在提高农村中小金融机构防范和管控风险的能力，促进整个机构合规管理，稳健经营，追求可持续发展。因此，首先，要抓好合规机制建设，搭建合规风险管理组织框架，在法人机构成立专职的、持续控制的合规部门，界定其功能和职责，理清专业线路，保证其有效性、独立性，能够对违规行为采取适当措施予以纠正，确保管理决策和从业人员的行为不偏离合规的“航道”。同时，将合规管理组织框架延伸至各部门、各经营单位，并探索实施委派合规经理、风险经理制，把合规风险管理延伸至所有“毛细血管”和“神经末梢”，建立专业化的合规管理队伍，确立清晰的报告路线，增强岗位制约，缩短管理链条，提升控制能力。其次，做好合规政策的落实必须配置必要的有时甚至可以说是充足的资源保障，其物质体现就是机构、人员、装备、费用等。在这些方面，由于各机构的基础和内外部条件不完全相同，领导层的认识和感知也有差异，需从各机构的实际情况出发。但应该明确一点，各机构的合规管理工作机构、人员、职责、质量等要不断加强，在整个合规政策的执行方面不能出现盲点。同时要主动搞好培训工作，不断提高合规管理人员的数量、质量，并且将合规部门职责进一步明确细化，落实到具体岗位和人员。

4. 将合规政策渗透到各业务条线和各岗位之中，实现上下联动，共同自觉执行合规政策。合规政策作为实现机构经营目标的重要保障，体现在各个业务条线管理的结构模式，其合规管理在各条线之间既有符合合规管理政策、合规手册的统一性，也有结合业务条线特点的针对性。农村中小金融机构的合规目标是通过业务条线的合规运作和管理来实现的，而业务条线的合规运作是通过对条线上各个业务部门和全体员工的合规操作和监督检查来实现的。也就是说，合规管理必须落实到每个员工，其中要特别重视高级管理层的合规素质、合规能力培养和合规示范作用的发挥，使之承担起合规机制建设与推行诚信、正直价值观的责任，促进合规政策的有效实施。一是要有计划地对高级管理层进行培训，灌输现代金融知识和先进的管理理念、方法，带头遵守各项规章制度，使之成为执行合规政策的领航者和带动者。二是加强对高级管理层行为合法合规性和履职尽责情况的监督，增强高级管理层成员自律意识，上级带动下级，发挥集体效应，避免或减少违规事件。三是合规面前人人平等，对高级管理层及其他领导层成员更要严格落实合规责任，客观、公平、公正地对待他们的履职情况，对不同形式的违规行为也要实行相应的处罚和制裁，使良好的合规文化深入人心。

5. 加强内部的合规咨询工作，确保合规政策落实无偏差。合规部门应当建立内部合规咨询平台，通过发挥专业优势和专业判断，在机构内部承担起经营管理和业务流程中的合规咨询顾问的角色，为各业务部门和员工提供合规咨询服务。具体来说，一方面，各业务部门或业务条线的员工在工作中遇到法律法规的适用或监管政策的解释等方面的问题时，应主动寻求合规部门的支持和帮助；另一方面，合规部门有义务为内部各个层面提供合规咨询和帮助。一是对适用法律法规及监管部门下发的监管文件等进行阐释，从合规的专业角度向高级管理层系统地提出有效执行这些法律法规或监管文件的相关意见和建议。二是针对员工对有关合规政策的要求有不明之处，从合规的专业角度提供建设性意见和合规问题的解决方案，帮助业务部门或业务条线、经营单位解决在业务操作过程中遇到的各种合规问题，有效控制和管理合规风险。三是建立沟通制度，制度不是颁发了就完事，合规管理人员要经常向员工宣讲，不厌其烦地沟通、解释、提醒，制度才能得以执行。四是建立合理化建议制度，通过开展“合理化建议活动”，充分发挥员工的智慧，重视他们的意见，给他们发现问题、提出解决问题的机会，引导他们提出改善业务操作、防范风险的合理化建议，凡是自己提出来且受到重视并在实践中得以运用的建议，员工自然会铭记在心，自觉执行。

6. 通过持续培训，提高落实合规政策的能力。农村中小金融机构合规政策不仅是高级管理层及合规部门必须掌握的内容，而且也与机构的各个业务流程和各个工作环节以及各个岗位的每一位员工密切相关，这就要求所有的员工必须熟悉所有与自己所从事的业务直接相关的“法律、规则和准则”等，并且在各自的岗位和业务操作过程中自觉地加以遵守。因此，合规部门必须通过合规培训，使员工了解机构为了确保这些“法律、规则和准则”的实行而应采取的政策和程序等。只有当合规成为每一位员工的行为准则，成为各级各岗位人员每时每刻的自觉行动，才能够共同保证有关合规政策及其精神得到遵循和贯彻落实。可以说，对员工进行合规培训和教育是维持健全和有效的合规管理机制的关键所在，农村中小金融机构必须通过内部的合规培训和宣传，培育和强化员工的合规意识。而这种意识在规范员工操作行为的过程中发挥着重要作用，它使所有员工都能明确理解机构在经营过程中必须遵循的“法律、规则和准则”的对象范围，充分系统地了解和掌握机构的合规政策以及相关合规规程和文件的具体内容以及各自岗位的合规流程，形成所有员工理所当然要为自己所从事的职业和所在岗位的工作承担相应的合规责任的氛围，从而进一步形成浓厚的合规文化，真正做到“人人合规”。

7. 以良好的合规文化引导全员正确落实合规政策。成功的企业文化对于企业员工的潜移默化作用有时比物质的激励更为有效。因此，必须重视合规文化的培育。一是必须强调合规是所有员工的共同责任。“合规人人有责”是合规文化的基本理念之一，农村中小金融机构应按照业务流程和岗位管理，理清各个部门、岗位、人员合规职责，人人明责、履责，“对号入座”。二是合规文化建设是一个双向过程，要让员工既能“认同”，又能“自觉遵循”，需要不断地向员工灌输稳健经营、合规操作的思想，经常性地开展合规教育，把学习与考核、评价相结合，强化提高合规教育学习效果。三是加大合规文化宣传普及活动，鼓励员工之间善意监督、彼此负责等。这些活动应紧扣经营实际与内部管理现状，在促进全体员工主动思考、深入理解合规要求、实现合规文化的逐渐渗透，真正将合规文化融入全员的价值观和思维理念中去，使“按章操作，按制度办事”成为全员的共识，并成为自觉的习惯，确保正面、积极的合规文化在机构内部形成，达到“润物细无声”的效果。

8. 制定科学的合规绩效考核方案，推动合规政策的落实。要建立真正体现业务发展与合理管理并重的绩效考核办法，建立风险防范的监督机制。一是将对合规经营落实情况的考核纳入业绩考核指标体系，并作为衡量各业务部门、经营单位工作绩效的指标之一，使其和管理者业绩、员工收入紧密挂钩。二是建立奖罚并重的专项考核激励机制，对合规工作做得好或对举报、抵制违规有贡献者给予保护、表扬或奖励；对履行工作职责中仅有微小偏差或偶然失误、且未造成不良后果的，予以免责或从轻处理；对存在或隐瞒违规问题、造成不良后果者，要按照规定给予处罚，追究责任。三是确定并贯彻良好的职业道德规范和企业价值准则，明确员工的行为准则，切实有效地落实问责制，形成“合规光荣、违规必惩”的工作氛围。四是营造正向的激励与约束氛围。增强违规处罚的透明度、公平性和即时性，减少处罚的弹性，使从业人员在违规问题上不愿为、不敢为、不能为。

目前，农村中小金融机构赖以生存和发展的外部经济金融环境正处于一个非常时期，大部分农村信用社正加快向农村商业银行这一股份制改革道路迈进，一些已完成改制的农村商业银行也不断追求规模扩张、机构扩张。在这种环境下，各家机构的董事会和高级管理层要充分把握和评估当前形势，防止合规政策导向不明导致内控失效及案件发生，防止经济环境变化导致新一轮不良资产急剧反弹，防止各地经济发展不平衡导致经济欠发达地区股金不稳定等，这些工作也是当前农村中小金融机构经营管理工作的重中之重。而合规政策倡导的“合规出效益，合规出价值”等合规理念，强调农村中小金融机构采取将合规风险作为重要的“风险源”进行持续、动态、精细化的管理与控制并做到业务流程和管理流程的“无缝结合”等措施，则对农村中小金融机构改变过往的粗放型经营和防范案件发生以及提高信贷风险防控能力等方面都有深远的意义。因此，各家机构要通过合规政策的制定和贯彻落实，真正做到科学管理，稳健经营，适度发展，规范操作，全面提升适应外部环境变化的能力和风险管理能力，使本机构逐步步入可持续健康发展的良性循环轨道。

第四章　合规风险：案件风险的重要诱因

针对农村合作金融机构案件高发的严峻态势，中国银监会自 2006 年开始对全国农村合作金融机构进行为期 3 年的案件专项治理，并在案件专项治理结束后又进行了 3 年的案件防控治理。可以说，在所有银行业机构中，案件治理时间最长，力度最大，要求也是最严厉的。持续 6 年的案件治理，取得了阶段性进展，总体效果比较明显，案件多发势头得到遏制。但目前农村合作金融机构以及其他农村中小金融机构案件呈现一些新特点新趋势，特别是因合规工作不到位导致的操作风险领域案件呈上升趋势，并日益成为案件的主要诱因；同时，刑事犯罪案件不断增多，内外勾结引发相应的市场风险或信用风险领域的案件凸显，因赌博、炒股、经商等原因诱发基层员工违规违法操作的案件占比也越来越大，案件形势仍然不容乐观。案件的不断发生，尤其是一些大案要案，金额巨大，情节恶劣，给国家造成了重大经济损失，也给农村中小金融机构信誉带来了严重负面影响。要切实解决好当前农村中小金融机构的案件问题，我们必须坚持标本兼治、重在治本的原则，从控制案件发生的源头即合规风险管理入手，坚持改革和管理并重，进一步加强法规制度建设，完善相关操作规程，强化对合规风险的管控，努力构建全方位的案件风险持续管控长效机制。在工作领域上，要特别重视通过制度规范建立起对董事、监事、高级管理人员履职监督与约束机制，切实防范领导层人员违法违规行为；要完善内部各部门、条线、经营单位职责划分，加快推进扁平化管理，强化和落实法人对经营单位负责人的管理责任，重组业务流程，整合机构资源；要强化信息科技手段，积极推进风险量化技术、工具与系统建设，准确识别和评估合规风险，及时发现和跟踪违法违规违纪行为；要在加强和改进对信用风险管控的同时，真正重视对市场风险和操作风险的控制，要将市场风险和操作风险等纳入全面风险管理体系并计量资本，从根本上改变“重业务轻管理，重外延扩张轻内部控制”的局面，为整个机构的稳健发展创造良好的合规环境。

一、合规风险的界定

（一）巴塞尔委员会对合规风险的定义

自巴塞尔委员会成立伊始即发表了最初的《巴塞尔协议》以来，至今已先后制定和发布了一系列重要的国际监管规则及指导性文件。其中，在有关合规风险管理方面被国际银行业和各国监管当局等作为重要依据，以及可供国内商业银行参考的文件主要有：《银行业机构内部控制体系框架》（1998 年 9 月）、《银行内部审计和监管当局与审计人员的关系》（2001 年 8 月）、《银行客户尽职调查》（2001 年 10 月）、《操作风险管理和监管的稳健做法》（2003 年 2 月）、《统一资本计量与资本标准的国际协议——修订框架》（2004 年 6 月）、《KYC 风险统一管理》（2004 年 10 月）、《合规与银行内部合规部门》（2005 年 4 月）、《加强银行公司治理》（2006 年 2 月）、《有效银行监管的核心原则》（2006 年 10 月）、《巴塞尔协议Ⅲ》（2010 年 9 月）等。其中在《合规与银行内部合规部门》中，巴塞尔委员会将合规风险定义为，因银行未能遵守所有适用的法律、法规、监管规则、自律性组织的标准以及行为准则（以下简称“法律、规则和标准”）等可能给银行带来的法律制裁、监管处罚、重大财务损失和声誉损失等风险。鉴于银行是经营风险的特殊行业，巴塞尔委员会明确指出，除了合规法律、规则和准则通常涉及的内容之外，如果一家银行违反一些特定领域以及与银行产品结构或客户咨询相关的税收方面的法律，或者故意参与客户用于规避监管或财务报告要求、逃避纳税义务等的交易或为其违法行为提供便利，则该银行将面临重大的合规风险。可见，合规风险的监管与管理始终是被置于“守法”这一大框架之下的。2006 年 2 月，巴塞尔委员会出台的《加强银行公司治理》中也明确强调，无论银行采取何种发展模式，都要采取稳健的公司治理，并通过建立有效的合规风险管理机制，保障银行的稳健发展。

（二）美国监管机构对合规风险的定义

合规风险实际上最早发源于美国。1973 年，美国总统尼克松因“水门事件”而下台，其竞选班底被查出将带有贿赂性质的非法政治捐款通过清洗变为合法的政治捐款，该洗钱行为成为人们关注的焦点。这之后美国企业走私、贿赂、舞弊的丑闻频频曝光，沉重打击了投资者对美国市场的信心。在这一背景下，美国的监管机构开始提出企业的合规风险问题以及对企业的反洗钱合规要求。1987 年的美国《联邦审判指南》首次将企业犯罪的量刑与合规风险管理挂钩。根据规定，如果触犯法律的企业已经建有合规框架预防和监测合规风险，联邦法官在量刑或判决时，可以减轻对该企业刑罚，包括减少罚款、免予刑事诉讼等。企业高管人员在民事诉讼中还可将合规风险管理机制的建立作为抗辩事由，罚金甚至可以减少95%。2001年"9·11"事件后，反恐融资成为合规风险监管的一个重要领域，美国国会迅速通过《爱国者法》，显著地增加了商业银行的反洗钱职责，扩大到了检测、终止（在可能的范围内）并报告恐怖分子的金融方案。如果不能充分地满足这些要求，就会加大银行的合规风险，银行常常会因为"协助及教唆"、"有意蒙蔽"等指控而遭受沉重的罚金、侵入式外部监管甚至刑罚。2002年美国安然与世通破产案中，摩根、花旗、美银、瑞信等国际银行均遭受了集体诉讼。投资者指控它们为其贷款客户安然与世通公司隐瞒债务、虚增盈利、财务欺诈、指使分析师等发表不实股评报告，最后这些银行不得不向投资者支付了上百亿美元的赔偿金。因而为了强化合规风险监管，2002年7月美国颁布了《萨班斯—奥克斯利法案》，对在美国上市的公司设置了极为严苛的公司治理、财务和信息披露等多方面的合规门槛。在此之后，合规风险普遍为各国监管机构所重视，国际商业银行也逐步重视和加强对合规风险的管理。

（三）其他国家监管机构及国际大银行对合规风险的定义

近年英国金融服务局特别强调监管规则对于合规风险管理的重要意义，他们认为合规风险并不限于银行因违反特定的法案而受到制裁的风险，还应当包括由于银行的经营被置于一定的监管目标之下而面临的风险。新加坡货币管理局没有直接使用合规风险一词，而是将合规风险纳入了法律风险的范围之内，特别指出法律风险包括金融机构因参与洗钱和恐怖融资活动而导致的风险。汇丰、花旗、摩根大通、德意志银行等诸多国际大银行对合规风险的描述大体相同，都是指由于银行没有充分遵循相关法律法规和监管要求可能引致法律制裁或监管处罚，最终产生财务损失或声誉损失的风险。也有一些国际银行没有对合规风险给出具体定义，但明确指出合规风险包含在法律风险之中，例如日本瑞穗金融集团。普遍的认识是，合规的重点在于确保银行的业务和经营遵循各种监管规则，包括中央银行、银行监管部门、证券监管部门、财政部、司法部等机构颁布的监管规则。

（四）中国银监会对合规风险的定义

中国银监会于2006年10月颁布《商业银行合规风险管理指引》，明确规定"合规风险是指商业银行因没有遵循法律、规则和准则可能遭受法律制裁、监管处罚、重大财务损失和声誉损失的风险。其中法律、规则和准则是指适用于银行业经营活动的法律、行政法规、部门规章及其他规范性文件、经营规则、自律性组织的行业准则、行为守则和职业操守"。这一定义与巴塞尔委员会有关文件所界定的内容大致相同。

（五）对合规风险的理解容易混淆的误区

目前，国内银行业对合规风险的认识仍然存在一些误解，主要体现在三方面：（1）将合规风险等同于法律风险。法律风险是指银行在经营过程中因自身经营行为的不规范或者外部法律环境发生重大变化而造成的不利法律后果的可能性。通俗来讲，法律风险就是基于法律的原因可能发生的危险及其他不良后果，即在法律上是不安全的。合规风险与法律风险的内容存在差异，即合规风险突出表现在监管部门的行政处罚、重大财产损失和声誉损失，而法律风险则侧重于银行对客户民事赔偿责任的承担；两者的诱因也不同，即合规风险是银行的内生风险，其诱因仅限于银行内部的违法违规行为，当银行业已遵循法律法规和监管规定时，不存在合规风险。银行内部的违法违规行为当然也会带来法律风险，但是，引发法律风险的因素却远不止于此，还包括来自银行外部的事件以及法律的不确定性。换句话说，即便银行本身遵纪守法，但某些外部的因素或法律制度的缺失变化仍可能使银行暴露于法律风险之中。（2）将合规风险等同于操作风险。目前有一种倾向将市场风险和信用风险之外的所有风险都称为操作风险，操作风险简直是无所不包，合规风险也被视为操作风险的一种，这显然是不正确的。这一模糊的定义在实践中引起了许多冲突和分歧，不利于风险的有效识别、监测和管理。在第一章，我们已经明确了操作风险与合规风险有着本质的不同。操作风险是由于银行的流程、人员、系统、技术的不完善或失败等引发的风险，根源是银行内部控制及公司治理机制的失效。诸如员工责任心不强、产品流程漏洞、流程执行不严、软硬件故障等，都会带来操作风险。而合规风险则是因为银行违反法律、法规、监管规则、行业准则等外部性规定而导致的风险，根源是银行战略、经营、业务的违法违规性。虽然合规风险与操作风险在形态划分及其内涵方面有所不同，但两者在本质上有着十分密切和必然的内在关联性。可以说，合规风险是导致银行操作风险产生的最主要和最直接的诱因，而操作风险在很多情况下也必然导致合规风险的发生或直接转化为合规风险。（3）将合规风险管理职能等同于内部审计职能。目前部分银行业机构将合规风险管理职能与内审、稽核职能混同在一起，实际上是混淆了二者的区别。合规风险管理职能强调银行业务经营、对外部法律文件、内部规章制度的合规性审查，提供合规咨询，制定合规指引，进行合规培训，化解合规纠纷，管理合规风险。内审、稽核职能则负责对内检查监督各种内部规章制度的实施落实，建立和实施内部控制机制，管理操作风险。正如新资本协议里指出的，内审、稽核部门的职能包括审查应法律合规要求而建立的各项制度是否得到遵循和执行，因此，内审、稽核部门应当充分重视涉及银行业务活动的法律法规，以及监管部门发布的关于银行组织架构和经营管理的政策、原则、规则和指引，但这并不意味着内审、稽核部门要承担合规风险管理职能，二者应当分离。

二、合规风险管理的主要内容

目前，银行业机构对自身开展经营管理活动可能遇到的风险一般归纳为八大类：战略风险、信用风险、市场风险、利率风险、流动性风险、操作风险、合规风险和声誉风险。战略风险是制定战略目标、发展规划和实施方案中潜在的风险；信用风险是交易对象无力履约的风险；市场风险是由于市场价格的变动，银行的表内和表外头寸所面临遭受损失的风险；利率风险是指银行的财务状况在利率出现不利的波动时所面对的风险；流动性风险指银行无力为负债的减少或资产的增加提供融资的风险，即当银行流动性不足时，它无法以合理的成本迅速增加负债或变现资产获得足够的资金，从而影响了其盈利水平的情况；操作风险则主要在于内部控制及公司治理机制的失效；声誉风险主要产生于操作上的失误、违反有关法规和其他问题。由此看来，合规风险是银行面临的主要风险之一，也是银行全面风险管理的重要组成部分。此外，合规风险管理是银行合规工作的核心内容，银行的合规工作普遍存在于银行所有风险管理活动中。

（一）合规风险管理的内涵

银行合规风险管理是指一个独立的机制，负责识别、评估、提供咨询、监控和报告银行的合规风险。也就是说，合规风险管理是银行通过建立健全合规风险管理框架，实现对合规风险的有效识别和管理，促进全面风险管理体系建设，确保依法合规经营的管理过程。深刻理解合规风险管理的内涵，至少包括以下几方面：第一，合规风险不仅是信用风险、市场风险等产生或形成的重要因素，也是操作风险、声誉风险等产生或形成的直接原因。合规风险管理涉及的范围很广，银行业案件专项治理、商业贿赂治理整顿和规范市场经济秩序、反洗钱、保护金融消费者等都与合规风险管理有关。因此，银行要在正确理解、贯彻本机构发展战略，取得发展的同时，能够不违反各种法律、法规、监管政策、行业标准等外部要求。第二，合规风险管理的目标要达到相关各方的要求，如监管、审计、董事会、高管层、内部业务线、消费者、社区团体等。第三，要确保新产品、新服务、新流程在最初开发时就符合迅速演变的金融环境和金融法律法规。第四，要保证合规风险管理符合成本效益原则，努力实现效益最大化。合规风险管理可以减少违法违规事件的发生，减少由此带来的损失，从而可以像其他业务一样创造价值。在合规风险管理的基础上创新，可以促进创新而不是限制创新。因此，“合规创造价值”应该得到重新认识和高度重视。第五，要从风险管理的角度审视合规，保证风险领域得到适当的识别，能够在不影响业务正常开展的情况下及时进行风险处理。第六，合规风险管理是一个持续、动态的循环过程。银行要不断对合规风险进行有效识别，主动避免违规事件发生，或在违规事件发生后及时采取纠正和惩戒措施，同时持续对合规法律、规则和准则的变化进行动态跟踪、评估和吸收，并在此基础上进行新的一轮合规风险管理。

（二）国际银行业合规风险管理机制建设动态

通过巴塞尔委员会的积极倡导和各国监管部门的大力推进，近年来国际银行业高度重视合规风险管理机制建设并将其作为全面风险管理体系建设的重要组成部分；专业化的合规职业队伍也不断壮大，合规人员日益发展成为一个专业化的职业阶层，合规人员占银行从业人员的比例也在不断上升。同时，银行内部的合规部门的组织结构和报告路线也不断调整和完善，如目前一些国际性活跃银行一般设有集团合规部和首席合规官，以及区域或当地合规部和合规官。在国际银行业空前重视合规风险管理机制建设的同时，各国监管部门也意识到要实施以风险为本的监管，必须以银行健全、有效的合规风险管理机制和有效的合规性监管为基础。综合国内外先进银行的实践，当今银行业合规风险管理机制建设呈现以下五方面特征：一是强调合规风险最大的源头就是领导层的自觉或不自觉的违规行为，要真正管理好合规风险，必须由董事会和高级管理层成员做出合规表率，身体力行；二是强调合规风险管理机制建设是银行全面风险管理体系建设的一项核心内容，更是银行实施有效内部控制的一项基础性工作；三是强调合规风险管理是自上而下的示范和自下而上的监督活动，重点通过完善公司治理加强合规风险管理，以实现自上而下和自下而上两种风险管理方法的有机结合；四是强调在银行内部组建一个常设的、独立有效的专职合规部门，支持和协助高级管理层有效管理合规风险，以实现银行的稳健经营和可持续发展；五是强调事前的风险识别和预警，事中的风险控制，以及主动的合规风险管理理念，实现合规风险管理与银行政策和程序的评估与持续改进的良性循环，以强化内部控制效能，尽最大可能地规避和防范案件发生。

（三）中国银行业合规风险管理的核心工作

随着银行业务的复杂化、多样化和存贷款市场、货币市场、票据市场等的迅速扩大以及金融竞争环境的不断发展，国内银行业面临的合规风险不断显现，合规风险诱发的案件风险也日益成为现代银行业必须认真对待的现实问题。针对中国银行业合规风险管理的需要，中国银监会近年积极推动国内银行业机构强化对合规风险的管理，重点工作包括：一是强化银行业从业人员积极培养良好的职业操守。特别强调银行业机构领导层要确立最高标准的职业操守和价值准则，并要率先垂范，防止经营管理活动中的违规违法事件、贿赂腐败行为、自我交易以及其他不道德行为和非法行为等。二是明确银行必须制定合规政策以及配套的合规手册和员工行为准则等合规指南，引导全体员工有效管理合规风险。三是明确核定合规问责制的两个重要环节，一个是对合规责任进行认定，另一个则是对违规责任人进行应有的处理，严厉打击各类违规行为，同时强调对于案件多发或易发的独立法人机构，高级管理层及相关核心部门/条线管理人员一定要具备从事合规风险管理工作的基本职业素养。四是明确建立诚信举报机制和建立相应有效的举报保护制度，让那些不守规矩、不讲诚信的人有一种外在的压力，让他们知道还有一双眼睛在盯着，促使他们在思想上时刻牢记、行为上处处体现最高标准的职业操守。五是强化正向激励机制建设，在考核机制中真正体现内控合规优先，彻底改变过去只重视业务发展而忽视合规风险管理的习惯做法，尽快建立经风险调整后的薪酬激励机制。六是强调要为合规工作提供适当的资源，特别强调领导层要重视配备合适的合规工作人员，同时对合规工作的职能要细化和明确，以建立有效的风险管理三道防线。七是强化合规风险的垂直管理，明确上级合规部门对下级合规部门/岗位负责人和同级业务部门/业务条线/经营单位“合规风险管理窗口”负责人的直接管理和考核，促使整个银行合规政策的有效传导。

（四）与合规风险管理有关的几组关系

如上所述，目前国内许多银行业机构仍然对合规风险与操作风险、法律风险等内容的区别与关联性缺乏正确的理解，不利于合规风险管理工作的推进与完善。在实际运行中，要真正理解合规风险管理，需要把握的内容非常广泛，其中与合规风险管理有关的几组关系必须认真把握。

1.“规”的内外互动关系。从根本上看，银行业机构内部规章应该符合法律、行政法规、部门规章，规范性文件、经营规则、自律性组织的行业准则、行为守则、职业操守等外部要求；不仅如此，内部规章甚至还应该符合金融业务自身的运行规律，这几者之间在实质上应该都是一致的。而一旦出现不一致，就会出现风险或损失，就需要采取措施予以纠正。例如，当银行内部管理制度与外部新监管标准不一致时，银行必须及时修正内部相关规章制度与操作流程，保证内部各项管理制度与外部监管要求相一致。

2. 合规风险与操作风险的关系。如上所述，虽然多数的操作风险主要表现在操作环节和操作人员身上，但其背后往往潜藏着操作环节与操作流程设计的不合理和操作人员缺乏合规意识。合规风险始终贯穿于银行业务的全过程，涉及银行所有岗位与各层次的所有员工。不论银行规模大小，在其经营管理过程中，随时随处都可能会产生合规风险，并且，大多数情况都是属于制度与流程的设计与操作存在缺陷或漏洞。因此，合规风险是导致操作风险的真正诱因，操作风险管理的核心就要从完善制度、规范流程以及消除制度流程设计本身的缺陷等方面入手。

3. 合规风险与法律风险的关系。对于规模较大的银行业机构，其对法律风险与合规风险的管理模式存在一定的分工。合规风险包括声誉风险，法律风险则不涉及。法律部门负责向业务部门和管理人员提供法律咨询意见，对银行业务方案及交易合同的法律风险进行审查，合规部门则负责监控银行内部政策、制度和流程的合规性，并就合规风险向高级管理层提出报告和建议。对于农村中小金融机构来说，一般是将法律风险的管理职能纳入合规部门的工作职责。但是，需要注意的是，相对于合规风险管理，农村中小金融机构对法律风险管理的时间较长，并积累了一定的工作经验，因此，要做好合规风险管理，就一定要充分发挥长期存在的法律工作的积极作用。

4. 合规风险与业务开展的关系。银行是经营风险的特殊组织，在决策过程中要不断地选择风险水平，也就是说，银行开展各项业务必须以风险为本，必须在保证合规风险得到有效控制的基础上发展业务。然而，银行毕竟是企业组织，最根本的使命是实现价值增值，因此，银行必须在重视合规风险控制的前提下积极追求业务的快速发展，不能因噎废食。因为合规风险的存在而减缓业务开展的步伐甚至裹足不前，由此带来的竞争能力的下降是一种更大的风险。

5. 合规风险与公司治理、流程银行变革的关系。合规风险管理需要以完善的公司治理为基础，也需要以规范的操作流程为载体。因此，银行在对业务及管理资源进行梳理、优化与再造的流程变革过程中，不仅需要注意合规风险管理对银行公司治理、流程银行建设等重大变革的具体要求，而且还需要将合规风险管理融入新的业务流程和管理流程之中，并对内部公司治理进行积极的改造，尽快建立健全良好的公司治理机制，支持合规风险的有效管理。

6. 机制建设与文化培育的关系。在合规风险管理完善的过程中，既要突出机制的建设，更要重视文化的培育。要通过合规风险管理制度的推广，为合规文化定下一个积极的调子，在机制的有效建设中形成良好的合规文化，在文化的培育中提高合规制度的执行力。

7. 内部建设与外部推动的关系。国际银行业监管实践表明，外部合规性监管不应该、事实上也不可能替代银行内部的合规风险管理，有效的外部合规性监管必须以健全、高效的银行合规风险管理为基础。但是，努力实现内部合规工作与外部合规性监管工作的良好互动，对于银行合规机制建设以及其他内部控制机制建设、全面风险管理体系建设等都将起到积极有效的作用。

三、合规风险是案件发生的重要诱因

如上所述，合规风险是指银行没有遵循适用于经营活动的法律、行政法规、部门规章及其他规范性文件、经营规则、自律性组织的行为准则、行为守则和职业操守而可能遭受法律制裁、监管处罚、重大财务损失和声誉损失的风险。从实践来看，合规风险不但会引发操作风险以及相关联的信用风险和市场风险，而且还会直接导致案件发生。如2008年2月曝光的广东三水农村信用合作联社赖某侵占联社联行资金2 219万元大案，主要原因就是有关清算中心的业务操作流程和账务处理没有一套完整的合规制度约束，作案人员赖某身为联行记账员，却长期集记账、复核于一身，违规操作。又如2009年初曝光的北京农村商业银行被骗贷案，犯罪嫌疑人胡某与该银行个别人员内外勾结，利用虚构二手房交易的事实，从该行骗取贷款250余笔，共计人民币4.47亿元；紧接着又从社会上购买无真实经营背景的40余家公司营业执照或借用其他公司的营业执照，虚构公司需要流动资金等事实，采取虚假担保等手段，从该行骗取贷款45笔，共计人民币2.61亿元。再如2011年2月曝光的江西省鄱阳农村信用合作联社“2·11”重大案件，也是信用社内部管理人员和业务操作人员违反相关规章制度，内外勾结，违法协助当地财政局人员从财政专项账户上违法套取资金9 400万元。当前，个别独立法人机构违规经营、内部员工违规操作等所引发的案件风险已成为困扰和制约农村中小金融机构稳健发展的重大问题，也是影响农村中小金融机构声誉的主要因素。

尽管近几年农村中小金融机构在制度建设、风险防范、强化管理、加强服务、规范业务操作等方面取得较大成效，监管部门的监督力度、检查力度、处罚力度等也是前所未有，但农村中小金融机构总体的案件问题并未从根本上得到遏制，自我防范风险和控制案件的能力还很低，内控基础还不牢固，诱发案件的体制因素还十分突出，仍是整个银行业机构案防工作最薄弱的领域。究其原因，主要还是长期以来农村中小金融机构一直没有将合规风险管理视为风险管理的一项活动，没有将合规风险作为一个重要的风险源来加以重点关注和管理，合规风险的日积月累就会直接导致违规违法事件的发生。也就是说，合规风险是案件风险的真正诱因。

（一）管理人员合规意识薄弱，合规风险得不到重视，违规事件不可避免

农村中小金融机构点多面广，员工队伍数量庞大，整体素质偏低，加上有些机构长期忽视员工的思想教育、道德教育和合规教育，导致包括个别高级管理层在内的各层级人员对于什么是合规，为什么要合规，怎样才能合规，还存在着模糊甚至是错误的认识，对合规风险的表现形式及其带来的影响也存在认

识上的偏差。例如，一些机构高级管理层片面认为“合规是基层、操作部门和业务条线的事情”，往往将违规行为仅归咎为员工的违规操作，没有从高层导向上对合规风险的管控予以重视，整个机构缺乏对合规风险认识和处置的环境；一些机构往往把经营管理的重点集中在考核任务和经营目标的完成上，过分注重市场营销和拓展而忽视业务的合规性管理，有些经营单位甚至不惜冒着违规操作的风险以实现短期业绩，从而加大合规风险和案件风险发生的可能性；一些机构对信用风险、市场风险所引发的风险事项比较重视，而对合规风险则往往与操作风险混为一谈，出现案件才引起重视，没有案件则得过且过，对可能出现的法律风险和声誉风险等则往往淡然处之，关注的程度远远不及信用风险、市场风险等各类风险。一些机构员工整体素质不高，政策水平差，对规章制度缺乏正确的理解和把握，执行中容易失之偏颇。这些合规机制所存在的缺陷导致合规风险无法得到有效控制，违规操作或违法案件时有发生。

（二）合规机制不健全，合规风险得不到有效控制，案件风险始终存在

目前，大部分农村中小金融机构内部的合规工作机制不健全，集中表现在：一是合规制度不规范，制度执行力长期得不到有效提升；二是合规部门定位不准，职责不清，只是充当了业务部门、审计稽核部门等防范操作风险的一个“替补”，容易出现管理真空；三是缺乏专业型的合规风险管理人才，能熟练掌握和运用先进风险管理技术的人才更是稀缺，对合规风险适时进行计量、评估的难度很大；四是对合规风险管理技术的认识和应用尚处在起步阶段，对合规风险的识别、监测、计量、控制技术严重缺乏，普遍侧重于定性分析；五是合规部门与业务部门以及内审稽核、风险管理、事后监督等职能部门尚未形成资源信息共享、沟通合作、协同配合的机制；六是忽视业务流程改进与优化或再造，普遍只是侧重于对已有的风险和问题产生的既定结果进行整改，缺乏追根溯源的整改措施，配套的规章制度滞后、业务流程不畅、管理机制落后等深层次的问题尚未得到很好解决。同时，一些机构没有按照规定人数来配置相关岗位，兼岗、混岗的现象依然突出，容易给不法分子可乘之机，引发案件风险。

（三）内控环节控制不严，监督纠错制度执行不力，合规风险威胁严重

一些机构在业务开拓、授信审批、风险管理、会计结算等环节控制不严，普遍存在以习惯、信任或感情代替制度，省略程序甚至逆程序操作现象严重。例如，在重要空白凭证，印、押、证、机（编押机）管理，金库钥匙、会计出纳管理等方面，仍然存在交接手续简单化、业务处理“一手清”及岗位制约应付性等问题。一些机构则对审计稽核监督工作重视不够，审计稽核覆盖面过窄，频率不够，检查走过场，使一些违规问题和案件长期“潜伏”下来；而对发现的违规事项及有关责任人的追究力度也不够，没有严格落实“一案四问”和

“双线问责”，检查整改成效甚微。一些机构的事后监督工作仍然依赖手工完成，而由于时间和精力的原因，往往导致一些事后监督工作流于形式，给不法分子以可乘之机。一些机构仍然存在对操作人员监督的多，对决策层、管理层缺乏有效的监督或监督较少，监事会监督有名无实，有效的监督制衡机制还未真正建立起来，案件排查工作也往往不细致、不彻底，责任追究不到位，致使陈案未能解决，新案大案时有发生。

（四）对违规事件的处罚力度不够，违规成本低，案件防控任重道远

一方面，国家现有的法律法规对农村中小金融机构特别是农村信用社员工违法处罚的量刑尺度相比其他商业银行要低，违法人员的犯罪成本偏低；另一方面，农村中小金融机构内部问责制度普遍缺失或者执行不力，存在对违规人员的处罚不严或不全等不合理现象，对案件防控检查发现问题督促整改的力度也不够，有些只是处罚业务操作人员，却没有处罚相关的管理人员，以致有些案件防控检查发现的问题屡查屡犯。此外，大多农村中小金融机构并没有把合规风险管理纳入综合绩效考核，唯业务发展论英雄，合规风险管理做得好的部门/经营单位没有受到相应的奖励，积极性大打折扣，在一定程度上挫伤了员工特别是管理人员合规经营的责任心，容易滋生违规违纪行为。

四、强化合规风险管理的重要意义

当前，农村中小金融机构落实国家建立现代农村金融制度的工作任务十分紧迫，面临的改革发展任务更加繁重，随着改革和监管力度的不断加大，各种新旧矛盾相互交织，风险案件势必进一步显现。同时，受各种外部环境因素影响，部分企业特别是县域中小企业经营困难，农民持续增收的难度进一步加大，信贷违约风险比较突出，由此可能导致侵占、挪用、诈骗和外部侵害案件的反弹，农村中小金融机构案件防控面临的外部压力进一步加大，形势比以往更加复杂。而案件防范仅仅依靠外部的监管查处或者机构自身检查是远远不够的，还必须尽快建立一套科学、有效的合规风险管理机制，才能从根本上解决合规风险和违规案件频发的问题。可以说，合规风险管理是农村中小金融机构安全稳健运行、科学健康发展的重要基石，也是防范案件发生的基本手段。

（一）强化合规风险管理是提升核心竞争力的重要举措

品牌是银行的软实力，信誉是银行的生命线。对于合规风险管理有效的农村中小金融机构，其作为独立法人机构的对外信誉就会表现良好，经营性风险相对较小，更容易赢得客户的信赖和价值认同，从而有利于提升自身的核心竞争力。而缺乏有效合规风险管理的机构，无论其规模大小，都要面临监管处罚、重大财务损失的风险，而且其生存的基石——声誉最终也会受到危害，进而影

响其核心竞争力。此外，农村中小金融机构发展到一定程度，要想进一步提升核心竞争力，起决定性作用的往往就是合规意识和合规风险管理水平，而不仅仅依靠资本充足程度、资产规模和盈利能力。无数教训反复证明，建立在违规基础上的业绩回报只是暂时的，违规经营带来的损失最终将抵消或超出已取得的所谓业绩，任何违规行为都会破坏农村中小金融机构发展过程中的控制能力，进而直接影响其核心竞争力。也就是说，任何一家机构如果背离合规精神求发展，或者只是追求利益最大化而忽视合规风险管理，可能会有昙花一现的虚假繁荣，但绝难期望健康的可持续发展，更不用说核心竞争力的提升。

（二）强化合规风险管理是自身健康发展的本质要求

农村中小金融机构的合规就像是由三股绳子拧成的贯穿经营管理全过程的保险带，一股是国家法律，一股是监管要求，一股是机构自身运行规则。合规不完全等于遵守法律，但遵守法律可以让我们远离法律制裁，积极规避合规风险；合规不完全等于遵守监管要求，但遵守监管要求不仅可以让我们规避监管处罚，而且还可以通过良性互动换来更好的发展空间；合规也不完全等于遵守自身运行规则，但按规则运行是实现自身发展目标的根本途径。我们做任何事情，要达到规避合规风险，就要用上述三个遵守的标准来权衡和度量，合规的就应当坚持，不合规的就应当加以限制和修正，直到合规为止，以保障整个机构健康稳健发展。另外，遵守国家法律和监管要求对于农村中小金融机构来说，不是目的而是手段，不是发展的障碍而是发展的资源。倘若我们把法律精神和监管要求仅仅当成一种外部约束力量去应付，工作中难免处处被动、事事受限；而一旦我们把法律精神和监管要求看做促进健康发展的有效资源加以充分利用，工作中会陡增许多助力。

（三）强化合规风险管理是构建风险管控长效机制的必由之路

综观近年来农村中小金融机构查处的案件，主要是制约机制失控和制度执行不严的结果，在深层次上则反映了决策、管理、操作等各环节人员依法合规意识的欠缺。以鄱阳农村信用合作联社“2·11”案件为例，发案信用社主任徐某社会关系复杂，在外经商办厂，日常开销明显与正常收入不符，却在信用社主任这个管理岗位上一待就是十几年，而且该社委派会计潘某也没有切实履行一线监督职责，未对该社存在的问题进行上报，而柜员朱某则是盲从于“领导”的权力，未行使支票印鉴审核职责，致使犯罪行为一路绿灯，最终酿成了巨祸。因此，农村中小金融机构要解决操作风险集中度过大、案件多发的问题，必须加强合规工作，建立合规风险管理的有效运行机制，明确“三会一层”对合规风险管理负有的责任，通过合规制度的规范与流程的完善，加强各项规章制度的执行力，严格从源头上防范风险。

（四）强化合规风险管理有助于解决当前存在的一些突出问题

目前农村中小金融机构案件的最大特点就是操作风险领域的案件呈上升趋势，其中相当一部分案件是内外勾结，是有目的、主动的违法违规，但却由于合规风险管理的缺位，不能及时发现和主动避免。此外，农村中小金融机构长期形成的“重业务、轻管理，重外延扩张、轻内控建设”等问题依然严重，激烈的市场竞争使部分机构在经营过程中为追求业务增长和利润目标而有意无意地放弃对合规的遵循。因此，必须通过强化合规风险管理，对各个业务环节和操作流程进行全面梳理、优化或再造，堵疏防漏，以有效识别和防范可能存在的合规风险。同时要通过严格的合规举报制度、合规问责制度等，切实解决当前存在的员工合规意识不强、管理层合规约束力不够、董事会和监事会及高级管理层互相之间监督不到位、违规处罚及惩戒措施弱化等合规问题。

五、加强合规风险管理的核心工作

针对农村中小金融机构合规风险管理存在的缺陷以及案件防控形势的要求，我们要以主动合规为目标，以准确识别和评估合规风险为手段，从意识培育、制度建设、监督制衡、激励约束以及建立全面风险管理长效机制等几条主线，协调联动，多管齐下，积极做好案件防范工作，以保障整个机构健康稳健可持续发展。

（一）重点解决合规风险管理意识问题

农村中小金融机构操作风险的大量人为因素和违规事件，都是由内部人员的不当行为甚至是不良行为造成的。只要内部存在不道德的行为，管理人员又疏于管理，案件就防不胜防，案件以及其他违规事件迟早都会发生。因此，各家机构的董事会及高级管理层一定要首先解决合规风险的认识问题，从思想上切实重视合规管理工作。一要避免出现“重投入、轻产出”的现象，不能将合规风险管理作为应对监管部门、行业管理机构及利益相关者要求的新“花瓶”，关键在于加强对合规风险管理有效性的评估和控制，确保在合规风险管理上的投资“物有所值”。二要突出合规风险管理的事前性，避免合规风险管理变成简单的违规举报和处理，不能将“诚信举报”作为合规风险管理的全部内容，诚信举报和稽核检查一样，本质上是一种事后报告和处置管理，而并非合规风险管理中所强调的事前对违规可能性的识别、衡量和控制，因而也不是现代合规风险管理的主要技术方法。三要避免由于建立合规部门所引发的合规责任的转移，即任何合规方案和计划的最终执行部门和责任部门都是各个业务和管理部门，合规部门负责教育、指导、衡量、监督甚至警告，而对业务过程本身是否合规并不承担直接责任。四要避免合规部门与业务部门等发生冲突，要在既管损失也求盈利的现代双侧风险管理理念的基础上破除“风险管理冲突论”的伪观点，科学地认识到合规风险管理对机构的价值贡献，同时要对各种合规风险管理项目进行可行性研究，尤其是要能够与业务部门的流程和管理相整合。五要避免合规风险管理建设成为短效行为，关键还是在于加强合规风险管理的有效性建设，包括加强公司治理、内部控制和对合规风险管理有效性的评估以及对合规工作的稽核审计等。六要避免合规文化建设流于形式，如果领导层合规风险管理责任不明确，或重大违规事件发生后没有对领导层的问责，合规文化建设最终只能流于形式。

（二）认真做好合规风险的识别与评估

合规风险管理的实质就是农村中小金融机构内部主动管理合规风险的动态过程，而合规风险识别和评估是各家机构内控和合规风险管理的前提和基础，是正确分析和把握合规内容的重要手段，也是内部合规工作的一项重要职责。国内外先进商业银行对于包括合规风险在内的风险已经有一些成熟的识别和评估模型及先进的技术手段，但农村中小金融机构在体制机制等方面具有自身的特殊性，因此在开展合规风险的识别和评估时，要结合自身特点，一方面尽可能地参考先进银行的合规风险管理技术，另一方面要积极探索开展符合自身情况的合规风险识别和评估方法。例如，各家独立法人机构的合规部门要建立对所有合规风险点的识别评估机制，促使各个业务条线、职能部门和经营单位主动报告合规风险，在此基础上形成合规风险列表；然后要及时分析合规风险形成或产生的原因，并对合规风险进行“高、中、低”分类，较准确地划分“固有风险”和“剩余风险”，同步在业务流程和管理流程中提示这些合规风险以及解决这些合规风险应采取的防范措施，尽量规避这些合规风险进一步演变为案件风险；最后要形成整个机构整体合规风险评估报告提交高级管理层和董事会，并定期进行预警提示和决策建议。

（三）求真务实地做好合规基础工作

一是坚持“制度先行”理念，扎实有效地开展了建章立制的工作。例如，合规与风险管理部门要根据本机构总体发展规划和风险控制能力，制定切实可行的操作风险管理政策与程序，通过建章立制，排查操作风险管理漏洞，分析问题成因，找出应对措施，以发挥从亡羊补牢到未雨绸缪的风险防范和控制作用。二是合规绩效考核要改变单纯“以营销业绩论英雄”的考核评价思路，通过合规绩效考核与营销绩效考核的有效对接，用合规绩效考核结果影响和调整营销绩效考核的结果，引导各业务条线及经营单位业务营销与合规工作“两手抓”，并且两手都要“硬”。三是合规问责制度必须做到全体人员（包括领导层）一视同仁，对违规事件绝不可姑息养奸。例如，对于信贷管理领域存在的各种违规放贷行为，要对其相关责任人特别是审批人员或主管领导进行严肃处理，严禁徇私向亲属、朋友等关系人违规发放贷款或违规提供担保，严禁强令和唆使他人向借款人发放贷款或者提供担保，严禁编造借款人及其借款关系人的签章和资料等，通过严格的违规责任追究，促进整个机构牢固树立向合规要发展、向安全要效益的经营理念，认真将国家法律、监管要求落实到经营管理实践中，形成合规人人有责、合规从高层做起、合规创造价值的合规工作文化氛围。四是从流程上确立“内控优先”的理念，对新产品、新业务和对外签署的新协议、新合同等都要进行事前的合规性审核，并及时建立可操作性强的业务流程和管理流程，以达到消除或降低预期合规风险的目的。五是完善合规经理（或合规员）队伍建设，努力实现在每一个部门和每一个经营单位任命一至两名合规经理，作为合规工作的抓手，及时对违规事项、操作风险、合规风险、流程优化事项等实施双线报告路线，实现案件防控关口前移，从而更有效地消除隐患、规避案件风险。六是合规工作机制建设要与业务流程改革实现联动，合规风险的识别、量化、评估、监测和报告过程，实质是机构评价规章制度执行力，审视业务流程优化程度的过程，要搞好合规工作，有效防范合规风险，就需要认真研究探索合规工作机制建设与业务流程改革的联动，打破各部门条块分割、“各管一段”的部门风险管理模式，以既服务好客户又控制好风险为原则，优化、精简业务流程。

（四）高度重视内部合规管理工作的专业化

在监管部门进行严格合规监管的时代，合规工作是通过监管部门这一专业机构专门实施的。而在合规工作转向银行内部的时候，如果不能及时建立专业化的合规工作机制，一方面，会导致银行内部合规工作与银行监管部门之间的信息交流与沟通机制难以顺畅；另一方面，还会导致合规工作人员与部门难以胜任合规工作的基本要求，毕竟内部合规工作要求银行的合规工作水平比外部合规监管时的管理水平更高。此外，合规工作作为监管职责向银行内部转移，在合规工作过程中，与银行追求利润最大化目标，特别是追求当期利润最大化目标将会产生冲突，如果没有专业的管理机制，将导致合规工作的弱化和失衡。这种专业化的管理机制包括领导层的合规专职分工、专业的合规工作人员，专门的合规部门与职责、专门的合规工作报告与反馈路线，并且要避免合规工作人员的合规职责与其所承担的其他职责之间出现利益冲突。例如，董事会要按章程规定履行好合规决策之职，尤其是抓好合规政策的制定和监督实施；监事会要积极履行“两个监督”的职责，维护股东利益，监督合规风险管理有效性和合规政策的实施；高级管理层要积极搭建独立的合规部门，配备充足和专业性强的合规风险管理人员；合规部门要认真履行应有的合规职责，并积极与外部监管部门保持良好沟通，保证本机构各项管理制度和业务流程与外部监管要求保持一致，共同构建和谐的合规性监管环境。此外，高级管理层要积极搭建有效的合规风险管理监督机制，设计科学的监督考核标准，对合规风险管理的有效性进行持续的考核评价，重点是检查和评估合规部门为保证本机构遵守相关法律、规则及标准而实施的措施是否有效；内审部门要加强对合规部门的审计监督，保证内审部门对合规部门的工作进行独立的监督与考核；同时要及时进行合规风险管理成效的同质、同类机构比较，以寻找差距，发现问题。

（五）同步推进合规风险管理与案件风险防范工作

从根源上说，案件风险就是银行业机构发生工作人员违法违规违纪或内外勾结及外部侵害案件，造成银行资金财产损失和声誉损失的风险。因此，做好合规风险管理工作是防范案件风险的基础和前提，而做好案件风险防范则对合规风险管理起到积极有效的支持和保障作用。为此，一要在思想上提高对案件风险防范重要性的认识，要让各级管理人员和员工认识到一旦发生案件，长年累月树立起来的良好的企业形象和声誉就很可能毁于一旦，不仅资产的损失及相应的经济处罚和责任追究不可避免，对股东、客户、员工和市场所带来的负面影响也是极其严重的，在有形资产和无形资产两方面都遭受沉重打击。二要坚持从严治理、严格问责，对存在的风险问题绝不能遮遮掩掩，大事化小，小事化了；对违规违纪责任人的处理绝不能避重就轻、姑息迁就，要加大对一般性违规行为的惩处力度，促使全体员工养成依法经营、合规操作的良好习惯，形成一个“不想违规、不敢违规、违规绝不放过”的浓厚氛围，从而提高案件风险防范的自觉性和能动性；要积极做好事前定责，建立和完善对各个风险管理和操作岗位的责任认定办法，让全体员工在开展工作前就清楚自身行为需承担的责任，这也是本着事前预防和过程管理的原则，避免简单地“秋后算账”；同时要做好事后问责，进一步落实案件专项治理责任制，在各业务条线和管理部门经营单位推行案件防范问责制，对管理不严、监督不力的，要按照“一案四问责”和“上追两级”的原则，落实“赔、罚、走、送”、召开公开处理大会等制度，严肃追究管理、监督人员的责任。另外，要引入引咎辞职制度，发生大额和性质严重案件的负责人必须先行引咎辞职，视案件结果再行处理；发生大要案及案件频发机构的主要领导要坚决撤换，不得易地同级任职，同时领导成员要调离、降级使用或免职；是涉及违法犯罪的，要及时移送司法机关追究刑事责任，建立和落实案件报告和移送制度。三要严格执行高管人员及重要岗位人员定期轮岗、干部交流、离任审计、近亲属回避和强制休假制度。四要对经营单位和不同的业务部门实行实时监控、事前预警和主动纠错的案件治理机制，将案件风险防范工作情况纳入对各经营单位和各类业务部门、条线的绩效考核之中。五要动员全体员工积极参与案件风险防范工作，调动相关业务部门的积极性，充分发挥合规部门、稽核审计部门与纪检监察部门的互动作用，努力实现联动防御、动态防御、积极防御。六要加大对案件发生可能性的全面排查和专项检查力度，做到检查工作深入细致，不留死角，不走过场，不流于形式，对检查发现问题要及时整改。

尽管近年来个别农村中小金融机构发生了一些案件，但不能以此来推断农村中小金融机构都出了问题，更不能因此动摇推进改革发展的信心，否则，不符合客观实际，也不利于农村中小金融机构的改革发展和稳定的全局。我们必须在监管部门的正确指导下，在地方各级政府的大力支持下，深化改革，开拓创新，继续保持又好又快发展的活力和动力。当然，我们在改革发展的同时也应该看到现实的案件防范形势依然十分严峻，合规风险管理和案件防范必须警钟长鸣，打持久战。即使在后续的合规风险管理和案件防范工作中取得一定的成效，我们也不能安居若素、麻痹大意，应该按照更加谨慎严格的态度，认真执行各项合规政策和合规要求，把规范操作、防范案件、清除风险隐患的大网编织得更加细密而严实，最大限度地减少可能形成的案件和损失，保障农村中小金融机构稳健和可持续发展。

第五章　流程管事，制度管人

现代银行业强调的合规是以“事事合规，人人合规”为基本原则，要求银行上下推行诚信和正直的道德观念，建立“合规人人有责”的合规文化，并通过完善的流程控制来实现全面风险管理的目标。也就是说，仅在某一环节、某一团队或个人强化合规程序是无济于事的，必须将合规通过流程和制度内化到每一位员工的行为当中，成为各级各岗位员工日常的自觉行动，才能共同保证有关法律、规则和标准及其精神得到遵循和贯彻落实，从而使银行的经营风险始终处于其可承受和控制的范围之内。

流程是银行业务日常运营的载体。假如一家银行管理活动效率低下，就应该重新审视其活动流程是否存在问题：一要检查机构内部的流程设计是否合理，是否简洁和高效，能否有改进的地方，改进的可能性有多大。二要检查流程体系是否科学。因为组成银行流程体系绝不是简单的业务链条，而是复杂而封闭的循环系统，就像人体的血液循环系统，包括总系统、各支系统、各细支系统，以及末梢系统，所以应检查整个机构流程的循环系统从起点到末梢是否畅通，是否闭合，有没有断裂、梗阻、栓塞的地方，有没有冗余和不够的地方，是否需要添加新的系统。三要检查流程控制体系以及整个业务操作系统（如大集中系统）是否格式化（文件化）、模板化、标准化，流量是否合理稳定，每一管道上设计的流量是否合理，实际流动中是否达标、超标。四要检查机构内部是否真正体现“流程管事”的企业文化。银行之所以能够在竞争激烈的市场上被客户识别并认可，关键原因是流程上流动着我们与众不同的基因，流动着广大员工的行为方式，流动着我们基本的价值取向和合规理念，因此，在整个机构内是否遵循“一切按流程办事”的原则对于提高流程的运行效率以及减少流程操作风险等方面至关重要。

制度是银行业务日常运营的保障。假如流程没有太大问题，我们就要检查管理制度，这里所称的“制度”就是指要求广大员工共同遵守的办事规程或行动准则、行为规范等，包括制度是否真的支持业务流程及管理活动的内容，制度是否符合国家最新的法律法规要求，是否存在漏洞或需要及时修正的内容，员工对制度的理解和接受程度如何，各项制度是否充分尊重人文情怀等，其中关键就是检查“制度管人”能否得到执行。需要强调的是，“制度管人”必须科学合理，适度有效。因为制度过于严格或不切实际了，员工会变着法子钻制度的漏洞，甚至集体对抗制度；如果过于宽松了，制度的约束力又不够。如果说，流程是水的话，那么制度就是流水的管线，如果管子不严密，管子粗细搭配不合理，或管子根本没有对接起来，那么将直接影响系统流水。

一、流程和制度的区别

为将“流程管事，制度管人”的理念落实到经营管理中，我们需要对流程和制度的区别进行分析。流程主要体现员工做事的方法和程序，制度则是指员工做事所必须遵守的具体规定和要求。简单地说，流程就是“告诉你如何正确地做好某件事情”，制度则是“告诉你对做某件事情后果的处理”。所以，流程主要从操作层面规范各机构或个人对各项业务及其管理活动的操作行为，制度更多的内容是一种奖惩的规定，如“员工违规处罚规定”、“客户经理管理制度”、“内部审计制度”、“员工合规要求”等。两者的区别主要体现在以下三个方面。

（一）流程设计与制度制定的出发点存在差异

我们提倡的“流程管事”更多的是一种以“疏导”为主要目的，其基于的管理假设是“人性本善”，其特点是以员工完成事情（业务操作、工作任务等）的步骤、顺序作为核心，结合组织结构、人员素质及其他资源，站在整个组织的角度来设定流程，促使内部各项业务及管理活动有序高效地运行。流程是农村中小金融机构管理原则的最佳载体，它提倡以“对自己职责的本分”、“对上下游的积极信任”的态度来有效运作流程。而“制度管人”更多的是体现一种以“堵漏”为出发点，其基于的管理假设是“人性本恶”，其特点是告诉员工哪些是该做的事情、哪些是不该做的事情，事情做好了会得到什么样的奖励，而假如你不做或者不按制度要求去做则按制度进行处罚。因此，流程设计时主要考虑如何引导员工做正确的事，指导他们按照办事的最优化的逻辑顺序正确地做事；制度的制定和出台则更多地考虑如何防范员工做错事，规定员工在办事的过程中不能违背这一逻辑顺序操作。

（二）流程与制度所覆盖的内容存在差异

流程是一组共同给客户创造价值的相互关联的一系列活动，是为实现某项功能的一个系统。系统可大可小，整个机构是一个大的流程系统（或称主系统），根据不同的分类原则内部又可以分为若干个独立的小的流程系统（或称子系统）。例如，农村商业银行内部通过流程银行建设建立起比较完整的流程化管理体系，而在这个大的体系里面又可以分为产品创新流程、客户营销流程、授信审批流程、账户集中管控流程、风险管理流程等，但是不管如何分类，各子系统之间都会通过各流程之间的接口建立起紧密联系，最终织成一个涵盖整个机构的网络系统。而"制度"更多的是针对机构局部出现执行力问题而采取的奖惩措施，包括对执行人主观态度以及客观过失造成机构损失的处理等。例如，农村商业银行针对信贷领域容易出现道德风险，对客户经理/信贷员或风险经理在对外开拓业务过程中明确规定应严格遵守的廉洁自律制度。

（三）流程和制度实施的路径存在差异

从功能上讲"制度"是用来制约员工行为的，是一种规范性概念，其实施途径主要通过组织的行政手段与管理措施自上而下层层落实，是一种行政性、原则性的行为要求。而"流程"从功能上讲是用来指导员工如何正确做事，是一种技术性概念，其实施途径主要通过系统的引导或内部操作程序自下而上按顺序进行操作，是一种以追求某种利益而进行的最优化的行为办法。例如，农村信用社内部的信贷业务管理制度，一般是自上而下进行逐级规范，理事会及其所属风险管理委员会必须首先明确包括理事长、高级管理层成员、专业审批人员以及风险经理、客户经理等各层级人员在信贷业务中的权限与职责，然后自上而下逐级授权，不得越权审批。而信贷业务的具体操作流程，则按照自下而上进行逐级办理，由客户经理进行客户资信调查、风险经理进行客户/债项风险评估、专业审批部门/人员进行专业审批等，直至高级管理层、理事长等按分工和职权进行最终审批。

二、流程与制度的联系

尽管流程和制度具有理念和思路上的根本差异，但从农村中小金融机构整体经营管理来看，二者又是同一事物的两个侧面。制度与流程是现代银行业管理的两个核心手段，流程是基础，制度是保障，制度必须通过流程的操作才能真正落地并得到有效执行，而流程必须得到相关制度的支持才能得到合规、合法运行，没有制度保障的流程与没有以流程为载体的制度都是无本之源。因此，我们必须厘清它们之间的关系并恰当应用，才能发挥各自的最大效用。

（一）制度是流程得以顺畅运行的保证

规范的制度有助于流程的运行，制度是因流程而存在的，通过适当制度的执行推动流程的执行。因为流程是建立在对功能团队信任的基础上而设计的，对于纯属某个部门/人员对自己的职责不履行或违规而影响流程功能实现的现象，只有通过制度进行约束，才能得以制止，进而建立起流程的威信。例如，为保证流程银行管理模式能够顺利落地并不断得到完善，实施流程优化或再造的机构必须根据各项流程运行需要进行配套制度的制定和落实，包括为保证员工按流程要求正确做事而对一些不按流程办事的行为进行严格的制度约束、为保证员工的工作积极性而进行配套的奖惩制度等。因此，流程的执行需要严格的制度约束作为保障，而制度则要通过流程这个载体或平台才能真正得以执行，以发挥它应有的效用。

（二）流程是制度得以执行的载体和基础

银行业作为一种特殊行业，国家对各类银行业机构都实行比较严格的行业监管和政策、法律约束，各家银行也必须根据国家相关监管要求进行相应的配套制度建设，以保证整个银行能满足监管部门的合规要求。而如果这些法律法规、政策制度没有被正确地落实到具体的操作流程，那么就会失去意义，也不可能被正确、有效地执行。也就是说，制度无法执行时，往往意味着流程有问题。当前，农村中小金融机构经营管理中常常会遇到“法不责众”的情况，一些制度规定无法对广大员工进行约束和监督，如果频繁出现这种情况，就说明一个制度或规定是不合理的，而不合理的地方往往是它与实际操作的流程不符，使得制度与业务流程“两张皮”的现象。所以，我们在提倡检讨“制度的问题”之前，更需要先检讨“流程的问题”。即当某些制度规定无法得到很好地贯彻执行时，就要对其相应的流程进行梳理、优化或再造，规范员工的流程操作行为，明确流程操作的制度要求，使全体员工在规范的流程操作中正确执行相关的制度规定。

（三）制度的激励作用可以促使流程不断得到改善

在现代银行经营管理过程中，制度不单单是对员工违规的“惩罚”，还应该包括对守规的“奖励”，这往往比惩罚更起促进和约束作用，因为激励因素会促使广大员工主动关注流程，从而使流程不断得到改善和优化。例如，对客户经理的日常管理，各家机构都有严格的制度规定，要求客户经理向客户营销业务时要严守纪律，防止内外勾结骗取农村中小金融机构的资金。这些“惩罚”制度能制止因个体原因（如个别客户经理）而影响业务流程功能实现的现象，而“奖励”制度则会促使大家更多地主动关注流程。例如，农村商业银行通过内部的资金转移定价机制，鼓励客户经理及其所属的营销团队积极开拓业务，认真控制各项风险，严格遵循流程操作规范，以实现经风险调整后的收益最大化。在这种机制下，广大员工会更关心每一项业务走完流程所需要的时间，从而促使各层级员工都会主动关心每项流程是否属于最优化的，是否有改进的环节和机会，从而带动整个机构不断改进和完善流程。

（四）制度和流程都是重在执行

不管是“制度”还是“流程”，如果没有执行或者说执行不到位都是空谈，这会大大降低整个机构的运营效率。从一定意义上说，流程和制度都是固化的，在执行中既需要各层级管理者按职责实行严格的监管，也需要各机构理（董）

事长、高级管理层成员等领导者的示范和带头执行，更需要相关技术系统的落地和支持。如果没有管理者的有效监督，会极大地降低员工对流程和制度的忠诚；如果监督过于严格和僵化，不知道原则和灵活相结合，固守过时的制度，那么也会极大地限制员工的积极性和创造性。而如果领导层及其他管理者没有被监督的意识，甚至带头超越流程和制度的约束和限制，没有形成很好的合规文化，那么设计再好的流程和制度也将大大削弱。此外，良好的技术手段（包括信息系统、管理技术、管理方法等）也是提升流程运行效率和提高制度执行力的关键。

综合来说，虽然流程与制度既有联系又有区别，但它们作为银行管理的核心内容，其本质是完全一致的，当制度编写具体到业务的每个步骤，以文字或者图表（如流程图）的形式将业务及其管理活动前后逻辑和关系都描述清楚，那就可以称其为流程。而当流程以操作手册或体系文件的形式呈现出来，并且作为管理要求在农村中小金融机构中强制推行，即流程制度化，那同样也可以称为制度。因此，流程与制度的性质是相同的，都是农村中小金融机构的内部规范性文件，是内部管理的核心。当前，农村中小金融机构普遍存在的内控机制不足、制度流程管理不到位等问题已成为我们进一步做大做强的绊脚石。因此，搭建制度体系、理顺关键流程成为农村中小金融机构亟须解决的问题。农村中小金融机构必须通过比较彻底的流程银行建设，对内部各职能部门、各岗位职责进行再分配，保证每位员工按流程办事，按制度办事，充分发挥每位员工的积极性和创造性，同时将国家的法律法规以及监管部门、省联社等的相关政策制度通过流程予以落地，并对各项业务流程和管理流程的接口关系进行再明确，规范内部管理，从而提高整个机构的运行效率，增强核心竞争力。

三、以流程银行建设为抓手，建立“流程管事”运行机制

当前农村中小金融机构要以实施流程再造为核心的流程银行建设为手段，对所有业务流程和管理流程以及相应的组织架构、全面风险管理体系等进行梳理、优化或再造，尽快建立“流程管事”的运行机制。所谓流程银行建设就是银行从发展战略出发、从满足客户需求出发、从业务发展和业务创新出发，通过重新构造业务流程、组织流程、管理流程以及文化理念，颠覆性地改造传统的管理模式并使其彻底地脱胎换骨，由此建立起以流程效率为核心的全新的银行管理模式。作为一种商业银行管理模式，流程银行是以客户为中心，以市场为导向，强调内部主要业务条线的系统管理和统一核算，其关键是根据客户类别，将业务分设成一系列能快速反应和满足客户需求的业务流程，并将机构组织的经营决策直接定位于业务流程执行的地方。也就是说流程银行强调其资源

配置、组织管理、经营目标必须围绕服务于客户价值或者客户需求这一中心。

1. 转变观念，牢固树立“流程管事”的经营管理理念。要真正体现“流程管事”，关键在于转变观念，在于培植以流程管理、合规管理和风险管理为主要内涵的企业文化。我们必须在观念上与时俱进，适应深刻变化的金融市场形势，明确流程银行建设的重要性和必要性，把各级员工的思想认识统一到实施“流程管事”的目标上来。一是要将金融服务产品化、标准化、流程化，把服务当成产品来经营和管理；要更加注重效率，突出流程产出效果，所有流程都要以时间为尺度来运行和考核；要积极提倡对不同的客户分别实行标准化服务和定制化服务的理念，提高差异化服务的能力。二是要一切按程序运作，每一流程分几步、做到什么程度、何时要完成等，都要有详尽规定和具体的目标；要对业务处理及其风险控制实行严格的前、中、后台真正分离制度，严控操作风险和道德风险。三是所有员工都要以业务流程为工作纽带，按照团队工作的方式，提倡团队成员之间的理解配合并关注自己的工作对整个流程起到的作用，注重培养员工的全局观念，要求员工目光向外，关注和实现客户的需求。四是各级经营管理者要更加注重市场变化和客户需求变化所引起内部流程的变化，并根据这些变化来调整自己的管理方式。特别是董事长及高级管理层要逐步实现从命令式领导向魅力型领导转变，不仅要当好领导，还要当好团队的领队和教练。

2. 建立差异化流程，完善流程管理体系。基于客户细分划分产品线和业务条线，并以客户需求为导向进行流程梳理和设计，包括对所有业务和管理流程进行梳理，在此基础上，对前、中、后台关键流程进行优化和再造，最终建立起适应外部经济金融环境快速变化、充分满足客户需求和有利于风险管理及内部控制的业务流程体系和管理流程体系。一切按照服务客户的需要，建立最有价值和有区别的业务流程和管理流程。要压缩内部组织中的管理层级，缩短高层管理者与一线员工、客户之间的距离，更好地获取客户的意见和需求，及时进行经营决策调整和业务流程再造，以提高客户满意度。要剔除低价值的操作环节，对过去相对烦琐的管理环节进行精简，尤其是信贷审批、业务操作等环节，建立流程运行控制和问责制度。要按照客户价值不同进行渠道分流，分别实行标准化服务和定制化服务，对公司客户实行团队营销，针对小企业和大公司客户的不同特点采取不同的审批流程等，提高流程效率和差异化服务的能力。通过建立前、中、后台真正分离的业务操作流程以及管理职能既分离又集中统一的风险管理机制等，以加强内部控制，强化风险警示、识别和控制能力，保证安全性、流动性、盈利性的有效统一；通过信息技术改造和流程管理体系建设等手段，使各流程的方向和经营策略方向更加密切配合，促使高级管理层更加注重管理理念、管理手段等方面的创新，在业务操作上更加强调员工之间的积极配合和同步进行，从而带动整个机构的创新和发展，同时尽一切可能开发新的业务，适应市场需要，进一步拓宽获利空间。根据流程化管理需要，在流程设计上剔除低价值的操作环节，对过去相对烦琐的管理环节进行精简，尤其是授信审批、业务操作等环节，建立风险控制和问责制度。提倡对不同的客户分别实行标准化服务和定制化服务，对公司客户实行团队营销，针对小企业和大公司客户的不同特点采取不同的审批流程等，提高流程效率和差异化服务的能力。在部分流程的设计上采用并行方式，改变过去顺次作业的做法，比如，业务受理和信用评级同步、市场开发与风险调查同步等。同时，经过重新设计、梳理后的流程在新的IT架构中得到了初步的运用，进一步推动农村中小金融机构走向模块化、集约化管理。

3. 构建流程型组织架构，为“流程管事”提供组织保障。在流程优化和再造的基础上，按照机构扁平化、业务垂直化要求，构建前、中、后台分离、职责清晰、运行高效、控制有力、符合农村中小金融机构实际和未来发展要求的组织架构，并在实践中不断优化。要对内部现有的组织架构进行重新定位，从满足流程再造需要出发，科学设计组织体系，以扁平化、垂直化、专业化为原则，精简中、后台管理流程，简化管理层级，推进公司业务条线、零售业务条线、资金业务条线以及分支机构和网点积极营销、扩大营销，增强服务功能，真正实现前台营销服务健全、中台风险控制严密、后台保障支持有力的现代商业银行运营模式。要按照前、中、后台相分离原则，尽快搭建风险管理的三道防线，将风险管理特别是操作风险管控的第一责任落实到第一道防线的业务条线、营运条线、综合条线和中、后台支持保障条线，同时发挥第二道防线的合规与风险管理部门以及第三道防线的内审（稽核）部门在风险管理中的专业综合管理与专职审计检查作用，把风险管理贯穿于业务操作和职能管理的各个岗位和各个环节。根据流程配置要求，进行岗位分析，合理设置农村中小金融机构本部各职能部门和各分支机构内部岗位，逐步实现科学的人力资源配置；根据中国银监会的有关政策要求理顺董事会所属专业委员会及高级管理层所属专业委员会的机构设置和议事规则，实行严格的董事长授权管理制度，明确所有岗位职责，建立岗位规范、职责清晰的岗位责任体系。要逐步推行集中化管理，实现前、中、后台分离。农村中小金融机构加强对前台业务处理的事中复核和严格的授权管理，同时通过对大量占用人力和时间的会计核算、事后复核与监督等实行统一的后台流水线作业，对除小额贷款外的所有授信业务审批及风险控制、不良资产管理等集中到农村中小金融机构，加强对资金清算、单证、授信及放款、资金配置等进行集中化、专业化的运作管理，以提高业务管理效率，降低风险并减少运营成本。在具体的岗位设置及其职责划分上，以控制风险和规范操作为出发点，对重要业务处理及其岗位进行严格分离。如业务操作人员与市场营销人员分离，从事产品营销、业务拓展、客户外勤服务等市场营销和咨询营销的人员不得直接代客户保管印章、账务记载、单独对账等具体的临柜业务；重要业务岗位分离，除综合柜员制单人临柜外，会计、出纳人员相分离，同一笔业务处理过程中的录入、复核、授权人员相分离，联行和同城票据交换经办人员与清算人员相分离；操作与授权分离，严格按事权划分原则办理业务，所有业务先由业务经办人员处理，重要业务由营业网点业务负责人、营业部（营业管理室）负责人、会计结算部负责人及主管领导按规定权限进行授权；业务负责人具体办理业务或顶岗上班的，不可为本人经办的业务授权；会计人员不得兼任授信、资金交易的经办工作；非会计人员未经会计结算部指定并授权，不得经办任何会计结算业务，等等。

4. 优化资源配置，提高流程运行效率。随着统一法人体系的逐步建立和完善，农村中小金融机构的业务和管理体制变得越来越庞大，职能重合率也变得越来越高，再按过去的业务运行模式来操作和管理，则成本支出及负担会很重，而将原本散布于各农村中小金融机构块块内的资源以业务线为核心，集中整合为相对独立的单元，则有利于实现集约化、规模化经营，从而提高资源利用效率，提升各级农村中小金融机构对于市场需求及其变化反应的灵敏度；客户整合和业务整合，优化人才、费用、资本、风险资产等各项资源的配置，增强对细分市场的风险识别能力和专业服务能力，实现业务营销及其业务审批的专业化，实现业务运营效率的最大化，降低经营成本，提高资本回报率和资产收益率；以客户为中心，识别并细分客户需求，并将客户需求流程化，积极推广和实施客户经理制，落实品质服务和品牌服务，设计并构建快速、科学、便捷、经济的差异化营销服务体系，充分发挥农村中小金融机构所属分支机构及其营业网点主动营销和策略营销的积极性，以最有效地满足客户需求，提升农村中小金融机构的核心竞争力。加大营销，提高客户服务水平。目前，各农村中小金融机构都尚未形成以客户为导向的客户关系管理体系，也没有在操作层面形成对客户服务的标准化管理要求，更没有根据不同客户、不同业务的风险高低设计不同的业务流程，优质客户在农村中小金融机构内部没有真正享受到特别的待遇。实施流程管理模式以后，首先，从客户的分类、产品的定义入手，充分体现“识别客户，识别客户需求，将客户需求定义为产品要求，进而清晰产品和服务实现价值最大化的流程”的基本理念，而这种理念在流程化管理模式创建过程中必然要求对客户的细分，建立特定客户服务标准，进而形成“客户细分—服务提供规范—服务控制规范”的流程化管理体系。其次，当客户办理一笔业务需要涉及不同的部门或不同层次的机构时，客户只需面对一个部门，甚至只面对一个客户经理，而部门之间高度分工合作，即对内分工严密，对外是一个整体，“对外简单化，对内规范化”，上下流程以客户为中心，流程中每个人的工作好坏由客户作出评价，从组织结构到运营模式再到流程的全过程都加强了对客户服务的功能。另外，通过信息系统管理，对客户信息集成并进行数据挖掘和分析，确定客户价值和风险度，对于不同价值和风险的客户进行等级管理，分析客户层次，从市场和客户角度进行金融产品的研究开发，制定推出新的业务品种和服务，同时建立统一的客户服务中心，完善售后服务和金融产品缺陷弥补机制，达到或超过客户预期，从而带来更多的利润和客户。稳步推进人力资源改革。要结合流程再造的实际需要以及农村中小金融机构董事会确定的经营发展战略，对现有的人力资源进行整合和改进。农村中小金融机构要根据流程再造和组织重建的需要，对中层管理人员和关键岗位人员进行适当有效的调整和补充，把最合适的人放在最合适的位置，调动一切积极性，同时通过此次流程再造项目以及配套的各种培训、学习、竞聘等方式培养人才、发现人才和使用人才。要以新型组织架构中的业务条线及对应部门（分支机构）职责为基础，制定岗位序列、岗位说明书、岗位系数、职务等级等，建立起专业技术序列（如客户经理、风险经理等）的晋升通道。要稳步建立市场化的薪酬机制，完善绩效管理体系，要根据农村中小金融机构发展战略目标制定业务条线的绩效目标，再以业务条线的发展目标为基础制定个人绩效目标。要保证流程银行有序高效地运作，农村中小金融机构必须在各业务系统、管理系统和分支网点建立起严格的绩效考核体系。总部对辖属分支机构的考核以完善的信息管理系统为基础，农村中小金融机构的每一业务条线、每一网点、每一小组、每个人在考核期内的贡献要准确度量，对其各自应承担的职责和实际发挥的作用要有准确的界定，相应的奖惩制度也要配套。此外，对员工的奖惩主要由其直接上级主管来决定。

5. 建立流程控制系统，以高效的流程促进经营效益的提升。要有一套科学的核算系统。流程管理模式要求整个机构成本能够准确地记录和计算，并且能够科学合理地分析，辖内资金转移定价科学、准确，各农村中小金融机构、各业务条线、各业务人员、各个客户的成本和利润核算都要细化，资源的占用、收入的创造都要合理计算。要有强大的信息系统。流程银行运作强调在农村中小金融机构总部层面区分业务线的垂直经营与管理，并对所辖分支机构的核算、结算、监督、客户关系管理等大量中、后台业务进行集中处理，浩繁的业务处理需要通过依托强大 IT 信息技术平台支持的信息流传递来完成，而贷后监控、客户关系管理以及绩效考核等需要功能强大的数据仓库支持。因此，没有功能完善而强大的 IT 信息系统的支持就不可能有流程银行的运行模式。流程银行建设的一个重要特征，就是要建立起基于信息集成的流程架构，它要求数据来源统一、信息共享。任何数据，由一个部门、一位员工负责输入，其他部门、其他人员不再需要重复输入，在此基础上，系统可以根据录入数据的员工的口令查明信息来源，做到责任明确，输入的数据按照一定的规则运算或处理的结果，存储在规定的数据库中，可以立即为所有授权人员共享，做到实时、迅速响应环境变化。由于所有管理人员都按照同一信息来源作出决策，避免了由于信息来源不同而出现相互矛盾的决定。而“流程银行管理系统”就是一个基于风险管理和业务流程管理以及面向客户服务的体系架构，是用服务组件来开发系统功能的信息管理系统，它为管理层和全体员工提供一个集中管控农村中小金融机构信息和数据的平台与窗口，不同层次的使用者拥有不同的访问权限和视图范围；另外，它从管理的角度对农村中小金融机构各类信息和数据进行集中和管控，为实现流程化管理提供了一个技术平台，使管理人员能随时了解内部管理水平并及时对各项管理活动作出自我评估，使员工随时了解和掌握农村中小金融机构的业务战略、管理制度，使各级员工熟悉和掌握各项业务操作指南和操作技巧以及当前先进的、实用并易于操作的流程管理、风险管理、岗位责任管理、绩效管理等方面的管理方法、技术和要求，从而整体提升各级农村中小金融机构员工的素质和水平。现行松散和多级法人管理体制直接导致农村中小金融机构面临的信用风险、操作风险和市场风险的影响程度比其他商业银行更为严重，风险管控能力薄弱则是所有农村中小金融机构普遍存在的关键问题；在风险控制中也没有一个科学的量化指标体系来检测，风险大小由农村中小金融机构相关部门工作人员经验判断，对风险的识别、衡量、控制缺乏统一的制度指导，而风险管理部门与经营部门之间也缺乏应有的协调，经常出现风险管理断层的现象。因此，要实现对风险的控制和防范，首先就要系统地识别风险，而流程银行建设项目就是从对各业务及管理流程的梳理、清理和整合开始，以制订《业务流程合规手册》为基础工作，在目前各项业务及管理流程的基础上，系统地识别风险和评估、量化风险，并逐一提出控制措施，实现对风险的管理由事后处置走向事前的预防。而当流程银行运行机制建立以后，首先，监管部门、省级联社对辖属各农村中小金融机构管理手段的加强，有效减少各级农村中小金融机构“内部人控制”现象和高层道德风险的发生；其次，各农村中小金融机构完全实现前台营销拓展与中、后台操作处理相分离，便于机构对全辖面临各类风险的流程控制；再次，在流程银行内控体系建立过程中，采用过程方法和管理的系统方法，通过识别众多相互关联的活动过程，以及对这些过程的管理和连续监控，达到预防差错事故和操作风险的发生；最后，通过建立各种有效的风险管理工具及手段促使农村中小金融机构的流程管理和风险管理水平从“理念型”真正走向实务性的“工具、方法应用型”。

四、强化制度执行力，让“制度管人”落到实处

合规管理、守法经营和可持续发展等，诸多现代管理理念如今在农村中小

金融机构已经不再陌生，而规章制度因监督缺位导致的执行力不强，引发违规违章甚至违法事件的发生，也是老生常谈。最近几年，在监管部门和行业管理机构的大力推动下，各家独立法人机构在总结发掘本机构发展经验的基础上，紧密结合当前改革、发展和竞争形势，普遍提出了一系列符合实际的战略理念，并据此制定、补充、完善各项规章制度、操作细则，涵盖信贷审批、资金清算、票据业务、现金营运管理、会计核算、风险管理、内部控制等各个领域，基本满足了自身业务发展、内部管理和改革创新等方面的需要。然而，这些规章制度在某些机构贯彻执行情况并不尽如人意，一些机构内部各层级管理人员依然是“上有政策，下有对策”，有章不循，有规不依；或为人情，或为私利，对合规制度置之不理，自行一套，我行我素，导致所在机构或部门管理混乱、内控失效、风险凸显，“人情大于制度”的现象比比皆是，对违规行为采取“大事化小、小事化了”的现象屡见不鲜，甚至出现领导或员工恶意违规操作、顶风违法作案。正是这些屡禁不绝的违规违纪行为，直接影响和制约了相关法规制度在这些机构的执行力，对其未来的改革发展留下了极大的隐患。

（一）执行力的含义

什么是执行力？“执行力”这一概念源于美国人保罗·托马斯和大卫·伯恩于2003年合著的《执行力》一书，狭义的解释是指完成计划的能力，更加宽泛的解释是指如何完成任务的学问和策略。随着形势的发展，执行力的理念日益得到经济领域、政治领域、社会领域、文化领域的认同，也逐步渗透到政府公共管理领域。2006年温家宝总理在《政府工作报告》中也指出，要“建立健全行政问责制，提高政府执行力和公信力”，“执行力”正式走进我们视野。执行，简单地说，就是做，就是落实，是连接目标和结果之间关键的一环。再好的蓝图，没有强有力的执行，都是纸上谈兵。一家银行，一个经营单位，领导层及其他负责人执行力的强弱，对本银行、本经营单位的发展至关重要。执行力强，就能抓住机遇，加快发展；执行力弱，势必贻误时机，影响发展。仅有执行还不够！执行有很多种：敷衍了事是一种执行；半途而废是一种执行；南辕北辙是一种执行；实现目标是一种执行；超越期望，也是一种执行。而影响执行力的原因有多种，从直接原因来看：一是高层的决策力及决策的贯彻能力。高层对于一个团队，是经营管理活动的核心，是一切经营管理活动的指挥部和司令部，其首要职责就是决策，决策要正确、及时、统一才能使各部门、各经营单位有目标和方向。当然只有这些还不够，决策是否能够不折不扣地在机构内部得到贯彻和执行更是对高层贯彻能力的考验，这方面的能力需要较大提升才能满足企业发展的需要。二是没有命令或命令不正确或不完整。命令不是简单的口头指令，实际上是企业的指令系统。例如，企业生产过程有工艺要求，研发有设计任务书，销售有任务指标、销售价格等营销体系，办公室工作有日常工作规范，而这一系列的命令需要不断地更新、完善。三是执行者不执行。其表现形式往往是没有明确分工的，能不做就强调各种理由不做；自己认为不正确的，就不同意或不接受来自上一级领导的工作安排等。四是执行者没有能力执行造成执行错误，这主要是两方面的原因，一方面是选了一个不合格的人，另一方面是把工作交给了不合适的人，简言之，就是选错了或给错了人，产生的后果是执行的结果是错误的。五是缺乏有效的监督。追根溯源是领导层在日常工作中应率先垂范，时时事事牢记制度、规范，发现问题或风险隐患要马上制止或纠正，并及时启动奖惩机制，扬善惩恶，使正确的做法得到及时的肯定和褒奖，使错误的做法得到及时严厉的否定和惩戒。

（二）导致农村中小金融机构制度执行力弱的原因

具体来讲，农村中小金融机构执行力不强的原因很多，既有主观上的也有客观上的，既有历史的遗留也有现实的问题，综合来说，主要体现在以下几方面：

一是思想不统一。受传统的经营管理模式和长期惯性思维的约束，部分机构内部部门、经营单位的管理者没有从大局出发，只考虑自身利益而忽视全局利益，对总部（总行、联社等）制定下发的政策制度及规章流程等持消极甚至抵触的思想，直接导致各项规章制度在这些部门、经营单位执行上的弱化。

二是机制不健全。部分机构董事会、监事会和高级管理层存在权责不明确或有权无责等不合理现象，在这种“宽松”的机制下，领导层只顾自身利益或短视行为而忽视规章制度的约束是一个必然的现象，也存在着一个无从监管的自由空间。

三是制度不完善。部分机构存在制度制定者与执行者之间不能有效衔接或者制度条文本身不严密或存有漏洞的现象，或者旧制度未废止而新制度又出台导致新旧制度之间存在一定冲突，出现同一项制度在不同时期或不同部门/经营单位或岗位执行时有不同的实践版本，增加了制度执行的随意性。

四是执行不彻底。部分机构内部对监管部门或行业管理机构（省联社等）下发的制度、办法和管理经验等没有很好地吸收和运用，日常经营管理过程中往往是有工作没计划，有计划没任务，有任务没执行，有执行没督办，有督办没结果；有的把规章制度当做“手电筒”，只照别人，不照自己，缺乏公正；有的不是用规章制度来维护本机构的整体利益，而是利用规章制度为小团体甚至个人谋取利益，“好经往歪里念”；有的政策水平差，对规章制度缺乏正确的理解和把握，执行中失之偏颇；有的不是去维护规章制度的严肃性，而是想方设法去钻规章制度的空子，绕开规章制度的约束；有的只安排工作，忽视执行中的细节，没有深入基层进行督促和指导，也没有检查和落实等。

五是监督不到位。一方面，对应查出而未查出问题的职能管理人员（如合规管理人员、事中事后监督人员、内部审计人员、纪检监察人员等）没有有效的制度约束，在很大程度上导致各项制度落实检查及督促工作没有压力，容易流于形式或走过场；另一方面，对被查出问题的责任人往往存在处罚宽松或处罚不到位等问题，使各项规章制度起不到应有的震慑作用。

六是考核不科学。目前，大部分农村中小金融机构的绩效考核指标是由总部层层下达，但在具体实施时，往往存在各业务条线、部门或经营单位只注重最终指标的完成而忽视过程的问题，有的只考核业务指标而忽视风险控制指标，有的只注重业绩而忽视是否合规，有的只强调发展而忽视对员工的教育培训等。

七是人员素质不高。农村中小金融机构普遍存在从业人员素质不高、制度执行不到位、风险识别能力差等问题，导致一些操作人员明知违规但又自认为没有风险的事件（如有时出现的违规对外担保案等）经常发生。而对于日常业务操作中因相关人员没有很好掌握制度、流程的合规要求而出现操作风险甚至是案件风险发生的事件也比比皆是。如一些经营单位的客户经理对贷款新规掌握不透，监督不力，导致贷款客户挪用贷款资金现象发生等。

八是教育培训不到位。一方面，随着新业务、新产品的快速推广，相应的规章制度或操作规程也不断更新，但是制度出台后学习、宣传、消化滞后，员工没有系统掌握这些规章制度或操作规程，在实际工作中容易遗忘，造成工作偏差、误差甚至造成有章不循的现象发生。另一方面，落实制度是一个无期、重复和枯燥的过程，对员工而言，需要持之以恒、不厌其烦地学习，需要细致谨慎、全力以赴地执行，需要真心投入、毫不松懈地操作，但现实中不少员工怕苦、怕累、怕麻烦，不愿投入精力去学习规章制度，不愿花心思去熟记操作规程，更不愿一步一步地按规章制度和操作流程办理业务，而是投机取巧、麻痹大意、心存侥幸，不仅不能够规范操作业务，还埋下了很大的风险隐患。

（三）提升制度执行力的措施

制度的生命力就在于执行。执行力弱、工作不落实的问题，已成为当前存在于农村中小金融机构经营管理工作中最突出、最关键、最棘手的问题，也是当前案件反弹和发生的根源所在。执行力就是工作任务的实施目标、效率和成果，是员工贯彻执行管理目标、政策和规章制度的能力，其强弱程度直接制约着农村中小金融机构战略发展目标能否顺利实现及其实现程度。因此，各机构董事会及高级管理层要认清形势，及时采取有效措施，以科学发展观为指导，提升执行力以强化内部管理水平，有效防范风险，避免案件发生，确保经营管理目标的实现。具体要从以下六方面着手：

1. 加强制度建设，增强规章制度的可操作性。一是保障制度的合法合规性。要将本机构所提倡的合规政策、合规意识和合规职责等要求及其精神实质，有效地融进内部的各项制度之中；要根据国家最新的法律法规和行业管理要求，理顺各项业务的处理渠道和操作规程，并通过科技手段在业务操作和监督环节中进行制度管理和流程控制。二是提高制度的可操作性。各机构要创造条件强化规章制度建设，进而规范执行力的标准，包括工作标准、工作程序、岗位职责、考核指标等，使得每个岗位都有明确具体的要求，使得做任何一项业务都有章可循、有据可查，力求流程简约、操作方便、运转高效、风险可控、监督有效，用制度来克服权力不对等、职责不清、工作推诿扯皮等影响执行力的因素。三是体现制度的先进性。要及时和定期对相关的政策、管理办法和操作程序等进行后评价，对现行规章制度中的缺失、缺陷、瑕疵等及时进行修补、充实、完善，保证各项规章制度能适应农村中小金融机构业务创新改革发展等方面以及适应外部监管的需要。

2. 统一思想，完善法人治理，从高层做起，将制度落到实处。各级管理者要始终保持政治上的清醒和坚定，始终在思想上、政治上、行动上与上级保持高度一致，确保整个机构的各项决策得到坚决的贯彻，确保董事会和高级管理层布置的各项工作得到坚决的落实；要身先士卒，带头遵守纪律，强化行业管理权威，保证政令畅通，对上级布置的任务和按规定应按时办结的事项，要全力以赴认真执行和办理，绝不推诿扯皮，达到“快、准、细、严、实、好”的要求，力争在潜移默化中强化执行理念，在融会贯通中提升执行能力，在抓好落实中确保执行质量，切实把自身职能履行好；要建立科学的“三会一层”利益制衡机制，实行规范的授权管理和民主集中管理，通过制度分权，明确划分各自的权利和义务，使得各方的行动都能按章办事，各自承担自己的责任防止“一权独大”或一人说了算等违规事项的存在。例如，要明确董事会在经营决策和战略发展等方面的主导地位，发挥董事会和监事会对高级管理层的经营管理行为和制度执行的监督检查作用；要建立董事规则，明确其职责，并对董事会和董事实行严格的评价机制，使董事会的职权与责任对称，贡献与受益匹配；要建立董事责任追究制度，对不履行董事义务或不执行相关规章制度导致差错出现的董事进行责任追究，保证规章制度执行的公正性和权威性；要选择配备勤勉高效和廉洁奉公的经营管理班子成员，对履职不合格者要及时采取措施按程序进行调整和更换；要建立有效机制督促高级管理层严格按照董事会授权和章程办事，遵循诚信、审慎、合规的原则，并对本机构规章制度的贯彻落实与严格执行负主要责任，除了及时发现漏洞建立健全相应的制度、办法、细则外，还要定期组织检查，解决规章制度落实执行中存在的问题。

3. 建立健全制度执行监督机制，为制度执行提供保障。要明确违规“零容忍”理念，对那些不执行规章制度的违规行为和人员要严格问责，落实职责“五问”，包括经办人职责、领导人职责、前任职责、检查人员职责、用人职责，有效解决违规操作、违规经营等方面的责任追究问题，坚持做到“谁违规、谁负责”；要建立合规问题和缺陷的处理纠正机制，合规部门、稽核审计部门等对规章制度执行情况检查中发现的问题和评价结果，要提出相应的整改意见和纠正措施，并督促各业务部门及业务条线及时加以落实，及时堵塞制度漏洞和纠正操作上的偏差等；要通过强有力的稽核审计和纪检监察处理手段，强化规章制度执行的后续监督，把好最后一道关口，同时要积极主动地接受外部监督，与当地政府、人民银行、银监会及其他行政执法部门建立良好的互动关系，以弥补内部监督、制衡机制可能失效后而产生的违规行为的监督；要积极引入引咎辞职制度，对规章制度执行不力或明知故犯导致大要案发生或内部管理混乱、违规操作严重且屡查屡犯、屡禁不绝的部门、经营单位，其主要负责人要坚决撤换，不得易地同级任职，经营管理班子其他成员也要调离、降级使用或免职，要让全体员工明白有效的规章制度是任何人都不能逾越的，谁逾越就要拿谁开刀！

4. 建立科学的考核体系，是提升执行力的关键。一是实行目标管理。明确合理的目标是前进的航标和动力，设定明确的目标对机构与个人都非常重要。推行目标管理，不仅可以激发员工的潜能和团队的合作意识，而且还能增强执行的可操作性。二是实施公平、公正、公开合理的考核控制标准和办法。按照“效率优先，兼顾公平”的原则，将员工薪酬与个人贡献挂钩，彻底打破“干多干少一个样，干好干坏一个样，干与不干一个样”的分配格局，建立薪酬能升能降、收入能高能低的激励与约束机制。三是不定期检查，并形成记录，作为考核的依据。不定期的考核与检查能避免基层经营单位为应付定期考核和检查而采取的投机行为，能确保执行的稳定性，防止执行的“虎头蛇尾”。而对于那些人浮于事、管理混乱无序的经营单位可结合总体目标和各个岗位的具体目标，设置合理的考核指标，对考核结果靠后的员工，以一定的比例予以调岗、降薪、降职等处罚。

5. 加大教育培训，培育良好执行文化的土壤。优秀的企业文化能够有效地激励、感染、约束、教育、引导员工，使他们在无须监督的情况下主动合规，积极合规，从而弥补规章制度的遗漏，强化体制的约束，减少管理的成本。农村中小金融机构每年都要对不同层级的员工进行一定时间的制度培训教育，确保员工对应知、应会、应用的法律法规、监管规定和内部规章制度等了然于心，贯彻于行，确保人人了解，自觉遵守。要积极开展一些制度学习宣传活动，通过开展与制度建设相关联的巡回演讲、专题座谈、集中宣传、知识竞赛等有意义的活动，寓教于乐，为制度建设、执行营造一个有利的内外部环境；各层级管理人员在实际工作和日常生活中一定要以身作则，带头执行各项规章制度，做到自重、自省、自警、自励，努力塑造和提高自己的政治素养、知识素养、能力素养、心理素养，展示自己的人格魅力，并以此影响、带动下属，形成无声的号召力。要以科学的管理理念、严格的规章制度、规范的行为准则等加强对重要部门或岗位负责人的管理、教育、激励和约束，切实提高其综合素质，使其成为执行制度的中坚力量、骨干力量，对上形成提升执行力的基础，对下产生辐射带动作用。要善于培养、发现、宣扬在落实执行制度方面的先进典型，广泛开展正面教育，用身边典型的人和事来激发员工，引导员工的行为。要破除“以信任代替管理、以习惯代替制度、以情面代替纪律”等不良企业文化的侵蚀，建立有效的诚信举报机制并采取积极措施保护举报违规行为，加强员工的监督力量，防止、堵截和及时发现各类违规行为，并借此对经营决策者进行监督，打通一条全体员工参与经营管理的渠道，在此基础上，综合运用多种手段兑现奖惩办法，形成引导员工自觉执行制度的长效机制。

“以流程管事、用制度管人”，最终的落脚点就是执行。为此，狠抓制度及流程的执行，是未来农村中小金融机构各项工作的重中之重，也是目前各家机构加强内部管理、应对各类风险和减少或避免发生案件的关键手段。否则，再好的目标、决策和规范、流程都会落空，各类违规事项就难免不会发生。

第六章　内控先行，合规经营

银行合规工作涉及内部业务营销、授信审批、会计结算、财务核算、投资融资、稽核审计、案件防控、安全保卫等众多领域，各个部门、条线联合行动才能实现合规机制的高效运作。有效的合规风险管理应将重心放在内部控制上，即通过建立和健全内部控制机制，保障合规经营与稳健发展。因为内部控制是银行防范风险的内在积极性和能力的集中体现，它在银行全面风险管理机制建设中处于基础地位，是决定银行风险控制效率的内因。有效的内部控制既能对银行不适于转移的风险进行合理控制并减轻其影响，而且也能为制定风险战略提供真实的监控信息，完整的内部控制体系和完善的内部控制制度则是约束、规范银行各项经营管理行为的重要准则，是银行合规政策及其配套各项制度要求得以落地的重要途径。因此，内部控制作为防范经营风险的第一道屏障，直接关系到银行的资产质量和经营管理状况，推动和完善内部控制机制建设，对于防范和控制风险、改善经营管理都具有至关重要的作用。在全面风险管理框架下，农村中小金融机构要明确规定内部控制与成本、收益以及股东价值之间的关系，培育适宜于风险管理的内部控制环境，建立良好的治理机制和适当的内部控制程序，选用适合业务发展和风险管理的内部控制方法和措施，严格遵守相关法律、行政法规、部门规章、内部制度和程序，增加内部控制透明度，加强内外部审计，注重内部控制问责，强化各类风险的日常监控，加强合规检查，积极实施前瞻性内部控制及相应的跟进措施，确保整个机构合规经营，稳健发展。

一、内部控制的核心内容

内部控制是巴塞尔协议Ⅱ的重要内容，建立和完善内部控制是有效缓解各类风险特别是操作风险的基本策略。完善而有效的内部控制意味着银行具有很强的风险防范和控制能力，风险案件很少或几乎不发生；而内部控制不健全或存在较大漏洞，则往往导致整个银行的内部控制失灵并诱发各类风险案件。

COSO[①]在《内部控制的整体架构》中指出："内部控制（internal control）是指一个企业或机构所做的规划及其所采取的各种协调方法与管理措施，经由相互审计会计资料的正确性和可靠性，并要求企业所有部门遵守经营当局制定的政策，以保障企业资产的安全"，"是企业董事会、经理阶层和其他员工实施的，为营运的效率效果，财务报告的可靠性，相关法律的遵循性等目标达成而提供合理保证的过程"。从这一定义可以看出，内部控制的内涵包括以下几个层次：第一，内部控制是为达到一定结果的过程，也就是说，内部控制的有效性需要不断维持和强化；第二，内部控制最终由企业董事会、经理阶层和员工各层级来实现，仅有规章制度还是不可行的，在企业的每个级别都需要有人负责内部控制的实现；第三，内部控制可以为企业实现经营目标提供合理保证，但不是绝对的；第四，内部控制要实现的目标并非单一、独立的，而是环环相扣，密切结合的。

COSO的内部控制理论得到了巴塞尔委员会的认同和发展。巴塞尔委员会在1997年发布的《有效银行监管的核心原则》中提出，"银行最重大的操作风险在于内部控制和公司治理机制的失效"。同时，巴塞尔委员会认为，内部控制涵盖了银行所面对的所有内部和外部风险。银行面临的操作风险大小在很大程度上与银行内部控制系统的质量相关，其中主要原因是风险控制的激励机制和某些损失责任在机构内部各部门之间的划分。在监测和管理操作风险上，业务经理负有相当重要的责任，要将其业务上的操作风险数据与内部评估方法相结合，将特定的风险分散给不同的业务单元，并确定业务经理必须向高级管理层负责。此外，银行还应强调遵循合适的操作程序和内部控制需求，通过监督和内部审计制度来尽早发现问题。因此，一个强有力的内部控制将有利于银行实现三大目标——业绩目标、信誉目标、合规性目标，即有效的内部控制将帮助银行达到长期稳定盈利，保证财务报表与管理报告的可靠性、完整性和及时性，并确保银行遵守相关的法律、管理条例、政策、计划以及内部管理制度及程序等，从而降低发生损失或损害自身信誉的各种风险。

中国人民银行在2002年颁布的《商业银行内部控制指引》中，将内部控制定义为"商业银行为了实现经营目标，通过制定和实施一系列制度、程序和方法，对风险进行事前防范、事中控制、事后监督和纠正的动态过程和机制"。银监会在2005年颁布实施的《商业银行内部控制评价试行办法》中进一步对银行内部控制体系予以明确："商业银行内部控制体系是商业银行为实现经营管理目标，通过制定并实施系统化的政策、程序和方案，对风险进行有效识别、评估、

① 美国全国反虚假财务报告委员会下属机构成立了发起人委员会（The Committee of Sponsoring Organizations of the National Commission of Fraudulent Financial Reporting，COSO）。

控制、监测和改进的动态过程和机制。它包含内部控制环境、风险识别与评估、内部控制措施、信息交流与反馈、监督评价与纠正五大要素”。根据以上定义，银行内部控制应当是一个由不同要素、不同运行环节组成的有机体。从要素体系看，内部控制包含内部控制环境、风险识别与评估、风险控制措施、信息交流与反馈、监督评价与纠正五大要素，其中任何一个要素的缺失都会导致内部控制的失灵，要素的不健全也会造成内部控制的低效或无效。从运行体系看，内部控制是一个由决策、建设与管理、执行与操作、监督与评价、持续改进五个环节组成的有机系统。每个环节顺利运转是该系统有效运行的必要条件。也就是说，任何一个环节的失灵，甚至缺陷，都会导致整个内部控制系统的失效。对于一家银行来说，内部控制的失灵必然会造成操作风险加剧，乃至大案要案的发生。这既可能是银行内部控制体系要素缺失或不健全引起的，也可能是由于内部控制体系运行中某个或某几个环节失灵或存在漏洞而造成的。从内部控制体系五大要素与引起操作风险的主要因素如人员、流程、系统等密切相关，尽管内部控制要素本身与外部事件本身关系并不密切，但内部控制的风险识别与评估，同样也要识别和评估外部事件风险，并采取相应控制措施。

《特恩布尔内部控制报告》(*Turnbull Report on Internal Control*) 作为英国上市公司指导性文件，认为“基于公司董事会采用以风险为基础的方法来建立健全内部控制系统时应该考虑的几个因素。即（1）公司面临的风险性质和内容；（2）公司认为能够承担并接受的风险程度和类型；（3）有关风险出现的可能性；（4）公司降低确实存在的商业风险的发生及其影响的能力；（5）采用特殊手段来管理相关风险从而使得到的收益大于投入的成本。该报告在第 13 条的结束语中说：“既然利润是商业活动承担风险成功的奖赏，内控的目的就是适当地管理风险而不是消灭风险。”说明内部控制是强化风险控制的基础。也就是说，内部控制就是银行为实现安全性、效益性、流动性的经营管理目标，通过制定并实施系统化的制度、程序和方法，对经营风险进行有效识别、评价、控制、监测和改进的动态过程和机制。由此可见，健全的内部控制是有效防范金融风险的第一道防线，直接关系到银行经营风险的能力，是确保银行可持续发展的保证，在银行内部运转中发挥着不可替代的重要作用。

总体来说，内部控制是银行风险管理的重要组成部分，内部控制所负责的是风险管理过程中的重要活动，如对风险的评估和由此实施的控制活动、信息与交流、监督评审与缺陷的纠正等工作。内部控制强调评估经营管理活动中突出的风险点，建议经营管理人员针对这些风险点实施必要的控制活动。一个高效的内部控制系统无疑对于欺诈行为的防范具有非常重要的意义。如果该系统能够保证在最早的时机发现和观测到任何违规行为的迹象，那不仅可以使这些行为的财务损失降至最低，还能有效阻止那些意图不轨的人。同样，科学的内部控制机制更可以减少由于法律风险导致损失影响的范围，特别是对于那些因为违反民法、刑法及有关规定而引起的法律纠纷而给银行带来的损失。通过建立一套内部的法律相关责任机制和程序，将可以使交易损失减少到最低，该机制的目标是保证每一笔交易程序都有足够的、合法的文件以及完整的抵押担保措施。更普遍的是，按照合适的操作流程、正确的计算机控制、充足的抵押担保措施、完善的内部确认机制，都能够保证识别出失误、违反法律法规以及单笔交易欺诈。

二、内部控制与全面风险管理的关系

在银行全面风险管理实践中，内部控制往往是最容易被忽略的方面，这主要源自对内部控制两种极端错误的认识。一种认为内部控制简单等同于风险管理，故只要抓好风险管理机制建设就可以了。这种错误认识促使某些银行将内部控制与风险管理完全对立、割裂，将大部分人力、物力投入风险管理机制建设中，而将内部控制弃之不顾，这种做法最终导致银行因内部控制漏洞百出而变得不堪一击。如巴林银行倒闭事件，其导火索虽说是在期货合约和期权合约上建立的巨额头寸因神户大地震导致市场大幅波动而爆仓，表面上看是市场风险，但实质上一个小小的交易员的数次违规超额建仓、篡改交易记录、会计账目造假的举动根本得不到有效的察觉与控制，继而导致损失缺口越来越大，最终无法弥补，究其根源在于内部控制体系的薄弱。另一种错误认识则认为内部控制仅仅是业务部门或内部控制部门的事情，与其他人没什么关系。这种错误认识导致董事会、高级管理层对内部控制体系建设袖手旁观，管理部门置身事外，业务部门缺乏建立完整内部控制体系的内在动力和外部支持。更为严重的是，由于缺乏必要的监督约束，容易引发管理者权力失控，管理者为了考核指标，往往驱使员工争抢业绩，而理性、科学的风险管理模式被抛到了一边，各项风险管理规章制度变成了花架子、空摆设、废纸一张。因此，基于全面风险管理的内部控制建设，首先必须从正确认识内部控制与全面风险管理的关系开始。

（一）内部控制与全面风险管理紧密相关

1. 内部控制是全面风险管理的核心内容。2004 年，COSO 发布的《企业风险管理整体框架》指出：企业风险管理是一个过程，它由一个主体的董事会、管理当局和其他人员实现，应用于战略制定并贯穿于企业之中，旨在识别可能会影响主体的潜在风险事项，为主体目标的实现提供合理保证。比较风险管理与内部控制的定义可以看出，全面风险管理的目标有四类，其中除了包括内部控制的业绩目标、信誉目标、合规性目标之外，还增加了战略目标，即与企业的远景或使命相关的高层次目标。这意味着全面风险管理不仅仅是确保经营的效率与效果，而且介入了企业战略（包括经营目标）的制定过程。内部控制5要素是构成全面风险管理8要素的核心，即全面风险管理除了包括内部控制的全部5个要素之外，增加了目标设定、事件识别和风险对策3个要素。

2. 内部控制的动力来自银行对风险的识别和管理。由两者的定义可以看出，内部控制是为了实现经济组织的管理目标而提供的一种合理保障，良好的内部控制可以合理保证合规经营、财务报表的真实可靠和经营结果的效率与效益。而合规经营、真实的财务报告和有效益的经营也正是银行全面风险管理应该达到的基本状态。对于银行来说，内部控制是实施全面风险管理的基础环节，是必要的和有效的风险管理手段，它既能对不适于转移的风险进行有效控制并减轻其影响，而且也能为制定风险战略提供有效的信息。内部控制系统包括保证风险得到有效控制的一系列政策和程序，而完整的内部控制体系和完善的内部控制制度则是约束、规范管理行为的重要准则。COSO也在其发布的《企业风险管理整体框架》中明确地指出，全面风险管理体系框架将内部控制作为一个子系统，内部控制是全面风险管理体系不可缺少的重要组成部分。

3. 内部控制与全面风险管理存在相同之处。内部控制与全面风险管理都是银行为了提高经营管理水平、防范风险而采取的科学管理手段，二者之间存在相同之处：一是它们都是由“银行董事会、管理层以及其他人员共同实施的”，强调全员参与，利益各方在内部控制或风险管理中都有相应的角色与职责。二是它们都明确是一个“过程”，不是某种静态的东西。其本身并不是一个结果，而是实现结果的一种方式。银行内部控制与风险管理都是渗透于各项活动中的一系列行动。这些行动普遍存在于管理者对银行的日常管理中，是银行日常管理所固有的。三是它们都是为银行发展目标的实现提供合理的保障。设计合理、运行有效的内部控制与风险管理能够在银行各个目标的实现上向银行的董事会和高级管理层提供合理的保证。

（二）内部控制与全面风险管理存在的差异

1. 二者的范畴存在差异。内部控制仅是管理的一项职能，主要是通过事后的过程控制来实现其自身的目标；而全面风险管理则是贯穿于管理过程的各个方面，控制的手段不仅体现在事中和事后的控制，更重要的是在事前制定目标时就充分考虑了风险的存在。而且，在两者所要达到的目标上，全面风险管理多于、全于内部控制。

2. 二者的活动内容存在差异。全面风险管理的一系列具体活动并不都是内部控制要做的。全面风险管理包含了风险管理目标和战略的设定、风险评估方法的选择、管理人员的聘用、有关的预算和行政管理以及报告程序等活动。而内部控制所负责的是风险管理过程中间及其以后的重要活动，如对风险的评估和由此实施的控制活动、信息与交流活动和监督评审与缺陷的纠正等工作。二者明显的差异在于内部控制不负责银行经营目标的具体设立，而只是对目标的制定过程进行评价，特别是对目标和战略计划制定当中的风险进行评估。

3. 二者对风险的定义存在差异。在COSO的《企业风险管理整体框架》中，把风险明确定义为“对企业的目标产生负面影响的事件发生的可能性”（将产生正面影响的事件视为机会），将风险与机会区分开来；而在COSO的《内部控制框架》中，没有区分风险和机会。

4. 二者对风险的对策存在差异。《企业风险管理整体框架》引入了风险偏好、风险容忍度、风险对策、压力测试、情景分析等概念和方法，因此，该框架在风险度量的基础上，有利于银行的发展战略与风险偏好相一致，增长、风险与回报相联系，进行经济资本分配及利用风险信息支持业务前台决策流程等，从而帮助董事会和高级管理层实现全面风险管理的目标。这些内容都是内部控制框架中没有的，也是其所不能做到的。

5. 二者的目标存在差异。全面风险管理在总体经营目标指导下具有自己的具体目标和战略，而内部控制并不负责具体经营目标及风险管理目标、战略的设定，但风险管理目标、战略实施过程中的各项活动都必须在内部控制的严格监督审查之下。正如巴塞尔委员会指出的，风险管理不同于内部控制之处在于，典型的风险管理比较关注特定的业务的战略评审，旨在通过比较不同业务领域内的风险与回报来使收益最大化。此外，内部控制还包括管理层的监督与控制文化、信息与交流、监督审查与缺陷纠正这些较风险管理更深层次的管理工作。因此，风险管理是不能够替代内部控制的，全面风险管理机制只有在健全的内部控制体系之下才能更好地实现既定目标。

三、内部控制在银行管理中的作用

健全的内部控制在银行内部的经营活动与全面风险管理中发挥重要的作用。

（一）内部控制在经营中的基础性作用

1. 加强内部控制是组织体系高效运转的需要。内部控制要求机构内部能够保证部门之间的权责划分明确、清晰、便于操作，能够保证部门之间的信息沟通方便、快捷、准确无误，能够在部门之间或部门内部建立必要的监督机制。健全的内部控制，有效地保障银行组织结构不断进行自我调整完善，以满足内部控制对组织结构的高效要求，并通过明确清晰的权责、严密的监督，从根本上解决实际工作中因职责分工不明导致有事无人干、有人无事干、人人都乱干的现象，确保银行内部运转保持最佳状态，提高银行经营管理的效率。

2. 加强内部控制是战略目标实现的保障。由于任何一个组织的管理功能都可能或多或少存在缺陷，如组织结构的缺陷、外部环境的变化以及人员素质的差异都可能导致组织的运行偏离预定的目标。因此，内部控制作为经营管理中的一种基本职能就显得至关重要，构成了管理过程中必不可少的一个环节。一是确保决策无失误。经营层的决策对银行经营有着决定性的作用，健全的内部控制，要求银行建立高效的信息系统，并建立确保信息系统安全准确运行，为经营层的决策提供真实、正确、及时可靠的信息，并通过科学的决策程序确保决策正确。二是确保执行无偏差。健全的内部控制通过制定和实施一系列制度、程序和方法，以保证整个运行机体能够按照银行既定的经营管理原则要求，始终保持正确的运行方向和运行轨道，确保银行的经营活动不偏离目标，即使稍有偏差都可以得到及时的纠正，从而确保战略目标的顺利实现。

3. 加强内部控制是提升竞争力的需要。内部控制是农村中小金融机构自身稳健发展的需要，更是增强机构核心竞争力的需要。在金融业竞争日趋激烈、金融创新步伐不断推进，金融产品不断增多，发生金融风险的可能性急剧增加，后果也将更加严重，内部控制问题已成为关系到银行业稳定与发展的核心要素。

4. 加强内部控制是外部刚性监管的要求。银行都具有资金杠杆率高、信息不对称性高、利益关联度高、失败容忍度低的“三高一低”的特征。因此，各国银行监管当局对银行内部控制的监管都极为重视，并依据巴塞尔委员会的要求建立了符合本国特点的监管体系，加强了对市场准入、现场检查、非现场监管和市场退出等环节的监管，监管的严格性越来越强。随着中国银行业对外开放程度的加深，银行业要面对来自人民银行、银监会、证监会和审计署为主体的外部监管，以及面对来自各国和各地区监管机构的境外监管。所以，农村中小金融机构必须建立和执行完善的内部控制制度，防范和降低经营风险，以应对外部的刚性监管。

（二）内部控制在全面风险管理中的作用

1. 内部控制是减少信用风险的关键。银监会在《商业银行内部控制指引》中明确规定银行授信内部控制的重点应放在实行统一授信管理，健全客户信用风险识别与监测体系，完善授信决策与审批机制，防止对单一客户、关联企业客户和集团客户授信风险的高度集中，防止违反信贷原则发放关系人贷款和人情贷款，防止信贷资金违规使用。同时，明确银行应当严格审查和监控贷款用途，防止借款人通过贷款、贴现、办理银行承兑汇票等方式套取信贷资金，改变借款用途。农村中小金融机构作为广大农村地区的区域性银行，在服务“三农”、支持地方经济发展方面，发挥着不可替代的重要作用。信贷业务是农村中小金融机构的核心业务，信贷资产质量的好坏直接影响到农村中小金融机构的生存与发展，信用风险成为其最主要风险。而由于农村中小金融机构受自身历史渊源、政策取向、外部环境等特殊性因素影响，普遍存在贷款不良率居高不下、资产质量低，信用风险不断积聚。信用风险主要是外生性风险，在无法避免的情况下，农村中小金融机构必须提高自身的内部控制能力，以实现对信用风险的有效化解和控制，努力减少信用风险损失的发生。因此，内部控制在信用风险管理中发挥着重要作用。具体来说，首先，完善的内部控制体系始终围绕有利于防范和控制风险，有利于促进业务发展和提高效率这一关键点，不断调整和完善信用风险管理机制和业务流程，使信用风险防范和控制机制日趋完善且切实有效。例如，目前大部分农村中小金融机构的授信调查由初期的信贷员全权负责发展到目前授信风险经理和客户经理平行调查作业；授信评审由授权审批制发展到目前的专职审批制以及专门的放款中心；贷后检查也成立了专门的授信管理中心。这些内部控制措施的完善和落实，对防范操作层面的风险和客户信用风险都是相当重要的。其次，基于风险管理的内部控制机制导入了巴塞尔新资本协议的主要精神，即以建设内部评级体系为核心，带动风险管理手段的根本变革，实现经济资本对信用风险的约束，确保业务增长与信用风险控制相适应、风险成本与风险收入相匹配。最后，内部控制通过不断健全动态授权管理制度，密切跟踪各业务条线和经营单位对于信用风险授权的使用情况，结合现场、非现场监控检查结果，进行连续性的评价，根据评价结果实施差异化授权，从而在一定程度上保证了授信授权机制的有效运行。

2. 内部控制是管理市场风险的必要条件。市场风险同信用风险一样，同属于外生性风险，不可回避，管理的关键应在于构筑完善的内部控制系统，来落实市场风险管理的要求。首先，完善的内部控制将市场风险管理的权力、义务和流程等加以明确划分，建立起董事会、高级管理层、市场风险管理部门相互制衡的管理机制，使得各方在风险管理上有章可循，各司其职，各自承担自己的责任，有利于及时发现风险、控制风险；特别是前、中、后台相互分离、相互制约的岗位组织体系，对于防范市场交易风险，避免因一人独办或操作不当带来的巨大损失风险等方面发挥重要作用。其次，完善的内部控制体系通过制定适用于整个机构的、正式的市场风险管理政策和程序，确保市场风险管理与机构的业务性质、规模、复杂程度和风险特征相适应，与其总体业务发展战略、管理能力、资本实力和能够承担的总体风险水平相一致。同时，在开展新产品和开展新业务之前充分识别和评估其中包含的市场风险，建立相应的内部审批、操作和风险管理程序，按照银监会关于商业银行资本充足率管理的有关要求划分银行账户和交易账户，并根据银行账户和交易账户的性质和特点，采取相应的市场风险识别、计量、监测和控制方法，对不同类别的市场风险（如利率风险）和不同业务种类（如衍生产品交易）的市场风险制定更详细和有针对性的风险管理政策和程序，并保持相互之间的一致性，从而在最大限度上控制市场风险。再次，通过做好市场风险和流动性风险的压力测试和并表监管，及时发现潜在传染性风险。农村中小金融机构的市场风险与流动性风险是日常性风险管理，风险管理职能部门应当经常性地进行评估和风险压力测试，以确保资本充足水平能够覆盖所面临的市场风险和流动性风险。在当前农村中小金融机构风险管理中，尤其要重视流动性风险的压力测试，帮助董事会和高级管理层及早发现潜在的流动性缺陷和潜在的导致传播性风险的源头，以提高流动性管理能力。最后，通过建立风险价值、敏感性指标与压力测试三位一体的市场风险限额指标体系，明确限额设定、限额调整和超限额处理等内部控制规程，结合市场风险管理工具的运用情况以及本机构对市场风险的管控能力，建立起有效的市场风险限额授权机制。

3. 内部控制是防范操作风险的基础。操作风险不同于信用风险和市场风险，具有内生性、全面性、复杂性等特殊性质。农村中小金融机构在经营活动中需要进行各种不同类型的业务操作，而这种业务操作遍布机构内部各业务环节、产品线和不同的管理层面。由于各种不确定因素的存在，这些操作过程本身存在着失误的可能性；而绝大多数的操作风险都是可以避免的，即使是不可避免的操作风险也可以通过保险或其他风险转移机制加以缓释。操作风险的这种特殊性质决定了农村中小金融机构要注重防范损失的发生，而有效的内部控制体系就是防范操作风险的一道重要屏障。首先，内部控制从源头上防范操作风险。巴塞尔委员会在《有效银行监管的核心原则》中提出，“最重大的操作风险在于内部控制和公司治理机制的失效”；在巴塞尔协议Ⅱ中也明确了操作风险的定义：“操作风险是指由不完善或有问题的内部程序、人员及系统或外部事件所造成损失的风险。”可见，对操作风险的防范主要依赖完善的内部控制，也就是说，操作风险产生的根源来自于不完善的内部控制，都可以找到相应内部控制机制对操作风险进行相应控制。如内部业务操作程序风险，内部控制可以通过授权控制、职责分离制度等对其进行控制；对人员风险，内部控制中强调建立科学、有效的激励约束机制，培育良好的合规文化和内部控制环境，创造全体员工充分了解且能履行职责的控制环境；对系统性风险，内部控制中有专门针对计算机信息系统的内部控制制度；对外部事件风险，则有建立应急制度的规定，在一定程度上对此类风险进行防范和控制。其次，内部控制能更好地识别和控制操作风险。从操作风险的引发因素来看，主要因内部因素而引发，如内部程序、人员和系统的不完善或失效；工作人员越权或从事职业道德不允许的或风险过高的业务，因此操作风险具有很强的内生性。内部控制主要是通过制定和实施一系列制度、程序和方法，对内生性的风险进行事前识别防范、事中严格控制、事后及时监督和纠正的动态过程和机制；从操作风险的性质来看，操作风险具有普遍性，其发生的可能性遍布整个机构的所有业务环节，涵盖所有的部门，试图用一种方法来覆盖操作风险的所有领域几乎是不可能的，而内部控制可以运用不同的控制手段，如授权控制、程序控制、组织控制、政策控制等对不同风险因素引发的操作风险进行控制。同时内部控制渗透到银行的各项业务过程和各个操作环节，覆盖所有的部门和岗位，并由全体人员参与，任何决策或操作均有案可查。

四、先进商业银行内部控制实践的启示

健全的内部控制体系是银行为保证正常经营、规避和化解风险所采取的一系列必要的管理制度和措施。从国内外先进商业银行内部控制的实践可以看出，内部控制的着眼点是识别、防范和化解风险问题。其中，控制环境是其他内部控制活动的基础，风险监控机制是内部控制的核心，控制活动是内部控制制度得以正确实施的重要环节，信息系统是保证有效内部控制的基础条件，监督机制是内部控制取得成效的保证。国内一些先进商业银行如工商银行、建设银行、招商银行、兴业银行、民生银行等高度重视内部控制，并在长期经营管理实践中积累了丰富的内部控制经验，这对农村中小金融机构加强内部控制具有十分重要的指导意义。

（一）在管理理念上的启示

1. 将内部控制作为风险防范的有效途径。国内先进商业银行普遍以健全有效的内部控制作为防范风险、审慎经营和合规管理的出发点，将全面风险管理渗透到内部各项业务过程和各个操作环节，覆盖所有的部门和岗位，对信用风险、市场风险、操作风险、合规风险等各类风险进行持续的监控，并通过有效的识别、计量、处理，及时地进行防范与控制，确保全面风险管理和经营目标的顺利实现。

2. 将建立有效的内部控制作为组织体系高效运转的核心。国内先进商业银行普遍建立起职责明确、相互制衡的内部控制机制，以保证股东、董事会、监事会和高级管理层能够正确履职，互相监督，互相约束。同时促使内部部门之间、业务条线之间以及各分支机构之间的权责划分明确、清晰、便于操作，并保证互相之间的信息沟通方便、快捷、准确无误，保证内部控制的有效性。

3. 将内部控制作为银行战略目标实现的保障。内部控制作为经营管理中的一种基本职能，构成了管理过程中必不可少的一个环节，健全的内部控制通过制定和实施一系列制度、程序和方法，保证整个运行机体能够按照既定的经营管理原则要求，始终保持正确的运行方向和运行轨道，确保经营活动不偏离目标，即使稍有偏差都可以得到及时的纠正，从而确保银行战略目标的顺利实现。

（二）在内控机制上的启示

1. 完善公司治理结构。国内先进商业银行经过近几年的加快发展，普遍建立了完善的公司治理结构，进一步规范了董事会、监事会、高级管理层在内控中的作用、职能和地位，明确董事会负责保证银行建立并实施充分而有效的内部控制体系，并监督高级管理层对内部控制体系的充分性与有效性进行监测和评估；监事会负责监督董事会、高级管理层建立和完善内部控制体系以及执行内部控制的情况；高级管理层则负责内部控制的各项职责得到有效履行；在各个岗位、各个环节上都建立严格而具体的内部控制制度，做到有法可依、有章可循；明确了内部控制的战略目标，创造了内部控制决策、执行、监督的环境，这为良好内部控制的有效运转奠定了基础。

2. 实现了全面风险管理。包括内部控制在内的全面风险管理涵盖了经营管理的所有风险和控制程序，全面风险管理是做好内部控制的抓手与重点。通过建立完善的风险管理程序，如事前的风险预警、事中的风险控制、全程的风险监测、及时的风险报告、审慎的风险评估及妥善的风险处理等，管好了风险，银行内部控制也就真正落到了实处。商业银行管理层普遍认识到全面风险管理在内部管理中的重要性，实施了基于全面风险的内部控制，也就抓准了内部控制的重点，内部控制才能行之有效。

3. 建立了高度独立的审计监督体系。内部控制是一个过程，只有强化对内部控制执行情况的审计评价监督，才能更加有效地防范风险。国内先进商业银行特别突出了审计评价对内部控制的监督和独立评价作用，同时引进外部监督力量，如会计师事务所、审计事务所等，全方位地检讨内部控制的体系建设和理念，强化了审计监督对内部控制的独立和有效的监督作用。

（三）在内控制度上的启示

商业银行内部控制制度的建立是有效防止发生金融风险的关键，同时也是内部控制的基础。内部控制制度主要包含科学决策制度、授权授信制度、岗位责任制度、业务操作制度、内部稽查制度、资料保全制度、信息反馈制度、奖惩制度等。商业银行建立内控制度，一般注重以下四个方面：一是任何工作和业务制度的建立，都从该项工作和业务的控制目的出发，针对其中的主要环节，作出相应的规定。二是注重程序牵制。按照内部控制的原则，任何业务的处理，都有授权、批准、执行、记录、检查等程序，而且这些程序不能由一个人或一个部门去完成，特别是不相容的职务一定要分离。三是内部控制制度做到权责明确。即不仅要规定各职能部门和岗位人员处理业务的权限，更要明确规定其应承担的责任，并且各职能部门和岗位人员的权责要相适应。四是内部控制做到奖惩分明。对任何不执行制度，不履行职责的行为，制定相应的追究、查处责任的措施和惩罚办法。

（四）在内控技术上的启示

国内先进商业银行业非常强调在内部控制中信息与交流的作用，通过建立内部控制管理系统，实现管理电子化、控制信息化。一是保证了信息的完整性、可靠性和可获性，并注重信息的前后一致，为内部控制提供正确的决策信息。二是通过信息平台扩大了内部控制的范围，增强了内部控制的时效性，提高了内部控制的效率。加强信息科技在内部控制管理上的应用，通过强大的信息科技团队致力于各种管理平台的研发，通过内部控制电子化手段，提高内部控制的执行力与效力，是国内先进商业银行实现内部控制有效的重要手段。如国内先进商业银行普遍具有科学的集中事后监督系统、授信管理系统、预警系统、信息反馈系统等，基本上建立了涵盖各项业务、整个机构范围的全面风险管理系统，同时不断开发和运用风险量化评估的方法和模型，实现对各类风险的有力监控。

（五）在内控文化上的启示

设计再好的控制体系，最终都必须由员工执行完成，如果缺乏内部控制的底蕴文化，员工被动的执行会使有效的内部控制大打折扣。因此，通过培育健康的内部控制文化，从深层次上改变员工的行为习惯、思维方式和价值理念，使员工从过去的被动执行转向主动学习和自觉执行制度，实现员工从规范行为转变为自觉行为，进一步夯实内部控制，构筑安全防线。国内先进商业银行注重了内部控制文化的培育，内部控制观念已经从内部控制是一种制度建设转变为内部控制是一种文化，通过文化建设强化道德、观念、价值取向、氛围的形成，使内控的约束力更具有生命力。通过培育良好的内部控制文化，提高员工的风险意识和职业道德素质，每个员工理解内控程序和意义及在内控中的作用，建立通畅的内外部信息沟通渠道，确保及时获取与内部控制有关的人力、物力、财力、信息以及技术等资源。逐步塑造和形成了以“全员共同参与内控、以强化内控促效益、业务发展坚持内控优先”为主旋律的内控文化。

综合来说，借鉴先进商业银行内部控制建设经验，农村中小金融机构完善的内部控制至少应包括五大要素：一是有效性。内部控制的措施和程序必须保证法律、规章、流程在各个部门、业务条线和所有人员中得到充分的遵守和执行，有效地杜绝内部人员职务违法违规行为。二是审慎性。要充分认识风险的不可逆，内部控制必须围绕着防范和控制风险这一目标来设置和实施。三是全面性。控制程序的措施必须渗透到各个业务领域和各个操作环节，真正做到相互制约、相互监督。四是及时性。在业务创新、科技创新以及各项业务的发展和开拓等方面都能及时进行有效的风险控制。五是独立性。强调将监督部门和管理、执行部门适当分开，使各项检查和监督具有权威性和独立性。

五、建立内部控制长效机制的原则与途径

内部控制作为全面风险管理的重要手段和合规经营的基础平台，应涵盖农村中小金融机构经营管理的所有风险和控制程序，要在事前的风险预警、事中的风险控制、全程的风险监测、及时的风险报告、审慎的风险评估及妥善的风险处理等方面发挥重要作用。由于目前农村中小金融机构全面风险管理体系建设尚处于起步阶段，内部控制则相对比较成熟，因此，建立内部控制长效机制仍是农村中小金融机构目前乃至未来较长时期有效管控风险的重要途径。但随着内部控制的不断完善和逐步走向全面，加上全面风险管理体系建设的积极推进，内部控制与全面风险管理在职能上必将相互交叉、融合，直至统一。

（一）建立基于风险管理的内部控制框架原则

1. 全面风险管理原则。构建内部控制体系必须渗透和体现全员风险管理、全程风险管理和全方位风险管理的要求，不仅要控制信用风险，还要控制操作风险、市场风险和合规风险等，确保内部控制能够涵盖所有业务和所有环节中的一切违规情况，即所有不合规的业务都有专门的、对应的岗位来负责处理，以确保内部控制能够识别整个机构面临的一切违规因素。

2. 战略高度原则。战略风险导致的损失是巨大的，甚至直接威胁到农村中小金融机构的生存基础。为此，要将内部控制管理的目标扩展到战略和决策高度，从源头上避免违规事项的发生，减少风险损失。内部控制的目标要与业务发展目标放在同一高度，绝不能顾此失彼，一切经营管理活动都不能脱离内部控制监控的范围。

3. 一致性原则。所谓一致性原则是指农村中小金融机构应确保其内部控制目标与业务发展目标相一致。在各项经营管理活动中，各部门、岗位或人员必须相互配合，各岗位和环节都应协调同步，各项业务程序和办理手续需要紧密衔接，从而避免推诿责任和程序脱节现象，减少矛盾和内耗，以保证经营管理活动的连续性和有效性，做到既相互牵制又相互协调，从而在保证内部控制质量、提高内部控制效率的前提下完成业务发展任务。

4. 系统性原则。有效的内部控制是一个由不同的子系统组成的有机体系，农村中小金融机构内部控制的有效与否，除了取决于内部控制体系本身之外，很大程度上还取决于它所包含的各个子系统是否健全和有效运作。内部控制系统包括控制环境、风险评估、控制活动、信息与沟通、监督评价与纠正 5 项要素，并覆盖各项业务和部门。各业务循环或部门的子控制系统必须有机地构成内部控制的整体框架，这就要求各子系统的具体控制目标必须对应整体控制系

统的一般目标。

5. 权威性原则。所谓权威性原则是指农村中小金融机构应在机构内部建立起一个职责清晰、权责明确的内部控制机制，并赋予内部控制部门相应的资源和权力，确保内部控制部门具有高度的权威性，尽可能不受外部因素的干扰，以保持其客观性和公正性。

6. 自上而下原则。农村中小金融机构内部控制体系中的核心是董事会及其下设的委员会和高级管理层，他们负有内部控制的首要责任，无论是培育内部控制文化，制定内部控制战略和政策，建立完善的内部控制机构，还是推动内部控制制度设计、分配内部控制职责、运行内部控制系统，其推动力都来源于这个核心。

（二）农村中小金融机构强化内部控制的主要途径

作为独立法人机构，农村中小金融机构必然是一个由相互关联、相互依存的若干个内部控制要素所组成的有机整体。这就要求各家机构要从零散的、静态的、被动的内部控制向系统的、动态的、主动的内部控制体系转变，从理念、机制、制度、技术、文化等方面建立一套全面的、可证实的内部控制体系，使内部控制体系各组成要素之间的联系更加清晰和有序，以保证整个机构合规经营，稳健发展。

1. 培育合规文化，营造良好的内部控制环境。加强内部控制建设，首先是加强合规文化建设，指导员工树立良好的风险观、价值观，明确内部控制的价值取向、行为规范和道德水准，以此提高领导层和全体员工自觉遵循各项内部控制规定和合规要求的自觉性，营造良好的内部控制环境，强化内部控制的有效性。在这个过程中，领导层要始终坚持以业务为中心，以内部控制为保证，以合规管理为手段，一手抓业务开拓，一手抓合规文化建设，建立第一责任人制度，实行“谁主管，谁负责”、“‘一把手’总负责”的合规工作要求，以合规促发展，以合规保障内部控制的有效性。

2. 创新流程控制手段，提高内部控制效率。通过引进流程型内部控制环境建设，以更好地将内部控制融入机构不断变革的环境和流程重塑的理念之中，从而提升内部控制能力。传统的“部门银行”管理模式，其弊端在于机构设置层层重叠，信息传递速度慢，对市场变化不能作出迅速反应，部门之间容易相互推卸责任等，导致内部控制有效性严重受阻。在流程优化和再造的基础上，按照机构扁平化、业务垂直化要求，构建前、中、后台分离、职责清晰、运行高效、报告路线清晰、控制有力、符合农村中小金融机构实际和未来发展要求的流程型组织架构，为内部控制的有效性提供必要的前提条件。例如，要对前、中、后台关键流程进行优化和再造，搭建内部控制的流程体系；要建立岗位规范、职责清晰的岗位责任体系，提高内部控制有效性；要建立比较合理和科学的绩效管理体系，强化制度执行力，以促进内部控制的有效实施；要积极推行风险经理制，加强对授信业务及其他业务操作过程的监督和制约，提高风险管理和内部控制效果等。

3. 完善组织架构，建立内部控制权力传导机制。建立有效的组织机构是内部控制高效运转的核心。内部控制要求农村中小金融机构能够保证部门之间以及业务条线之间的权责划分明确、清晰、便于操作，能够保证互相之间的信息沟通方便、快捷、准确无误，能够在部门相互之间或部门内部建立必要的监督机制。例如，董事会要明确整个机构内部控制的战略目标，创造内部控制决策、执行、监督的环境，保证本机构建立并实施充分而有效的内部控制体系，并监督高级管理层对内部控制体系的充分性与有效性进行监测和评估，为良好内部控制的有效运转奠定基础。再如，通过推进业务操作的垂直管理模式，使各业务条线在总部和经营单位之间实现上下一体化的运营和管理，同时通过建立新型绩效激励机制强化各个经营单位负责人对本单位内部控制负责，强化总部对各个经营单位的垂直控制。

4. 明确岗位职责，完善内部控制权限制约。明确的权限制约是内部控制的重要组成部分，也是案件防控的有力手段。一要通过制定统一的授权管理办法，按照有限授权、差别化授权以及适时调整的原则，建立起全方位覆盖各项业务的授权体系，完善内部等级管理、分别授权的制度。二要完善集体议事制度，坚持分工负责制、民主制基础上的行长（主任）负责制，凡重大业务决策必须提交经营班子集体讨论通过，防止个人随意性和非理性行为对整个机构重大决策的影响。三要完善行长（主任）年审制度和离任审计制度，对其任期内目标完成情况、合规合法经营情况、权力行使情况等进行全面的审计稽核。四要提高业务主管部门对规章制度管理的权威性，明确规定其管理的基本原则，各级领导不得随意变通，不能越权行使；规定各级业务主管部门对属于本职管辖范围的重大原则问题必须坚持原则，如遇疑难问题应及时向上级业务主管部门请示报告，否则要对不良后果负连带责任。五要确保各项业务活动都要经过具有互相制约关系的两个或两个以上的控制环节完成，杜绝任何个人包办业务处理的全部环节；在横向关系上，至少由彼此独立的两个部门或人员办理，使一个部门或人员的工作受另一部门或人员的监督；涉及资产、负债、财务和人员等重要事项变动均不得由一人独自决定。六要建立岗位责任体系，对每一项工作流程的每个环节均明确相应的岗位与之对应，各环节的岗位责任人，必须按照岗位职责和操作规程，逐环节向前推进各项工作。七要形成岗位履职情况考评制度，强化履职情况的监督检查，促进各岗位人员认真落实岗位职责，同时要科学运用考核评价结果，将评价结果与职位变动、薪酬升降等挂钩。八要进一步完善诸如各级管理人员任职年限、干部交流、重要部门负责人定期轮换等内部管理制度，使之逐步实现制度化、规范化。

5. 健全内部控制制度，提高制度执行力。内部控制制度主要包含科学决策制度、授权授信制度、岗位责任制度、业务操作制度、内部稽查制度、资料保全制度、信息反馈制度、奖惩制度等。农村中小金融机构建立内部控制制度，一般要注重以下四个方面：一是目标清晰。任何工作和业务制度的建立，都从该项工作和业务的控制目的出发，针对其中的主要环节，作出相应的规定。二是程序牵制。按照内部控制原则，任何业务的处理，都有授权、批准、执行、记录、检查等程序，而且这些程序不能由一个人或一个部门去完成，特别是不相容的职务一定要分离。三是权责明确。即不仅要规定各职能部门和岗位人员处理业务的权限，更要明确规定其应承担的责任，并且各职能部门和岗位人员的权责要相适应。四是奖惩分明。对任何不执行制度，不履行职责的行为，制定相应的追究、查处责任的措施和惩罚办法。

6. 强化信息技术建设，实现内部控制信息化。要强调在内部控制中信息与交流的作用，通过建立内部控制管理系统，实现管理电子化、控制信息化。一要保证信息的完整性、可靠性和可获性，并注重信息的前后一致，为内部控制提供正确的决策信息。二要运用信息技术，特别是凭证影像技术，积极朝会计凭证“无纸化”管理模式发展，通过影像和交易流水的配对实施更为有效的监督，减轻数据录入的工作量，打破事后监督工作在时间和空间上的限制，降低监督成本，保证监督的时效性，提高监督效率。三要以数据集中为平台，通过建立风险预警和管理模型，对导入数据进行自动对比、识别处理等在线实时监督，及时对异常交易情况进行预警提示，实现事后集中监督标准化和统一化，保证监督过程更加智能，监督信息更加可靠，监督效果更加有效。四要通过信息平台扩大内部控制的范围，增强内部控制时效性，提高内部控制的效率，例如，要积极建立和完善授信管理系统、风险预警系统、信息反馈系统，以及涵盖各项业务的全面风险管理系统等，实现对各类风险的有力监控。五要按照信息披露制度，及时、真实、完整地披露资本充足率、风险评估与控制、会计财务等信息，满足监管部门和社会公众对信息的需求，提高信息透明度，同时要筛选、分析社会信息和客户信息，以便及时跟进管理措施，强化内部控制，有效防范和化解经营风险。

7. 建立监测评价机制，保证内部评价机制的合理性。内部控制体系建设不是一劳永逸的事情，需要不断改进，不断发展的动态过程。为了促进内部控制体系的持续完善，就要建立监测和评价机制，不断对内部控制建设和执行情况进行检查和评测，查找、发现问题和漏洞，并形成纠偏机制。农村中小金融机构应建立以下几个层次的监督评价体系：一是日常的内部控制绩效监测与评价。

包括对总部和各个经营单位经营成果和内部控制绩效进行检查，对整个机构内部控制和风险管理状况进行审计和监督，同时还要对审计工作情况和审计效果以及高级管理层的监督和评价。二是定期的内部控制体系运行评价。要建立并保持书面程序，定期对内部控制体系的充分性、合规性、有效性和适宜性进行评价。包括对总部以及各个经营单位内部控制体系建设、执行情况和运行结果进行调查、分析和评估，以作出有效的评价，同时找出内部控制制度的不足和疏漏，研究对策措施，促进内部控制建设不断改进。董事会在充分了解内部控制总体情况的基础上，要对内部控制体系及其过程的改进以及内部控制政策、目标的变更及时作出决策应对。三是内部控制评价结果与绩效考评机制挂钩。要充分利用内部控制评价结果，将内部控制综合评价纳入对各个经营单位的考评体系中，与其绩效考核、评先表彰、工资分配等合理挂钩，与主要负责人的晋升、政绩考评等个人利益紧密结合起来，营造良好的内部控制环境和氛围。四是保障监事会履职行为的独立性、权威性和有效性。要明确监事会和监事长的监督权限，包括检查纠正权、知情参与权、独立意见权；还应赋予监事会对董事、董事长及高级管理层的质询权、部分监事的人事提名权以及召开临时股东代表大会的召集权等。此外，可以监事会的名义聘请律师事务所、注册会计师事务所、审计事务所等独立中介机构提供专业法律、财务、审计方面的支持，以提高监事会监督的专业水平。同时要积极探索直接和间接监督的方式，丰富监督内容，如通过邀请监管部门代表列席会议等形式，主动接受外界指导和监督，监测内控机制。

第七章 实施合规嵌入式管理，提高全面风险管理能力

合理承担并管理风险、有效平衡风险和收益，不断提升风险管理能力、市场竞争能力和价值创造能力是现代银行业经营管理的核心。而风险管理能力是银行综合经营能力、发展能力和竞争能力等因素的集中体现。风险管理就是通过一定的组织形式、政策制度以及一系列风险识别、风险衡量、风险预警和风险控制等方法和工具，对各种风险因素进行管理，预防、控制、分散和化解风险，以避免和减少损失，并科学地利用、管理和经营风险以达到股东收益最大化的目标。风险管理的作用在于在风险控制和业务拓展之间寻找并保持一种平衡，使风险和收益之间的匹配达到最优化。风险管理的基本任务就是要贯彻执行国家关于防范和处置金融风险的各项政策制度措施，树立全面风险管理理念，健全风险管理组织体系，改进风险管理监控方法，强化风险全程管理，增强识别、计量、预警、防范和处置风险能力，提高风险管理水平，确保风险在可控目标之内，确保安全经营稳健发展，确保风险收益的优化。从合规的角度来说，银行的全面风险管理就是依据相关法律、规定和标准的要求，以完善风险管理制度为中心，以优化流程和组织职能为基础，通过合规嵌入式管理，将风险管理政策及各项制度规定贯穿内部决策、执行和监督全过程，涵盖不同的经营单位和业务条线、不同产品以及不同的风险类别，从而系统、全方位地解决风险管理问题。以合规为导向建立起有效的全面风险管理体系，既是银行发展战略应该达到的基本目标，也是银行从董事会到各层级经营管理者的一项核心工作。

一、合规嵌入式管理的途径及主要内容

所谓“合规嵌入式管理”就是以规范流程操作和完善制度建设为手段，将合规管理作为业务操作流程和风险管控流程的一个环节，随流程落实风险管理制度，在流程操作中管理和控制风险，堵塞风险漏洞，提高经营管理过程的风险控制能力和人员执行力，系统地提升全面风险管理机制的有效性，切实解决和纠正在经营中有章不循、规章制度和操作流程执行不力而导致的合规失效等问题。农村中小金融机构通过全面引进合规嵌入式管理模式，努力提高全面风

险管理的及时性和有效性，逐步在经营管理活动中实现合规管理，岗位、责任、人员相匹配，以促进合规管理机制有效发挥作用，使整个机构全面风险管理能力与经营发展实现整体协调与匹配。

这里所说“嵌入”主要有三种途径：一是程序上嵌入，实现合规对具体业务的全流程控制。合规部门及其他相关职能部门重点对流程操作中的风险点进行排查，对存在较大隐患的风险点进行持续监测和评估，及时组织力量堵塞风险漏洞和完善相关制度及流程，并就重大风险事项及其处理程序、结果和建议等及时向高级管理层、监事会及董事会报告。二是人员上融入，实现全员合规和事事合规的工作程序。主要手段是由合规部门（或合规与风险管理部门，以下同）通过向各业务部门、条线、经营单位派驻合规经理（合规员）、风险经理以及建立有效的履职方式，实现对合规风险及其相关的信用风险、市场风险和操作风险等的实时监督和管理。三是文化上导入，实现合规文化作为一个核心导入整个企业文化建设中。主要手段是通过合规培训与教育、合规宣传与示范、合规考核与追责、合规举报与处罚等，让员工在从事各项业务操作和风险管理活动中始终以合规为准绳，以合规促发展，以合规保安全，坚决打击各类违规行为，树立良好的职业操守和道德规范。具体来说，在全面风险管理过程中实施“合规嵌入式管理”，其主要内容应该体现在以下几方面：

（一）将合规政策和制度要求等嵌入全面风险管理体系建设中

全面风险管理体系建设是一项系统性工程，包括众多子项目建设工作。对于目前风险治理环境不完善、风险集中管理能力欠缺、风险作业效率不高、风险量化管理和风险内控基础薄弱的农村中小金融机构来说，更是一项极具挑战性的任务。为避免走弯路，不论已改制为银行的还是原有的农村信用社或者刚成立的村镇银行，在进行全面风险管理体系建设中，要始终坚持以合规为导向，以稳健可持续发展为前提，借鉴先进银行在风险管控上的最佳实践，立足于本机构实际情况，以建立符合监管要求的风险治理机制为保障，以风险管理升级为着眼点，以提高风险计量水平为突破口，以建立有效的激励约束机制和问责机制为抓手，坚持“风险与业务发展相协调、风险与收益相均衡、风险与合规管理相适应”的风险管理原则，建设体制完善、技术先进、流程高效、服务优良的风险管理平台，有效提升风险管理能力，支持业务发展与战略转型，努力构建全面、动态和高效的全面风险管理长效机制。在实际操作中，农村中小金融机构要以制定和落实本机构合规政策为基础，逐步建立覆盖各类风险管理全流程的差异化风险管理政策与制度体系，增强风险管理的合规性和可操作性，提高风险管理制度执行力；要尽快建立和完善内部合规的授权和转授权及其监督约束机制，促使董事会的合规管理战略、目标和导向在整个机构得到及时传导和传播，将合规管理的触角延伸到业务操作及其风险管控的全过程，增强全体员工的合规意识和风险意识，努力提高风险管理的整体能力；要通过流程银行建设的积极推进，进一步优化组织架构的设置，厘清信用风险、市场风险、操作风险管理的前、中、后台部门职责并实施严格的合规问责，提高规章制度执行力，保障全面风险管理有效性；要逐渐树立“大风险管理”的观念，即风险管理是每一位员工的职责，而不单单是合规与风险管理职能部门的任务，要逐步实现在业务经营单位或业务条线派驻合规员、合规经理或风险经理，设立“风险管理窗口”，通过“窗口”传递和执行风险管理政策制度。

（二）将合规政策和制度要求等嵌入风险管理操作流程中

虽然目前大部分农村中小金融机构逐步建立起不同的业务操作流程和相应的管理流程，但随着金融业务的逐步扩展，现有同一标准的、同质化的风险管理操作流程已难以有效支持细分市场的专业化服务和专业化管理需要，执行单一标准的风险作业与客户金融服务方案所集合的行业风险、区域风险、产品风险特征不匹配，同质化的风险授权、风险控制流程与专业化营销机制不匹配，亟待建立与客户和业务风险特征相适应的分类管理标准与业务操作流程。例如，一些规模比较小的机构，由于条件限制，内部仍然缺乏一套适合自身业务发展的操作流程，加上合规经营意识淡薄，员工违章、违规操作问题比较突出，而高级管理层在经营中存在资本约束意识淡薄和随意调节利润、不计提或少提贷款损失准备金等不审慎行为，在一定程度上制约了这些机构的可持续发展。为保障全面风险管理的有效性，农村中小金融机构亟须尽快搭建和完善风险管理操作流程。而在流程构造工作中，要同步将合规政策和制度要求嵌入业务流程的相应环节，以此进一步明确岗位职责，强化岗位约束，确立岗位权威和流程操作的严肃性，引导、约束各层级管理人员不断提高风险管控能力，大力提高每一位员工对具体业务流程操作的合规自律意识、规范操作责任与水平，进而加强流程风险的全程监控和管理。通过各部门、各业务条线和各经营单位的合规工作，确保合规政策和制度要求得到有效遵守，保证整个机构的经营管理活动避免遭受法律制裁、监管处罚和声誉损失。在具体操作中，合规与风险管理部门不仅要以防险、查险为要务，更要注重发挥专业所长，从排险角度，对虽存在隐患或瑕疵但具有较高营销价值潜力的具体业务，提出和给予正面的建议、指导和协助，特别是在合规管理需要与业务发展需要发生冲突时，要按照“风险是否可控、效益是否可测”的原则加以处理，帮助业务部门和经营单位从防范风险、优化方案、整合流程等方面入手积极加以改进。

（三）将合规政策和制度要求等嵌入企业文化建设中

银行只有始终坚持稳健、审慎、科学的经营发展思路，上下始终严格遵守高标准的道德行为准则，各个岗位及人员认真对待风险问题并始终严格按合规要求进行业务操作，银行的全面风险管理才会真正有效。因此，将合规政策和制度要求嵌入企业文化建设中，是农村中小金融机构实施全面风险管理的一个重要环节。在实际工作中，各机构董事会、监事会和高级管理层以及其他层级管理者的言行态度、职业道德水平和诚信水准等要真正体现合规为本和风险可控，要始终坚持“适度风险，适度回报，稳健发展”的经营管理原则，并通过风险管理能力强弱调整绩效考核等途径引导业务发展方向；风险管理理念要从强调防控风险逐步向管理风险和经营风险转变，通过政策制度、流程管理和限额控制等措施制约风险损失发生的数量并强化收益，运用拨备和资本对可预见损失和不可预见损失加以防范；风险管理内部运行机制要完成风险管理战略、风险偏好、组织构架、业务运营、管理过程和风险文化等方面的统一；风险管理方式要以先进商业银行为标杆，对资产负债及市场交易等业务从单纯的控制风险向经营风险和管理风险过渡，严控操作风险，努力实现各类风险的综合管理和系统管理；风险管理手段要实施严格资本约束管理政策，通过风险资产业务限额报备、加强合规事项检查和内控评价以及对违规行为的稽核审计力度等手段，防止由于规模盲目扩张导致高风险资产急剧增加，以及由于内部控制不严导致各种违规操作事项发生等，逐步形成“文化约束 + 制度制约 + 系统控制 + 监管制约 + 违规惩戒”的风险管理模式；员工的操作标准、规范的流程控制及其相对应的薪酬激励和违规处罚等制度要在企业文化中落到实处，形成所有员工理所当然要为他从事的职业和所在岗位的工作负责任的氛围，进而逐步形成先进的合规文化，这对于农村中小金融机构有效管理包括合规风险在内的各类风险至关重要；要建立有效激励和风险培训机制，从风险管理普遍性和持续性出发，加强全员的风险管理教育，大力推进风险知识传播，提高全员风险意识和风险控制能力，使全体员工在物质利益与精神追求有机结合中推进全面风险管理工作；要建立风险管理合规性检查和问责机制，严禁违规操作；要建立定期轮岗机制，使风险管理者与风险承担者的风险经验和观念及时得到更新；要增强对外部监管环境的适应性，提高对监管原则的敏感性，按照监管标准披露风险信息，接受市场监督，履行社会责任；合规与风险管理部门要积极支持相关部门和业务条线推进以职业操守为基础，建设蓬勃向上、富有活力的企业文化，从而促进形成高效的公司治理环境。

（四）将合规政策和制度要求等嵌入日常工作机制中

农村中小金融机构除了建立规范的业务操作流程外，还必须通过制度的完善来逐步形成内部良好的工作机制，包括董事会、监事会和高级管理层及其所属各专业委员会的日常议事工作机制、合规工作执行机制、内部授权及转授权的执行机制、员工的聘用及劳动保障机制、薪酬激励与问责机制等，而在这些机制建设过程中，必须严格遵循国家相关的法律法规和监管要求，真正体现整个机构制定的合规政策和制度要求等在各个工作环节得到严格遵循。例如，在构建合规工作机制中，农村中小金融机构要真正落实业务合规制、岗位责任制和守规监督考核制等实质性内容，明晰各业务流程中主要操作环节的风险提示、准入条件、限制条件、禁入条件、预警信号、问题与危机处理等基本要求及退出条件等，使合规要求与相关业务条线、运作单元和岗位职责等形成映射关系，促进经营运作与管理实现“操作循制度、过程可控制、结果有考核、违规有处罚”，为建立长效的遵章守制工作机制奠定基础。在构建授信业务授权管理机制中，要按照实际能力和以往业绩给予信贷审批、信贷管理、风险管理等专业人员对应的管理权限，并每年进行审定，视情况决定提升或降级，积极创造既有压力又有动力的工作环境。在风险管理人员的使用和激励机制建设中，要将有一定的风险管理经验和较高的专业素质以及具备良好职业道德的员工充实到管理部门和经营单位的风险管理岗位，并采取自我培养和积极引进相结合的政策，坚持市场化的报酬原则，吸引更多高素质的专业人才充实到本机构的合规与风险管理团队，同时通过建立一套有效的激励和约束机制，激励合规经理、风险经理等专业管理人员从机构长期发展目标出发，结合具体业务目标，积极尝试更先进、更有效的风险管理手段和技术，真正发挥合规与风险管理人员的专业作用。

二、稳健货币政策下的信贷风险管理策略

信贷业务是农村中小金融机构的核心业务，信贷风险管理的好坏直接影响到农村中小金融机构全面风险管理能力和水平。而信贷风险的形成是一个从萌芽、积累直至发生的渐进过程。如果农村中小金融机构的信贷风险居高不下，必然会导致资产质量下降、不良资产增加、财务状况恶化、信贷资金可用量减少、信贷资产周转速度减缓，进而引发农村中小金融机构盈利能力减弱，甚至导致亏损或引发其他问题。信贷风险是指由于各种不确定性因素的影响，在银行的信贷业务经营与管理过程中，实际收益结果与预期收益目标发生背离，有遭受信贷资产损失的可能性。信贷风险从总体上可以划分为市场性风险和非市场性风险两类。市场性风险主要来自企业（借款人）的生产和销售风险，即借款人在商品的生产和销售过程中，由市场条件和生产技术等因素变动而引起的风险；非市场风险主要指自然和社会风险，自然风险是指由于自然因素使借款人蒙受经济损失无法偿还信贷本息的风险，社会风险是指由于机构内部员工或组织由于未能自觉遵守国家相关法律、政策等而导致监管部门或其他相关部门

的处罚等风险，包括合规风险、声誉风险等。当前，农村中小金融机构对信贷业务实施“合规嵌入式管理”的重点就是要通过制度控制和流程约束等措施，来强化授信授权、客户信用评级、授信业务审批、授信账务处理等各个环节的合规风险管理，保证整个机构严格执行国家相关货币政策和信贷投放政策。例如，通过信贷投放的合规性管理和检查，积极落实监管部门对政府投融资平台贷款和房地产开发性贷款的严格控制政策、对中小企业加大信贷支持的政策等，避免合规风险及其引发的信用风险、操作风险的发生。

（一）监管部门的信贷政策导向

2011 年以来，中国人民银行持续执行相对紧缩的货币政策，先后 6 次提高存款准备金率、3 次加息，针对部分银行实施了差别存款准备金，同时扩大存款准备金的缴纳基数。数据显示，2011 年第一季度至第三季度，全国新增贷款规模分别为 2.24 万亿元、1.93 万亿元和 1.31 万亿元，并呈现逐步减少态势。面对国内过高的通货膨胀压力和房地产泡沫尚未挤出以及国际金融市场的巨大震荡，中国人民银行在未来相当长的时间仍会继续收紧银根，只不过新的货币政策收紧态势及工具的运用与以往会有所不同，如综合运用利率、汇率、公开市场操作、存款准备金率和宏观审慎管理等工具组合。也就是说，由于国内外经济形势的变化，一方面中国人民银行会坚守国内货币要回归到常态的原则，另一方面其采取的调控方式与技术会更加灵活。比如，中国人民银行在 2011 年 9 月初调整商业银行存款准备金计算基础，将商业银行的信用证、保函以及银行承兑汇票三类保证金存款纳入存款准备金的缴存范围，从而使得市场近 9 000 亿元的流动性回收，相当于二至三次上调银行业存款准备金率。这件事表明，在通货膨胀压力较大，房地产泡沫没有挤出的情况下，尽管国内外的经济环境面临着较大的不确定性风险，也没有改变央行货币政策回归常态基本的调控思路。但中国人民银行的这些宏观调控更高强的是技术性而不是动用影响更为广泛的数量型及价格型工具。中国人民银行的货币政策也希望在经济增长、稳定物价及收紧流动性三者之间找到更好的平衡。因此，中国人民银行稳健的货币政策将要持续较长时间，国家金融宏观管理会更加审慎，银行业机构执行放贷条件也会越来越严格，企业（特别是中小企业）融资渠道进一步受到限制，信用风险不容忽视，农村中小金融机构信贷风险管理面临新的挑战。

步入 2012 年，国内外经济形势仍然较为复杂，欧美经济持续低迷，国内工业增速有所放缓，通胀率仍处高位，对外贸易不确定性及结构调整难度增加；与此同时，外汇收支继续大幅顺差，复杂的经济金融形势为我国货币政策的制定和执行提出了挑战。总体来看，现阶段实行稳健的货币政策是加强通胀预期管理、防范资产价格泡沫的需要，是促进经济结构调整和发展方式转变的需要，也是防范系统性金融风险的需要。我国正处在工业化和快速城镇化的阶段，宽松的货币政策容易助长粗放型和过度依赖投资的增长模式。实施稳健的货币政策则有助于银行调整信贷结构，为调整经济结构、提高资源配置效率提供平稳适度的货币环境。因此，下一阶段农村中小金融机构的首要任务仍然是坚决贯彻落实好稳健的货币政策，控制好信贷总量，把好流动性总闸门，消除通货膨胀的货币条件。同时，要增强灵活性和针对性，把握好信贷投放的节奏和力度，积极调整信贷结构，提高对中小企业、“三农”、产业转型升级等领域的投放比例，做好对地方经济发展的支持工作。各家机构自身也要在挑战中不断加强风险管理，主动推进业务转型，从而实现持续发展。

（二）农村中小金融机构信贷业务面临的合规风险

农村中小金融机构受自身历史渊源、经营机制、政策取向、外部环境等多重因素影响，在承受的信贷风险上与其他商业银行相比具有以下特殊性：一是信贷对象的特殊性。信贷风险的大小主要取决于信贷对象的经济状况，主要包括资金存流量、盈利能力、信用状况等。在现行的农村金融体制下，农村中小金融机构是乡镇企业、中小企业及普通农户信贷资金的主要供给者。但由于这三者的资本存量、经营效益相对低下，容易造成信贷资产长期积压甚至流失，增加了农村中小金融机构信贷风险，如 2011 年下半年爆发的温州中小企业老板大规模逃债事件就是一个明显例子。二是经营目标的特殊性。在新农村建设过程中，农村中小金融机构肩负着艰巨的支农使命。与此同时，农村中小金融机构作为金融企业，具有自己的市场化经营目标，追求利润。在这两个相互冲突的目标之下，农村中小金融机构很难彻底将市场原则落实于经营管理之中，二者博弈的后果往往就是不良贷款比例升高，信贷风险增加。三是风险集中度的特殊性。由于农村中小金融机构受地域限制及规模限制，在机构设立和业务经营上严格按照县级行政区域分割，贷款一般都发放给相对同质的客户，而且同质借款者的违约风险具有高度相关性，信贷业务的高度集中使得信贷资产及其信贷风险无法有效分散。四是自然环境敏感性的特殊性。农业、农村经济对自然环境的依赖性决定了农村中小金融机构信贷风险对自然环境变化更为敏感，这直接增加了农村中小金融机构贷款归还的不确定性。受这些特殊性的影响，加上国家货币政策及其金融环境的急剧变化，当前农村中小金融机构内部在处理国家利益与集体利益的关系、业务发展与合规管理的关系、追求利润最大化与风险控制有效性的关系等方面出现偏差，部分机构在信贷管理上仍然存在着一些与外部环境变化（特别是国家货币政策要求的变化）不相适应的情况，存在一定的合规风险隐患，突出表现在以下三方面。

1. 规模扩张冲动，与国家从紧货币政策要求不相适应。截至 2011 年 10 月底，商业银行存款准备金率已达到21.5%的历史高位，这种持续偏高的存款准备金率要求，表明中央政府关于强化宏观调控、确保经济稳定和可持续发展的强烈信号。但是，部分农村中小金融机构缺乏审慎经营意识，过度追求市场份额，投放节奏过快，存贷比严重偏高，或者变换各种手段绕过央行的规模限制，与国家从紧货币政策不相适应。在目前货币政策环境下，农村中小金融机构若是为了自身短期利益一味地去扩大贷款规模而把国家政策当做身外事、耳边风，与国家调控政策进行“上有政策，下有对策”的博弈，必将引起监管部门的“关注”，引发严重的合规风险。

2. 信贷投放行业集中度高，与政府产业结构调整不相适应。以广东的实际情况为例。目前广东产业结构存在的问题是层次较低、产业技术水平不高、产业发展对外依存度强和产业区域发展不协调等，随着国家宏观调控力度不断加大，广东省企业外迁增多，出口增长明显放缓，广东正处于新一轮的经济转型和产业升级的关键期。为此，近年来广东省政府出台一系列举措，一再彰显推进产业结构调整的决心，明确提出广东产业升级必须进一步推进信息化与工业化融合，着力提升高新技术产业，实现产业的生产要素由劳动密集、资本密集向知识密集转变，产出效果由低附加值向高附加值转变，使广东的产业发展具有知识性、开放性、融合性、适应性和可持续性。然而，从部分农村中小金融机构的信贷投放结构上看，主要集中在劳动密集型、附加值较低、出口依赖型的制造业等行业上，与当前产业结构调整政策存在较大的不适应性，随着部分产能不高、技术欠缺和环保风险大的企业退出市场，农村中小金融机构面临的经营风险正在逐步增大。

3. 贷款损失拨备不足，与监管要求不相适应。风险与收益必须匹配是银行生存发展与稳健经营的前提，而银行所承担的全部风险损失能否及时得到补偿或消化则是监管部门实施有效监管的重要标准。其中预期损失必须以审慎的拨备计提形式计入经营成本，并在金融产品或贷款定价中得到补偿，而非预期损失需要由资本金加以覆盖。正因为这样，对贷款损失是否足额拨备、资本充足率是否满足监管要求，就成为衡量农村中小金融机构抵御金融风险能力的重要指标。目前，农村中小金融机构在内部控制、风险管理等方面还非常薄弱，如果我们能够定期、足额提取拨备，既可以对不良贷款风险状况进行预报、检查和修正，又可以提高自身的抗风险能力，同时还可以满足监管部门的合规性监管要求，有助于在政策上与监管部门保持一致。但部分机构特别是农村信用社对资本管理重视不够，对贷款损失拨备的认识存在偏差，应提而未提事项仍在不同程度上存在，与监管部门的要求不相适应。

除了以上外在客观原因外，农村中小金融机构由于管理体制和机制以及内部控制等方面存在一定缺陷，在信贷业务拓展及管理上出现一些不稳定因素：

部分机构市场拓展能力和主动性不够，市场份额有所下降；新增贷款向大客户集中趋势明显，贷款集中度风险日益凸显，大额贷款积聚的风险隐患增加；部分机构违规经营有所抬头，审慎经营与合规经营原则没有很好落实，隐性风险逐步显露，如在小额农户贷款、担保公司担保贷款等方面逐步显露出一些地区性、集中性、系统性风险；中长期贷款增长较多，流动性问题引起关注；地方政府投融资平台贷款增长较快，而地方政府负债透明度不高，贷款主体不够规范，地方政府信用保证存在瑕疵，且存在多头融资和过度融资的现象，风险隐患极大；不良贷款反弹压力增大，清收压降形势严峻，抵债资产变现率不高，隐藏风险较高。

（三）稳健货币政策下信贷风险管理策略

如上所述，由于国内外环境存在较大的不确定性，中国人民银行稳健的货币政策将要持续较长时间，国家金融宏观管理会更加审慎，银行业机构执行放贷条件也会越来越严格，企业（特别是中小企业）融资渠道进一步受到限制，信用风险不容忽视。农村中小金融机构要全面、清醒地认识当前出现的新情况、新问题，准确把握国家的政策要求，牢固树立合规管理、稳健经营的基本原则，提高信贷风险管理水平。

1. 审时度势，规避风险。重点要防止在新形势下出现重大的决策失误。前事不忘，后事之师！从农村中小金融机构沉重历史包袱的成因来看，大部分不良资产和不良贷款都是因当时对形势判断或决策的失误造成的。如对盲目重复建设项目发放的贷款、在经济过热时期的“跟风”贷款、竞争份额贷款、对不符合环保要求的企业贷款等。现在外部环境比以往更为复杂，更难把握，尤其是通胀情况下的楼价持续高位、食品价格不断提高、股市连连下挫、汇率波动加剧等，加上生态恶化与资源约束、贫富差距过大、信用缺失等，都对农村中小金融机构信贷政策的制定和操作提出了严峻挑战。各机构董事会和高级管理层要始终贯彻“质量、效益、规模协调发展”的理念，妥善处理好速度、质量和效益的关系，确保“稳中求进”。在经营管理过程中，应遵循农村中小金融机构发展的基本规律，坚持“理性、稳健、审慎”的风险偏好，促进业务协调发展，质量持续改善；切忌不讲大局，不讲政策，只顾局部利益，盲目追求规模大小。农村银行类机构向外扩张时要因地制宜、因时制宜，依据自身的管理能力和当地的经济条件循序渐进。要注重平衡业务发展和风险防范之间的关系，在加大信贷有效投放的过程中，始终保持头脑冷静，坚守风险底线，坚持在合规经营、风险可控的前提下发展业务，做到四个“相适应”：信贷投放要与自身的风险防控能力相适应，信贷投放要与客户资源、项目储备和前期尽职调查相适应，信贷投放要与客户的有效信贷需求相适应，信贷投放要与现有的资本充足情况、拨备覆盖水平和资本补充前景相适应。

2. 精细管理，优化结构。要大力推进精细化管理，狠抓制度落实，巩固和完善审贷分离制。一是建章立制，明确职责。根据形势发展变化，以贯彻实施“三个办法一个指引”为依托，建立健全信贷业务职责管理、贷前操作尽职记录和信贷操作流程等制度办法，进一步明确信贷各岗位、各环节职责和贷款操作流程要求，细化整合规章制度，狠抓制度执行，确保有章可循，按章办事。二是流程管理，规范操作。大力推进流程银行建设，增强按程序办事，按流程操作的意识，各部门、各岗位环节都必须严格按照信贷操作流程规范操作，禁止违规逆程序操作，确保关键环节和风险点得到有效管理和防控，不断提高工作效率和工作质量。三是后续评价，完善制度。要做好信贷制度后评价工作，对各项风险管理政策、授信项目条件的落实和执行情况、业务部门和经营单位执行规章制度情况进行后评价，充实和完善风险管理政策和制度，不断提高制度的科学性和有效性。四是建立严格的岗位责任制和授权制度。要重整信贷业务流程，设置关键的风险控制点，使信贷业务和管理流程科学化、规范化。同时，强化风险政策研究，制定科学的风险管理政策，提出对产品、客户、行业、地区的风险控制目标和相应措施，坚持有进有退、有保有压，使信贷增长与我国产业升级和结构调整的规划协调一致，促进国民经济的可持续发展，也使农村中小金融机构信贷结构进一步优化。当前信贷增长要向民生改善工程、“三农”领域、节能减排、科技创新等项目倾斜，积极支持优质中小企业发展。

3. 强化预测，化解风险。对信贷风险要早发现、早识别、早控制，不断提高风险防控能力。要建立贷款质量分析报告制度，对信贷客户质量定期进行通报与预警，对信贷资金安全性进行严密监测。要加强对当前行业、市场风险分析，注意行业发展动态和行业风险变化，及时采取风险防控措施。要严密关注不良贷款的变化，及时发现和解决风险隐患，保证信贷资产安全。要强化贷款“三查”执行力度，贷前调查不能为了完成业务指标而放松客户准入条件；贷中审查不能脱离客户实际信贷需求，降低授信审查、审批条件，盲目扩大授信额度；贷后检查要进一步强化贷款资金用途的持续监控工作，通过深入了解客户需求、实地考察、电话跟踪或收集各类账户间资金划转情况等方式，全面把握并核实贷款资金的流向和用途，严密防范信贷资金违规流入资本市场和房地产市场，确保信贷资金能真正用于满足客户的生产建设、服务运营及消费需求。要加强对小额农户贷款、专业担保公司担保贷款、集团及关联客户贷款、政府投融资平台（含土地储备中心）贷款等领域的贷款风险防范工作，密切监测相关风险指标的变动，特别是对贷款形态分类中快速、大幅度地由正常类向关注、次级类迁徙的动态监测，做到“动态监测、提早预警、准确定位、有效防范”。要健全风险补偿机制，进一步完善以有效担保和风险准备金为主的各种形式的风险补偿措施，积极推进农村担保方式的创新，探索建立政府、企业和农村中小金融机构多方参与的农村信贷担保机制；扩大有效抵押的范围，加强对抵质押品的监测力度，发现有贬值情况，应立即采取有效防范措施，确保贷款安全。

4. 创新机制，规范管理。要认真做好贷款质量的结构分析，既要防止现有的次级、可疑贷款蜕变为损失贷款，更要关注正常类贷款向下迁徙，特别是处于国家宏观调控行业的贷款。农村中小金融机构不仅要对存量不良贷款的清收落实责任部门和责任人员，还要对正常类贷款建立和落实“质量监测责任制”，定期提出监测分析报告，动态监控贷款质量，未雨绸缪，防患于未然。要加强对借款人偿债能力的综合分析，纠正只注重第二还款来源、不看第一还款来源的做法，树立严谨、科学的风险管理理念，着力提高信贷人员对财务数据真伪的识别能力，科学判断借款人的盈利能力和偿债能力；同时要明晰担保操作程序，加强与相关部门的衔接配合，确保贷款担保的合法有效。要完善和细化信贷能力评定指标体系，要从资产质量指标、效益指标、监管指标、信贷人员素质及信贷管理工作组织能力等方面来开展评定。

5. 强化监督、狠抓问责。要落实贷款调查、审查、审批责任权限，做到权责对称，审贷真正分离；建立信贷资金责任制度，强化各岗位人员行使权力时的责任意识，使贷款在审批、发放、管理等环节的职责明确。严格执行责任追究制度和贷款管理奖励制度，该罚则罚，该奖则奖，实现权、责、利相结合，奖惩与责任人利益挂钩，逐渐形成一套行之有效的激励约束机制。为此，必须抓好四个方面：一抓教育，围绕增强员工事业心和责任感这一主题，重点抓好员工的职业道德教育和合规意识教育，建立一支高效、廉洁、合规、负责的信贷营销与信贷管理团队。二抓培训，进一步加大对客户经理、风险经理等专业人员的培训力度，组织深入学习基本制度和操作指引，提高学习培训的深度，增强实际效果，切实提高业务水平和实际工作能力，以更好地适应形势发展和实际工作的需要。三抓考核，以全面完成经营管理考核指标为核心，将信贷风险管理列入考核内容，建立健全考核责任制，细化量化考核目标，明确岗位责任。四抓检查，坚持定期或不定期的信贷检查制度，加强对信贷管理再监督，要坚持执行信贷风险责任终身追究制，制定并落实好处罚细则，严格监督管理，确保依法合规经营，防止新的信贷风险发生。

当前农村中小金融机构在信贷业务发展过程中面临着许多不确定性因素，信贷风险的防范变得异常复杂。农村中小金融机构董事会和高级管理层要从维护宏观经济健康发展的大局出发，在信贷规模管理、资金投向、客户结构等方面积极适应国家宏观调控的要求，将各项政策、法规和制度要求嵌入信贷风险管理全过程，坚决杜绝违背国家政策法规要求或打“擦边球”的行为，切实履行社会责任。与此同时，要把握好本机构的定位，无论外部环境如何变化，都要处变不惊，不求速胜，但求步步为营，不走偏、不出错，练好内功，细化管理，合规守法，以保证信贷业务稳健持续、健康有效地发展和壮大。

三、合规嵌入市场风险管理的路径

市场风险是指因市场价格（利率、汇率、股票价格和商品价格等）的不利变动而使银行表内和表外业务发生损失的风险。市场风险可以分为利率风险、汇率风险、股票价格风险和商品价格风险，分别是指由于利率、汇率、股票价格和商品价格的不利变动所带来的风险。市场风险是银行全面风险管理的重要内容，银行有效管理市场风险的关键在于建立与其业务性质、规模和复杂程度相适应的、功能齐备的市场风险管理机制，确保有效识别、准确计量、持续监测和适当控制市场风险。目前，除已改制的一些规模较大的农村商业银行外，其他绝大多数农村中小金融机构尚未开办金融衍生产品和理财业务，涉及市场风险的主要是债券和外汇两类业务。而随着国内金融市场的广度和深度不断发展，农村中小金融机构也越来越多地开始涉足外汇、有价证券及其衍生产品的交易，所面临市场风险的种类和规模成倍增长。特别是农村中小金融机构涉足的债券交易等市场业务发展迅猛，市场业务的收益在利润中的占比也越来越高。在市场业务得到长足发展的同时，如何充分考虑法律法规要求和自觉遵循市场规则以及适应新的竞争环境，以保证有比较充足的流动性、盈利性和安全性，并保障有效规避市场风险和合规风险，应成为农村中小金融机构建立全面风险管理体系必须考虑的主要问题之一。

（一）农村中小金融机构市场风险的表现形式

银行业机构的市场风险包括两个方面：一是流动性风险，是指银行虽然有清偿能力，但无法及时获得充足资金或无法以合理成本及时获得充足资金以应对资产增长或支付到期债务的风险。流动性风险如不能有效控制，将有可能损害银行的清偿能力。流动性风险可以分为融资流动性风险和市场流动性风险。融资流动性风险是指银行在不影响日常经营或财务状况的情况下，无法及时有效满足资金需求的风险。市场流动性风险是指由于市场深度不足或市场动荡，银行无法以合理的市场价格出售资产以获得资金的风险。在一个交易量很小且难以寻找交易对手的市场中，流动性风险就是这类市场的主要特征，巴塞尔新资本协议之所以明确将银行流动性风险归入市场风险正是基于这一考虑。二是波动性风险，是银行资金交易或借贷价格等受利率、汇率、股票价格、商品价格等不利波动影响而遭受损失的可能性。波动性风险是整个金融市场中最重要的风险，特别是利率风险，是银行面临最重要的市场风险。因为利率是资金的机会成本，汇率、股票和商品的价格皆离不开利率；同时由于信贷关系是银行与其客户之间最重要的关系，因此利率风险也是银行经营活动中面临的最主要风险。市场风险参数值不断变化，市场金融工具市值也随之波动，导致波动性风险是市场风险关键组成部分。

近年来，随着国内金融市场的发展壮大，农村中小金融机构一方面出于竞争获利需要，不得不通过市场交易业务拓展市场，提高资金使用效率；另一方面出于对自身资产负债结构调整需要，必须更多地借助于金融市场实现资产负债的最佳匹配，力求在风险既定前提下实现股东价值增值。这两方面因素造成农村中小金融机构受市场风险影响程度越来越高，主要表现在以下六个方面。

1. 资产和负债期限结构不一致导致收益变动的风险加大。农村中小金融机构利率敏感性资产与利率敏感性负债常常不匹配，利率频繁波动极易影响其资产和负债。而当其资产与负债的期限结构不一致，或者资产与负债的利差波动不同步时，农村中小金融机构收益变动的风险更大。在现有的管理水平下，农村中小金融机构利率敏感性缺口风险较大：一是在总量结构上，资产与负债之间普遍没有保持合理的比例关系，这种情况在部分资产质量较差的农村信用社和个别村镇银行表现更为明显；二是在期限结构上，普遍存在着以短期负债支持长期资产的情况，长、短期利率水平的差异可给农村中小金融机构带来期望利差的收入，但当长、短期利差缩小甚至出现倒挂时，原有的资产负债期望利差收入就会大幅度降低甚至变为负数，同时会引发一定的流动性风险；三是在利率结构上，同期限的存贷款之间没有保持合理利差，利率逐步市场化将会使存贷款利差进一步缩小，使农村中小金融机构传统业务获利空间进一步缩小。

2. 市场竞争加剧及贷款利率的不稳定性扩大了市场风险。随着农村金融市场多元化竞争格局的形成，农村中小金融机构在农村金融市场的相对垄断地位逐步被打破。当前，各类民间借贷由于程序等方面的灵活性，加上外部信贷需求扩大，信贷利率不断攀高，其结果就是刺激整个农村金融市场对风险贷款需求增加，即那些偿还能力较弱、具有高风险的企业或个人逐步充斥着农村信贷市场。由于竞争激烈，出于维持市场份额的需要，一些农村中小金融机构也会有意或无意放宽贷款条件，在这种情况下，如果缺少相应的风险控制措施，将使农村中小金融机构的资产质量下降，资产风险上升。此外，由于信息不对称及片面地追求短期收益，使部分农村中小金融机构利率风险向其他市场风险、信用风险、操作风险延伸。在信贷市场中，由于信息的不对称，贷款风险与贷款利率高低之间并不存在必然的正向关系，如果片面地追求短期收益，将导致信贷市场的逆向选择。因为随着实际利率升高，只有风险较高的项目投资者才会继续申请贷款，同时当利率上升时会迫使借款者倾向于改变自己的资金投向和项目的性质，很有可能将资金投向那些高预期回报、高风险的项目中去，从而扩大了道德风险和信用风险发生的可能。同时，那些投资回报比较稳定而又不愿意以较高的利率从农村中小金融机构取得贷款的潜在优质客户可能被排除在市场之外，利率价格指标的市场化可能会进一步放大这种逆向选择与风险激励的负面效应，将导致这些机构不能从较高的贷款利率中获得更高的收益，信贷风险和利率风险同步增大。

3. 利率调整的时间、幅度不同导致隐性损失风险加大。中央银行对商业银行的存贷款利率的调整或变动通常都是不同步的。目前在存款利率上升趋势已经确立的条件下，加上利率市场化改革进程加快，迫于外部竞争环境的持续恶化，银行业机构总体存贷利差减少已经成为必然趋势。一方面，在存贷款利率波动幅度不一致的情况下，存贷利差的缩小直接导致农村中小金融机构净收益减少；另一方面，在短期存贷款利差波动与长期存贷款利差波动幅度不一致的情况下，由于这种不一致与农村中小金融机构资产负债结构不相协调而导致净利息收入减少。此外，由于对存款利率走向趋于上升预期值较大，银行之间的竞争更为激烈，缩小利差等措施将成为银行业争夺优质客户的重要手段，农村中小金融机构传统信贷业务的利差将会明显下降，经营收入会随之减少，利润空间被进一步压缩。

4. 利率潜在选择权的进一步提高增加了风险控制难度。利率的潜在选择权风险，即利率变动中，存款人提前支取定期存款或借款人提前归还贷款，由此引起银行净利息收入的变动。银行的许多存贷款业务，比如活期存款、可提前支取的定期存款、具有利率上限（或下限）的存贷款、可提前偿还的项目贷款等，都具有期权特征。期权的持有者，不管是单独的还是组合的，总是在对自己有利而对卖方不利的时候行使其权力。不管实际利率变动是正的或是负的，由于其变动往往会对人们产生一种利率幻觉，因此只要名义利率变动，就可能促使借款人提前偿付未到期贷款或存款人提前提取未到期存款。客户提前支取未到期定期存款时，银行按活期利率支付利息，这是客户行使期权所应支付的成本；而客户提前还贷却往往由于政策不明确和同业竞争的压力，无法对其收取相应的费用进行补偿。这意味着银行对客户提供了含有期权的金融产品，却没有得到相关的收入来弥补所承受的风险，使银行逐步积聚大量的期权型的风险。利率的逐步放开无疑会使银行对潜在选择权的控制难度加大。这一点，对于利率定价手段落后、利率风险意识薄弱的农村中小金融机构来说，影响程度更大。

5. 产品自主定价权不断扩大使市场风险管理的难度加大。利率价格指标的逐步市场化，使资金价格波动能有效地反映资金的供求关系。但影响利率水平的因素众多，与管制下的利率相比，利率波动频率和期限结构也更加复杂。农村中小金融机构缺乏足够的利率风险管理意识，缺少基本的利率风险识别、计量、监测和控制手段，尚未形成完善的资金定价体系，确定利率水平还带有一定的主观盲目性。对利率的确定主要是依据社会资金供求状况、企业和农村中小金融机构的盈利水平等经济指标。但上述指标有的难以精确测定，有的存在着一定的时滞效应，很容易产生信号失真的情况，这些因素使得农村中小金融机构主观确定的利率水平难以真正体现市场均衡。当前，如何适应利率价格指标的市场化发展需要和尽快提高利率管理水平对所有农村中小金融机构来说都是一项极具挑战性的工作。

6. 货币政策的重大变动导致流动性风险管理形势日趋严峻。从 2011 年开始，随着中央银行提高存款准备金率、加息等紧缩性货币政策工具的使用渐成宏观调控的常态，农村中小金融机构的流动性日益趋紧，流动性风险管理难度持续加大。而从风险管理的角度来说，商业银行除流动性风险、声誉风险外的任何一种风险，都具有内部性，属于商业银行的商业秘密，甚至仅为其高层所掌握。但是，如果这些负面的商业秘密不慎被社会公众全部或部分知悉，或者出现信息时代无法封锁的银行声誉风险，必然动摇存款人、其他负债提供者乃至整个市场的信心，引发挤兑等群体性抽离资金行为，一旦超过某个事先难以准确测定的临界点，种种单个而言本不足以致命的风险就会产生集中放大效应，并以流动性风险的形式迅速爆发出来。在这种情况下，即便资本充足率再高、盈利能力再强，只要丧失融资能力，出现相当程度的支付风险，都极有可能酿成难以预料的恶果。更为严重的是，随着金融经济一体化日益深入，各金融机构之间因资产配置而形成的债权债务联系日益复杂和紧密，使得商业银行资产配置风险具有很强的传染性，一家银行机构出现流动性风险，不能保证支付，很快就会演变成全局性的金融动荡。因此，对于规模较小、融资能力较弱的农村中小金融机构来说，对流动性风险的威胁更要时刻引起足够重视。

（二）以合规嵌入为手段建立市场风险管理机制

中国银监会于 2004 年 2 月颁布《商业银行资本充足率管理办法》，对市场风险的监管资本要求作出了规定，要求所有银行业机构要对市场风险计提经济资本；同年 12 月，又颁布了《商业银行市场风险管理指引》，对商业银行构建市场风险管理体系提出了具体要求；2005 年 10 月发布《商业银行市场风险监管现场检查手册》，提出了对商业银行的市场风险管理实施现场检查的检查要点、方法和程序；2009 年 11 月发布《商业银行银行账户利率风险管理指引》，对银行账户利率风险管理体系、银行账户利率风险管理技术和方法、银行账户利率风险管理的监督检查等内容进行了详细规定，对银行账户利率风险管理的总体要求以及监管部门的监督检查职权进行明确，提出银行账户利率风险管理体系建设的具体要求，规定各家银行应根据本身业务性质、规模和复杂程度，结合对利率未来走势的判断，识别并采用多种方法计量各种来源的银行账户利率风险，强调从整体收益或经济价值两个角度计量并分析银行账户利率风险。同年12月，银监会发布《农村中小金融机构风险管理机制建设指引》，明确要求包括农村合作金融机构在内的所有农村中小金融机构，必须尽快建立与本机构业务性质相适应的市场风险管理体系，基于市场风险管理能力，决定债券投资业务的品种、交易范围、交易限额、交易方向和方式等，确定总体限额与本机构的存款规模、涉农贷款规模和资本水平相挂钩的政策，并每年根据新增存款、涉农贷款增量予以调整。根据巴塞尔新资本协议精神和银监会相关要求，结合自身实际，农村中小金融机构构建“合规嵌入式”的有效市场风险管理机制要重点做好以下五方面工作。

1. 理顺和完善市场风险治理机制，实现董事会和高级管理层的有效控制。只有董事会和高级管理层高度重视并切实履行其市场风险管理职责，农村中小金融机构才能有效管理市场风险。因此，董事会和高级管理层成员必须具备相关的专业知识，并承担对市场风险实施有效监督和控制的最终责任，确保本机构有效地识别、计量、监测和控制各类市场风险。具体来说，董事会应当负责审批市场风险管理的战略、政策和程序，确定本机构可以承受的最高市场风险水平，督促高级管理层采取必要的措施识别、计量、监测和控制市场风险，并对市场风险管理的全面性、有效性以及高级管理层的履职情况进行监控和评价。高级管理层成员负责市场风险管理政策及程序的制定、修订和具体实施，并保证有足够的资源（包括设立独立的市场风险管理部门或在风险管理部门设立专门岗位等）对市场风险进行有效识别、计量、控制和及时报告。

2. 规范市场风险管理政策和程序。农村中小金融机构制定市场风险管理政策和程序要与其自身的业务性质、规模、复杂程度和风险特征相适应，并与机构总体业务发展战略、管理能力、资本实力和能够承担的总体风险水平相一致。市场风险管理政策和程序应当明确规定本机构可以承受的最高市场风险水平，即确定风险偏好；同时还应对不同类别的市场风险（如利率风险）和不同业务种类（如衍生产品交易）的市场风险制定更详细和有针对性的风险管理规程，包括新产品、新业务的市场风险管理标准和程序。在引入新产品和开展新业务之前，农村中小金融机构应当充分识别和评估其中包含的市场风险，建立相应的内部审批程序、业务处理系统、风险管理和内部控制制度，由业务部门、合规部门、风险管理部门、财务会计部门和结算部门等相关部门对业务处理和风险管理程序进行审核和认可，必要时还需获得董事会或其授权的专门委员会的批准。

3. 建立有效的市场风险识别、计量、监测和控制程序。农村中小金融机构应当对所有类别的市场风险进行充分识别、准确计量、持续监测和适当控制。市场风险有多种计量方法，包括缺口分析、久期分析、外汇敞口分析、敏感性分析、情景分析和运用内部模型（VaR 模型）计算风险价值等。其中，敏感性分析、情景分析和内部模型法适用于各种类别的市场风险，外汇敞口分析则只适用于汇率风险。利率风险的计量方法有重新定价法和模拟法两大类。因此，农村中小金融机构在选择和运用市场风险计量方法时，需要充分了解不同方法的优点、局限性和适用的假设前提，恰当理解和运用计量结果，并采用压力测试等其他分析手段对所用的计量方法进行补充。同时，为检验和提高计量方法或模型的准确性、可靠性，农村中小金融机构应当定期实施事后检验，根据检验结果对计量方法或模型进行调整和改进。应该指出的是，市场风险内部模型只是市场风险管理机制的一个组成部分，农村中小金融机构应当充分认识其局限性，不能盲目相信和过度依赖模型进行市场风险管理，不能将模型当成“灵丹妙药”，也不能使模型变成了黑匣子。没有一个良好的内部风险管理机制，缺乏准确、可靠的数据，不仅模型的作用难以有效发挥，反而可能会传递误导信息，严重时还可能导致灾难性的后果。控制市场风险有多种手段，如运用衍生工具进行套期保值和限额管理等。其中，限额管理是控制市场风险以及其他各类风险的一项重要手段。市场风险限额体系由不同类型和不同层次的限额组成。常用的市场风险限额包括交易限额、风险限额和止损限额等。限额水平的确定要合理，限额设得过低会限制银行的业务发展，设得过高则容易使其形同虚设，不能有效发挥控制风险的作用。农村中小金融机构还需要定期对限额体系进行评估，及时调整不适用的限额水平，必要时还需要调整限额的种类和结构。

4. 建立有效的内部控制和独立的外部审计。农村中小金融机构应当建立有效的市场风险管理内部控制体系，作为整体内部控制体系的有机组成部分。市场风险管理的内部控制应当有利于促进有效的业务运作，提供可靠的财务和监管报告，促使整个机构严格遵守相关法律、行政法规、部门规章和内部的制度、程序，确保市场风险管理体系的有效运行。特别是农村中小金融机构的市场风险管理职能要与业务经营职能保持相对独立。交易部门应当将前台、后台严格分离，前台交易人员不得参与交易的正式确认、对账、重新估值、交易结算和款项收付；必要时可设置中台监控机制。同时，农村中小金融机构的薪酬制度和激励机制不应与市场风险管理目标产生利益冲突。薪酬制度不应鼓励过度的冒险投资，绩效考核也不应过于注重短期投资收益表现，而不考虑长期投资风险。负责市场风险管理工作人员的薪酬不应当与直接投资收益挂钩。内部控制的另一项重要内容是建立有效的内部审计和必要的外部审计机制。农村中小金融机构的内部审计部门应当定期（至少每年一次）对市场风险管理体系各个组成部分和环节的准确、可靠、充分和有效性进行独立的审查和评价。内部审计报告应当直接提交给董事会。内部审计部门还应跟踪检查改进措施的实施情况，并向董事会提交有关报告。内部审计力量不足的机构，应当委托社会中介机构对其市场风险的性质、水平及市场风险管理体系进行外部审计。

5. 构建适当的市场风险资本分配机制。农村中小金融机构应采取适合本机构情况的计算方式，为所承担的各类市场风险分配足够的资本，即内部的经济资本配置，而非仅仅满足监管机构的监管资本要求。巴塞尔新资本协议的第二支柱要求银行为银行账户中的利率风险计提资本，但未规定统一的计提方法。监管资本要求仅仅是银行实行资本管理的最低标准，从银行内部经济资本配置的角度，只有为所承担的各类市场风险都分配了足够的资本，其资本才可以说是充足的，这也是国际先进银行内部经济资本管理的普遍做法。需要指出的是，巴塞尔委员会和各国监管当局对采用内部模型计算市场风险监管资本均提出了一些定量标准，如置信水平采用99%的单尾置信区间，持有期为10个营业日等。规定这些定量标准的目的是使不同银行计算的市场风险监管资本具有可比性，同时从审慎监管的角度出发，对一些参数，如对持有期等作出了相对保守的规定。但这些定量标准仅限于在计算监管资本时必须采用，农村中小金融机构实施内部风险管理和经济资本配置时，完全可以根据本机构具体情况选用不同的参数。

（三）应对未来利率市场化带来的市场风险的措施

建设社会主义市场经济，利率市场化是其重要组成部分，也是必然趋势。利率作为资金的价格，只有实行市场化，才能合理引导资金的流动，提高资金的使用效率，优化金融资源的配置，最终提高整个国民的财富。沿用过去利率管制下直接向客户转嫁利率风险的做法，在如今竞争越来越激烈的金融市场中显然已不适用。如何全面判断自身所面临的各种利率风险，准确计量可承受的风险程度，科学采取利率风险管理策略，这对定价工具落后，利率定价滞后，中间业务贫乏，靠存贷利率差立业的农村中小金融机构来说尤为重要。当然，利率市场化在迫切改变农村中小金融机构传统利率决定机制，给农村中小金融机构利率风险管理能力带来更高要求的同时，也对农村中小金融机构经营体制和管理机制产生深层次的影响和冲击：一是在利率市场化的条件下，农村中小金融机构应将内部的资金转移定价与市场的利率有机地联系起来，提高绩效考核与内部资源配置的合理性，降低管理成本，这将在客观上促进农村中小金融机构管理水平的提高；二是在利率市场化对农村中小金融机构传统业务的冲击下，为寻求新的利润增长点，各家机构将持续开展金融创新，大力发展中间业务具有更迫切性和必要性；三是在资产方面，农村中小金融机构将根据自身的经营战略充分地考虑目标收益、经营成本、同业竞争、客户的风险差异、合作前景等因素，综合确定不同的利率水平，实行优质、优价与风险相匹配和有差别化的价格战略；四是在负债方面，农村中小金融机构可以实施主动的负债管理，有意识地控制资产负债规模的扩张，优化负债结构，降低经营成本，使农村中小金融机构更加关注市场的变化，增强风险意识和成本意识等；五是从客户的结构角度来看，利率市场化实际上为农村中小金融机构提供了甄别的机制，对不同客户和业务给予不同的定价水平，有利于推动农村中小金融机构经营结构优化和资源的最优配置。

在利差保护伞逐渐失去威力的情况下，农村中小金融机构必须根据自身特点，不断进行改革和调整市场风险管理措施。首先，要转变经营战略，不仅要重点关注贷款方面，把好贷款质量这一关，还要管理好资金的来源，并建立起以经营效益为核心的收益导向型战略，实现以产品为中心向以客户为中心的流程化管理模式转变；其次，要建立全方位的市场风险管理机制，既要做好利率风险敞开管理，也要加强利率走势的预测和分析，降低不利的利率波动带来的损失，争取在利率波动中获得收益；再次，要加强金融创新，调整业务结构，努力培育新的增长点，大力发展中间业务；最后，要根据自身的特点，不断进行改革和调整，运用利率管理工具，最大限度地管理好市场风险。具体来说，在市场风险管理上，农村中小金融机构的高级管理层要重点做好以下工作。

1. 建立全覆盖全方位的市场风险管理框架。农村中小金融机构要应对利率风险的冲击，必须要积极建立健全全方位的全面风险管理体系，将利率风险及相关的汇率风险、投资风险、结算风险、财产风险、财务风险、操作风险、市场风险等风险纳入全面风险管理范畴，并建立与之相适应的风险管理组织体系。同时完善风险管理的政策体系、决策体系和评价体系。一是完善市场风险管理的各项规章制度和授权授信办法。包括货币市场业务管理办法、货币市场业务操作规程等业务制度；制定市场风险管理政策和程序、市场风险管理框架、市场风险止损办法等风险管理制度以及完善的市场风险审计制度等。在授权授信制度方面，制定各项业务品种的限额额度和风险敞口额度，明确授权流程和授权业务种类以及可以交易或投资的金融工具等，从制度上规避市场风险的发生。二是完善市场风险的管理流程、架构和信息反馈制度，明确内部各部门的风险管理职责。市场风险的管理部门要定期写出交易类账户市值重估报告和市场风险分析报告，报告应采用纵向报送与横向传送相结合方式，纵向为向管理层报送，横向为向前台传送反馈，以更有利于市场风险的分析和控制。内部稽核部门要定期对市场风险的管理情况进行检查，向董事会和监事会报告。职责明确，分工明晰，使市场风险的管理更加具体，落到实处。三是构建市场风险管理模型，完善市场风险的识别、计量、检测和控制程序。根据《商业银行市场风险管理指引》的要求，划分银行类账户和交易类账户，构建债券组合管理，使用模型每日对交易类账户债券进行市值重估、在险价值分析、关键年期久期分析和收益率曲线分析等。定期进行情景分析和压力测试，为市场风险的控制和防范提供有力的数据支持。

2. 加快推进经营战略转型，实施业务多元化的发展战略。经营战略转移是一个复杂的工程，涉及农村中小金融机构经营管理的方方面面，反映到经营理念上就是要树立科学发展观，从规模导向转到价值导向，走质量效益性的发展道路。具体反映在业务发展模式上，就是要建立多元化的收入结构，分散经营风险；反映在资金营运上，就是要从以存定贷转变为以效益为目标和资金需求来决定我们的负债规模。通过经营战略转型，建立以经营效益为核心的收益导向性战略，进而减少本机构对存贷款利差的过度依赖。农村中小金融机构目前之所以面临较大的潜在利率风险，主要就是经营收益对存贷款利差依赖度极高，与资产、负债关系不密切的中间收入占比很低。因此，要把经营结构的调整提高到关系今后长远发展的战略高度，大力发展结算清算、银行卡、代收代付代理、保管箱、财务顾问、信息服务等中间业务，拓宽业务收入渠道，从业务结构上规避利率风险。

3. 确立完善的资金定价体系，实现以风险管理为中心的利率形成机制。由于自主定价是一个综合性的问题，会影响到农村中小金融机构经营的全局，因此必须做好全盘规划，对内部资金的转移定价，内部评级法的建设，资本管理、财务管理还有资金营运管理、绩效考核与资源配置、机制等等都要统筹考虑、协调推进。要逐步按照收益、风险成本对称的原则，按业务品种、部门、网点进行核算，并根据客户的信用风险、综合收益、筹资成本建立综合的测算体系，并将成本核算的结果用于确定不同的利率水平，使部门、经营单位及其营业网点等能够根据利率变化进行理性的经营活动，防止出现不计成本吸收存款、不顾收益让大量高成本资金闲置的现象，建立经营单位或业务条线承担经营风险的考核机制。要建立动态的利率风险监测体系，要根据本身资产负债总额、结构、期限变动，以及社会平均利润变化和利率调整可能引起的风险，建立动态的利率风险监测体系，及时调整存贷款利率水平，并对存款、贷款利率水平和利差最低水平作出限制，将利率风险控制在事先规定的限度内。要建立健全定价程序的分级授权机制，规范内部管理机制，防范个人操作风险或道德风险的发生。

4. 积极开展金融创新，建立有效的市场反应机制。一要加强金融创新，提高服务水平。利率改革的发展要求农村中小金融机构转变长期以来奉行的以存贷款业务为主的经营思想，充分利用自身的地缘、网络、信息等方面的优势，围绕客户需求研制开发新的金融产品和新的金融服务领域，调整业务结构，努力培育新的增长点，增加盈利渠道，把提高服务水平作为竞争的有力手段。二要建立一种经营和管理紧密结合的扁平型的经营管理模式，减少管理层，强化经营层，实现业务处理标准化、流程化、规范化，使经营管理机构能随时应对市场情况的变化作出迅速和正确的决策和措施。三要建立较完整的农村市场资源信息库，并以此为基础形成贴近农村实际的信息分析研究系统，来保证业务发展的顺利实施。

5. 切实加强流动性风险管理，主动应对流动性管理压力。近年来，随着提高存款准备金率、加息等紧缩性货币政策工具的使用渐成宏观调控的常态，存款类金融机构特别是以农村中小金融机构为主体的中小银行的流动性日益趋紧，流动性管理压力不断增大。随着巴塞尔协议Ⅲ和银监会新监管标准的实施，对农村中小金融机构流动性风险管理提出了硬要求。为此，我们要积极调整负债管理策略，努力提高市场化筹集资金能力，要确立并实施“抓小不放大”的存款扩张战略，走储蓄存款保生存、对公存款求发展的负债经营之路。要实行贷款风险管理，转变资产经营机制，坚持短期性、分散性、稳定性、差异性统筹兼顾，以第一还款来源为主要衡量标准，大力实施信贷有进有退策略，全面筛选客户，巩固壮大优质客户群，坚决淘汰劣质企业，确保新增贷款高质高效快速运行。要严格实行资产负债比例管理，完善资金营运机制，坚持资金来源制约资金运用的原则，自觉做好组织资金工作，并根据资金来源总额及各项资金来源所占份额，合理确定发放贷款、购买债券等的数额与比例，做到量入为出、留有余地，防止出现超负荷经营问题；要坚持资产与负债期限对称原则，根据负债期限结构，合理确定长、短期资产比重，建立资产负债之间的平衡对应关系，保证资产的流动性，防止支付危机发生。要积极参与银行间债券市场、银行间同业拆借市场交易，建立相对稳定的业务往来关系，不断提高从资金市场获取主动性负债的能力，改善负债结构。另外，农村合作金融机构要充分发挥省级联社资金清算平台作用，用市场化手段在全辖范围内调剂资金余缺，防止流动性风险的出现。

利率市场化是我国金融产业走向市场的重要步骤之一，也是国民经济运行体制转变到市场经济上来的基本标志之一。我国金融业正经历着利率市场化的微观消化过程，可以说，利率体制改革牵一发而动全身，对各类金融机构特别是农村中小金融机构的生存环境和经营方式将产生深刻的影响，也提供了新的机遇，这些都要求农村中小金融机构未来必须通过深刻的改革来把握新的商机，在竞争中求生存，在发展中创效益。

四、建立符合监管要求的操作风险管控机制

银行操作风险是指由不完善或有问题的内部程序、人员及系统或外部事件所造成损失的风险，这种风险与人的错误、系统失败、程序控制不当以及对外部事件应对不足有关。与主要存在于授信业务的信用风险和主要存在于交易类

业务的市场风险不同，操作风险涉及银行业务和管理的各个环节，贯穿于银行运营的始终。有的操作风险事件尽管发生概率较低，但是一旦发生就会造成极大的损失，甚至可能危及银行的生存，例如操作系统崩溃、重大违规交易等。引发信用风险和市场风险的源头主要来自银行外部，属外生性风险。相反，除自然灾害、恐怖袭击等外部事件引起的操作风险损失外，操作风险主要是由银行内部因素所引发的，例如业务流程不完善、内控失效、系统失灵、人员违规等，具有较强的内生性。同时，与信用风险和市场风险相比，操作风险事件发生领域较为分散，诱发因素较为复杂，不同类别的操作风险之间的性质差异较大，而且通常单个可以监测和识别的操作风险因素同由此可能导致的损失频率、规模之间不存在清晰的、可以界定的数量关系，这在一定程度上增加了对操作风险进行度量和管理的难度，而且在银行经营实践中，操作风险有时可以转化为信用风险、市场风险和合规风险，并且能够进一步放大信用风险、市场风险和合规风险。

（一）监管部门对银行操作风险管理的合规要求

自20世纪90年代以来，各类由操作风险引发的损失事件频繁发生，逐步使人们认识到操作风险管理在银行经营管理中的重要性。操作风险的国际监管要求也从“定性管理”要求向“定性管理和定量资本计提并重”过渡，直到2008年金融危机爆发，巴塞尔协议Ⅲ的出台，引发了银行风险管理路径选择的思考。

1.《操作风险管理与监管的稳健做法》——操作风险定性管理方法的基础。巴塞尔委员会于2003年2月发布题为“操作风险管理与监管的稳健做法”的指导性文件，提出了操作风险管理的基本原则和管理的基本步骤。其中对银行操作风险管理提出八条基本原则，即董事会对操作风险管理的责任；操作风险管理应纳入内部稽核审计的检查范围，内部稽核审计不得直接负责操作风险管理；银行高级管理层负责操作风险管理，所有行员均应了解其对操作风险管理的责任；银行应识别及评估主要业务的操作风险；银行应监测操作风险的暴露情况并定期报告；银行应制定控制或降低重要操作风险的政策与程序；银行应建立业务持续营运计划；银行应披露足够信息使市场了解其操作风险管理情况。以上原则是银行操作风险管理方法的基础。

2. 巴塞尔协议Ⅱ——将操作风险纳入资本计提的框架。2004年6月十国集团（G10）举行会议通过了巴塞尔协议Ⅱ，该协议在借鉴1988年巴塞尔协议框架的基础上，引入了“三大支柱”，即最低资本要求、监管要求和市场约束，为银行提高内部管理水平提供动力。巴塞尔协议Ⅱ将信用风险管理、市场风险管理和操作风险管理并列为三大领域。

3. 巴塞尔协议Ⅲ——操作风险定性和定量管理。2008年金融危机的爆发，引起人们对巴塞尔协议Ⅱ的质疑，2009 年 3 月，巴塞尔委员会出台巴塞尔协议Ⅲ，与巴塞尔协议Ⅱ强调对风险资产的准确计量、反映风险变化的敏感性不同，巴塞尔协议Ⅲ更关注提高资本质量，控制风险资产的非理性扩张，以此来确保银行的危机抵抗能力。

2007 年 5 月，银监会发布了《商业银行操作风险管理指引》，该指引从操作风险管理的定义、职责到操作风险管理方法、重大事件上报、内部控制应用、信息系统建设、应急和业务连续性方案、外包政策、购买保险和资本要求等方面提出了要求，传导“三道防线”的操作风险管理理念，即经营单位和专业条线是防范操作风险的第一道防线，合规与风险管理部门是第二道防线，内审稽核部门是第三道防线，为银行开展操作风险管理指明了方向。同时，在巴塞尔协议Ⅱ的基础上，银监会于 2008 年 10 月颁布了《商业银行操作风险监管资本计量指引》，明确了商业银行应选择标准法、替代标准法、高级计量法计量操作风险监管资本，并提出了计量的具体标准，引导商业银行采用更为先进的方法，从资本计量角度开展操作风险管理。

（二）农村中小金融机构操作风险管理现状

分析农村中小金融机构近年来发生的多起重大案件，有其偶然的一面，但更多的是操作风险防控不到位所导致的必然结果。相对于其他商业银行，农村中小金融机构面临着更加复杂的经营环境，法人治理结构不完善，激励约束机制不健全，再加上内控管理松懈，员工合规意识淡薄，工作随意性大，极易引发操作风险。从总体上说，现阶段农村中小金融机构在操作风险管理和控制上存在以下薄弱环节：

1. 操作风险管理体系残缺。农村中小金融机构对操作风险的普遍性、长期性、顽固性缺乏足够的认识，容易把出现的操作风险看成是偶然的、局部的，存在侥幸心理，导致对操作风险的管理重视不够，与操作风险相匹配的资源也相对单薄，风险管理职能由各个业务管理部门负责，存在管理职能交叉、管理目标冲突、管理流程紊乱等情况。分散管理的做法使得农村中小金融机构缺乏统一的操作风险管理战略和政策，高级管理层亦无法清楚地了解农村中小金融机构面临的操作风险整体状况，为操作风险管理分配经济资本更是无从谈起。

2. 制度建设跟不上，制度执行不力。从某种程度上讲，防范操作风险最有效的办法就是制定尽可能详尽的业务规章制度和操作手册。凡是那些操作风险管理得比较好的银行，其在制度建设方面必定是完善的。而农村中小金融机构在风险管理制度建设方面明显不足，很多情况下往往是先开展业务，后制定规章制度，从而在引发了大量操作风险之后才注意操作风险管理问题。此外，制度执行不力也是农村中小金融机构在操作风险管理上的一大难题，制度执行不力就会使制度形同虚设，失去约束力。

3. 操作风险管理成本不断加大。作为独立的法人机构，农村中小金融机构对操作风险的管控普遍存在多级管理、层层授权等问题，管理过于分散，风险的决策者和风险的最终承担者相分离，基层经营单位均有强烈追求经营业绩而忽视对操作风险管理的动机。再加上目前农村中小金融机构基本上按行政区域设置，与地方政府有着千丝万缕的关系，一些机构经营管理行为具有明显的地方化倾向，并悄然成了独守一方的“诸侯”。“诸侯”首脑可以凭借自身宽泛的权力，随意调动辖内的所有资源，甚至可以无视上级机构的管理意图和工作指令，以权谋私、违法违纪，以至于为大案、要案的出现埋下隐患。

4. 操作风险信息通道不畅。风险管理信息系统水平的高低，直接决定了风险管理水平的高低。目前，农村中小金融机构尚不能实时提供全口径的、准确的操作风险数据和信息，以至于对操作风险的管理依旧停留在行政管理、手工操作阶段上，缺乏有力的事前防范和事中控制工具。从目前情况来看，大部分机构对操作风险的掌握主要通过部门、经营单位、营业网点层层上报，分级屏障进一步加剧了上下级之间的信息不对称；而基层网点的操作风险如隐瞒不报，机构总部或省级联社是很难及时掌握的。在这种情况下，农村中小金融机构无法全面、准确地了解基层单位风险动态，也就无法及时、果断地采取强化操作风险管控的措施。同时，个别机构对操作风险“大事化小、小事化了”的处理方式，也无形中增加了部分经营管理层的风险偏好，极易导致风险再度出现或者更加恶化，最终到了“纸包不住火”的时候，才不得不上报相关部门。

5. 风险责任配置错位。现有的绩效分配机制不能有效地体现员工的薪酬收入与其承担的风险责任相匹配，不利于对员工的正向激励，在一定程度上也挫伤了员工特别是管理人员依法合规经营管理的责任心。另外，不合理的人力资源配置也是影响员工合规操作积极性的重要因素，岗位之间和部门之间的互相制约机制不健全，存在一手包办等不合理现象。对操作风险的管理流于形式，分工不明，造成经营单位无法按风险控制制度定岗定员的同时，还导致了一些必要的学习培训和轮岗休假等制度难以执行，无形中提高了操作风险发生的概率。

6. 违规成本低。违规成本低是农村中小金融机构违规大量存在的重要原因。一方面国家现有的法律法规对农村信用社等合作制机构内部员工的量刑尺度存有偏差，违法违规人员的犯罪成本偏低；另一方面农村中小金融机构内部问责制度缺失或者执行不力，存在对违规人员的处罚不严或不全等不合理现象。对现有制度执行保障主要依靠业务检查和审计检查，业务检查方面，由于各项业务的系统检查督导职能归属于各个业务部门，属于条条管理，部门内部的检查督导工作又缺乏外部评价和制约，缺乏自我约束的驱动力；审计检查结果也没有与操作流程的管理相结合，往往造成只见树木不见森林，最终结果只是处罚业务操作人员，没有处罚管理人员。

7. “内部人控制”现象普遍。农村中小金融机构目前的现状是主要领导人（如董事长）权力高度集中，拥有人力资源、财务资源、信贷资源等的配置权和经营管理规则的决定权，其各项决策权力几乎不受牵制。所有内部控制制度在权力高度集中的主要领导人面前形同虚设，导致各项内部控制制度难以落实和发挥作用。比如在信贷业务中的客户资信及实力调查、贷款审批、贷款发放等流程操作中，个别领导人通过向审批人打招呼、直接安排亲信担任审批人、将不听招呼的审批人调离等方式，发放关系贷款、人情贷款甚至直接套取农村中小金融机构信贷资金。

8. 管理人才缺乏，管理工作质量受到制约。国内先进银行大多都为操作风险管理建立起一支专业队伍。与之形成鲜明对比，农村中小金融机构操作风险管理人才极度缺乏，现有的风险管理人员仍专注于信用风险，对操作风险尚未有深入研究，还不具备专业操作风险管理人员的一般条件。至于既懂计算机技术，又具备金融工程知识的复合型人才更是缺乏，更不用说经验丰富的操作风险管理专家。可以预见，人才的缺乏将成为农村中小金融机构风险管理进程中的最大制约因素。

（三）建立符合监管要求的操作风险管理机制的主要途径

在第四章已经阐述，针对农村中小金融机构案件频发的问题，最近几年中国银监会一直引导各家法人机构进行案件治理活动，并陆续出台一系列操作风险管理制度规定和操作细则，指导农村中小金融机构尽快构建有效的操作风险管控机制，减少和避免违规事项及案件的发生。当前，农村中小金融机构应从以下几方面入手搭建有效的操作风险管控机制，以满足监管部门的合规要求。

1. 搭建操作风险管控的三道防线。国内先进商业银行普遍建立了三道防线的操作风险治理架构，以各业务条线作为操作风险管理的第一道防线；以操作风险管理牵头部门作为第二道防线，负责整个机构操作风险制度规范的制定和维护，同时负责对操作风险状况的监控；以合适的审计团队作为操作风险管理的第三道防线，保证操作风险管理的有效性。参考此种做法，农村中小金融机构可以根据自身实际构建操作风险的三道防线：一是业务条线管理。即明确各业务部门、经营单位的业务操作人员在识别和管理产品、服务及其他活动中的内在风险的责任，这是操作风险管理的第一道防线。二是专业的操作风险管控职能。除了明确各职能部门、经营单位必须对本部门、本单位的操作风险承担第一责任以外，还要明确合规与风险管理部门对操作风险的管理责任，即以合规与风险管理部门作为业务条线管理的有效补充，要通过审查业务条线的投入与产出、规范业务操作流程、完善内部控制制度等途径，强化对操作风险的专业化管控。三是独立的评估与审查。操作风险管理的第三道防线是由内审部门对整个机构操作风险管理的程序、制度和系统等进行独立评估和审查。实施此类评估和审查的人员必须经过培训，并保持独立。在必要时，农村中小金融机构可以引入具备资质的外部审计参与此类评估和审查。

2. 明确事权划分，强化对董事会和高级管理层的监督约束。国内先进银行的成功管理经验表明，对董事会及高级管理人员科学的事权划分、合理的授权激励和准确的监督约束，是银行稳健经营、事业长盛不衰的关键。为此，农村中小金融机构须尽快建立一个能够有效约束领导班子尤其能将董事长的权力控制在一个合理边界内的新型管理架构，使农村中小金融机构的兴衰不绝对取决于领导个人，把领导层的道德风险控制在可以承受范围内。同时要防止“块块”管理架构下内部人“共谋”损害农村中小金融机构利益，必须弱化“一把手”决定员工发展空间和生存条件的绝对权威，为员工营造一个敢于“说实话、道真情”的氛围，使他们真正“守制度、拒违规、防风险”。

3. 完善操作风险管理制度体系，强化制度执行力。要尽快建立起规范的长久的以基本制度、管理办法、实施细则、操作规程为主要形式，以部门制约、岗位制约、权限制约为主要内容的制度执行管理体系，从根源上做好对操作风险的严格管理，将各种规章制度、风险防范措施嵌入每一个操作岗位，使每位员工明确自身岗位的风险控制要点，最终形成统一、标准、完善的业务流程操作手册。各级管理层要积极引导员工准确了解和掌握各项合规要求，严格按规定的流程进行业务操作，增强各项制度的执行效果，而对全体员工而言，必须根据操作流程，不折不扣地执行。

4. 建立以稳健经营和合规经营为导向的激励约束机制。从现代银行管理和银行内部风险控制的要求出发配置人力资源，形成有效的激励约束机制。一要创建符合金融企业特点的评价考核制度，构建以经营业绩为核心的多元分配体系，使经营管理者的工作实绩与潜能得到科学评价，尊重人力资本价值，彻底打破分配中的平均主义，使经营管理者的收入和稳健合法合规经营下的效益密切挂钩，并把考核结果作为奖惩、晋升的重要依据；二要正确处理对高级管理人员短期激励与长期激励、即期激励与预期激励以及风险管理与业务发展的关系，积极探讨和实践内部的资金转移定价和风险资本分配考核制度，逐步实现绩效考核的市场化、科学化和规范化，切实转变经营理念，抛弃急功近利的做法，杜绝不顾实际、忽视经营风险、片面强调速度和盲目攀比的行为。

5. 建立适应稳健经营防范风险需要的审计监督机制。一是更新内部审计理念，完善内部审计目标，从简单的稽核监督向全面评价内部控制充分性、有效性、工作效率的现代审计观念转变，建立起确保经营信息的及时可靠传递，迅速发现错误和漏洞，具有及时纠错和更正能力的多渠道、多视角内控系统；二是要从注重经营结果成败向重视经营过程风险转变，尤其要关注新发生的业务和发展迅速的农村中小金融机构，有效控制粗放经营带来的风险；三是内审部门必须与经营管理部门分离，保证内部审计的独立性，使内审部门能够通过积极有效的运作自主开展审计，树立审计威慑力，使其真正成为农村中小金融机构控制系统的评判者和维护者。

6. 推进信息化管理，完善操作风险预警机制。农村中小金融机构在逐步推进垂直化管理的同时，还应全方位加强管理信息系统建设，借助各类实时监控系统增强对潜在风险、可疑交易、违规行为的揭示、控制功能，并加强各类监测信息共享和过滤分析，对可疑行为、潜在风险配以现场检查、监督，及时排除风险隐患。要加快将操作风险点细化、量化，并将风险点逐一分解落实到各岗位、各员工，建立和完善操作风险数据的识别、登记、报告制度，并严格对各经营单位和业务部门按控制指标进行监测和控制。合规与风险管理部门要规范操作风险汇报线路和业务流程，逐步形成一个包含原则、政策和程序的完整的操作风险监控体系。

7. 切实强化风险责任的追究机制，加大对责任人员的查处力度。一是通过补充、修改完善有关问责制度，加大对各级管理人员履职情况的检查及追究力度，特别是加大对由于失职造成风险损失的人员的责任追究力度，让那些信奉“上有政策，下有对策”的人付出沉重代价；二是适应强化内控、规范管理的需要，对有关规章制度作进一步补充与细化，明确责任追究的重点和要求；三是加大对责任认定人员的行为约束和责任追究，确保责任认定工作得到落实；四是通过对处理程序的调整、完善，明确处理程序中应贯彻的原则、责任认定部门、责任认定程序与处理程序的对接等，通过内部监管和外部监管的协调配合，强化风险责任的追究机制，坚决遏制有令不行、有禁不止的违法违规行为。

8. 培养健康的合规文化。“国以人兴，政以才治”。农村中小金融机构改革和发展，人才是关键。人的因素在操作风险的产生方面占有很大的比重，员工的道德水平、有关风险知识、业务熟练程度等方面的素质，对操作风险的预防和控制都有很大的影响。因此，从道德、知识和业务方面全面提高员工的素质，是构建有效的操作风险管理控制框架过程中不可忽视的一项基础性工作。一要着力培育诚信、敬业、负责的合规文化，培养人人重视合规的良好氛围，为合规机制建设和制度执行创造良好环境；二要改进和加强对领导人员尤其是“一把手”的监督，破除“内部人”一手遮天的“潜规则”；三要在兼顾员工个人诉求和企业经营目标的前提下，建立健全以人为本的激励约束机制，增强员工对本机构的归属感和忠诚度；四要积极引导和鼓励员工努力发现问题和风险，而不是掩饰问题、遮盖风险；五要严惩各种腐败行为，防止不道德的机会主义者和“搭便车”行为，遏制“违规文化”；六要从制度、职业、风险和道德等多方面入手，坚持不懈地加强对员工的教育培训，引导员工树立合规意识和风险意识，提高员工职业道德水准和辨识风险、拒腐防变的能力，确保所有员工都了解内部控制的重要性，熟悉岗位工作的职责要求，理解和掌握内控要点。

综合来说，当前农村中小金融机构在经营管理过程中，往往因为制度落实不到位，操作风险防范乏力，措施运作实施不当，监督制约机制不力，避险工具匮乏等因素，大量滋生业务操作上的风险，最后导致事故和案件。一旦发生了案件和事故，农村中小金融机构的形象和声誉不仅在社会上影响极坏，而且极大地影响本机构改革与发展进程。为尽快适应改革与发展的形势要求，我们必须加快操作风险系统性管理机制的建设，严格遵循监管部门的各项合规要求并将这些合规要求嵌入具体的业务操作流程，以有效防控各类操作风险，形成全方位、多层次的控制体系，将风险损失降到最低。

第八章　加强内部审计，提高合规管理有效性

审计是由专职机构和人员，对被审计单位的财政、财务收支及其他经济活动的真实性、合法性和效益性进行审查和评价的独立性经济监督活动。美国会计学会（AAA）审计基本概念委员会于1973年发表的《基本审计概念说明》(*A Statement of Basic Auditing Concepts*)，将其定义为：“审计是一个系统化过程，即通过客观地获取和评价有关经济活动与经济事项认定的证据，以证实这些认定与既定标准的符合程度，并将结果传达给有关使用者。”《中华人民共和国审计法实施条例》第二条对审计所下的定义是：“审计是审计机关依法独立检查被审计单位的会计凭证、会计账簿、会计报表以及其他与财政收支、财务收支有关的资料和资产，监督财政收支、财务收支真实、合法和效益的行为。”

审计是一项具有独立性的经济监督活动，独立性是审计区别于其他经济监督的特征；审计的基本职能是监督，而且是经济监督，是以第三者身份所实施的监督，确保经营管理活动的合规合法性。审计的主体是从事审计工作的专职机构或专职的人员，是独立的第三者，如国家审计机关、会计师事务所及其人员等。审计的对象是被审计单位的财政、财务收支及其他经济活动，这就是说审计对象不仅包括会计信息及其所反映的财政、财务收支活动，还包括其他经济信息及其所反映的其他经济活动。审计的基本工作方式是审查和评价，也即搜集证据，查明事实，对照标准，作出好坏优劣的判断。审计的主要目标，不仅要审查评价会计资料及其反映的财政、财务收支的真实性和合法性，而且还要审查评价有关经济活动的效益性。

一、内部审计与内控、合规的关系

根据审计主体的不同，审计可以分为内部审计与外部审计。其中外部审计包括国家审计和社会审计。国家审计是指由国家审计机关所实施的审计，国家审计的主体是审计署以及各省、市、自治区、县设立的审计机关，对被审计单位的财务财政活动、执行财经法纪情况以及经济效益性进行审计监督。社会审计是指由经政府有关部门审核批准的社会中介机构进行的审计，其主体是会计

师事务所。银行内部审计是指银行内部专职部门通过系统化和规范化的方法，审查评价并改善银行内部经营活动、风险状况、内部控制和公司治理效果，以保证国家有关法律法规、方针政策、监管部门规章在本机构得以贯彻执行，促进银行合规、稳健可持续发展。内部审计是一种独立、客观的监督、评价和咨询活动，它与合规工作性质一样，同是银行内部控制的重要组成部分，是银行进行全面风险管理的重要工具和手段。充分发挥内部审计的监督作用，是农村中小金融机构实践科学发展观、强化风险管理、提高自我纠错能力和全面提升合规工作有效性的重要保障。

（一）内部审计与内部控制的关系

最高审计机关国际组织（INTOSAI）于 1986 年 4 月在澳大利亚悉尼举行了第 12 届国际会议，形成了这次国际会议的历史性文件《关于效益审计、公营审计、公营企业审计质量控制的总声明》，其中对企业内部控制与内部审计的关系进行明确："内部控制作为完整的财务和其他控制体系，包括组织结构、方法程序和内部审计。它是由管理当局根据总体目标而建立的，目的在于帮助企业的经营活动合法化，具有经济性、效率性和效果性，保证管理决策的贯彻，维护资产和资源的安全，保证会计记录的准确和完整，并提供及时的、可靠的财务和管理信息。"银监会在其发布的《银行业金融机构内部审计指引》中也规定了内部审计是银行内部控制的重要组成部分，同时又承担着内部控制评价和监督的职能；在《商业银行内部控制指引》中则更加明确："银行内部审计部门应当有权获得所有经营信息和管理信息，并对各个部门、岗位和各项业务实施全面的监控和评价"，规定了银行内部审计部门是内部控制的主要监督检查部门，实施全面监控和评价。因此，内部审计既是内部控制的一个组成部分，又是内部控制的一种特殊形式。从内部控制组织来看，内部控制是对银行财务会计活动和经营管理活动的总体控制，而内部审计是这种控制的一方面，所以内部控制包括内部审计，但内部审计又有其自身的特殊性，因为从内部审计的作用来看，内部审计是对内部控制执行情况的一种监督和评价形式，即对内部控制的再控制，二者之间的关系体现在三方面：

1. 内部审计是内部控制不可或缺的组成部分。内部审计是为加强内部经济监督和经营管理的需要而逐渐发展起来的，是银行内部一种独立的评价工作，通过检查会计、财务及其他业务，为管理者提供咨询、建议等服务。内部审计作为合规监督的一个重要角色置于整个内控的较高层。

2. 内部审计是对内部控制进行评价的机制。内部审计是全面审查、监督内控制度的专门组织，它独立于内部控制之外，具有其他任何部门和控制所无法代替的重要作用。目前，内部审计范围已从传统的财务收支审计扩展到经营管理的各方面。根据国际惯例，内部审计通常代表董事会对整个银行内部控制制度的健全性、有效性及其遵循情况等进行评价，所以它是对内部控制进行评价的机制。

3. 内部审计是内部控制有效性的保障。内部审计人员应对银行管理风格、企业文化、会计核算、控制程序等各方面非常熟悉，清楚各项业务活动的关键控制点；加之其相对独立并在银行内部有较高的地位，使其评价内部控制的有效性成为可能。同时，内部审计在银行内部并不直接参与相关的经营活动，处于相对独立的地位，但又时时处在各项经营管理活动中，对银行内部的各项业务比较熟悉、对发生的事件比较了解，是实行内部监督的最好选择。

（二）内部审计与合规管理的关系

在内部控制及风险管理“三道防线”的组织架构设计中，合规部门作为第二道防线，是履行内部控制和风险管理政策制度以及业务流程的事前制定规范和事中实施专业化管理的职能部门，是一个对第一道防线里的各个部门、条线和经营单位进行“持续控制”的部门；内部审计部门则是作为第三道防线，专职履行对第一、二道防线各个部门、条线、经营单位进行事后控制和事后再监督的职能部门，也就是说，合规与风险管理职能的履行情况同样要受内部审计部门定期的独立评价和监督。因此，合规工作与内部审计均是内部控制的重要组成部分，是银行进行风险管理的重要工具和手段，两者之间既相互独立、各有侧重，又相互协作。合规部门作为银行内部管理和外部监管规则连接的主要渠道，将监管规则、风险提示以及监管要求等信息传递给内部审计部门，并向其提供定期的提示性风险导向和审计方向；内部审计部门则主动寻求合规部门的支持和帮助，主动提供合规风险信息或审计风险点。两者的区别主要有：

1. 构筑防线的位置不同。倘若把银行内部管理控制系统构筑为“三道防线”，那么业务部门和经营单位实施有效自我合规控制就是第一道防线，合规工作处于事前与事中实施专业化合规工作的第二道防线，内部审计则作为事后控制的第三道防线。“三道防线”有机结合、密切配合，构筑成牢固的银行内部自我防控体系。

2. 风险管控的侧重点不同。合规部门与内部审计部门的工作存在一定的关联，但其侧重点各有不同。内部审计实际上也是一种合规检查，它比较注重银行内部的财务结果，而合规工作重在操作流程缺陷和管理制度漏洞，专注于控制操作风险，其涉及对法律法规、监管规定的正确理解和阐释，在从业人员的素质要求上有很高的要求。

3. 风险管理的方式不同。合规工作的主要目的是提高银行管理、防范和控制风险的能力。银行作为经营风险的企业，每时每刻都面临着风险，都需要管理风险。因此，合规工作必须是一个持续性过程，合规部门则应该是一个“持续控制部门”，在银行业务管理中应定位于日常风险监控部门，持续地履行内部管理职能。内部审计部门则不同，其定位是“定期控制部门”，主要履行事后的再监督职能，但目前通过审计关口前移，也可以将“触角”向事前和事中延伸。

4. 承担的职能不同。中国银监会在《商业银行合规风险管理指引》中明确指出，商业银行合规工作职能应与内部审计职能分离，合规工作职能的履行情况应受到内部审计部门定期的独立评价，商业银行应明确合规部门与内部审计部门在合规风险评估和合规性测试方面的职责。合规部门应重点围绕内部制度建设和管理程序设计来开展工作，其职责包括合规政策的制定、合规风险的识别、监测与评估、梳理整合银行的各项规章制度、合规培训、参与机构的组织架构和业务流程再造、为新产品提供合规支持等；内部审计部门则更强调独立性，它肩负着对银行财务收支及经济活动独立监督和评价的职能，重在为银行资产的保值增值服务，同时对合规工作监督考核的职能主要也是由内部审计部门承担。

5. 检查评价的对象不同。合规部门负责对合规风险管理的有效性进行持续的考核评价，重点检查和评估各业务部门、经营单位为保证遵守相关法律、规则及标准而实施的措施是否合法、适当、持续、有效。内部审计部门主要负责检查、评估银行内控体系和各个职责履行方式的有效性及适当性。根据巴塞尔委员会的监管要求，“内部审计部门的风险评估方法应包括对合规风险的评估，审计程序应与银行的风险水平相匹配。内部审计部门复查合规部门工作时，应测试银行内控是否到位，以确保遵循适用法律、规则和标准；本原则表明，审计部门应与合规部门相分离，以确保合规部门的工作受到独立的复查”。

二、内部审计的内容、功能及其实施意义

（一）内部审计的主要内容

农村中小金融机构的主要业务包括有三大类：资产业务、负债业务以及中间业务。其中资产业务是农村中小金融机构的主要收入来源，主要包含贷款业务和投资理财业务两部分；负债业务是农村中小金融机构形成资金来源的业务，是机构资产业务和中间业务的基础，主要包括自有资本、存款和借款；中间业务又称表外业务，主要包括支付结算类业务、租赁业务、代理业务、对外担保业务以及贷款与投保承诺等。基于上述三大主要业务，农村中小金融机构内部审计的主要内容也可大体分为资产业务审计、负债业务审计、中间业务审计以及所有者权益审计。

1. 资产业务审计。农村中小金融机构的资产业务是资金运用业务，是其收入的主要来源。在经营过程中，资产业务的内容十分丰富，一般将资产业务分

为现金资产、贷款、投资和固定资产四大类；现金资产在资产中略具盈利性，而信贷和投资则是其盈利的主要资产。因此，农村中小金融机构资产业务内部审计的重点主要包含以下几点：一是审查贷款投资的安全性、流动性、效益性，度量其存在的风险程度。贷款业务的审计主要包括对贷款“三查”制度（即贷前调查、贷中审查、贷后检查）的审计、对贷款风险防范的审计和对贷款审批权及责任制的审计。二是审查同业往来与同业拆借业务的合规性，以规避风险。三是审查固定资产的真实性、完整性、计提的折旧是否合规、固定资产购建的实际成本及其价值的真实性、合规性，以及无形资产递延资产的真实性、合规性、有无未按规定期限摊销以及挂账不摊问题。四是审查现金资产对存缴人民银行款项和支付能力、对现金出纳制度的执行情况以及对出纳错款处理制度的健全。五是审查应收未收利息、坏账准备、贷款呆账准备金的合理性。

2. 负债业务审计。农村中小金融机构是高负债经营的企业，负债业务的经营是其他业务的基础，负债业务经营的好坏，将直接关系到整个机构经营业务的好坏。农村中小金融机构的负债主要包括各项存款、各项借入资金、金融机构往来资金、应付利息及各种预收款项等，相应地，内部审计重点主要包括：一是各项负债的真实性、合规性和负债结构的合理性；二是各项流动负债是否按实际发生额记账，有无将已实现的收入、劳务隐匿在应付款账户不计当期收入；三是预提的应付利息是否合规、真实，计算是否准确，有无多提或少提调节利润情况；四是检查是否有足够的负债备付金，以保证各项负债的到期偿还，维护机构声誉。

3. 中间业务审计。随着农村中小金融机构进一步深化经营管理改革，其科技创新、业务创新能力的不断加强，大量不涉及银行表内资产负债项目的中间业务随之不断涌现，成为农村中小金融机构新的利润增长点。由于中间业务的服务功能强，经营风险小、成本低，成为银行业金融机构之间必争的业务领地，同时也成为银行业金融机构吸引优质客户的必需工具，成为信贷业务之外的又一最主要的业务种类。因此，银行中间业务已发展成为银行业金融机构内部审计的又一项重要内容，其审计的重点主要包含：一是审查中间业务的合规性和合法性，是否严格实施审批制和备案制管理办法；二是通过抽查业务文件、业务项目档案，核对账务资料等方法以了解中间业务的核准、授权、风险评估机制等是否完善，以及规章制度和操作规程的落实；三是针对中间业务经营成果的真实性和成本效益性进行评价。

4. 所有者权益审计。农村中小金融机构的所有者权益主要包括实收资本、资本公积、盈余公积、本年利润和利润分配。其审计的重点内容包含：一是审查实收资本和资本成分是否真实，各项资本成分的数量和比重是否达到最低注册资本要求，增加和减少是否符合法定程序和要求，资本充足率是否达到法定标准等；二是审查资本公积来源是否合规合法，资本公积、盈余公积和公益金的获得、提取、使用是否符合法定要求，转增资本金是否符合法规要求，审查盈余公积、公益金计提是否合规且有无多提少提的现象；三是利润分配的行为是否合法、顺序是否合规、未分配利润是否真实等。

（二）内部审计的主要功能

内部审计好比银行风险管理的“探雷针”，可以及时揭露银行业务和各经营单位/分支机构中的高风险。就农村中小金融机构而言，员工素质偏低、内控制度系统化差、内部管理不够规范等问题普遍存在，如不及时发现并采取有效措施加以控制，将会直接影响农村中小金融机构的健康发展，而内部审计是内部审计部门对自身各种经营活动和内部控制系统进行独立监督和评价的过程，其目的是确保整个机构合规合法经营，确保机构发展战略和经营目标的全面实施，确保将各种风险控制在可承受的范围之内，确保会计和管理信息的可靠与完整。

1. 监督功能。监督与评价是内部审计的基本职能，内部审计部门通过对机构经营活动和内部控制系统的监督和评价达到监督和控制的目的，确保整个机构稳健经营。例如，内部审计通过各种检查，了解各部门、经营单位（分支机构）是否建立了各种规章制度，是否执行了国家有关的法律法规，是否执行了金融监管部门的有关规定和机构自身的规章制度，经营活动中是否存在错误和风险隐患，同时评价高级管理层及其所管理的团队是否做到了有效管理，是否切实履行了其应尽的管理责任等。在此基础上发现问题，暴露风险，并根据已检查出的经营管理中的问题和内部控制系统中的缺陷，提出改进意见，促使各部门和各个经营单位及时纠正差错、完善制度、规范流程，改进管理。

2. 制约功能。内部审计通过揭露和制止、处罚等手段，来制约经营管理活动中各种消极因素，有助于各种经济责任的正确履行和整个机构的健康发展。内部审计通过发现问题，堵塞漏洞，可以防患于未然，同时对违法违规等不当行为也能起到一定的威慑作用，在一定程度上防范和打击内部各类金融犯罪活动，发挥事前防范、事中控制的辅助功能。例如，通过对内部管理人员的离任或离岗审计，内部审计部门可以及时掌握受审计人员的执业动态，了解其是否合规地履行相关职责，是否存在隐性的违规行为，从而能够及时堵塞风险漏洞，及时防范或避免受审计人员已经存在的不当行为的进一步扩大。

3. 控制职能。内部审计既是内部控制的一个组成部分，又是内部控制的一种特殊形式，是对内部控制的再控制。内部审计部门通过事后监督职能的发挥，以及通过合规部门、风险管理部门、授信管理部门等职能部门的积极配合，积极参与农村中小金融机构内部对各类经营风险的管理和控制，及时发现高风险暴露区域，识别高风险暴露点，并根据各风险点的不同情况进行跟踪审计，及时采取有效措施加以纠正或化解，以达到有效管控风险的目的。例如，内部审计部门可以通过日常的风险业务审计工作，及时向高级管理层提交风险管控现状的审计报告，提请高级管理层直至董事会采取更为有效的风险管控措施，从而在一定程度上参与机构的内部控制。

4. 促进功能。内部审计通过调查、评价、提出建议等手段，来健全农村中小金融机构各项规章制度，完善考核奖惩办法，促进、服务整个机构的业务发展，促进各层级管理人员提升合规工作水平，以助于农村中小金融机构管理水平和绩效的提高。同时，通过发挥内部审计的反馈作用，对内部审计中发现的先进做法和经验，也可以认真总结并加以推广，从而促进各项业务的发展。

（三）实施内部审计的意义

内部审计是农村中小金融机构内控体系的重要组成部分，它通过采用系统严谨的方法，独立地、客观公正地对机构内部的各项经营管理活动和内控体系有效性进行审查，并提出指导性建议。它在合规工作、风险防控、内部控制以及公司治理等方面有着重要的地位和作用，积极组织实施内部审计是防范金融风险，提高核心竞争能力的重要手段。

1. 建立健全内部审计是防范金融风险的重要途径。随着农村金融市场竞争日趋激烈，经营环境复杂多变，农村中小金融机构面临的风险也日趋复杂。内部审计在风险管理中发挥着越来越重要的作用，它通过评估、计量和报告总体风险，推动农村中小金融机构实施积极的全面风险管理策略，最大限度地防范和化解各种风险。一是能够客观识别和评估风险的充分性，内部审计部门独立于业务管理部门，这使其可以从全局出发，从客观的角度对风险进行识别和评估。二是能够综合分析和计量风险的恰当性，内部审计对现代内部控制的焦点不仅在于识别和评估风险的充分性，而且在于强调风险分析和计量。风险分析和计量是内部审计对机构经营管理过程中遇到的各种风险采取定量和定性的方法进行有效的分析和确定。三是能够发挥风险反馈的预警性，内部审计在机构内部管理控制系统中发挥反馈作用，对整个机构的风险管理起预警功能。内部审计在检查内部控制程序的合理性以及执行情况和控制效果，特别在关注高风险领域和内控不健全区域的潜在威胁时，是通过风险反馈进行持续监督与评价来确保目标与预算如期完成的。

2. 强化内部审计是提高核心竞争能力的需要。农村中小金融机构的所有者与经营者的关系较难理顺一直影响着各家机构核心竞争能力的提升。所有者与经营者之间的信息往往是不对称的，在这种情况下，由于经营者的有限理性，机构内部会出现道德风险和逆向选择问题，从而给机构带来风险和导致经营的不稳健。为了减少这种道德风险和逆向选择的出现，最好的办法就是提供一种使所有者能够监督经营者包括不同岗位、不同部门之间能够互相监督的制度，这种制度就是以内部审计制度为主导。例如，农村中小金融机构的股东可以通过股东大会授权董事会的审计委员会和监事会，组织内部审计部门对高级管理层的经营情况和风险管理情况等进行定期或不定期的审计，促进高级管理层重视内部控制和全面风险管理政策制度的落实，及时发现风险问题和内控缺陷，并督促董事会和高级管理层采取有效措施化解风险，堵塞漏洞，增强整个机构的核心竞争力。

3. 强化内部审计是实现战略目标的保障。由于任何一个组织的管理功能都可能或多或少存在缺陷，如组织结构的缺陷、外部环境的变化以及人员素质的差异都可能导致组织的运行偏离预定的目标。因此，内部审计作为经营管理中的一种监督手段就显得至关重要，构成了管理过程中必不可少的一个环节。一是确保决策无失误。高级管理层的经营决策对整个机构的经营管理有着决定性的作用，健全的内部审计体系，要求机构内部建立高效的信息系统，保证内部信息的真实、可靠与完整，为高级管理层的决策提供支持。二是确保执行无偏差。健全的内部审计体系通过制定和实施一系列制度、程序和方法，以保证整个运行机体能够按照既定的经营管理原则要求，始终保持正确的运行方向和运行轨道，确保各项经营活动不偏离目标，即使稍有偏差都可以得到及时的纠正，从而确保战略目标的顺利实现。

三、巴塞尔委员会对银行内部审计提出的要求

为了强调董事会、高级管理层以及内部审计在内部控制、风险计量和合规性方面的责任，巴塞尔委员会颁布了《银行内部审计师、监管当局与审计师的关系》，作为实施巴塞尔协议Ⅱ（以下简称新资本协议）的补充。该报告突出强调了银行内部审计工作的重要性，以及监管部门与银行内部审计、外部审计等进行合作的必要性。此外，巴塞尔委员会还在新资本协议基础上修订了《有效银行监管的核心原则》，对银行内部审计也提出了详细的要求。新资本协议的主要精神在于健全银行风险管理，而非局限于资本计提，要求银行必须建立良好的风险管理制度，并发展更具效率的风险管理技术来监督及管理风险，同时要求银行内部审计必须提升其自身专业素质，并拟定有效的审查措施促进银行提高风险管理水平。

（一）内部审计范围扩展至风险管理领域

自 1999 年国际内部审计师协会（IIA）颁布内部审计新定义之后，银行业开始关注内部审计在风险管理方面的作用。内部审计如何参与风险管理活动，实现价值增值成为监管部门和银行管理者关注的焦点。商业银行与一般企业相

比具有更高的风险，更需要内部审计范围从传统财务审计扩展至风险管理领域。新资本协议将资本充足率与银行有效管理各类风险的能力相挂钩，使之更全面、敏感地反映银行面临的各种风险。为有效发挥资本充足率在风险监管中的作用，激励银行改进风险管理水平，需要内部审计参与资本充足的评估活动，确保银行持有与其风险管理水平相对应的资本，新资本协议在第744条提出，银行内部控制是资本评估程序的基础，在适当的情况下，内部审计应参与资本评估程序的独立检查。与新资本协议相呼应，《有效银行监管的核心原则》也对风险管理审计提出了要求，在“原则7，风险管理程序”中提出，“银行要设置专门的部门来负责风险评估、风险监督、控制或降低实质性风险；监管者要证实这些部门定期接受内部审计检查；而内部审计部门须采用适当的方法识别银行的实质性风险，并以风险评估来制定审计计划和配置审计资源”。在《银行内部审计师、监管当局与审计师的关系》中则明确内部审计的范围包括：检查和评价内控体系的适当性和有效性；审查风险管理流程和风险评估方法的适用性和有效性；审查与预期风险相关的银行资本评估系统；测试各种交易及其内控程序的运行情况；审查应合规要求和政策程序的执行要求而建立的各项制度；监测向监管当局提交报告的可靠性和及时性等。总体来说，新资本协议框架及其相关细则等已要求银行内部审计的触角要延伸至风险识别、评估、控制等诸多领域。中国银监会参照新资本协议要求，在其出台的《银行业金融机构内部审计指引》中也明确提出内部审计须通过系统化和规范化的方法审查评价并改善银行经营活动、风险状况、内部控制和公司治理效果，促进银行稳健发展。

（二）加强与监管者、外部审计之间的交流与合作

新资本协议为银行提供了多种计算风险加权资产的方法，在为银行提供更大选择空间、鼓励银行采用更加敏感的风险衡量方式的同时，也加大了监管成本与审计成本。由于监管部门和外部审计对银行的风险管理状况了解有限，若对银行的风险管理水平缺乏全面了解，仅从账面的资本充足率很难判断银行的健康与否。为此，巴塞尔委员会颁布了《银行内部审计、监管当局与审计师的关系》以及《关于银行内部审计及监管者与审计师关系的调查》两份报告，旨在监管部门、外部审计与内部审计之间形成有效的对接机制，以便及时发现问题，采取果断措施降低风险或补充资本。《银行内部审计、监管当局与审计师的关系》明确要求，监管者、外部审计和内部审计要相互合作，定期举行三方会议，以提高各方的工作效率和效果。巴塞尔委员会认为，在有些国家，这种合作建立在监管当局和内、外部审计师之间举行定期会议的基础上；监管者可以考虑让高级管理层适时地参加这些会议，会上，每一方都会提供共同感兴趣领域的信息，并对将要检查的领域和工作时限给予特别关注；而且，所有三方都

会讨论银行对内、外部审计师整改建议的执行情况。在与银行监管者的交流合作方面，《关于银行内部审计及监管者与审计师关系的调查》认为，银行内部审计师的工作有助于银行监管者，因此监管者应当评价银行内部审计部门的工作，如果满意，即可信赖该部门来识别潜在的风险领域。具体来说，监管者可能采取许多方法来评价内部控制的质量，其中包括评价内审的质量。如果监管者对内审工作满意，就可采纳内部审计报告作为识别银行的控制问题或识别审计师最近未审查的潜在风险领域的主要途径。银行监管者应与每家银行的内部审计师定期进行磋商，来讨论已识别的风险领域和已采取的措施，并提倡监管者与被监管银行内部审计部门负责人就政策问题经常展开讨论。在与外部审计的交流合作方面，《银行内部审计、监管当局与审计师的关系》原则 14 和原则 16，提倡监管当局鼓励内、外部审计师进行磋商，以使合作尽可能有效率、有效果，监管当局也会与内部审计讨论银行内部审计部门和外部审计师间的合作范围：一是通常内部审计对外部审计在决定审计程序的特征、时间和范围方面有所帮助，但外部审计师对财务报告的审计意见承担完全责任。外部审计师应当获知相关内部审计情况，并通过一定的渠道接触相关内部审计报告，了解内部审计师发现的、可能影响外部审计师工作的重大事项。同理，外部审计师通常会告知内部审计师任何可能影响内部审计的重大事项。二是内部审计部门负责人应确保内部审计工作不会与外部审计工作发生不必要的重复。双方审计工作协调的内容包括定期召开会议讨论共同关心的问题，交换审计报告和管理建议书，在审计技巧、审计方法和审计术语方面达成共识。

（三）强化与董事会、高级管理层的协调与沟通

在风险管理体系中，银行董事会、高级管理层、内部审计部门承担着不同的责任。高级管理层应负责建立一套流程，用于识别、计量、监督、控制银行承担的风险。高级管理层应至少每年向董事会报告一次内部控制体系和资本评价程序的覆盖范围与运行情况。董事会对确保高级管理层建立和维护充分有效的内部控制体系、风险评估计量体系、风险资本体系、合规监控体系承担最终责任。董事会应至少每年对内控体系和资本评估程序进行一次审查。内部审计可以为银行制定的政策及流程是否适当与合规提供独立的评估，因此内部审计是持续监控银行内控体系及内部资本评估程序的一部分。这样内部审计才能支持高级管理层和董事会高效地履行上述职责并取得成效。尽管内部审计与高级管理层、董事会在风险管理中的职能和责任不同，但工作领域和范围却有所交叉和重复。为确保银行所有关键风险能被识别与控制，提高工作效率，巴塞尔委员会在关系报告中提出多项措施加强内部审计与高级管理层、董事会间的协调沟通：一是内部审计部门负责人应有权根据各银行在其审计章程中界定的规

则，自主地决定在合适的时候直接与董事会、董事会主席、审计委员会成员进行沟通；二是高级管理层应保证内部审计部门能完全了解银行最新发展情况、业务创新以及产品和操作方面的变化，以确保尽早识别所有相关的风险；三是内部审计部门应将所发现的问题记录在审计报告中，并将其递交高级管理层与董事会或审计委员会，高级管理层应确保内部审计部门关注的问题得到恰当的处理和落实；四是内部审计部门应追踪检查所提整改建议是否得到执行，根据公司治理结构的不同，整改情况应至少每半年与高级管理层、董事会或者审计委员会进行一次沟通。

四、农村中小金融机构内部审计存在的问题

目前，大部分农村中小金融机构仍然延续着传统的稽核检查制度，尚未建立起完善的内部审计体系，即使已经建立起内部审计制度的机构，受传统管理理念的影响，也无法发挥审计应有的作用。主要问题体现在以下七个方面：

（一）将稽核检查等同于内部审计，内部审计机制尚未真正建立

所谓稽核就是稽查和审核的意思，是指银行根据国家的法律法规和金融方针政策及规章制度，依据现代控制理论，结合银行业务经营的特点，对自身的业务活动、财务活动和经济效益，进行检查，以判断业务、财务等活动的合规性、明确性和完整性。审计与稽核在局部上有相同之处，但二者又存在较大差别。例如，稽核侧重于对资金收支过程的手续、文件、规范进行过程中的事中检查，也就是说，对重要的复杂的易出错的业务流程由有经验的独立的人员来进行复查，确保资金收付的安全准确。会计记账稽核意味着会计主管对普通会计处理的重要会计凭证分录进行审核确认，确保账务处理正确规范。可见银行稽核是一个在业务流程走完之前的防错保障机制。而内部审计则是一种独立、客观的确认和咨询活动，旨在增加价值和改善组织的运营，它通过应用系统的、规范的方法，评价并改善风险管理、控制和治理过程的效果，帮助组织实现其目标。也就是说，内部审计是一种更全面更高层的事后评价与控制机制，虽然内部审计也使用细节测试等方法，但其目的主要是监督与评价各项内部控制措施的实施与效果，促进高级管理层改善内部控制、降低风险来增加整个机构价值和实现战略目标。

（二）内部审计独立性差，监督能力有限

当前农村中小金融机构承担内部审计职能的部门普遍是隶属于高级管理层的内部审计部门，而这个部门的人事任命权往往控制在高级管理层，导致内部审计部门无法独立开展工作，内部审计往往流于形式，甚至对查出的风险问题轻描淡写，得过且过。即使是由省级联社管理的农村合作金融机构，由于持股

关系倒置而控制权转移的法人治理机制，也会致使省级机构及其派驻机构的行业管理职能与县（市、区）级法人机构的自主经营权之间的矛盾始终存在。例如，省级联社需要履行行业管理和指导职能，以改善辖内农村合作金融机构的经营状况，但囿于各家农村合作金融机构本身就是法人的限制，不能像大中型商业银行总行一样通过内部审计直接干涉所属机构的经营与风险控制，而只能通过制定政策和事后检查来间接行使行业内部审计的职能。

（三）审计手段落后，审计效率低下

在审计手段上，农村中小金融机构内部审计部门基本上处于团队式的现场检查模式，往往通过提高检查频率和现场检查覆盖面的方式发现经营中存在的问题，缺少非现场审计、风险能力评价等审计手段，审计工作缺少针对性、目的性，导致审计成本普遍偏高，审计效率低下。同时，审计工具也比较落后，基本上仍沿用传统的审计工具，审计工作往往凭借审计人员的业务经验对业务合规性进行复核式检查，很少利用业务指标预警系统等先进审计工具提高审计效率和效果。

（四）内部审计工作缺乏规范性的审计标准

目前，农村中小金融机构内部审计工作缺乏规范化的审计标准，法制化、制度化建设尚未取得实质性进展。许多机构依据审计法规，结合实际情况，制定了有关内部审计工作的规章制度，但相对于审计工作规范化要求相差甚远，如在审计计划制定、目标确立、报告渠道及工作程序的设计、审计质量的监督和控制等方面缺乏专业和完善的标准，审计人员开展审计工作大多凭领导和自己的经验及习惯做法。

（五）审计资源分散，力量不足

农村中小金融机构营业网点普遍分布于广大农村，内部审计人员单人承担的审计机构数量多、审计对象业务种类与业务项目量大。加上内部各经营单位（支行、信用社）之间距离相差较远，交通、通讯等条件又参差不齐，往往存在对审计人员开展工作过多的非业务性损耗。内部审计人员、经费和时间资源被大量分散，难以集中人员、集中经费、集中时间对重大项目、重点单位进行审计。另外，内部审计部门的检查力量与经营层的重视程度有着密切关系，一些机构重业务、轻内控，重事后查处、轻事前防范，把内部审计作为行政部门，甚至认为可有可无，在人员配置和工作环境上没有给予足够的重视，直接导致了内部审计的形式化、低效甚至无效化。

（六）内部审计工作内容不够全面，工作范围仅限于事后审计

目前，农村中小金融机构内部审计基本上还是查错防弊，局限于查处一些

具体违法违规问题，只注重检查会计凭证、报表等资料是否真实、完整，业务操作是否合规、合法等，缺乏对信贷资产质量、风险责任、经济效益进行事前和动态的审计和监督，更缺乏对内部控制状况、业务流程操作、各岗位规范状况等作出事前的总体评价和建议。特别是面对机构内部各项业务日益创新，经营范围不断拓展，内部审计内容却变化缓慢，已经无法满足加强管理、严格自律、提高效益和防范风险的内在需要。

（七）内审人员素质低、程序不规范、处理力度不够

内部审计人员数量不足、专业性不强、整体业务素质不高是制约农村中小金融机构内部审计工作向更深层次发展的核心问题所在。一是内审队伍建设滞后，部分内审人员的素质偏低，不太适应当前形势的发展。二是内审工作程序不规范，工作方式、方法过于简单，工作思路不清晰，工作质量较低，使内审工作流于形式，起不到应有的监控作用。三是内部对审计发现的问题重视度不足，处罚力度不够，发挥不出内部审计应有的威慑作用。

五、防范内部审计风险需要注意的问题

无论是内部审计还是外部审计，都会存在审计风险，且审计风险的基本原理也是相同的。通常人们认为审计风险主要是由于审计机构或审计人员主观判断错误所致，其实审计风险贯穿于整个审计过程。可以这样认为，审计风险由两方面风险构成：一方面是由于内部管理制度不健全、审计方法的局限性以及审计人员独立性不强等客观因素导致无法查出财务报表存在的重大错误、漏报或银行经营管理上存在的弊端和漏洞的风险，另一方面是由于机构领导层对审计的不重视、审计人员素质不高以及主观上的故意行为导致的经营管理或财务报表存在的重大问题未被揭露的风险。也就是说，审计风险的产生是客观存在和主观判断的结合。审计风险是客观存在的，无论审计人员如何努力，审计风险绝不会控制到零的程度。所以，强调审计风险意识，特别是内部审计风险，不但有利于提高审计质量，规范审计工作，而且有利于更好地发挥内部审计在强化农村中小金融机构经营管理，提高风险管理水平，提升运营效率与效果等方面的作用。为有效防范内部审计自身存在的风险事项，农村中小金融机构的高级管理层及内部审计部门负责人应注意以下问题：

（一）内部审计部门是否保持了相对独立性

目前，大部分农村中小金融机构的内部审计部门作为风险管控第三道防线行使事后监督的职能，而该部门负责人一般受高级管理层直接领导，个别归属于监事会领导但行政管理上仍然受制于高级管理层。有的机构将审计职能设在财会部门，有的则把审计与和监察职能合并在一起，有的则由合规部门人员兼

任审计岗。此外，有的机构的高级管理层人员既直接负责财会管理又直接主管审计工作等。因此，这些机构的内部审计部门很难站在客观、公允的立场对其财务状况、风险管理状况等作出客观、公正的评价。特别是当面对个别高级管理层人员参与违规或者违规事件属于集体行为时，内部审计往往更是无能为力。独立性是审计工作的灵魂，不能有效保证审计部门和人员在组织上的独立性及其在业务工作中的自主性和权威性，就不能保证审计质量和规避审计风险。

（二）内部审计内容是否明确

新资本协议明确指出，“对于新产品、新业务，银行应确保这些产品、业务在引进来之前就为其制定出适当的风险管理程序和控制方法”，也就是说风险管理应先行。与此相对应，在风险管理中发挥重要作用的内部审计，为控制风险，减少损失，亦应把其切入点逐步前移，由原来的事后审计变为事前控制、事中监督，实行全方位、多层次的动态审计，将内部审计渗透到整个机构风险管理的全过程。内审职能不应仅仅是监督和评价，其更深层次的职能应该是为机构内部提供高附加值的服务。因此，内部审计的内容要从传统的财务审计发展为效益审计、管理审计、经济责任审计、决策审计、风险审计、投资审计、服务审计等。当然，这对内部审计人员提出了更高要求，审计人员作出正确结论的难度越来越大，如果内审人员没有及时更新理念，创新审计方法，对审计所涉及的内容没有及时更新和规范，则将在一定程度上导致较大审计风险的存在。

（三）内部审计规章制度是否健全

如果内部审计规章制度不健全，使得内审人员在审计过程中，只能凭经验和主观判断进行分析评估，在很大程度上影响审计结论的科学性和权威性。例如，一些机构由于尚未制定比较可行的内部审计制度，内审人员仍然行使着稽核管理的职能，往往缺少事前的审计计划、事中的审计程序和报告期的审计复核，导致审计工作底稿不完整，一般仅记录审计问题事项，而未记录审计人员认为正确的审计事项，使得审计复核、审计质量控制无从入手，审计报告也往往以协调关系为出发点，以肯定工作成绩为基调，对审计中发现的风险问题定性模棱两可等，这些都使内部审计质量得不到保证，更谈不上防范风险和控制风险。

（四）内部审计人员素质是否达标

伴随金融市场细分程度的不断提高及电子化、网络化在农村中小金融机构业务中的不断应用，越来越需要组建一支专业化、高素质的内部审计团队，对决策过程及业务执行流程实施风险导向内部审计。培养出一批精通国内审计准则、信息系统审计标准、会计准则及其他相关知识的内部审计师已成为当务之急。而目前农村中小金融机构对内部审计队伍建设重视不够，内部审计人员整体水平不高，综合素质较低，识别风险、判断正误的能力较差；有些人员职业道德欠佳，不能经受各方面的诱惑；内审人员普遍缺乏计算机审计技能，不能适应新形势的需要等。这些问题直接导致内部审计工作的质量不高，可用性不强，审计风险随时随地出现。

（五）内部审计方法是否完备

目前农村中小金融机构内部审计方法仍以账项基础审计方法为主，主要审计目的是“查错防弊”，内审人员风险观念淡薄，审计风险控制因素考虑较少，更谈不上运用最新的以风险导向为核心的审计方法来防范和化解风险。内部审计中抽样技术虽已被广泛应用，但是内审人员在运用这一技术时，基本上全凭主观标准和经验来确定样本规模和评价样本结果，这种判断抽样极易遗漏重要事项，形成审计风险。

（六）对问题整改和责任追究监督是否到位

部分农村中小金融机构不重视内部审计发现的问题，面对查出的问题第一反应往往是找理由进行开脱和解释，总认为自己有客观原因和实际情况，整改效果难以保证。此外，一些机构对检查结果往往就事论事，不能举一反三，深入剖析，自查自纠，对问题产生的根源不明、症结不清，不能够拿出得力的措施有针对性地来正本清源，风险隐患始终没有消除。一些机构对违规违纪问题处理处罚和责任追究不力，也导致一些违规问题屡禁不止。有的在问题暴露之后，能捂则捂，能盖则盖，搞“内部消化”，致使一些风险隐患潜伏多年，不断聚积，助长和纵容了不良风气的蔓延；有的究而不严，避重就轻，处理责任人时不能从严从快处理，处理起来也往往对违规者本人处分较多，对连带责任人处分较少；对员工处理严，对管理者处理宽；经济处罚多，纪律处分少，影响了制度的威慑力等。

六、农村中小金融机构强化内部审计工作要点

为进一步发挥内部审计在内部控制和全面风险管理中的积极作用，全面提高合规工作有效性，针对以上存在的实际困难和问题，借鉴国内先进商业银行内部审计的经验和做法，农村中小金融机构可以从以下几方面入手强化内部审计工作：

（一）强化组织建设，完善内部审计体系

1. 完善法人治理结构，强化监督体系。内部审计作为内部控制机制的一个重要力量，其体制的进一步完善，必须考虑内部审计面临的新情况，满足三个层次的需要：首先是要与农村中小金融机构法人治理结构的改革相适应，其次

是要与内部控制体系相匹配，最后是要与董事会和高级管理层对风险管控的要求相一致。根据监管部门的合规要求，各个独立法人机构应在董事会下设审计委员会，直接对董事会负责；同时应在监事会下设监督委员会，负责对整个机构经营管理活动的监督和评价；而高级管理层则负责为内部审计工作的开展提供便利条件，配置资源，并建立有效的内部审计工作程序等。

2. 建立相对独立的内部审计组织架构。独立性是审计部门保持客观性和公正性的基础。农村中小金融机构应按照监管要求尽快设置独立的内部审计部门，或将现有的稽核部门职能进行充实和完善，强化内部审计职能。内部审计部门可以采用双线领导的模式，既要直接对董事会的审计委员会负责，又要接受监事会的指导、监督和协调。同时要正确地划分内部审计部门与其他业务部门之间的职能范围，建立内部审计运行机制，保证内部审计与业务条线之间有效的协调合作。要进一步明确合规部门与内部审计部门的职责分工，尽快建立“相互呼应，共同监督”的工作机制，发挥合规部门作为风险管理第二道防线、内部审计部门作为第三道防线的监督管理职能，共同加大对各个业务部门、业务条线和各个经营单位的合规风险、操作风险等风险事项的监督管理力度。

（二）准确把握定位，拓展内部审计领域

1. 引入风险导向审计，准确把握内部审计的定位。所谓风险导向审计是指内审人员在审计过程中始终以风险分析评估为导向，根据量化的风险分析水平排定审计项目优先次序，依据风险确定审计范围与审计重点，对机构内部风险管理、内部控制和公司治理进行评价，发现风险点和问题，进而提出建设性意见和建议，协助高级管理层管控风险，实现价值增值的独立、客观的鉴证和咨询活动。当前，内部审计工作要以全面风险管理和综合经营管理状况的审计为重心，审计目标要从偏重财务收支的审计转向风险导向的审计，始终关注整个机构所面临的风险状况，然后根据风险的评估状况对整个全面风险管理体系进行调整、优化，使审计报告将目前的风险控制策略与风险评估连接起来；同时要不断吸纳国内先进银行的审计经验和做法，积极创造条件逐步向全方位的风险导向型审计过渡。

2. 拓宽内部审计范围，丰富内部审计内容。为有效地控制农村中小金融机构风险、减少损失，应把审计切入点逐步前移，由目前的事后审计向事中、事前审计发展，将审计的监督职能寓于整个管理控制之中。在审计内容上，内部审计要从过去以检查会计资料为主逐步向以检查内部控制制度和风险管理过程为主转换，内部审计的职能从传统的“查错防弊”转向为内部管理服务，审计的重点从检查和监督向分析和评价方面转变，特别是评价全面风险管理体系的健全性、合理性与有效性，评价决策的科学性，评价资源利用的效率与效果，评价以往经营管理活动的效益优劣等。通过这种转变，农村中小金融机构内部审计不仅仅要扮演好“警察”角色，发挥好监督职能，同时要围绕自身经营管理目标，积极出谋划策，做好领导的“参谋”、“智囊”、“顾问”，提供具有较高价值的信息，实现内部审计价值的增值和升华。

3. 突出内部审计监督重点，提高内部审计效率。一是要突出对内部管理缺陷形成的内源性风险的审计，对被审计对象风险的识别和控制情况进行检查和分析。二是突出对重点业务领域、业务品种、业务活动，包括授权业务、内部账户管理业务、大额信贷业务、会计核算业务和各类新产品、新业务以及信息技术的安全状况等。三是突出对各级经营单位开展持续的审计监督，高度关注风险大、内部控制薄弱的经营机构。同时要突出管理部门履职情况的检查，促进管理主渠道发挥作用，从源头上提升风险管理水平。四是突出对重要岗位、敏感岗位的检查。经营单位管理、授信业务、市场交易业务审批和签批人员等权限较大岗位容易滋生腐败和导致案件风险，农村中小金融机构应突出对这些岗位人员的审计，强化对他们的监督和制约，防范道德风险。

（三）完善规章制度，确保内部审计标准化作业

1. 完善内部审计计划管理制度。农村中小金融机构要根据发展需要，对内部审计工作作出系统的安排，形成内部审计计划管理制度。内部审计计划包括内部审计期间计划和内部审计项目计划两部分。内部审计期间计划一般为年度计划，也就是通过文字报告、报表等形式来编制年度内部审计计划，其间计划要体现一定时期的国家法律法规和监管部门的监管政策导向以及自身的中心任务，明确一定时期的内部审计工作重点和目标，以此来组织和协调一定时期的内部审计活动；内部审计项目计划是农村中小金融机构根据行业特点和内控的需要，制定出相应的内部审计项目，安排年度、季度或月度工作计划并组织实施，或者根据突发情况进行专项审计。建立和完善内部审计计划管理制度可以促使内部审计工作做到层次分明，任务明确。

2. 完善内部审计责任制度。为了维护内部审计的权威性，提高内部审计工作质量，避免因错误对待被审计的事项和当事人带来的损失，内部审计必须对每个审计事项的结论是否正确承担责任。因此，农村中小金融机构应建立内部审计责任制，要求在内部审计工作的每个环节，内部审计活动的每个层次，对内部审计人员所从事的工作和执行的任务，都应有明确的要求，为审计人员创造良好的职业发展环境，增加审计人员的责任感。同时，要建立内部审计激励约束机制，对内部审计相关各方的尽职、履职情况进行考核评价；建立内部审计工作问责制度，明确内部审计责任追究、免责的认定标准和程序。

3. 健全内部审计质量控制制度。要制定内部审计的标准，包括内部审计的

工作标准、操作规程、评价标准；要通过内部审计对内部控制制度进行事前、事中、事后的评价，并提出改进内部控制制度的建议；要按程序进行各项审计活动，并在执行审计过程中要取得充分的、可靠的内部审计证据，以确保内部审计结论的客观性；要认真撰写和核实内部审计工作底稿，以正确反映内部审计活动，归结内部审计证据，记载内部审计结论；要建立内部审计规范制度，对内部审计的组织分工、职责任务、项目安排、计划编制、内控评价、内部审计要点确定、检查取证方法等进行规范，让内部审计人员在操作中有统一遵守和共同采用的标准；要建立健全内部审计档案管理制度，完善内部审计工作档案和内部审计项目档案，做到对内部审计工作有据可考，有案备查；要建立系统的内部审计报告制度，既要按内部审计项目作出任务报告，又要在一定时期提出专题报告，以充分发挥内部审计查错防弊、改进管理、提高效益、促进发展的重要作用；要自觉接受行业管理机构（如农村合作金融机构的省级联社）和监管部门等有关审计稽核方面的监督、检查和指导。

（四）创新审计手段，提高内部审计有效性

1. 引入自动控制理念，革新内审手段。随着农村中小金融机构电子化进程的迅速发展，计算机技术已广泛应用到各项业务之中。传统的审计技术方法和审计作业手段已无法适应当前工作，利用现代信息和网络技术来辅助审计工作已势在必行。内部审计应借鉴现代银行业先进的审计技术，结合本机构业务数据的特点研发计算机审计系统，建立经典审计模型，实现审计技术的模式化、科学化及共享化，使风险评估、数据分析等一系列审计操作实现自动化，提高现场审计的工作效率。同时，要逐步实行非现场审计与现场审计监督的有效结合，实施对审计对象的连续、动态监控，以保证审计监督的及时性。内部审计部门还要根据审计工作的特点提出审计需求，在每个业务系统中建立审计接口，不断提高审计的科技化水平，以保证内部审计适应各项业务发展的需要。

2. 加大非现场审计。非现场审计是以计算机技术为手段，以数据库技术为依托，通过计算机网络实时、批量地处理被审计对象的有关业务信息，经过质询、筛选、比较，对查找出的异常或值得关注的数据进行记录、分析和检查的过程。非现场审计工作主要包括数据采集和数据分析两个环节。第一步是数据采集，也就是应用一定的方法，对被审计对象的数据信息进行迁移，将被审计对象的数据文件，转换成审计软件能认知的文件格式以供使用；第二步是数据分析，也就是应用相关的审计软件，进行编程，对采集到的数据进行分类、筛选、归并、统计和分析判断，从中查找被审计对象经营管理中的疑点线索，生成备查疑点问题列表，提供给现场审计工作使用。开展非现场审计工作是完善农村中小金融机构监督体系的客观要求，是审计监督体系的重要构成部分，也是审计监督的重要手段。

3. 强化事后监督，提高内部审计时效性。事后监督与内部审计同属农村中小金融机构内部监督和控制的两个重要手段，前者是对已经处理过的会计账户实行集中再核对，因此区别于会计前台业务处理及相关部门、岗位之间的相互制约。后者是行使综合性的内部审计监督职责，督促内部各项管理措施和规章制度的贯彻实施，对各岗位、各部门、各项业务全面实施监督反馈。但是，由于内部审计受时间、人力等诸多因素的影响，只能对被查的业务进行抽查，无法覆盖到每笔业务，而事后监督对每笔凭证的规范性、账户使用的正确性经过了再核对，为内部审计工作打好基础，在一定范围内事后监督的内容可以提供给内部审计使用或参考，避免重复检查，提高工作效率。此外，事后监督的及时性，可以弥补内部审计时间滞后的问题。

（五）以人为本，强化内部审计队伍建设

建立一支高素质的内部审计队伍是进一步提高内部审计工作的质量和效率、健全内部监督体系、增强风险约束能力、加大审计监督力度、强化内控审计监督的重要举措。在选聘审计人员时，要坚持规范化、制度化的原则，在符合要求的信贷财会业务人员和风险管理专业人员的选拔范围内，着重选拔业务能力强、综合素质较高、有较强的事业心和责任感，能坚持原则，公道正派，具有一定的调查研究、协调沟通、综合分析和文字表达能力的员工竞聘为专职审计人员。要明确审计人员的工作职责和任务，要求审计人员在办理审计业务中，要依法审计，忠于职守，坚持原则，客观公正，廉洁奉公，保守秘密。要积极安排审计人员参加各种形式的审计培训，每次审计工作开展前要统一组织审前培训，布置审计任务，研究审计方法，加强经验交流，创新审计思路。要适时组织关于任期经济责任、企业财务会计等方面的专题审计培训，提高专业审计的能力和水平。要注重内部审计人员综合能力的考核，通过考核其德、能、勤、绩、廉等各个方面，并将定量考核与定性考核有机结合进行综合考评，以尽快搭建起一支工作能力强、合规意识好的内部审计团队。

第九章　抓好反洗钱，打造合规银行

洗钱行为具有严重的社会危害性，它不仅损害金融体系的安全和金融机构的信誉，而且对我国正常的经济秩序和社会稳定造成极大的破坏：一是动摇社会信用，诱发金融危机，威胁国家安全；二是造成资本外逃，腐败资金转移，社会财富流失；三是助长刑事犯罪，破坏社会稳定，扰乱社会秩序。最近几年，我国洗钱活动日益增多，涉及的洗钱数额不断上升，严重扰乱了国家的金融管理秩序以及正常司法活动，导致国家资金外流，侵害了国家和人民的利益。而犯罪分子在入账、分账和融合的洗钱"三部曲"中，银行业机构自然就成为首选通道，因此，增强银行业机构履行反洗钱法定义务的使命感和责任感，进一步提高反洗钱工作的有效性，对于打击洗钱活动、维护金融稳定和提高社会和谐等方面具有重要而深远的意义。

近年来，在各级人民银行及有关部门的指导和监督下，通过自身不懈的努力，各家农村中小金融机构反洗钱工作普遍走上正轨：员工反洗钱意识明显提高，反洗钱内控制度逐步健全，反洗钱组织架构进一步完善，反洗钱工作逐步纳入经营战略目标；基本能按规定及时、统一向中国人民银行反洗钱监测分析中心报告大额交易和可疑交易数据，客户识别能力进一步提高，账户资料及交易记录保存相对完整；筛选、甄别洗钱线索能力初步具备，反洗钱预防及监控等工作义务得到认真履行；省级联社对各农村合作金融机构反洗钱工作的指导和检查力度不断加大，反洗钱培训及宣传工作不断加强。同时，绝大部分农村中小金融机构都把提高合规管理水平和做好反洗钱工作紧密结合，把树立"正确的合规价值观"和"以人为本的合规管理观"等理念注入反洗钱工作，增强员工日常反洗钱工作的合规意识，切实履行相关的反洗钱责任和义务，全力推进"合规银行"建设。值得一提的是，一些机构因能及时报告重大可疑交易数据，为有关部门侦破洗钱案件提供了重要线索而得到表彰，"合规银行"的形象逐步形成。

随着中国成为全球权威反洗钱国际组织——反洗钱金融行动特别工作组（Financial Action Task Force on Money Laundering，FATF）的成员，我国的反洗钱监管正在经受越来越大的国际压力，这也给国内反洗钱监管部门和银行业机构预防、监控洗钱活动，提出了更高的要求和更严格的标准。比如目前可疑交易数据报送由以往的重数据数量转变为重数据质量，不再是防御性报送和保护性报送；再如人民银行反洗钱检查更加注重银行的制度建设和有效执行，更加注重银行的自主识别能力和有效的人工识别流程等。如何提高反洗钱水平，有效识别并主动采取措施化解洗钱风险，及时妥善处理违规事件，避免本机构因没有遵循相关反洗钱法规而遭受法律制裁、监管处罚、重大财务损失和声誉损失等合规性风险，日益成为包括农村中小金融机构在内所有金融机构面临的一项新挑战。

一、反洗钱工作涉及的若干法律问题

为正确履行反洗钱各项法定责任和义务，农村中小金融机构的高级管理层及其所属的专职反洗钱部门（一般设在合规部门）必须通过各种途径对全体员工进行反洗钱教育、培训和操作指导，强化全体员工的反洗钱意识，正确认识和了解不断变化的洗钱方式及其防范措施，正确把握国际及国内相关监管部门对金融机构反洗钱工作的合规要求，将反洗钱工作做实做细。

（一）洗钱的法律界定

通常来说，洗钱是指犯罪分子将毒品犯罪、黑社会性质的组织犯罪、恐怖活动犯罪、走私犯罪、金融犯罪或者其他犯罪的违法所得及其产生的收益，通过各种手段掩饰、隐瞒其来源和性质，使其在形式上合法化的行为。1988 年的《联合国禁止非法贩运麻醉药品和精神药物公约》将洗钱定义为：（1）明知资产来源于毒品，为了隐瞒或掩饰其非法来源，或为了协助任何涉及此种犯罪的人逃避其行为的后果而转换或转让该资产；（2）明知资产来源于毒品犯罪，而隐瞒或掩饰该资产的性质、来源、位置、处置、转移、控制关系或所有权的行为。巴塞尔委员会出台的相关银行反洗钱管理条例对洗钱的界定则侧重于交易，将洗钱描述为：银行或其他金融机构可能无意间被利用作为犯罪资金转移或存储的中介。犯罪分子及其同伙利用金融系统将资金从某一账户向另一账户支付和转移，以掩盖款项的真实来源和受益所有权关系；或者利用金融系统提供的安全保管服务存放款项，此即常说的洗钱。美国《洗钱控制法》、《银行保密法》等规定了洗钱犯罪，依据美国相关法律规定，洗钱是指犯罪分子通过银行把非法得来的钱财加以转移、兑换、购买股票或者直接进行投资，从而掩盖其非法来源和非法性质，使该资产合法化的行为。一般的行为表现：一是把钱存入海外银行；二是先把钱存入本国银行，然后尽快以电汇方式把这些金钱转到国外保密银行；三是从本地及外国证券公司买入股票，然后卖出；四是把钱带入合法赌场，购买筹码，马上兑换回现金，造成钱财是从赌场赢来的假象等。

关于洗钱罪的界定，我国学者有多种观点，如洗钱罪是指明知是毒品犯罪、黑社会性质的组织犯罪、走私犯罪等的违法所得及其产生的收益，为其提供资金账户；协助其将财产转换为现金或者金融票据、通过转账结算等方式协助资金转移、协助其将资金汇往境外以及以其他掩饰、隐瞒其来源和性质，意图使犯罪的违法所得及其收益合法化，逃避法律制裁的行为。我国《刑法》第一百一十九条对洗钱定义为：明知是毒品犯罪、黑社会性质的组织犯罪、走私犯罪等的违法所得及其产生的收益，掩饰、隐瞒其来源和性质的行为。我国《反洗钱法》对反洗钱的定义："本法所称反洗钱，是指为了预防通过各种方式掩饰、隐瞒毒品犯罪、黑社会性质的组织犯罪、恐怖活动犯罪、走私犯罪、贪污贿赂犯罪、破坏金融管理秩序犯罪、金融诈骗犯罪等犯罪所得及其收益的来源和性质的洗钱活动，依照本法规定采取相关措施的行为。"

由此可见，各国由于立法传统、实际情况的不同，在洗钱罪的界定上存在一些差异。首先，对洗钱罪界定的角度有所不同；其次，对洗钱罪性质的认定有所不同。综合来说，就洗钱的本质而言，确定洗钱犯罪时，应当考虑的主要因素有：是否具有掩盖财产或财产利益的来源或性质的行为，财产的来源、性质有违法性；次要因素主要有：洗钱行为利用金融等中介机构，洗钱的行为方式，如"清洗"性质的行为或"投资"性质的行为等。

（二）对洗钱"上游犯罪"的法律界定

所谓上游犯罪是对产生非法财产的各种已然犯罪的统称。洗钱的上游犯罪是指可以构成洗钱罪的犯罪种类。不同的国家对洗钱上游犯罪的规定则各有不同，如有的国家只规定惩处贩毒所得的洗钱行为，有的国家只惩处某些特定犯罪或超过一定危害性的犯罪的洗钱行为，有的国家则对所有犯罪的洗钱行为予以惩处。目前，国外对洗钱罪上游犯罪范围的立法体例大致有三种：

1. 单一的"上游犯罪"立法例。即将"上游犯罪"范围只限制为毒品犯罪。如第一个惩治洗钱活动的国际公约，也是联合国制定的唯一的惩罚涉及跨国洗钱犯罪的国际刑法规定——《联合国禁止非法贩运麻醉药品和精神药物公约》，就明确规定洗钱罪的上游犯罪仅限毒品犯罪。该规定的初衷是因为认识到打击洗钱行为对遏制毒品犯罪的必要性，打击洗钱行为才能使毒品有组织犯罪"生存链"被截断，以更好地维护社会政治、经济稳定和人类幸福安全。但由于其范围太窄，不利于打击日益严重的洗钱行为，不能适应同犯罪作斗争的需要。因此，为了加强国际合作，打击洗钱行为，世界上许多国家已将这种单一的上游犯罪予以淘汰。

2. 适中的"上游犯罪"立法例。即将"上游犯罪"的范围限制为某些特定的犯罪。上游犯罪的范围不仅限于毒品犯罪，而是有限度地扩大，这为世界上大多数国家立法所采用。如加拿大的《刑法典》第 462 – 31 节规定，作为洗钱罪对象的钱必须是“得自或者通过交易来自企业犯罪或者特定的毒品犯罪”，这一规定表明，洗钱的对象除了毒品犯罪收益以外，还包括清洗企业犯罪收益（所谓企业犯罪，是指刑法上规定的其他能够产生非法盈利的经济犯罪，包括：证券诈骗、破产诈骗、贷款诈骗、敲诈勒索、伪造、以保险为目的的纵火和非法赌博罪等）；英国将洗钱的对象性犯罪限定为毒品犯罪和恐怖主义犯罪；法国则将其限定为毒品犯罪和淫媒犯罪。另外，德国、印度尼西亚等也均采用了这种立法例。

3. 广义的“上游犯罪”立法例。即将“上游犯罪”的范围扩大到所有犯罪。菲律宾、意大利、俄罗斯和瑞士等国家有此规定。瑞士《刑法》第 305 条规定：“任何人，明知或者应当怀疑财产得自犯罪行为，而实施的可能破坏对于该财产的来源的侦查、财产的追查或者实施的没收行为的，应判处监禁或者罚金。”这种立法体例大大拓宽了洗钱罪上游犯罪的范围，对打击洗钱行为以及其他涉及财利的犯罪行为具有重大意义。

从世界范围对反洗钱犯罪立法的实践来看，对上游犯罪范围不设限已成为必然的发展趋势。2000 年 11 月 15 日，第 55 届联合国大会审议通过并于 2003 年 9 月 29 日正式生效的《联合国打击跨国有组织犯罪公约》和 2003 年 10 月 31 日第 58 届联合国大会通过的《联合国反腐败公约》，均对洗钱犯罪作出了明确而具体的规定。如《联合国打击跨国有组织犯罪公约》第 6 条“洗钱行为的刑事定罪”第 1 款规定了洗钱罪的定义：“各缔约国均应依照其本国法律基本原则采取必要的立法及其他措施，将下列故意行为规定为刑事犯罪：1.（a）明知财产为犯罪所得，为隐瞒或掩饰该财产的非法来源，或为协助任何参与实施上游犯罪者逃避其行为的法律后果而转换或转让财产；（b）明知财产为犯罪所得而隐瞒或掩饰该财产的真实性质、来源、所在地、处置、转移、所有权或有关的权利；2. 在符合其本国法律制度基本概念的情况下：（a）在得到财产时，明知其为犯罪所得而仍获取，占有或使用；（b）参与、合伙或共谋实施，实施未遂，以及协助、教唆、便利和参谋实施本条所确立的任何犯罪。”《联合国反腐败公约》第 23 条规定了“对犯罪所得的洗钱行为”。公约规定的洗钱罪的对象范围比我国刑法规定的洗钱罪的对象范围要广泛得多，其要求各缔约国均应当寻求将洗钱罪“适用于范围最为广泛的上游犯罪”。同时，《联合国反腐败公约》第 23 条第 2 款第 2 项还要求，各缔约国均应当至少将其根据本公约确立的各类犯罪列为上游犯罪。

（三）洗钱行为和洗钱罪的主要区别

中国作为上述两公约的缔约国，积极拓展洗钱上游犯罪的范围也是应尽的国际义务。目前，我国《刑法》及其相应的修正案规定洗钱罪的上游犯罪主要包括：毒品犯罪；黑社会性质的组织犯罪；恐怖活动犯罪；走私犯罪；贪污贿赂犯罪；破坏金融管理秩序犯罪；金融诈骗犯罪等7大类。其中，破坏金融管理秩序犯罪的主要表现形式：提供资金账户的；协助将财产转换为现金、金融票据、有价证券的；通过转账或者其他结算方式协助资金转移的；协助将资金汇往境外的；以其他方法掩饰、隐瞒犯罪所得及其收益来源和性质的等。随着《中华人民共和国反洗钱法》、《金融机构反洗钱规定》、《金融机构大额交易和可疑交易报告管理办法》、《金融机构报告涉嫌恐怖融资的可疑交易管理办法》和《金融机构客户身份识别和客户身份资料及交易记录保存管理办法》等法律法规的相继颁布实施，我国对洗钱的上游犯罪范围也会不断扩大。而洗钱行为和洗钱罪的区别主要体现在两方面：

1. 有无上游犯罪的限制不同。我国《刑法》规定洗钱罪的上游犯罪为上述的7类，犯罪分子只有清洗7类上游犯罪的所得及其收益才构成洗钱罪。洗钱行为则没有上游犯罪的限制，只要是对非法所得及其收益进行清洗都构成洗钱行为。

2. 承担的法律责任不同。洗钱罪必须追究刑事责任；洗钱行为不一定追究刑事责任，有的可能追究行政责任或民事责任。

二、洗钱的过程、方法及其对社会的危害性

为正确履行反洗钱义务，农村中小金融机构高级管理层及反洗钱专职人员和相关业务操作人员必须准确了解和把握当前国内外洗钱犯罪的主要过程、方式及其对社会的危害性，知己知彼，方能百战不殆，也就是说，只有了解犯罪分子采用的洗钱方法，才能更好地预防和打击洗钱犯罪。

（一）洗钱的过程

随着科学技术的不断进步，同时由于越来越多的国家特别是洗钱活动较多的国家陆续将洗钱规定为严重犯罪，并予以严厉打击，洗钱的方法和技术也越来越巧妙、先进和隐蔽，给金融机构识别和打击洗钱犯罪造成了很大困难。通常情况下，犯罪分子及其同伙往往利用金融系统将资金从一个账户向另一个账户转移，以掩盖款项的真实来源和受益所有权关系，或者利用金融系统提供的资金保管服务存放款项等。就一个典型、完整的洗钱过程而言，洗钱可以分为入账、分账以及融合三个阶段。

1. 入账，也叫处置。它是洗钱过程的起始环节。在此阶段，洗钱者对非法收入进行初步的加工和处理，一般将赃款存入合法金融机构，使非法收入与其他合法收入混合。这是洗钱过程中最危险的一环，因为大量现金非常可疑，而且银行业机构按规定要上报巨额交易和频繁交易。

2. 分账，也叫离析。它是洗钱过程的核心环节。洗钱者利用错综复杂的交易使非法收益披上合法外衣，模糊非法收益与合法收入之间的界限，即通过各种财务交易转移赃款，从而改变赃款的形式并使其难以被追踪。分账过程可能包括不同国家或地区、不同户名的账户间的多次银行转账和电汇、多次存取以不断改变账户金额、改变货币种类和购置奢侈品（游艇、房屋、轿车、钻石等）以改变赃款的形式。这是所有洗钱过程中最复杂的一环，其目的是想方设法让原始赃款难以被追踪。

3. 融合，也叫归并。它是洗钱过程的最后环节。在此阶段，洗钱者将非法来源性质的财产以合法财产的名义转移到与犯罪集团或犯罪分子无明显联系的合法机构或个人的名下，投放到正常的社会经济活动中去，即将赃款以貌似合法的形式重新进入主流经济体系，此时赃款看似来自合法的交易。这一阶段可能包括最后一次从银行转账到洗钱者只为赚取微薄利润而“投资”当地公司账户、卖掉分账时购置的财产或者从洗钱者自己的公司购买物品等。此时，犯罪分子就达到洗钱的目标。如果前两个阶段金融机构及相关执法部门无法取得足够证据对洗钱活动进行制止和打击，则很难在融合这一阶段抓到洗钱的犯罪人员。

（二）洗钱的方法

围绕上述洗钱三个阶段，目前国内外常见的洗钱方法主要有：

1. 利用“鱼目混珠”洗钱。即指洗钱者将犯罪收益与合法资金混杂在一起，从而掩盖犯罪收益的真实来源。他们通过开办饭店、旅馆、商场、超市等收取现金较多的商业企业，将其他的犯罪收益巧妙混入合法企业的现金收入中。

2. 利用地下钱庄洗钱。即地下钱庄在境内收取客户（洗钱者）人民币，计算好汇率和佣金后，即通知境外合伙人将相应的外币划转至客户指定的境外账户；在境外收取客户外币后的操作手法也与此项类似。地下钱庄经营者往往采取上述“对敲”、“两地平衡”等方式运作资金，境内外双方定期轧差、对冲结算，并不发生物理性资金流动。此外，在运作资金过程中，地下钱庄往往以虚假身份证或收购来的身份证开设大量银行账户，并利用网上银行、电话银行等便捷手段进行大额资金划转；同时雇佣“马仔”分散在不同银行的网点、柜台和 ATM 上频繁存取现金，逃避银行关注。

3. 通过网上支付工具洗钱。传统银行的金融服务是面对面的交易，而网上银行无须直接接触，交易场所是虚拟的，一切金融往来都是以数字形式在网上进行。不法分子可以在任何地方通过网上支付系统自由地进行非法资金的转移，使黑钱无须通过银行人工审核就可以转移到任何一个角落。而反洗钱工作人员要想凭借手工方式从海量的无纸化电子支付数据库中识别、判断洗钱信息，难度相当大。

4. 利用货币走私洗钱。即指洗钱者直接将现金秘密运至国外，然后将现金存入国外的金融机构，常见于洗钱的起始阶段即入账阶段。例如，我国内地与香港、澳门的犯罪分子就利用三地毗邻的优势，经常通过走私货币进行洗钱。犯罪分子走私货币的工具往往是飞机、轮船或车辆；货币可以藏匿在行李中、人身上或运输工具的某一隐蔽部位，或与其他资金混藏在运钞车中，或混杂在出口商品中，或装在集装箱内。

5. 通过信用卡（国际卡）洗钱。由于我国对外汇现金出境有着严格的管制，那些经常进出海关的旅客往往不便或不敢随身携带大额现金，因此一般在出境前将大量的款项打入国际信用卡中，其数额远远超出了法定限量的美元或人民币，这极有可能成为不法分子进行现金走私的新手法；同时，由于非居民个人国际信用卡可以在境内提取外币现钞，并可在境内提取人民币，这样通过国际信用卡进行货币自由兑换，使资金游离于国家外汇管理局的监管范围之外，从而被洗钱分子所利用。目前，部分金融机构反洗钱系统还不够完善，虽然可以从系统里自动抽取数据或以人工方式进行补录，但由于存在系统与系统之间数据转换问题，或者系统程序设计问题等各种原因，造成部分数据要素抽取不完整或无法抽取，大大提高了反洗钱工作的分析难度。

6. 通过购买有形资产、有价证券进行洗钱。即指洗钱者利用犯罪收益购买房地产等不动产，或购买小汽车、贵重金属、钻石珠宝、古玩字画等动产，或购买股票、债券、银行票据、保险单等有价证券，然后再出售或转手，达到洗钱的目的。购买不动产时，洗钱者往往是低价购买，私下再以现金的方式向销售商支付不足部分，然后再按不动产的实际价格出售。这样一来，犯罪所得就有了一个合理合法的来源。洗钱者还可以通过中间公司向股市渗透资金，抬高自己手中持有的股票价格，然后卖出股票，取得形式合法的收入。

7. 利用专业人员进行洗钱。律师、会计师、金融机构从业人员等熟悉国内外复杂的金融制度和法律制度，洗钱者往往利用这些专业人员所提供的“帮助”顺利完成洗钱活动。如洗钱者将现金交给专业人员，这些专业人员专门奔走于各银行之间，进行交易额低于需要报告的水平的现金交易，经过一系列的交易，如通过中间人购买银行本票等方式，并绕过向金融监管部门报告现金交易的要求，达到洗钱的目的。

8. 利用双重发票洗钱。在这种方法中，公司故意以抬高的价格从国外的子公司订购货物，比如某批货物实际价值只有 80 万元，却以 100 万元的价格成交。公司付款时按子公司开出的 100 万元的发票付款，而子公司入账时以实际价值 80 万元的发票入账，二者之间的差价就由非法金钱收益构成，由子公司存入国外的特定账户中。在有些情况下，这种方法也可以倒过来用，就是公司故意按低价出售货物，子公司以实际价值付款，二者之间的差价由公司存入本公司的秘密国外银行账户，通过合法的贸易，掩盖了非法金钱收益的真正来源。

9. 利用收购金融机构洗钱。财大气粗的犯罪集团利用手中控制的巨额资金，收购本国或外国的金融机构，然后通过收购的金融机构洗钱，这可能是最难发现的一种洗钱方法。通过控制整个金融机构，洗钱者可以不再局限于掩饰犯罪收益这一直接目的。他们有效地参与本地银行系统并使之转而为其利用。此类运作可以使洗钱者操纵代理银行业务关系，办理隔夜存款，发放国外贷款，也可以利用业务优势，办理更多免予现金交易报告的存款。这种与金融要素相结合的洗钱模式，使洗钱犯罪发展成为一种更加独立的犯罪行为。

10. 利用外汇交易所洗钱。利用外汇交易所或经纪行，洗钱者也可以实现犯罪收益的转移。外汇交易所通常建设得如同商店前台，可以进行大额现金交易。对于外汇交易所存入银行的大笔现金，银行通常不过问现金的来源。在外汇交易所洗钱，洗钱者可以避免使用传统的银行机构，因此避免了因现金交易报告而产生的风险。

11. 利用“空壳公司”洗钱。“空壳公司”是一种只存在于纸上的公司，不参与实际的商业活动，仅作为资金或有价证券流通的管道。空壳公司的应用非常广泛，在上述洗钱方法中，很多都以空壳公司作为一种中介或工具进行洗钱。

12. 利用信托方式洗钱。信托是委托人将财产转移于受托人，受托人依信托文件所定，为受益人和特定目的而管理或处分信托财产的法律关系。洗钱者首先将自己的一家公司通过信托合同交由受托人管理，同时指定自己为受益人；然后将存于其他账户上的犯罪收益汇入该公司的账户中，再以受益人的身份收取这份“信托收益”，使犯罪收益合法化。一旦犯罪收益进入银行系统，信托可使犯罪收益与产生犯罪收益的犯罪活动之间的联系更加模糊不清。

13. 其他新型的洗钱方法。例如，通过第三方支付为资金的非法转移提供隐蔽的手法，即当第三方支付机构参与结算业务时，银行的交易过程被割裂成两个看起来毫无联系的交易，客户的支付指令由第三方支付机构掌握，银行按照第三方支付机构的指令将资金由客户账户划入支付中介的账户并最终划入目标账户。在整个结算过程中，第三方支付充当买方的“卖方”和卖方的“买方”，但银行无法确定这两项交易的因果关系。从这个意义上讲，第三方支付机构可以屏蔽银行对资金流向的识别，干扰交易的可追溯性，使得监管者很难确认交易的真实背景。因此，任何人只要在第三方支付企业注册了虚拟账户就可以便捷隐蔽地实现账户间的资金转移。此外，随着全球经济的一体化，国际资金流动更为自由，金融环境日益宽松，金融产品不断创新，洗钱方式不断翻新，如利用各种金融衍生工具洗钱等，洗钱组织越来越专业化，洗钱活动日益复杂，洗钱的隐蔽性也越来越强，给金融机构反洗钱工作带来压力。

（三）洗钱对社会的危害

通过上述介绍，我们了解到所谓“洗钱”其实就是通过金融机构或其他组织将非法所得转变为“合法财产”的过程，这既是各类犯罪人员逃避法律监督和法律制裁的一个重要手段，也是各类犯罪组织生存发展的一个非常关键的环节。一方面，通过洗钱，这些犯罪组织掩盖了其犯罪活动踪迹，得以“正当地享受犯罪所得”；另一方面，洗钱为犯罪组织介入社会经济活动提供了资金，使其能够以“合法掩护非法”，使之更有资本同社会抗衡，不断扩大犯罪势力。因此，洗钱犯罪活动的大量存在，会使违法犯罪分子隐藏和转移违法犯罪所得，为违法犯罪活动提供进一步的资金支持，助长更严重和更大规模的犯罪活动；而洗钱与恐怖活动相结合，会对社会稳定、国家安全和人民的生命和财产安全造成巨大危害；同时，洗钱助长和滋生腐败，导致社会不公平，损害国家声誉，扰乱正常的经济、金融秩序，影响金融市场的稳定，严重危害经济的健康发展；洗钱活动的存在也损害了合法经济体的正当权益，损害市场机制的有效运作和公平竞争环境，并在一定程度上破坏了金融机构稳健经营的基础，加大了金融机构的法律和运营风险。因此，洗钱犯罪活动的大量存在对一国的政治、经济、文化都会产生巨大的危害。

1. 洗钱对政治的危害。洗钱对国家政治的危害主要表现为滋生腐败，影响政府声誉，对执政者构成严重的信任危机。有些国家的政府官员直接参与洗钱、协助洗钱，或者从洗钱分子中收受贿赂、保护洗钱，严重影响了一国的政治声誉，严重的可能直接导致执政党的垮台。

2. 洗钱对经济的危害。主要表现在扭曲了资源的分配，严重影响一国的经济增长。发展中国家或地区需要大量资金。而在资金不断从发达国家或地区净流入的同时，洗钱犯罪也随之从发达国家或地区蔓延过来，与本国的洗钱犯罪活动融合在一起。

3. 洗钱对社会的危害。一方面，洗钱影响了社会稳定，即洗钱行为不是孤立存在的，它总是要掩盖赃款的真实来源，这就切断了警方追查犯罪行为的线索，赃款周转的环节越多，追查犯罪行为的难度就越大，势必妨碍司法机关的正常活动，导致社会不稳。另一方面，洗钱助长了上游犯罪，即洗钱者通过洗钱活动，将赃款清洗成合法收入，为犯罪分子提供了顺畅的犯罪收益清洗渠道，使之有稳定的收益来源。这些收益除了供犯罪分子挥霍，很大部分被作为新的犯罪资本，为各种犯罪活动甚至恐怖袭击提供充足的物质基础，使之更容易进行二次犯罪。这样，就形成了犯罪→洗钱→再犯罪→再洗钱的恶性循环，使上游犯罪分子具有犯罪动力。

4. 洗钱对国家安全的危害。洗钱会严重损害国家在国际社会的威信，并对国家安全构成威胁。洗钱通常与贩毒、贪污、贿赂、逃税等违法犯罪行为联系在一起，洗钱活动在一国的大量存在，不仅说明该国在管理体制上存在种种漏洞，而且还说明该国政府对犯罪活动的追查打击行动不力。如果还发现一国政府接受的投资、国家机关团体接受的捐赠有犯罪分子提供的黑钱，将极大影响一国政府在国际上的威望，同时，大量洗钱活动的存在，使得一国潜在的和现实的犯罪因素增多，威胁该国社会的稳定和安全。

三、金融机构反洗钱工作的义务

一般意义上的反洗钱可描述为政府动用立法、司法力量，调动有关的组织和商业机构对可能的洗钱者予以识别，对有关款项予以处置，对相关机构和人员予以惩罚，从而达到阻止犯罪活动目的的一个系统行为。各个国家和地区制定的金融机构反洗钱法定义务，基本都是围绕以下四项基本法定责任展开：(1) 识别客户身份的责任。金融机构对所有申请服务的客户，应制定有效的程序和政策以确定其真实身份。(2) 守法经营的责任。金融机构要确保所从事的业务活动符合高度的道德标准及与金融、经营有关的法律法规。对那些它们有充分理由认为是与洗钱行为有关的交易，金融机构应拒绝提供服务或帮助。(3) 与执法机关合作的责任。金融机构应在可能的情况下，与执法部门合作，不得利用改动的、不完整的或有欺骗性的资料蒙骗执法部门。(4) 加强员工培训的责任。金融机构要提高员工的自身素质，加强内部管理，落实员工培训计划等。

(一) 对金融机构反洗钱义务的理解

根据上述金融机构反洗钱责任有关内容，结合我国《刑法》和《反洗钱》等相关规定，对金融机构反洗钱义务的理解应把握以下内容：

1. 反洗钱义务是由宪法上的基本义务引申而来的应有义务。所谓应有义务，即虽未被法律明文规定，但根据社会关系的本质和法律精神应当由主体承担和履行的义务，其通常以“道德义务”的形式存在，但又不是纯粹的道德义务。无论是作为资金融通中介的金融机构，还是特定的非金融机构，为了打击和遏制洗钱犯罪及其上游犯罪，其均有义务进行反洗钱举报，配合反洗钱调查，即便没有专门法律对此进行明确规定亦复如此。

2. 反洗钱义务是法定义务，是通过《反洗钱法》明确规定并以规范和观念形态而存在的义务。我国《反洗钱法》第三条明文规定，“在中华人民共和国境内设立的金融机构和按照规定应当履行反洗钱义务的特定非金融机构，应当依法采取预防、监控措施，建立健全客户身份识别制度、客户身份资料和交易记录保存制度、大额交易和可疑交易报告制度，履行反洗钱义务。”

3. 反洗钱义务是积极义务，即当反洗钱监管机构以及侦查部门行使权力时，反洗钱义务主体（如金融机构等）处于提供相关文件资料和信息或者采取临时冻结或冻结资金措施等的积极行动状态。

4. 反洗钱义务是现实义务，是法定义务的现实化。从法定义务到现实义务是义务运行的逻辑结果，现实义务强调的重点是义务主体实际承担和履行义务的实际效果。二者的关系实际上就是法律的效力与法律的实效之间的关系。

（二）金融机构反洗钱义务的表现形式

按照我国《反洗钱法》的要求，金融机构反洗钱义务的内容典型地体现在三大制度的建立和完善上，即客户身份识别制度、客户身份资料和交易记录保存制度以及大额交易和可疑交易报告制度。也就是说，金融机构不但要严格建立和执行客户身份识别制度，而且要同时建立和完善客户身份资料和交易记录保存制度与大额交易和可疑交易报告制度，并采取有效措施将这些制度落到实处。具体来说，客户身份识别制度要求，在与客户建立业务关系或者为客户提供规定金额以上的现金汇款、现钞兑换、票据兑付等一次性金融服务时，金融机构有义务要求客户出示真实有效的身份证件或者其他身份证明文件，进行核对并登记；客户由他人代理办理业务的，金融机构有义务同时对代理人和被代理人的身份证件或者其他身份证明文件进行核对并登记；与客户建立人身保险、信托等业务关系，合同的受益人不是客户本人的，金融机构有义务对受益人的身份证件或者其他身份证明文件进行核对并登记。金融机构不得为身份不明的客户提供服务或者与其进行交易，不得为客户开立匿名账户或者假名账户。客户身份资料和交易记录保存制度要求，在业务关系存续期间，客户身份资料发生变更的，金融机构有义务及时更新客户身份资料；客户身份资料在业务关系结束后、客户交易信息在交易结束后，金融机构有义务将这些资料至少保存五年；金融机构破产和解散时，有义务将客户身份资料和客户交易信息移交国务院有关部门指定的机构。大额交易和可疑交易报告制度则要求，金融机构办理的单笔交易或者在规定期限内的累计交易超过规定金额或者发现可疑交易的，有义务及时向中国反洗钱监测分析中心报告。

将上述义务分解到实际工作，主要包括以下内容：（1）建立反洗钱内部控制制度，设立反洗钱专门机构或者指定内设机构负责反洗钱工作及指定反洗钱人员；制定内部反洗钱工作操作规程；开展内部反洗钱检查；建立奖惩机制等。（2）建立客户身份识别制度。（3）建立客户身份资料和交易记录保存制度。（4）执行大额交易与可疑交易报告制度。（5）开展反洗钱培训和宣传。（6）遵守反洗钱保密规定。（7）配合行政机关开展反洗钱行政调查。（8）报案和举报。（9）配合司法、监管部门等开展反洗钱协查工作，根据司法机关和有权机构的要求冻结客户账户内资金。(10) 按照规定报送反洗钱非现场监管信息以及与反洗钱有关的稽核审计报告或合规检查报告等。

(三) 金融机构履行反洗钱义务应坚持的原则

(1) 合法审慎原则。即要依法并且审慎地识别可疑交易，做到不枉不纵，同时不得从事不正当竞争妨碍反洗钱义务的履行。(2) 保密原则。即从事反洗钱的工作人员应保守反洗钱工作秘密，不得违反规定将有关反洗钱工作信息泄露给客户和其他人员。(3) 与司法机关、行政执法机关、监管部门等全面合作原则，即金融机构应当依法协助、配合司法机关和行政执法机关及监管部门等打击洗钱活动，依照法律、行政法规等有关规定协助司法机关、海关、税务等部门查询、冻结、扣划客户存款。

四、金融机构反洗钱工作的合规要求

(一) 客户风险等级划分的合规要求

(1) 金融机构应按照客户的特点或者账户的属性，并考虑地域、业务、行业、客户是否为外国政要等因素，划分风险等级，并在持续关注的基础上，适时调整风险等级。在同等条件下，来自反洗钱、反恐怖融资监管薄弱国家（地区）客户的风险等级应高于来自其他国家（地区）的客户。(2) 金融机构应当根据客户或者账户的风险等级，定期审核本机构保存的客户基本信息，对风险等级较高的客户或者账户的审核应严于对风险等级较低的客户或者账户的审核。对本机构风险等级最高的客户或者账户，至少每半年进行一次审核。(3) 金融机构的风险划分标准应报送中国人民银行。

(二) 客户身份识别的合规要求

金融机构在履行客户身份识别义务时，应当向中国反洗钱监测分析中心和中国人民银行当地分支机构报告以下可疑行为：(1) 客户拒绝提供有效身份证件或者其他身份证明文件的。(2) 对向境内汇入资金的境外机构提出要求后，仍无法完整获得汇款人姓名或者名称、汇款人账号和汇款人住所及其他相关替代性信息的。(3) 客户无正当理由拒绝更新客户基本信息的。(4) 采取必要措施后，仍怀疑先前获得的客户身份资料的真实性、有效性、完整性。(5) 履行客户身份识别义务时发现的其他可疑行为。

(三) 大额交易报告的合规要求

金融机构应当向中国反洗钱监测分析中心报告下列大额交易：(1) 单笔或者当日累计人民币交易20万元以上或者外币交易等值1万美元以上的现金缴存、现金支取、现金结售汇、现钞兑换、现金汇款、现金票据解付及其他形式的现金收支。(2) 法人、其他组织和个体工商户银行账户之间单笔或者当日累计人民币200万元以上或者外币等值20万美元以上的款项划转。(3) 自然人银行账户之间，以及自然人与法人、其他组织和个体工商户银行账户之间单笔或者当日累计人民币50万元以上或者外币等值10万美元以上的款项划转。(4) 交易一方为自然人、单笔或者当日累计等值1万美元以上的跨境交易。(5) 累计交易金额以单一客户为单位，按资金收入或者付出的情况，单边累计计算并报告，中国人民银行另有规定的除外。

（四）可疑交易报告的合规要求

下列交易或行为，金融机构应作为可疑交易进行报告：(1) 短期内资金分散转入、集中转出或者集中转入、分散转出，与客户身份、财务状况、经营业务明显不符。(2) 短期内相同收付款人之间频繁发生资金收付，且交易金额接近大额交易标准。(3) 法人、其他组织和个体工商户短期内频繁收取与其经营业务明显无关的汇款，或者自然人客户短期内频繁收取法人、其他组织的汇款。(4) 长期闲置的账户原因不明地突然启用或者平常资金流量小的账户突然有异常资金流入，且短期内出现大量资金收付。(5) 与来自贩毒、走私、恐怖活动、赌博严重地区或者避税型离岸金融中心的客户之间的资金往来活动在短期内明显增多，或者频繁发生大量资金收付。(6) 没有正常原因的多头开户、销户，且销户前发生大量资金收付。(7) 提前偿还贷款，与其财务状况明显不符。(8) 客户用于境外投资的购汇人民币资金大部分为现金或者从非同名银行账户转入。(9) 客户要求进行本外币间的掉期业务，而其资金的来源和用途可疑。(10) 客户经常存入境外开立的旅行支票或者外币汇票存款，与其经营状况不符。(11) 外商投资企业以外币现金方式进行投资或者在收到投资款后，在短期内将资金迅速转到境外，与其生产经营支付需求不符。(12) 外商投资企业外方投入资本金数额超过批准金额或者借入的直接外债，从无关联企业的第三国汇入。(13) 证券经营机构指令银行划出与证券交易、清算无关的资金，与其实际经营情况不符。(14) 证券经营机构通过银行频繁大量拆借外汇资金。(15) 保险机构通过银行频繁大量对同一家投保人发生赔付或者办理退保。(16) 自然人银行账户频繁进行现金收付且情形可疑，或者一次性大额存取现金且情形可疑。(17) 居民自然人频繁收到境外汇入的外汇后，要求银行开具旅行支票、汇票或者非居民自然人频繁存入外币现钞并要求银行开具旅行支票、汇票带出或者频繁订购、兑现大量旅行支票、汇票。(18) 多个境内居民接受一个离岸账户汇款，其资金的划转和结汇均由一人或者少数人操作。(19) 金融机构及其工作人员发现其他交易的金额、频率、流向、性质等有异常情形，经分析认为涉嫌洗钱的，应当向中国反洗钱监测分析中心提交可疑交易报告。

五、农村中小金融机构反洗钱工作存在的问题

由于农村中小金融机构反洗钱工作起步相对较晚，基础工作薄弱，目前仍存在一些问题和不足，与我国《反洗钱法》的严格要求存在差距，因工作履职不严、员工操作失误等问题被人民银行处罚的现象也时有发生。

（一）对反洗钱工作重要性认识不足

当前，为抢占市场份额，使资金流到本机构，一些农村中小金融机构往往懈于追究资金的性质及来源，不愿监控资金的流向，更不愿意建立一套要增加经济成本但又不直接创造利润的反洗钱体系。一些基层员工为完成刚性业务考核指标，对于某些涉嫌洗钱的业务往往难以取舍，在总部（总行、联社）反洗钱管理不到位的情况下，一些经办人员在进行“收益”与“成本”的权衡之后，往往遵守利润最大化原则作出不合规的选择，如不进行可疑信息报告或不积极进行报告。此外，由于反洗钱培训、教育工作不到位，部分一线员工没有掌握与其业务相关的金融法规和行业制度规范，凭感觉、凭经验办理，业务处理随意性较强，不能及时识别和防范洗钱活动。一些机构的领导层对反洗钱工作也往往重视不够，有的认为农村地区交通不便，信息闭塞，经济发展落后，贪污、贩毒、走私、黑社会等犯罪分子不会通过本地金融机构进行洗钱犯罪；有的则怕得罪客户，担心业务流失，影响自身经济效益，发现疑点后没有深入调查履行反洗钱义务等。

（二）反洗钱内控机制不完善

目前大部分农村中小金融机构没有设立专职的反洗钱工作管理部门，而是按照职能部门分工的不同将反洗钱工作分散在合规、会计结算、计财、信贷等职能部门。一些机构虽然明确了牵头组织部门的工作职责，也明确了相关部门的职责以及部门之间的协调，而在实际工作中却未得到落实，造成部门之间相互推诿，工作效率低。一些机构没有专职的反洗钱工作人员，反洗钱岗位配置严重不足，兼岗、混岗严重，主要经办人员基本上是兼职，其主要精力投入日常性工作，例如，一些农村信用社的县级联社指定信用社主管会计为反洗钱岗位兼职人员，但主管会计既要承担会计职责又要履行出纳复核职责，工作量大，往往对反洗钱工作应付了事。此外，基于反洗钱部门职能的局限性，大多数农村中小金融机构的反洗钱内控制度仅停留在表面，其质量及有效性仍需不断改进。例如，一些机构尚未制定可行的反洗钱工作制度，也没有将反洗钱工作当做重要指标纳入经营管理考核体系中，对提供重要线索、取得成效的员工也没有具体的奖励措施，导致反洗钱政策制度难以系统有效地贯彻和落实。

（三）反洗钱科技手段比较落后

目前，大部分农村中小金融机构有关报送目标的监测、筛选以及数据报表的统计、汇总大都处于手工操作阶段，尚未建立与支付清算系统和银行账户管理系统对接的支付交易报告和监测系统，也未建立本系统或本地区客户信息系统，客户信息无法实现共享，导致无法对可疑账户资金运行实施有效监控，工作效率和成效大受影响。例如，一些农村信用社受科技手段落后的限制，对上报联社审批的大额现金及转账业务需电话请示后方可办理，而联社相关人员无法现场审核交易的真实性，只得事后补批，一定程度上致使审批流于形式。再如，一些机构虽制定大额交易和可疑交易信息报告、分析程序和操作规程，但只停留在操作人员的口头汇报上，且只进行了简单的登记、审批和汇总，操作不够规范、随意性较强。此外，一些机构虽然建立了相关的反洗钱系统，但系统识别智能化程度不够。例如，对可疑交易信息的获取，是在系统中通过对业务发生的次数、金额等进行设定，达到设定标准的，系统就会给出预警提示，没有把客户的经营性质、经营特点与资金往来有机地结合起来，未运用更多智能化、个性化的分析来提高可疑交易识别的准确性，同时也缺乏集中统一的信息监测系统，信息关联性较差，系统中可疑交易往往是单笔的、零散的，相互之间缺乏关联性，无法依据一定条件整合出某一客户的所有可疑交易数据，无法形成对涉嫌洗钱行为的进一步分析研究。

（四）过度依赖客观标准使可疑交易报告质量较低

可疑交易判断实际上是一种主观行为，农村中小金融机构不仅要对交易的金额、频率、流向、性质等情形是否异常作出主观判断，还要结合客户身份、交易背景、业务经营范围作出综合判断。但是，由于农村中小金融机构识别系统设置的可疑交易标准存在差异，且系统智能化程度不高，造成“防卫性”报告过多，质量较低，情报价值利用率不高，成为影响反洗钱实效的最大困难。部分机构可疑交易判断标准设置较低，与反洗钱法规要求存在差异，如系统设置的可疑交易报送标准远低于《金融机构大额交易和可疑交易报告管理办法》的要求。一些机构根据国家有关法规制定的可疑交易标准未充分考虑行业差异，也未考虑新型业务与传统业务的差异，例如，对网上银行、电话银行、手机银行、银证产品、银保产品等金融产品的资金形态的虚拟性、交易行为的隐蔽性、交易速度的快捷性、业务办理的无纸化、产品特征的模糊性等因素的考虑不足，尚未针对这些新型金融产品与传统金融产品的差异设计不同的可疑交易识别标准，这在一定程度上制约了农村中小金融机构反洗钱工作的质量和可靠性。

（五）客户尽职调查及客户资料保存工作亟待加强

可疑交易的判断和分析需要基于对客户情况的调查和了解，受主客观因素制约，目前各级农村中小金融机构在对客户尽职调查方面依然薄弱，未能真正做到“了解你的客户”，对客户的了解仅局限于客户开立账户时所提供的有限资料，对客户的主营业务、资金往来对象、资产规模、经营状况等都不甚了解，又未能主动询问客户的交易情况，对每笔支付业务，只凭对开户单位提供的支付票据和凭证，辅以经验判断，这样很难区分正常支付与异常支付，难以有效开展防范洗钱工作。此外，个别机构及员工为了拉存款，保客户，不惜放弃制度和原则，公款私存、多头开户、非正常提现等违规经营现象屡禁不止，给洗钱犯罪提供了可乘之机。

六、打造“合规银行”的途径

从国内外金融机构开展反洗钱工作的实践经验来看，反洗钱工作不仅是满足外部监管的需要，也是促进金融机构自身业务健康发展的内在需求；反洗钱不仅是金融机构防范信誉风险的手段，也是实现战略发展规划的重要前提。同时，反洗钱工作是一项基础性的工作，也是一项长期艰苦的工作，只要与洗钱相关的各类犯罪活动不停歇，金融机构的反洗钱使命也就不会结束。相对于其他先进商业银行，农村中小金融机构内部控制手段比较缺乏，合规管理机制比较薄弱，基层员工对反洗钱的认识存在偏差，导致内部反洗钱工作也存在一定的漏洞，在某些机构或某些环节给一些犯罪分子提供了可乘之机。因此，农村中小金融机构要从社会责任、法律义务、合规经营的高度，进一步增强对反洗钱工作重要性和紧迫性的认识，踏踏实实地按照人民银行和相关部门的合规要求，尽快完善各项反洗钱工作程序，并通过反洗钱工作的严格履职，树立起良好的社会形象，努力打造“合规银行”，以此推动各项改革发展工作迈上一个新台阶。

（一）正确处理好反洗钱工作中的合规与业务发展的关系，以合规促发展

农村中小金融机构在反洗钱实际工作中存在客户认同难、制度执行难、实际操作规范难、人员素质适应难等难点，制约了反洗钱工作向纵深发展。要做好反洗钱工作，必须要处理好以下几个关系：一要处理好履行反洗钱义务与追求利润最大化的关系。实现利润最大化是农村中小金融机构的根本经营目标，而要全面履行好反洗钱义务就必须投入一定的人力、财力和物力，增加经营成本。从短期或者从局部来看会影响经济利益。但是我们如果不严格履行反洗钱义务，一旦被洗钱犯罪分子利用，不仅仅是法律法规的惩处，还会面临巨大的声誉风险。二要处理好“了解客户”与“以客户为中心”的关系。了解客户基本信息及交易信息，是做好反洗钱工作的基础。既要核实客户身份、了解其经营活动，又要提供周到、满意、快捷的服务，无疑增加了商业银行反洗钱工作

的难度。但是了解客户是商业银行健康发展的前提原则之一，是以客户为中心理念的重要组成部分，不可偏废。三要处理好反洗钱与业务发展的关系。存款是银行的立行之本，特别是在当前同业竞争非常激烈的情况下，拒绝一笔数额可观的存款，对于商业银行来说是困难的。但无论如何必须明确，宁可牺牲短期利益，也要控制洗钱行为，消除洗钱给金融机构经营带来的不稳定。同时，农村中小金融机构在开展各项业务过程中，还应建立相应的利益补偿机制和奖惩制度，对及时发现和报告可疑信息并协助破获洗钱犯罪的机构和个人采取一定的奖励措施，并将可疑交易报告制度执行情况纳入对各个业务部门、经营单位的绩效考核范畴，以利益激励的方式调动各层级人员执行相关合规要求的积极性。

（二）建立规范的反洗钱制度体系，从制度上体现合规管理的基调

当前，农村中小金融机构规范的反洗钱制度体系应当包括：识别客户身份的制度、大额交易报告制度、可疑交易报告制度、反洗钱内部控制制度、对员工的培训与教育制度等。反洗钱制度体系是风险防控的必要环节，更是农村中小金融机构内控制度的重要部分。要根据相关要求并结合自身实际制定行之有效的操作流程和管理办法，建立反洗钱工作督促检查制度，定期或不定期地对基层营业网点的反洗钱工作开展专项检查，使反洗钱内控制度与本机构的业务操作规程和会计核算系统做到有机结合。要完善客户身份识别制度，进一步健全账户实名制，增加执行实名制规定的可操作性、便利性和经济性，完善客户身份核实程序，制定出切实可行的客户身份识别的具体规定，能够在信息披露和信息保密之间找到平衡点。要完善大额交易和可疑交易报告制度，积极探索有效的可疑交易报告模式，逐步推进客观标准与主观标准相结合，进而以主观标准为主的报告制度，提高可疑交易报告的情报价值。要完善客户身份资料和交易记录保存制度，明确反洗钱档案保存范围，加强档案管理。

（三）建立健全反洗钱内控机制，完善合规操作的组织框架

要根据风险管理“三道防线”相互制约的原则，建立健全内部控制机制，设立包含反洗钱工作在内的操作、监督和检查部门，使各部门、各岗位之间相互制约。董事会要对本机构反洗钱内控制度有效实施负责，高级管理层要切实履行反洗钱工作的管理职责。在实际操作中，要建立健全内部各部门相互监督机制，如建立一线岗位双人、双职、双责为基础的双重控制和交叉检查制度；建立相关部门对多岗位、多部门的多项业务全面实施监督反馈制度等。在监督检查的基础上，建立内部反洗钱工作部门及工作人员的评估、考核办法，并确定相应的奖罚机制。同时要建立评估机制，通过现场和非现场手段对本机构的内控和内部监督检查机制的有效性进行评估，根据评估结果采取基于风险的管

理方式，确保本机构反洗钱义务的有效履行。对临柜一线、事中复核、事后监督等岗位要进行明确的分工，强化岗位之间的协调，堵塞反洗钱的管理漏洞。合规部门要强化对反洗钱业务操作规程的整合、优化工作，对不适应、不合理的情况要及时进行补充、修改和完善，使反洗钱的内部控制制度建设符合实际要求，同时合规部门要将存款实名制、账户管理、大额现金管理、支付结算管理、信贷登记管理以及外汇账户管理等全部纳入内部控制的范围之内，以严格存款实名制为重点，把好洗钱的入口关。内审部门要对反洗钱工作的有效性定期进行评估，及时发现风险与漏洞，确保反洗钱制度执行的连续性、有效性，真正实现建立反洗钱工作的自我约束、自我监督、自我管理和自我完善的有效机制。

（四）规范反洗钱业务流程，在流程操作中体现合规要求

一是制定行之有效的操作规程和管理制度，以及反洗钱业务学习制度和违规违纪操作处罚制度，将反洗钱工作纳入内部稽核范围，增强反洗钱工作的监督检查力度，加大对徇私舞弊、违规违纪操作的处罚。做到反洗钱内控制度与机构的业务操作规程和会计核算系统有机结合，两者共同进步，相得益彰，促进农村中小金融机构稳健经营和发展。二是将存款实名制、账户管理、票据监管全部纳入反洗钱的管理范围。三是在财务会计部门尽快设立专职反洗钱监管员，专门负责反洗钱的非现场监管、检查、辅导以及分支机构反洗钱岗位人员的培训工作。明确各分支机构的会计为反洗钱专职工作人员，实行岗前培训、持证上岗的原则，每月发放一定的风险岗位津贴，主要负责大额交易和可疑交易的甄别、分析、报送工作，不断增强反洗钱工作人员的工作责任心。四是由人民银行、财政局和机构总部共同出资设立反洗钱奖励基金，对那些工作责任心强，准确甄别大额和可疑交易，发现可疑的洗钱犯罪，及时报告上级进行处理，挽回国家经济损失的单位和个人进行奖励。

（五）加强反洗钱信息的交流，履行合规职责

信息在反洗钱工作中至关重要，反洗钱的信息交流应当包括：农村中小金融机构内部的信息交流，与其他银行之间的信息交流，与其他部门之间的信息交流。农村中小金融机构的合规部门要建立有效的机制，促进各种反洗钱信息在本机构内部以及内外之间的有效互动和充分交流与共享，减少不同分支机构、不同部门之间重新获取客户信息的成本，同时也使内部判断交易是否是可疑交易更加准确。同时，合规部门要积极参与当地人民银行组织协调的反洗钱信息沟通与交流，充分了解和把握金融机构最新的反洗钱动态。当然，农村中小金融机构向其他机构的信息报送，特别是向司法机构报送的信息，应当注意严格遵循现行法律的规定，如我国对银行协助查询、冻结、扣划的有关规定；报送

信息的程度应当根据实际情况进行，一般认为对可疑交易的信息披露不应受为客户保密义务的限制，因此，仍然要处理好信息披露与为客户保密之间的关系。此外，无论是哪一类信息交流都必须充分注意对信息的保密工作，应建立特定人员的有区别的信息获得和处理制度，以保证信息及时获取和信息的保密，即使是内部的信息交流也应如此。

（六）强化现金管理，管好反洗钱重点部位

要严格账户管理，严禁多头开户和非基本户提现。银行结算账户是资金运动的最基本要素，加强银行结算账户的管理是做好反洗钱监测工作的重要环节。农村中小金融机构要对客户开设银行结算账户资料的真实性、合规性进行严格审查，加强客户身份识别登记制度，特别是对于一次性交易的客户、现金兑换、大额现金存入和支取的客户要认真实行身份识别，了解客户信息，掌握其经营规模、资金活动特点和变动规律，严格管理身份识别资料，做到“真正了解你的客户”。要加强现金管理，这是防范“洗黑钱”的重要手段，要加强对客户现金流量、流向的监测，对大额现金的支付要按现金管理办法从严审查，重点监控20万元以上现金收付，及时报送大额和可疑资金交易报告，并对报告认真分析，绝不放过洗钱的蛛丝马迹；要积极引导客户使用先进的电子化非现金结算工具，不断改善支付清算环境，减少社会现金持有量，防范和打击利用现金结算进行套现、洗钱、逃税等违法犯罪活动，维护支付结算秩序和良好的经济金融环境。

（七）加强客户身份识别，构建反洗钱坚固防线

要根据客户对象等实际情况，尽快配足客户经理，对于一些个人和对公大客户进行统一细化管理，特别要加强对重点客户的业务经营、营业收入、资金使用及周转和新业务的开展情况进行详细的调查了解，真正做到了解自己的客户。要加强客户身份识别登记制度，特别是对于一次性服务的客户、现金兑换、大额现金存入和支取的客户要认真实行客户识别，进行认真分析和甄别，严格管理身份识别资料，防患于未然。要从源头上杜绝公款私存，私款公存现象；要尽快建立和完善与公安、税务、工商和人民银行的相关系统联网，以便加强对客户和身份识别、核查。

（八）深入持久地开展反洗钱法规、技能培训宣传工作

要紧紧围绕人民银行确定反洗钱宣传重点，通过内部局域网、网点宣传栏、制作宣传海报等方式大力宣传反洗钱法律法规，加强反洗钱知识宣传，提高反洗钱意识；将反洗钱培训纳入整个机构的培训计划，定期或不定期地开展反洗钱知识学习，加强对业务人员的专题培训，提高员工专业素质。在实际工作中，可以结合自身实际情况，制定和实施由浅入深的系统培训计划，采取二级培训

的方法，还应通过采取经验交流、观看案例分析、知识竞赛等多种形式增强员工的法制意识和责任意识，为认真履行反洗钱工作义务奠定扎实的基础。同时，要加大对反洗钱工作的宣传力度，走出“反洗钱与我无关”的误区，充分利用农村中小金融机构点多面广的优势，通过悬挂横幅、张贴标语、散发资料以及广大新闻媒介的宣传，使社会大众认识到洗钱犯罪就在我们身边，提高社会各界对洗钱犯罪的认识，共同打击各种洗钱犯罪，维护社会的稳定和繁荣。

第十章 合规文化：企业文化之灵魂

银行是典型的风险管理型企业，其风险管理特性决定了银行的经营活动始终与风险为伴，这就要求银行必须改变粗放式管理的套路，建立一整套有效管理各类风险的职业行为规范和做事方法。一方面，在银行内部要形成浓厚的合规文化，做到人人合规，所有员工都要有足够的职业谨慎、具有诚信正直的个人品行以及良好的风险意识和行为规范，形成所有员工理所当然要为他从事的职业和所在岗位的工作负责任的氛围，进而逐步形成全新的合规文化；另一方面，银行的领导层特别是董事会和高级管理层必须带头遵循各项法律法规和制度要求，以将合规管理和稳健经营等理念落到实处。1996 年美国学者史蒂文（Steven）首次提出了“合规由最高层做起”的概念，革新了以往商业银行只强调中层和基层员工合规经营的理念，“合规必须从高层做起”这一基本理念逐步被商业银行接受和推广。巴塞尔委员会在《合规与银行内部合规部门》中也明确指出“合规应从高管做起”。纵观国外银行的发展历史，能够经受历次大危机考验的银行业机构都是那些高层能够切实遵从并执行合规经营理念的银行，这并非偶然，而是有着深刻的内在逻辑。因此，所谓合规文化就是指银行为避免遭受法律制裁、监管处罚、重大财务损失或声誉损失，自上而下地建立起一种普遍意识、道德标准和价值取向，以从精神方面确保其各项经营管理活动始终符合法律法规、自律组织约定以及内部规章要求。

一、合规文化与企业文化的内涵及其关系

文化是企业管理的最高境界，企业文化作为一种管理工具，在现代企业经营发展中扮演着越来越重要的角色，中外优秀的成功企业都有其卓越的文化。目前，无论是大型商业银行，还是中小银行业金融机构，普遍认识到企业文化在提高自身管理效率，打造经典服务品牌，提升市场竞争力，以及实现可持续发展中的重要价值。在一些银行，企业文化已经完成或正在经历从一般元素到管理工具，到竞争武器，再到战略资源的过渡，企业文化的本质内涵开始在银行业中得以真正展现。而合规文化作为企业文化的核心内容，正在所有银行业机构的企业文化建设中发挥重要作用。从实质上说，如果银行上下都严格遵守

高标准的道德行为准则，那么该银行的企业文化建设才是最为有效的。因此，银行董事会和高级管理层应采取一系列措施，推进合规文化建设，促使所有员工（包括高层管理人员）在开展各项业务过程中都能自觉遵守法律、规则和标准，在此基础上建立起先进的企业文化，并形成高效的公司治理环境。

（一）什么是企业文化

企业文化是指企业等经济实体在生产经营中，伴随着自身的经济繁荣而逐步形成和确立并深深植根于企业每一个成员头脑中的独特的精神成果和思想观念，是企业内部共同遵从并为企业外部所辨识的经营理念、经营制度和经营行为等的总和，是现代企业实现可持续发展的重要无形资产与战略性资源，是企业的精神文化。

企业文化是整个企业经营管理的指导思想和管理风貌，是企业在长期的业务经营和管理活动中，逐步形成并为全体员工尤其是企业高层管理者们所认同、遵循、带有本行业特征的价值取向、行为方式、经营作风、企业精神、道德规范、发展目标等因素的总和。企业文化是物质和精神因素的综合体，一般包括表层的硬文化、制度文化和观念文化三个层次。“表层的硬文化”是指企业文化的物质的外在表现，包括该企业的建筑、设施、环境、人力资源等。企业的这类有形财富，是企业文化发展水平的体现，因为其多与企业的硬件条件直接相关，故称“硬文化”。“制度文化”是企业的各种组织机构、组织制度、规章制度、操作规程等管理文化的体现，是企业经营管理机制运行的主要模式和手段。“观念文化”即精神文化，也称企业精神，是指企业的经营观念、企业精神、价值观念、行为准则、道德规范、企业形象以及全体员工对企业的责任感、荣誉感等无形的文化部分，是一种战略性的软件资源，是企业的灵魂和精神支柱，是企业文化的核心内容。

企业文化作为企业全体员工信奉的价值理念和共同的行为准则，是一个企业的灵魂，在企业的统筹规划和市场行为中起到导航的作用，对于企业终极的市场定位、运营宗旨以及处世态度都有决定性意义。良好的企业文化是企业实现有效管理的重要手段，也是企业实现可持续发展的基本前提。一个企业要建立起比较完善的企业文化，必须以精神导向为核心，以物化的设备、组织管理和行为规范等为载体，从精神层面、制度层面、行为层面和物质层面等方面出发强化整个企业的文化体系建设，重视领导层及其各层级管理者的言行与模范带头作用，重视以人为本和员工价值的实现，重视各项规章制度的执行效率，重视企业形象，重视各种基础设施的建设和维护，重视研究、探讨和实践企业的可持续发展之路等。值得特别强调的是，我们在实践中不能简单地把企业文化建设与精神文明建设混为一谈，更不能只把它当做一个形象工程来对待。其实，企业文化不只是搞一些文娱活动、宣传活动等，也不是到处张贴格言警句，就能形成企业文化，也不是简单指企业的行为规范、企业纪律制度等，而是整个企业所共有的一种愿景、理想、奋斗目标及在奋斗过程中员工的价值取向、服务理念、执行力等。然而，目前我国一些企业（包括部分农村中小金融机构）尚不拥有一个系统的完整的企业文化体系，企业文化建设大多停留在文体活动、张贴标语、规章制度的制定与执行等，有的表面上虽冠冕堂皇，但内容和精神实质却是空洞乏力。

对于农村中小金融机构来说，随着产权升级改造、经营机制转换、管理体制变革以及规模扩张等重大改革发展工作的不断深入，各种新与旧、创新与保守等矛盾将不可避免地交织出现，从而产生各种利益冲突，如果不处理好这些矛盾和冲突，就会对农村中小金融机构的发展形成桎梏。由于企业文化旨在培育员工的共同价值观和行为准则，因而企业文化在农村中小金融机构改革发展过程中具有调动员工积极性的激励功能，具有引导和规范员工行为的约束功能，具有指明共同努力方向的目标导向功能。通过深化企业文化调和改革中出现的各种利益团体的冲突，可以促进全体员工为了整个机构目标的实现而共同奋斗，使农村中小金融机构实现长期的可持续发展。

（二）银行合规文化的内涵与特征

合规作为一种文化，其内涵至少包括四个方面：首先，要求从高层做起。即管理者必须率先垂范，躬身实践，合规才最为有效，可以说，管理者合规是构成农村中小金融机构合规文化的基因及实现人人合规的首要前提；其次，强调的是人人合规，合规不仅仅是合规部门或者合规人员的事情，合规工作与农村中小金融机构的各个流程、各个工作环节和每位员工都息息相关，只有让合规的意识渗透到每位员工的血液中，人人遵守诚信与正直的准则，才能形成大众性的合规文化；再次，要做到主动合规。目前农村中小金融机构普遍出台大量的规章制度和实施严格的经济处罚机制，在一定程度上遏制了部分风险案件的产生，但这种被动性质的合规要求一旦被个别人员作出“机会成本”的选择时，例如，员工的犯罪成本偏低时，就会造成内控机制的“硬约束”失灵，只有树立“主动合规”的意识并形成文化才能有效控制风险案件；最后，要树立“合规创造价值”的理念。一家成熟的银行业机构不仅要会做“加法”，更要会做“减法”，控制和减少损失也是创造价值的过程。

合规文化还包含“合规人人有责”、“合规意识”、“合规创造价值”、“合规与监管有效互动”和“主动合规”等理念、意识和行为准则。它与过去传统的合规观念的区别有两点：其一，强调“有效互动”的合规文化。通过合规与监管的有效互动，解决过去银行与监管者博弈，即纠正过去“猫鼠游戏”的认识。

这需要银行和监管部门两方面共同努力：一方面，监管规则的出台要更深入地征求银行的意见，给予监管对象充分的话语权，使监管规则更具操作性，更符合银行稳健经营的实际需求；另一方面，银行也必须积极主动地争取和利用在法律、规则和准则制定过程中的话语权，提出自己的意见和需求，主动争取有利于未来发展和业务创新的外部政策。其二，树立“主动合规”的合规文化。倡导主动发现和暴露合规风险隐患或问题，并相应地在业务政策、行为手册和操作程序上进行适当的改进，以避免任何类似违规事件的发生，纠正和处理已发生的违规事件，并对相关责任人给予必要的惩戒措施。这需要银行形成鼓励主动报告合规风险的基调，同样的问题，如果发现了合规风险而隐瞒不报，一旦被内审部门或外部监管者查实，隐瞒不报者一定要受到更加严厉的惩罚；而对于主动报告问题或隐患的，则可以视情况减轻处罚，甚至免责乃至给予奖励。

银行合规文化是企业文化大家族中的有机组成部分，是企业文化与银行合规经营管理实践相结合的产物，具有一般企业文化的各种特性。同时，银行业的行业特性又决定了银行合规文化具有自己所独有的特征，具体体现在以下四方面：一是“规”具有法律效力。银行业机构自行制订的所有制度规则都要符合国家法律的规定，不能与国家法律精神相违背、相冲突。二是“规”的价值取向得到高度认可。银行业机构所有人员要从内心里真正认同银行业机构内外的法律、法规、制度、办法，这是合规文化的核心。三是“规”的执行得到有效保障。要通过有规有矩、守规褒奖、违规惩罚、奖罚分明的正向激励约束机制，使“规”得以有效落实。四是“规”的落实是大家的自觉行为。银行机构从业人员能够做到对“规”的准确掌握和对违规的高度敏感，主动守“规”，按“规”操作，使合规意识成为一种自觉和必然的行为准则。

（三）合规文化的功能

谈到合规文化，很多银行高级管理层都认为是虚的，没有什么实际作用；有些银行的合规文化往往是由一位领导或员工按照自己的标准总结出来的，没有形成整个银行上下共同接受的行为规范；有些银行将合规当做纸上谈兵，没有将其用于指导各个层级的实际经营管理活动；有些银行内部对合规文化建设重视不够，员工及管理人员违规操作等问题也无法及时得到纠正等。这些问题都是合规文化尚未发挥作用的表现。合规文化作为银行全体员工信奉的价值理念和共同的行为准则，是一家银行的灵魂。尤其在市场竞争日益激烈、产品服务差异化趋弱的背景下，合规文化作为一种特殊的优势资源，在银行经营管理实践中的作用不断凸显出来。具体而言，合规文化一般具有以下四方面的基本功能：

1. 导向功能。合规文化能对银行整体和全体员工的价值及行为取向起到引导作用。一是对银行高级管理层及其各个层级管理者和员工的思想和行为起导向作用；二是对整个银行的价值取向和经营管理起导向作用。这是因为合规文化一旦形成，它就建立起了自身系统的价值和规范标准，可以减少员工及管理者个人行为与组织目标的偏离，增强员工对组织的认同感，从而降低了达成共识的成本。

2. 约束功能。合规文化对银行员工的思想、心理和行为具有约束和规范作用。合规文化的约束不是制度式的硬约束，而是一种软约束，这种约束产生于整个银行的合规文化氛围、群体行为准则和道德规范。群体意识、社会舆论、共同的习俗和风尚等精神文化内容，会造成强大的使个体行为服从众化的群体心理压力和动力，使全体员工产生心理共鸣，继而达到行为的自我控制。

3. 激励功能。合规文化一旦被员工共同认可后，它就会成为一种亲和力，从各个方面把所有员工聚合起来，从而产生一种巨大的向心力和凝聚力，会使他们从内心产生一种高昂情绪和奋发进取精神的效应。所以，积极向上的理念及行为准则将会形成强烈的使命感、持久的驱动力，成为员工自我激励的一把标尺。一旦员工真正接受了银行的核心理念，他们就会被这种理念所驱使，自觉自愿地发挥潜能，为企业更加努力、高效地工作。

4. 声誉功能。银行在公众心目中的品牌形象，是一个由以产品服务为主的“硬件”和以企业文化为主的“软件”所组成的复合体。优秀的企业文化，对于提升银行的品牌形象将发挥巨大的作用。它不仅会在内部发挥作用，而且也会通过各种渠道（宣传、交往等）对社会产生影响。企业文化的传播将帮助银行树立良好的公众形象，提升社会知名度和美誉度，有利于扩大市场空间。

（四）银行合规文化管理

对于个体的企业，其成长轨迹并不复杂，各类管理思想只是有形无形，或多或少地融合在具体的管理实践中。同时必须承认，一个企业从无到有、从小到大，不仅各种管理理论在各个发展阶段中发挥的效用不尽相同，而且主导管理模式也要经历一个不断的发展过程，即从起初的权治管理，向经验管理、制度管理、文化管理逐级演进。这是企业成长过程中管理模式演进的一般规律，而其中文化管理被认为是企业管理的最高层次。所谓银行合规文化管理，是指银行在持续经营发展过程中，通过制度的约束和流程的规范以及高层的示范、文化的熏陶等方式，将合规文化打造成全体员工实施自我管理以及内部组织高效运行的主要力量，以此促进银行经营发展目标的顺利实现。合规文化管理既是一种管理模式，也是一种管理方法和艺术，是银行内部管理实践中的高层次管理。从银行管理的对象和任务看，管理被传统解读为指挥、约束、管辖、监督和控制，是非常片面的。这不是管理的全部含义，更不是管理的要义，而是典型的“管”，适合于对物的管理，是管理的初级阶段。只是依靠制度生硬的、机械的和冷漠的管理是不够的，人更需要人文的关怀、体贴、温暖、感化和激励，以及高层的引领和示范。所以，管理的高级阶段是“理”，就是以理服人、以情感人、以文“化”人，需要构筑人与人互相平等和互相尊重的平台，通过良性的双向沟通的渠道和手段，达到相互理解、相互支持、相互协调。而从外延来看，合规文化管理是从人的心理和行为特点入手，培养银行共同价值、共同情感，形成银行自身的文化氛围，同时从银行整体发展的角度出发，在借鉴吸收各种先进管理思想的基础上，着重处理好银行利益各方之间的和谐平衡，进而形成统一的管理风格，并把内部管理的软要素作为经营管理的中心环节，以文化引导为根本手段，通过银行价值观培育、管理制度推进，以形成员工的自觉行为为目的，全面提升银行管理效率。此外，合规文化管理的核心是以人为本，也就是说，合规文化管理之所以被认定为管理的最高层次，是因为它重视的是人的因素，管理的对象完全从“物”转向“人”。当然，实行以人为本的管理，不是宣传一种思想说教，也不是形式上的变革，而是银行管理宗旨、管理战略、管理重心、管理方法、管理策略的根本转变。

（五）银行合规文化与企业文化的联系

合规经营是银行存在和发展的根本前提，也是银行稳健经营的关键所在，所以合规文化当然应是银行企业文化的核心构成要素。

1. 企业文化是合规文化的基础。企业文化的培育是现代企业管理的大趋势，银行的企业文化，关系到银行的生存和发展。它渗透于银行的一切活动之中，包含金融物质财富和精神财富，是银行的精神象征。而合规文化是银行企业文化的重要组成部分，它是以银行机构的企业文化为背景，在合规经营和合规管理活动中凝练并通过由企业文化的精神层面、制度层面和知识层面共同体现的、被广大员工认同并自觉遵守的合规管理理念、合规价值观念和合规管理行为规范。培育和完善良好的合规文化是实现长治久安和可持续发展的根本之路。只有建立起健康规范的合规文化，把合规管理理念贯穿于业务发展和经营管理的整个流程，使合规管理由高深抽象的理论变为现实生动的企业文化，内化为所有员工的自觉意识和行为习惯，才能使合规风险管理机制发挥有效的支持、监督、保障作用，才能使各项规章制度在各层级得以贯彻落实。简而言之，合规文化的建设与良好运行就像鱼儿离不开水一样离不开企业文化。

2. 合规文化是企业文化的灵魂。银行业是经营货币的特殊行业，是一个高风险行业，防范控制道德风险、经营风险是第一要务，风险管理贯穿银行经营管理的始终，只有在控制好风险的基础上才能谈发展。合规风险是产生其他风险的一个重要诱因，特别是导致银行操作风险、声誉风险和案件产生的主要原因。与此同时，大量合规失效的案例足以说明合规风险正成为现代银行业的主要风险之一，“合规应被视为银行内部的一项核心管理活动”。为此，银行必须通过加强公司治理、培育合规文化，提高合规风险管理的有效性，才能更好地应对整个银行业全面开放的挑战，确保本机构安全稳健运行。可以说，加强合规风险管理，提高合规管理的有效性，对于银行而言有着十分重要的意义。合规文化是银行造就百年基业的重要保障，那些能够长盛不衰的优秀银行，并不依靠投机取巧去抢夺客户，更不依靠铤而走险去侵占市场，它们的经营管理行为都是在合法合规的轨道中运行。

二、银行业机构建设合规文化的意义

思想是行动的先导和指南，而文化是思想的结晶和群体共同价值观的集中体现。在银行的经营管理中，合规文化作为企业文化的核心，体现为一种思维方式和价值观，其对银行制订战略规划、实施风险管理以及强化内部运营管理等方面具有重要的作用。

（一）构建合规文化是银行主动适应外部监管新要求的需要

近年来，我国依法治理的进程明显加快，国家法律体系、法治环境日趋完善，监管部门对银行的监管日趋规范、全面、严格，加上国家宏观经济环境的变化，银行面临着严峻的同业竞争，这就对银行如何在开拓业务并积极参与市场竞争的同时能更好地遵循法律、规则、准则，以满足外部监管新要求等方面提出了更高要求，促使银行必须尽快建立一整套有效地管理各类风险的职业行为规范和方法，自觉遵循行业管理规定和准则。

（二）构建合规文化是确保银行稳健运行的内在要求

当前，国内银行业机构操作层有章不循、管理层违规经营的现象屡禁不止，内部相互制衡机制难以有效发挥作用，对其资金安全和社会形象构成了一定的负面影响。虽然大量的风险主要表现在操作环节和操作人员身上，但其背后往往潜藏着操作环节的不合理和操作人员合规守法意识的欠缺，这恰恰反映出合规文化远没有渗入一些银行业机构的日常管理和决策。所以，合规文化建设应是银行实施风险为本管理的基础和载体，是银行稳健运行的内在要求。

（三）构建合规文化是银行体制、机制改革的迫切需要

在当前开放的经济环境下，国内银行业机构不仅自身要积极融入经济全球化的浪潮，还要在健全公司治理结构、完善经营管理体制、建立全面风险管理机制等方面与时俱进。从银行业发展规律来看，合规管理是银行实施有效公司治理的重要途径之一。我们必须从完善公司治理的基本要求出发，围绕决策、

执行、监督三个关键环节制定切实有效的措施，构建具有竞争力的合规文化。

（四）构建合规文化是银行提高制度执行力的核心所在

目前国内银行业机构特别是农村中小金融机构其实并不缺制度，真正缺的乃是执行力。究其根源在于合规文化的欠缺，只有在执行中形成共同的习惯并上升为稳定的价值理念和行为取向，有效地渗透才能将制度执行落到实处。因此，建设良好的合规文化、实现内部合规与外部监管的有效互动，并以此促进银行从整体上优化流程管理、强化内部控制、实现稳健经营，成为银行有效控制风险的重中之重。

银行业高风险的经营特性，决定了银行合规经营的任务与其发展的全过程始终相生相伴。特别是随着现代银行业进程的迅速推进，合规经营风险更加显现其集中性和多样性的特征。同时，随着现代金融企业制度的建立和完善，银行面临外部监管部门更加严格的监管。所有这些，都要求各家银行要不断强化合规经营，加强合规文化建设，以保证整个运行机制能够保持正确的运行方向和运行轨道，始终保持最佳的运行效率和运行质量，实现经营管理的风险最小和效益最优。

三、农村中小金融机构合规文化建设现状分析

近年来，在监管部门积极推动下，农村中小金融机构逐步认识并重视合规管理与风险控制，各独立法人机构开始认识到合规经营的重要性，不能再跟过去一样单纯地追求规模，而是开始考究规模与效益、质量之间的协调关系，而这正是合规文化最有力的体现。同时，各家机构在不同程度上着手于合规风险管理机制的建立，包括组建独立运行的合规风险管理机制及其组织架构、建立适合于自身发展的合规政策和各项配套制度、引进先进的经营管理理念和管理模式、加强合规风险监测与管理、完善内部控制手段、提高流程运行的合规性监督和监测水平、强化员工业务培训等各个方面，将合规理念渗透到全体员工的日常业务流程操作的各个层面，使他们自觉付诸行动，保障各项业务的稳健发展。然而，与国内先进商业银行比较，目前农村中小金融机构的合规文化建设仍然存在一些缺陷，个别机构的违规事项或特大、重大案件时有发生，需要引起我们的重视。

（一）公司治理环境及内控机制建设不到位，制约了合规文化的培育和推进

目前农村中小金融机构普遍建立起股东大会、董事会、监事会等组织体系，并制定了相应的议事规则，但其内涵和经营机制距离有效的法人治理结构的要求还有很大距离，可以说，目前农村中小金融机构的“三会一层”有效科学的运转机制尚未完全建立，法人治理结构有待完善。此外，绝大部分机构已建立

起专门负责合规管理的部门，但由于种种原因，事实上，合规部门与稽核、内审或监察部门在职能上还存在着许多重叠和交叉，没有明确的界限，合规部门对于如何有效开展合规管理工作及建立有效的合规制度还缺乏有效的落实措施和手段，这种“形似”而不能“神似”的内部管理体制成为了推进合规文化建设的重要障碍。与此同时，目前农村中小金融机构的风险管理机制不健全，内部控制漏洞多，例如，有的机构高级管理层规模扩张的情结不断、冲动不减，面对累积的长期信贷风险缺乏责任心；有的机构片面理解“高风险高收益”，为追逐所谓高利润行业、热点行业，而忽视风险隐患的存在；有的机构面对新形势变得一筹莫展，消极应对，并没有潜心研究并采取有效的风险形势应对措施；有的机构内部管理仍然混乱，内控和合规管理失效问题普遍存在，操作风险及案件形势仍然严峻，等等。

（二）内控制度建设尚未重视“规”的合格性，影响了合规的有效性

就现状而言，农村中小金融机构的内部控制制度体系尚未完全建立，现有制度的约束仍不够健全和完善。由于内部管理组织结构不完善，目前农村中小金融机构的内部控制工作仍局限于部门控制，还没有形成现代意义的流程控制和管理体系，在一定程度上影响了合规管理工作的有效性。一是“部门制度”造成管理边缘化现象突出。虽已建立了一套比较全面的规章制度，但是各项制度的建立大多是以各职能部门为依托“分权设置”的，导致了内控制度的部门性特征十分突出，一些操作环节因涉及多个部门，出现诸多管理不到位及风险隐患。二是规章制度的可操作性影响了执行力。为遏制制度漏洞，部分农村中小金融机构内部一些专业部门不是出于全面控制风险的目的，有计划、有针对性地进行制度梳理，而是通过修修补补、打补丁式地修订制度以限制员工的操作行为，由于出台的制度系统性不够，有时还存在前后制度矛盾的现象，使得操作者无所适从。三是新制度的出台缺乏流程控制。面对大量新业务的产生，部分农村中小金融机构（特别是新型农村金融机构）由于没有过往的管理经验，在新业务的流程设计和制度建设中仅仅依靠“拿来主义”，一些制度的出台也仅是为了应付经营的需要而非管理的需要采取闭门造车的方法。四是规章制度的后评价制度未能真正建立。目前拥有大量的制度，但尚未建立有效的后评价制度，造成制度执行情况反馈和修订工作仍处于极为原始的阶段，一些执行中遇到问题的制度只有由专业部门再“打补丁”，一些管理边缘化的问题由于缺乏部门间的沟通，甚至连“补丁”都无法打。

（三）传统的经营管理模式根深蒂固，阻碍了合规风险管理机制的建立和完善

一是部分农村中小金融机构领导层合规意识不强，合规导向存有偏差，表现在一些领导层成员仍然存在重经营轻管理、重结果轻过程、重检查轻防范的

思想，内控先行的软要求与经营指标第一的实际行动形成反差，管理权威及效果大打折扣；二是片面的绩效考核机制制约了合规文化的形成，为了争夺市场，部分机构不计成本（包括合规成本），同时片面追求业绩指标，只重视结果的考核而忽视了过程的控制，必然导致形成畸形的绩效考核体制；三是管理权力与管理责任不对等，削弱了管理力度，在目前农村中小金融机构纵向授权运行机制下，极易表现为基层管理者在一定程度上的权力过大、过于集中，在经营过程中，为了个人业绩，追求短期效益而放弃制度约束，同时，责任追究制度不健全，农村中小金融机构内部从上到下还没有形成一整套完善系统的问责制度，责任追究力度不强，问责不到位问题突出。

除了上述三方面的问题外，对合规文化建设缺乏长远规划和整体设计，存在目标短期化的现象，也是目前农村中小金融机构合规文化建设中普遍存在的问题。合规文化建设的渐进性和潜移默化的特征，决定了农村中小金融机构的合规文化建设是一个长期的发展过程，有大量的基础工作要扎扎实实地去做。而目前大部分农村中小金融机构在合规文化建设中没有科学具体的短期目标和中期目标，尤其是一些基础工作缺乏计划性、前瞻性和策略性。与此同时，一些管理层成员对合规文化理解的不到位，对合规创造价值的低估，使得合规文化建设难以纳入农村中小金融机构重大发展战略体系，合规文化建设表现出随意性、形式化，很难达到应有的效果。

四、银监会对农村中小金融机构合规文化建设的目标要求

近年来，农村中小金融机构通过锐意进取、深化改革，在公司治理、风险管理、案件防控等方面均取得长足进步，整体步入良性发展轨道。但由于农村中小金融机构硬件和软件基础比较薄弱，经营管理机制处于转型阶段，未根本树立健康的合规文化，粗放式经营惯性导致违规事件时有发生，甚至引发案件风险，形成大额资金损失和极大的声誉风险，农村中小金融机构合规风险管理面临巨大挑战。为贯彻落实《农村中小金融机构全面风险管理建设指引》、《商业银行合规风险管理指引》等法律法规，不断提升合规风险管理水平，培育良好合规文化，银监会在 2011 年组织全国农村中小金融机构全面开展“合规文化建设年”活动。这项活动对于促进各家农村中小金融机构尽快建立健全有效的合规风险管理机制和良好的合规文化等方面起到了极大的推动作用。

（一）合规文化建设的总体目标

根据中国银监会的要求，各家独立法人机构合规文化建设的总体目标是：建立与本机构相适应的合规风险管理机制，促进内部控制更加严密，员工从业行为更加规范，激励考核制度更加科学，各种风险得到有效控制，同业竞争力

显著提高，实现依法、合规、稳健发展。在具体工作中，农村中小金融机构要通过合规文化建设年活动的开展以及持续的合规机制建设，尽快建立“一个体系”，完善“两种机制”，制定“三个办法”和建立“四项”制度。建立“一个体系”就是建立与农村中小金融机构经营范围、组织结构和业务规模相适应的合规管理组织体系；完善“两种机制”就是完善有效实施全面风险管理机制和业务合规操作机制；制定“三个办法”就是制定合规绩效考核办法、违规问责办法和诚信报告办法；建立“四项制度”就是建立重大违规报告制度、合规政策报备制度、合规管理评估制度和合规管理联动制度。

（二）银监会对农村中小金融机构合规文化建设的具体要求

1. 完善组织体系。按照银监会要求，各家农村中小金融机构要科学配置合规管理资源，建立和完善与经营范围、业务规模相适应的合规风险管理组织架构，从合规部门设置、岗位安排、职责权限、工作流程、管理措施、报告路线、监督评价等各方面完善合规管理的制度性安排。省级联社（农村银行）应在理（董）事会下设风险管理委员会、审计委员会或专门的合规管理委员会，准确、及时掌握本机构合规风险管理情况和重大违规事件，协助理（董）事会对经营活动的合规性最终负责；理（董）事长是本机构合规文化建设的第一责任人，对合规管理政策制度的建立健全、合规风险管理体制机制的有效性、违规行为的控制与处罚承担全面责任。要把合规建设作为“一把手”工程来抓，董事长及高级管理层要带头倡导合规文化，认真践行合规职责，做好合规表率。监事会监督合规管理职责的履行情况。同时，应设置独立的合规部门，配备专职合规人员，承担合规管理工作。县（市）级联社（农村银行）、新型农村法人金融机构可以结合自身实际，独立设置合规部门或合规管理岗，研究、制定合规政策、制度，有效识别和管理合规风险。合规部门与风险管理部门、人力资源薪酬管理部门要进一步明晰职责，建立合规管理的协调机制，内审部门要对合规部门履职情况进行评价，保证合规管理体系有效运行。

2. 重塑制度流程。合规就是使机构的经营管理与相关法律、行政法规、部门规章及其他规范性文件、经营规则、自律性组织的行业准则、行为守则和职业操守相一致。各独立法人机构应对已制定的规章制度进行全面系统的梳理和评估，确保内部管理各项制度的合规性，体现并符合法律、法规和准则的要求。根据风险管理流程的需要，各机构应按照业务条线制定并完善相应的管理制度、流程规范或操作指南，使之成为指导合规操作的标准。为保障合规要求的执行落实，要着力建立和完善合规绩效考核、违规问责和诚信报告“三个办法”，以及重大违规报告、合规政策报备、合规风险管理评估、合规管理联动等“四项制度”。在合规风险管理的机制、制度层面上，省级联社（农村银行）应充分发挥行业管理指导的积极作用，确保制度建设的适用性、先进性和有效性。

3. 强化教育培训。合规与每个业务活动、每个管理环节和每个工作岗位都息息相关，主动合规应成为每一个员工的行为准则、自觉行动。农村中小金融机构要在监管部门、省级联社（农村银行）的统一安排和指导下，组织实施针对不同对象、不同层次的合规教育培训和考核。开展职业道德教育的中心内容就是要培养和塑造每一位员工优秀的品格与职业道德修养，培养员工忠诚敬业、勇敢坚韧、恪尽职守、自律守法的工作态度。在新的历史形势下要更新观念，开阔视野，突破陈旧落后的服务思维。要按照市场经济要求，遵守市场法律法规，强化服务手段，提高服务档次。要树立“客户至上”、“敬业爱岗”的服务理念，以满足客户需求为目标，协调、调动各方面资源，建立以客户为中心的服务体系。通过提高员工职业道德综合素质水平，进一步推进农村中小金融机构合规文化建设工作的开展。要把良好的职业道德作为领导聘用和员工上岗的必要条件，让良好的职业道德成为员工岗位成才的法宝和企业合规建设的保障。各机构要认真组织员工学习国家经济政策、法律法规、监管要求和内部管理规章制度、流程规范，学习本岗位应知应会的专业知识、技术技能，开展思想道德、职业操守、案例警示教育。尤其应重视做好对新进员工、新上任人员、高风险部门和关键岗位人员以及合规专业人员的教育培训，切实提高全员的遵纪守法、职业操守意识，提高全员的政策贯彻、制度执行和专业知识、业务操作水平。合规教育培训工作结束后，合规风险管理部门应组织对参训人员进行检测考核，以确保培训效果。在管理中要注意关心员工，爱护员工，尊重员工，理解员工，信任员工，让员工亲身感受农村中小金融机构的关爱和“大家庭”的温暖。通过各式各样的活动加深员工对农村中小金融机构的认同感和归属感，从而增强企业的凝聚力与向心力。

4. 全面自查自纠。合规文化建设要坚持“统筹兼顾、合理安排”的原则，与案件治理、贷款“三项”整治以及反腐倡廉活动等结合起来开展。高级管理层要组织所有部门、经营单位及网点和所有岗位员工以开展全面合规自检、违规自查、风险排查为基础，以消除制度缺失、执行偏差、监督缺位为重点，深入查找公司治理、内部控制、行为规范等各方面存在的问题，针对发现的问题，分门别类地制定详细整改方案，强化合规管理措施，并跟踪复查，确保整改纠正和问责到位。实施中要结合当前工作，认真落实银监会对授权授信、贷款“三查”、内外对账、大额存贷款及票据承兑贴现的滚动检查要求，重点对盗支客户存款、账外吸收存款、假冒名贷款、内外勾结诈骗贷款、挪用联行资金等案件多发业务领域进行风险排查，对风险隐患大的重点岗位、重点人员和关键环节进行精细化合规检查。通过检查、整改进一步落实银监会防范操作风险的“十三条”措施，强化案件风险防范“四项制度”等案防制度、要求的执行。同时要鼓励员工检举违纪违法的人和事，提供案件线索，共同推动合规文化建设工作的深入开展。

五、合规文化的建设过程就是良好企业文化的形成过程

合规文化作为农村中小金融机构全体员工信奉的价值理念和共同的行为准则，是农村中小金融机构取得竞争优势的重要依托与基础支撑，是农村中小金融机构企业文化的核心与灵魂。逐步创建具有自身特色的合规文化，并逐步从制度管理过渡到文化管理机制，是各家农村中小金融机构未来的发展方向和必须追求的最高目标。根据监管部门对农村中小金融机构合规文化建设的要求，结合实际，各家独立法人机构在未来3~5年的经营发展过程中，要重点从“物质、行为、制度和精神”四个层面来加强自身的合规文化建设，并在此基础上逐步形成良好的企业文化。

（一）物质层面的合规文化建设

物质文化是指为了满足人类生存和发展需要所创造的物质产品及其所表现的文化，包括饮食、服饰、建筑、交通、生产工具以及乡村、城市建设等，是文化要素或者文化景观的物质表现。所谓银行“物质层面的合规文化”就是指银行通过有效的合规管理所逐步形成的安全的基础设施、办公环境以及安全运营的各种产品、金融服务手段等以物质形态表现的文化方式。物质文化本质上是理念文化、制度文化和行为文化的有形载体和终端产物。它是一种以物质为形态的基础层次的文化，是行为文化、制度文化和理念文化的外在显现。

1. 加快建设合规文化的物质载体。农村中小金融机构的董事会和高级管理层必须创造良好的物质基础和经营环境，满足外部客户和内部员工的合理需求。一要加快产品创新与服务创新，整合内部管理资源，优化业务操作流程，满足客户日益增长的金融服务需求；二要积极优化内部各种制度，建立良好的激励约束机制，建设良好的工作环境，为员工的日常工作和职业生涯发展提供良好平台；三要领导带头，中层示范，员工执行，积极搭建具有自身特色的符合合规内涵的合规制度与流程的执行机制；四要积极宣传本机构的品牌形象，通过广播、报纸、杂志、电视、LED和网络等形式宣传本机构的企业文化，积极参与各种社会活动，正确履行社会责任；五要在机构内显著位置张贴合规文化公告，让客户和广大员工了解本机构的合规文化建设，并给予实施监督或举报违规事项。

2. 展现合规文化建设的经济价值。合规文化建设并不能直接创造出经济价值，但是通过合规文化建设，提高员工的合规意识和风险管理水平，推动规章制度的执行，避免遭受重大经济损失，这也是一种“经济价值”。此外，浓厚的

合规文化氛围是农村中小金融机构的“软实力”，为客户带来安全感和忠诚感，客户可能给我们带来更多的业务，间接地提高了经济效益。因此，在合规文化建设过程中，各家机构要认真总结合规工作的进展情况及其在经营管理过程中的作用。例如，通过监测和统计，评价合规文化建设直接避免多少经济损失，间接带来多少经济效益等，这样可以提高员工对合规文化建设的认同感和归属感。

3. 建立健全合规管理组织机制。要通过股份制改造、流程银行建设等重大变革，来进一步完善内部组织体系，明确董事会、监事会和高级管理层在合规文化建设中的职责，建立有效的内部监督约束机制。同时要积极搭建专业的合规与风险管理部门，并保证充足的资源使其履行合规管理和全面风险管理职能。通过在各个业务条线和经营单位设立相应的合规岗（合规员或风险经理），与全面风险管理（特别是操作风险管理）相结合，形成横向覆盖到各专业，纵向延伸到基层网点的合规及风险控制体系。

（二）行为层面的合规文化建设

行为文化是指人们在生活、工作之中所贡献的、有价值的，促进文明、文化以及人类社会发展的经验及创造性活动。“行为层面的合规文化建设”是银行经营管理过程中形成的行为原则、标准和模式，包括员工行为准则、经营管理活动、教育宣传活动、协调人际关系的活动和各种文体活动等。它独立于组织架构、制度规范等，但又不可分割，因为人的行为总是在某种观念和环境支配、影响下形成、实施的。行为层面的合规文化是以遵纪守法、诚信敬业为核心，两者内在一致，共同构成了对员工行为表现的基本要求。农村中小金融机构培育企业文化要重视行为层面的合规文化建设，让科学的合规理念引导员工的行为，并通过人的行为表现来发扬和发展合规文化。

1. 规范各层级的合规行为。银行业发展的经验告诉我们，银行的合规文化源自其领导层的行为示范。各级领导的思路不仅仅是转化为书面的政策、指令和要求，更要通过自己的行为、态度、语言及非语言信号来践行合规文化。领导层要通过有效的推行与传播，努力转变员工的思想观念和行为模式，促进员工对全面合规的认知感、认同感和责任感，形成一种良好的合规文化氛围。董事会和高级管理层应采取一系列措施，推进本机构的合规文化建设，促使所有员工包括高层管理人员在开展业务时都能遵守法律、规则和标准。

2. 推行全过程的合规管理。目前，大部分农村中小金融机构特别是新型农村金融机构的合规管理刚刚起步，很多工作面临挑战。例如，一些机构的管理层认为合规文化建设是合规部门的事情，与业务部门或经营单位关联度不强。这些都与现代银行合规管理行为文化要求存在较大的差异。一个高效的合规文化的主要特征是员工对本机构所适用的法律、监管规定、规则以及适用于自身业务活动的行为准则的掌握和对违规的高度敏感，它要求合规意识贯穿在所有员工的行为中，成为一种自觉和必然的行为准则。因此，农村中小金融机构的董事会和高级管理层要向所有的业务部门和管理部门表明他们重视合规经营和稳健经营并负有最终责任，同时要求业务部门和管理部门对合规经营负有直接责任。

3. 建立畅通的信息沟通机制。建立通畅的信息沟通渠道是合规管理的基本要求，也是对员工及各层级管理者的行为进行监督、纠正的重要途径。因此，农村中小金融机构的高级管理层要积极构建畅通的内部信息沟通机制，尤其是诚信举报和风险报告等的路线以及报告路线所涉及各方的责任界定必须清晰，接受报告各方的责任也要明确。同时，要严格按照监管部门的规定，以满足新资本协议第三支柱有关信息披露的要求为基础，向本机构各利益相关方面发布有关信息，自觉接受外部监督。

4. 高度重视员工思想和行为的管理。要坚持从严治理，董事会及高级管理层成员要严格要求自己，同时要带领整个管理团队对员工从严要求、大胆管理，逐级进行严格的考核、严格的监督，对苗头性、倾向性的问题及时研究解决，对违规违纪行为要果断进行处理。要加强对员工行为的关注，各级管理者要经常与员工谈心和交流，多渠道掌握员工的思想动态。要对员工行为开展经常性的排查，不但要了解员工在单位上的思想和工作表现，还要掌握其家庭和社会交往情况，对员工的思想和行为真正做到心中有数，对社会交往复杂、情绪异常、纪律松懈、作风不检点的员工，要及时落实帮教责任，进行跟踪管理。要制定员工行为排查管理办法，细化高管人员、部门负责人、经营单位及营业网点负责人、会计主管和综合柜员等各层面、各岗位人员行为排查的重点内容。要建立所有人员个人重大事项报告制度和行为排查奖励制度，使员工行为排查制度化、精细化。此外，还要通过召开员工家属座谈会等方式，取得员工家属的配合，协助做好员工行为管理工作。

5. 建立有效的绩效考核机制和问责制。农村中小金融机构目前大部分违规事项的发生与其在绩效考核方面过分注重眼前利益，造成基层经营单位不惜以违规为代价换取经营业绩的短期行为有着直接的联系。当薪酬与经营单位的合规性和稳健性挂钩，而不是与短期的获利挂钩时，才能避免短期行为给业务的可持续发展造成的危害。为在绩效考核体系中树立科学的绩效观和考核观，必须对关系本机构长期、稳健和安全运行的绩效指标赋予绝对优势权重，将合规风险考核指标设为重要指标，对经营单位和员工的违规行为实行“一票否决制”，遏制经营单位和员工的业绩冲动和扩张情结。同时，要建立完善的合规问责机制，使得员工意识到违规必究、违规必惩。

（三）制度层面的合规文化建设

制度文化是人类为了自身生存、社会发展的需要而主动创制出来的有组织的规范体系，主要包括国家的行政管理体制、人才培养选拔制度、法律制度和民间的礼仪俗规等内容，是人类在物质生产过程中所结成的各种社会关系的总和。社会的法律制度、政治制度、经济制度以及人与人之间的各种关系准则等，都是制度文化的反映。合规文化作用的发挥，需要通过合规管理制度来实现。也就是说，即使各机构在观念宣导和精神引导上下很大的功夫，如果没有制度作保障，所宣导的理念也难以成为每一位员工头脑中的自觉信念和行为准则，只有在制度规则中体现整个机构所倡导的合规管理理念，员工在日常行为中才可以得到规范和教育，并自觉地按照规章制度来规范自身的各项操作行为。制度层面的合规文化建设是围绕本机构的合规价值观，要求全体员工共同遵守的、对员工的行为产生约束性与规范性影响的合规管理流程、组织结构与制度的总和，并在一定程度上约束和规范合规行为文化和物质文化的建设。

1. 完善机构内部合规制度体系建设。合规管理制度主要是指有关合规部门管理合规风险的规范性制度，包括基础制度、事务管理制度、合规手册和合规风险管理标准等。基础制度主要包括合规绩效考核制度、合规问责制度和诚信举报制度；事务管理制度包括合规培训制度、合规审核制度、合规风险识别与评估制度、合规检查制度、员工基本合规要求制度及兼职和专职合规经理管理制度等；合规手册是以业务为中心，以流程为导向，以岗位为节点，以风控为重点，标示重要环节的风险表现，明确流程的操作岗位和风险控制岗位，使操作流程、关键环节和风险控制相互对应，简单清晰；合规风险管理标准是明确合规风险管理应达到什么目标，如何评价合规风险管理的实施效果的制度。合规基础制度是事前铺垫，事务管理制度是执行保障，合规手册是操作流程，管理标准是事后评价，四者相辅相成，构成完整的合规制度体系。

2. 制度建设应充分体现流程控制。制度就是人们相互的约定，制度的制定过程也要体现流程控制。没有可操作性和流程控制的制度不能成为好制度。农村中小金融机构要改变目前规章制度的制定模式，合规与风险管理部门要发动各业务条线和各部门共同对业务流程及管理流程进行梳理、优化或再造，积极朝规范的流程化管理模式过渡，实现员工标准化作业。同时要进一步明确新制度、新产品的出台必须经过必要的测试、论证和合规部门的会签过程，树立制度的权威，并在此基础上加强规章制度的后评价工作，根据组织机构和业务流程的调整，及时提出测评意见。同时，要提高各项规章制度的执行力，通过流程的梳理、优化或再造，将每项制度规定通过完善的流程体现出来，在流程中明确每一项业务、每一个经营环节和每一个岗位的制度要求，明确执行制度的标准以及违反制度规定的处罚标准，做到出台一项业务或服务，就有对应的管理制度、对应的业务流程和管理流程，以真正实现各项业务的全流程控制，在提高运营效率与效果的同时，努力实现对各项风险事项的有效监控。

3. 保证制度制定的科学性。一是在制度体系的规划层面，要明确划分层次，明确确定各项制度的适用范围和执行效力高低顺序，并要保持制度的一致性，合规部门要对各项制度的出台进行统一和规范管理，防止政出多门，前后重复，让制度执行者无所适从。二是在制度制定的过程层面，要针对各个环节和阶段，建立全过程管理，形成固有的流程和权限，例如，在新业务或新服务推出市场之前，必须坚持制度先行，流程先行，及时出台新的管理办法和工作指引以及明确可行的操作流程。三是在制度效果的反馈层面，要完善信息收集和传导反馈机制，针对使用效果进行综合评价，为制度的修订收集信息。四是在制度的完善层面，要有周期性评审、梳理、清理和修订制度，适应不断变化的内外部环境，保证制度持续有效。

（四）精神层面的合规文化建设

精神文化是人类在从事物质文化基础上产生的一种人类所特有的意识形态，是人类各种意识观念形态的集合。精神文化的优越性在于其具有人类文化基因的继承性，还有在实践当中可以不断丰富完善的待完成性。这也是人类文化精神不断推进物质文化的内在动力。由于精神文化是物质文明的观念意识体现，在不同的领域，其具体文化精神有不同的表现和含义。精神层面的合规文化也称合规理念文化，是合规文化的精神层面，用于指导银行开展合规管理活动的各种行为规范、群体意识和价值观念，它处于整个合规文化的深层次，并成为合规文化的灵魂和核心，统领并决定着银行合规文化的其他层面，它也是员工在内心深处的一种认同，是合规物质文化、行为文化与制度文化的升华。

1. 做好普及工作，深植合规理念。从现实看，许多员工对合规文化建设的内涵缺乏科学的认识和理解，把合规文化建设与本机构的一般文化娱乐活动混淆起来。而实际上，员工既是合规文化建设的主体，又是合规文化的实践者和创造者，没有广大员工的积极参与，就不可能建设好优良的合规文化，更谈不上让员工自觉遵纪守法。只有解决好让员工认识“合规”问题，消除认识误区，真正理解合规的内涵与实质，才能知道为何要“合规”，怎么样才“合规”。因此在实践中，要在深入分析合规文化内涵的基础上，以价值观为导向，引导员工树立“四种”合规理念，做到合规理念普及化：一是合规创造价值的理念，即合规可以防止因违规遭受处罚，避免各类损失；合规能够提高自身的品牌价值和社会地位，增强持续竞争力，带来财富收入和声誉价值，是创造价值的表现。二是合规人人有责的理念，即每个人都是风险的责任人，每个人都有责任和义务在自己的岗位上和部门内有效防范合规风险，要以主人翁的姿态参与到合规文化建设当中去，将合规文化建设与日常的工作和业务有机地结合起来，将合规文化意识渗透到自己的工作中。三是全员主动合规的理念，即要引导员工改变“被动合规”的陋习，将合规变成内在的自觉行为，在接触到每一笔业务时，就要想到必须进行合规风险的审查的氛围，倡导主动发现和暴露合规风险隐患或问题，以便及时整改，同时要建立有效的奖励与惩罚机制，倡导合规经营和惩处违规的价值观念，提高违规成本，对违规行为实行“六字”方针，即赔罚、走人、移送。让大家不想为、不敢为、不愿为。四是合规要不断创新的理念，合规文化并不是僵硬的、一成不变的，合规文化建设必须与时俱进，不断发展和创新，从而达到更高质量和更有效益的合规；既要不断借鉴他行的经验，博采众长，又要适时根据外部环境、法规的变化，深入分析自身特点和实际，自主创新，培育和创建具有自身特色的合规企业文化。

2. 引导员工深度认同合规文化。健康持续发展是实现个人利益的根本保证，违规最终损害的是个人的利益。因此，要积极引导员工逐步建立职业经理人、职业管理人员、称职员工的价值观，将对信用社负责、对股东负责、对自己及家庭负责等理念融入日常经营管理活动中。要员工明确“风险是客观长期存在的、无所不在的”、“风险又是可控的、可防的”，使每一名员工清楚地认识到自身都是防范操作风险及合规风险等的第一责任人，其行为的合规与否将直接决定风险控制的成效。在实践中要坚持以“党风廉政建设工作责任制”和“案件防范工作责任制”为切入点，实施案防教育“二四六工程”，即抓各级经营管理者和一线操作员工两个层面，学法律法规知识、廉洁自律教育、遵章守纪和培养职业道德教育四项内容，以集中培训、案例剖析、巡回辅导、情景教育、案件专项治理知识考试、谈心帮助六种形式开展的案防教育，着重提高各级员工依法合规办事及风险防范意识，解决员工违章操作、风险意识不强等问题，使精神层面的合规文化建设切实做到教育在先，意识在前。

3. 形成求质求细作风。综观农村中小金融机构爆发的大案要案，绝大部分都是日积月累的结果。一些屡查屡犯的问题，如人离章不锁、后台授权流于形式、密码遮挡不到位等，一时可能形成不了损失，但却埋下了案件风险的隐患。客观上，操作风险的发生是难以避免的，但是，依靠员工的敬业精神和专业态度，风险事件及案件发生的概率和造成的损失是可以降低的，这种敬业精神和专业态度就体现在工作质量上，而细节就是其灵魂。任何忽视细节的管理，都可能带来风险和损失。因此，必须从职业道德、文化知识、业务技能和现代人格塑造等方面全面提高员工素质，培养员工良好的职业操守，引导员工养成扎实的工作作风，从小处着手，从点点滴滴做起，兢兢业业做好、做细一切工作，使合规管理涵盖业务经营的全部流程和环节。

4. 合规培训应体现人本管理。要通过组织开发持续有效的合规风险培训和教育项目，积极打造和创建“学习型组织”和“知识型员工”，将农村中小金融机构所适用的法律、规则和准则、合规政策、合规意识和合规职责等字面要求及精神实质，贯穿于业务政策、行为手册和操作程序中。要按照全员参与的原则，开展教育和培训，培训要注重系统性、针对性、专业性、适用性和多样性。特别要以能力建设为核心，以培训各级、各类、各层次人才为主线，开展多层次、多渠道、多形式的员工培训，真正形成一级抓一级、一级带一级、一级促一级，层层抓落实的工作格局。逐步实行基层操作人员“合规认证”制度。在业务条线定期开展相关法律、监管规定、合规政策、行业准则的培训，包括新员工的合规培训、测试和合规认证。要通过大量的案例宣传和有计划的培训，形成管理靠制度、办事讲规矩、决策依程序的观念和机制。在第一道防线操作人员中牢固树立“程序至上、违规必究”的流程化管理意识，在第二道防线风险管理人员中强化“尽职者免责，失职者问责”的责任意识，在全体员工中强化“合规人人有责”、“主动合规”和“合规创造价值”的合规理念和行为准则。

目前，全球经济仍未完全从金融危机中走出，国内银行业也面临日益巨大的压力，包括农村中小金融机构在内的所有银行业机构面临的经济形势和金融环境仍然不容乐观。面对新形势，新环境，农村中小金融机构要在体制建设、组织管理、业务重心调整、信贷政策、资金投向、激励手段、资源配置等方面进行改革。而在改革过程中，合规文化不能说完全没有改变，比如经营理念、管理模式和一些制度行为也要有所调整，但农村中小金融机构的价值追求、发展目标、大局意识、社会责任以及基本制度体系、员工的行为准则等合规文化的核心内容是不会改变的，这些改革中稳定的重要元素，在农村中小金融机构处理改革与发展以及保持两者相对平衡中将继续发挥着难以取代的作用。我们必须一如既往地积极培育、完善适合农村中小金融机构发展的合规文化，挖掘自身优势，提升核心竞争力，把内外部环境有机地结合起来，把握时代脉搏，找准前进方向，确保各项改革的安全与效率，确保本机构又好又快发展的势头能够继续保持下去。

附　　录

一、顺德农村商业银行合规与风险管理机制建设情况介绍

顺德农村商业银行董事长　吴海恒

农村中小金融机构的改革和发展已进入一个新的阶段，加强合规管理，构建合规体系，开展全面风险管理机制建设对于农村中小金融机构进一步完善法人治理结构，提升经营管理能力，增强服务功能，强化风险防范能力，促进又好又快发展具有重要意义。

一、顺德农村商业银行近年合规管理机制建设情况

近几年，顺德农村商业银行（以下简称顺德农商行）在完善合规管理架构、强化制度体系建设、深入合规文化建设、丰富检查监督体系、强化制度执行力和内控问责等方面做了积极的实践。

1. 构建“立体式”合规管理组织架构。借统一法人、改制农商行之机，顺德农商行在合规管理架构建设上，一方面实行“纵向到底”，顺德农商行目前形成了由董事会、监事会、风险与合规管理委员会、高级管理层、合规与风险管理部门、各部门及一级支行合规经理（员）组成的合规管理组织体系；另一方面落实“横向到边”，在总行各专业部门和辖下各支行设置合规经理，组建了一支来自不同业务领域的专业合规管理队伍，实行合规部门、稽核部门与各专业部门的横向联动。

2. 不断优化制度、流程，强化合规管理机制建设。建立完善的规章制度，使各项业务有章可循、有法可依、奖罚有标准，是业务发展和公平公正的基础。合规管理机制建设以制度形式去体现，是要把合规管理机制建设的条例、标准、纪律、责任等以制度的形式表现出来，逐步培育合规文化，实现对风险的有效控制。顺德农商行开办的业务品种较多，仅代收代付代理业务就有100多种，因而风险点也比较多。根据各级监管部门和省联社的有关要求，结合自身实际，针对不同的业务，顺德农商行出台了超过400项的规章制度，基本涵盖了所有的业务流程和风险点。同时，个别内部重大案件的发生使我们深刻认识到，制订的制度必须客观、科学、可行。否则，制度只会沦为一纸空文。此外，规章

制度的更新必须跟上不断变化的监管要求与业务发展的步伐，因此，从2006年开始，顺德农商行每年定期对所有规章制度进行评价分析，根据业务的发展进行不断修订，使其更完善、更具有可操作性，使制度能全面有效地覆盖所有业务的风险点。

3. 多渠道开展合规文化建设，培育良好合规守法的氛围。思想意识是行动的先导，应对日益复杂的外部环境，日益激烈的同业竞争，更需要树立以“合规先行”、“合规创造价值”等理念，实现企业的可持续发展。为此，顺德农商行不拘形式，积极探索各种合规文化建设途径，力求在全行形成良好的合规文化氛围。首先，从新员工的培养着手，把合规知识培训安排为每位新员工上岗前的必学课程，并通过考试确保学习质量。其次，对于在职员工，总行层面，顺德农商行采取包括高管宣讲、总行的统一培训、利用顺德农商行OA系统的合规管理机制建设专栏信息平台进行合规文化交流、通过顺德农商行的E－learning在线教育系统等渠道开展合规教育。在支行层面，各支行组织互动性强、形式多样的各类合规文化宣传活动，如合规培训、专题辩论、合规电子书、合规手抄报、参观监狱警示教育等活动。

4. 强化检查监督体系建设，落实全面合规检查监督工作。合规机制建设需要有效的监督检查作保障，合规检查是合规风险防范、控制的重要手段之一，合规检查的目的是为了有效防范、控制合规风险。为加强合规风险防范和控制，顺德农商行正逐步建立由自律监督、再监督及外部监督三部分组成的多维式的监督检查体系。在自律监督方面，各业务部门均建立了自身业务条线的自我监督检查制度，根据业务管理需要进行自查，根据检查结果进行业务管理的调整和监督。在再监督方面，一是强化稽查专业性，专门在稽核监督管理委员会下成立稽查大队，成员由总行和支行各部门的专业骨干组成，在总行的统筹下，开展具体的合规检查、评价与整改，并在横向沟通交流与培训中不断提高合规管理水平，成为了全行合规与风险管理的中坚力量；二是不断提高技防水平，开发事后监督（OCR）系统，由稽核审计部下设的会计事后监督中心利用该系统，通过自动校对、风险预警提示、重点业务筛选、查询统计等主要功能，负责对营业网点的日常业务操作和账务处理的合规性、准确性进行监督审查。此外，在外部监督方面，顺德农商行除定期接受监管部门的现场及非现场检查外，还每年聘请会计师事务所对顺德农商行业务进行审计，并不定期聘请外部咨询公司对顺德农商行的业务管理及风险管理情况进行评价，以促进顺德农商行风险管理能力的提高。数据显示，随着顺德农商行立体式监督体系的不断完善，合规操作风险不断下降。据顺德农商行总行稽核审计部会计事后监督中心统计，2011年第一季度对全行柜台业务（含清算中心）进行集中事后监督，业务差错率（业务差错量占业务量的比值，已剔除不规范差错）为0.0188%，与2010年第四季度相比，下降了20%，业务差错得到明显改善。

5. 狠抓违规违纪问责，积极探索经营目标和内控双线考核，不断提高制度执行力。国内外大量的风险案件昭示我们，制度的建设和完善固然重要，但更重要的是不折不扣地执行！在制度执行力方面，我们已经有过惨痛的教训，当前顺德农商行正处于改革发展的新时期，内控和风险管理工作的好坏直接关系到顺德农商行的生存发展。为此，顺德农商行一直以案件防控为目标，强化内控合规工作，对于各类违规违纪事件，发现一个，处理一个，并视其性质进行严肃处理，涉及重大违规事件或风险的，员工要辞退，干部要被降职甚至免职，绝不姑息。如针对2010年辖内某网点发生遗失网点公章及重要空白凭证缺失的风险事件，根据当事人及相关管理人员应承担的责任，对相关人员实行行政和经济双线严格问责，辞退了一名网点中台管理人员和一名网点柜员，免去网点负责人职务，将支行会计及风险管理部负责人、支行主管内控副行长降职，通报批评支行行长并处以经济处罚，处以其他副行长经济处罚等。这一次风险事件处罚力度很大，涉及相关十几人，真正体现违规必究、执规必严，对行内震动很大。同时，对于在各类内外部检查监督中发现一般性违反操作流程的，都要进行通报批评，实施经济处罚，如再次违规的，要调动岗位，以提高制度的执行力。

此外，从2008年开始，顺德农商行开始探索经营目标和内控双千分制考核激励机制，力求强化内控贴身管理。内控考核的结果实行“三挂钩”：一是内控考核的结果与人员任职和薪酬挂钩，各业务领域的考核结果不但与一级支行对应专业的行长、主管副行长、部门（总）经理挂钩，而且还将与本专业领域的内控考核工作情况与总行职能部门的履职情况挂钩；二是内控考核的结果和资源配置挂钩，内控管理考核排名作为调整项目，通过调节系数来调节各支行经营业绩；三是内控考核的结果与报告和问责挂钩，对被考核单位按专业领域和综合排名分别实行报告与问责制度，总行将根据考核结果有针对性地开展“回头看”等后续稽核工作，加强问题整改，实行干部员工分类问责。

二、促进合规与全面风险管理的融合

合规管理与全面风险管理有着许多联系，合规风险是全面风险管理的一部分，同时合规风险是其他风险管理的基础。由于合规风险自身的特征，往往与其他类型的风险管理内容出现交集，特别是与操作风险管理的内容有更多的相似性。为此，促进合规风险与其他风险整合管理能起到“一石二鸟”，防微杜渐的积极作用。

合规是各类业务的基础，各类业务的日常管理及各类风险的管理都应在符合法律法规要求、符合监管要求的前提下进行，对于全面风险管理来说，合规能帮助企业避免触犯法律、法规，降低因遭受监管处罚和法律诉讼而导致财务损失的可能性。合规管理更多地体现在内部制度控制及业务流程控制中，只有把合规风险的管理要求通过制度规范及操作要点控制体现出来，才能把合规管理落到实处。以操作风险与合规风险的整合管理为例，通过对各类业务操作风险的识别、评估、计量、监测与控制，在完善操作风险管理的基础上，能一并发现合规管理的不足，评估合规管理的现状，堵塞合规管理的漏洞，体现在流程中主动合规，在流程中控制风险，在流程中抓好案防，促进操作风险和合规风险在具体管理上的融合，实现从案件防控走向操作风险的全面的、深入的管理。

三、稳步推进全面风险管理机制建设

在现代金融领域中，决定金融机构竞争力与盈利能力高低的关键和核心是其能否有效地对风险进行全面有效的管理，能否积极主动地承担风险，管理风险，建立良好的风险管理体系，以良好的风险定价策略获得利润。在合规管理机制已初步建立的基础上，顺德农商行把全面风险管理机制建设作为下阶段的工作重点，着力建立适合顺德农商行实际，提升经营管理能力，增强服务功能，强化风险防范能力的风险管理机制。

1. 明确全面风险管理机制建设目标。在全面风险管理机制建设过程中，顺德农商行遵从“全面性、适应性、独立性和融合发展”四个原则，并实现五个转变，即从“单一信用风险管理”转向“全面风险管理”，从“控制风险”转向“主动管理风险”，从“简单关注风控指标”转向“全过程风险管理”，从“定性管理”转向“定性与定量结合的量化管理”，从“经营和内控考核千分制”转向“基于动态风险调整后收益和经济增加值考核”的转变。

2. 清晰全面风险管理的组织架构和报告体系。顺德农商行风险管理架构由董事会及其下设风险与合规管理委员会、监事会、总行行长室、总行风险管理部门、各类风险主责部门、总行各部门及一级支行组成。顺德农商行通过风险管理基本制度、各类风险管理办法，明确各类风险管理主体在风险战略、政策、规划、执行（含风险识别、评估、计量、控制、报告、监督和评价等）中的职责和责任，积极落实相关工作，并结合顺德农商行风险管理实际，采取集中与分散相结合的模式，成立合规与风险管理部统筹全行全面风险管理工作，各风险主责部门负责本部门主责风险的直接责任。

3. 开展制度流程建设。在流程中合规，在流程中嵌入风险管理的要求，体现流程的效率和风控的均衡，是我们开展流程体系建设的目的。2010 年下半年，顺德农商行启动全行性的流程化管理改革项目，项目共形成流程文件 404 份、操作风险点 669 个，重点优化了网点服务流程，设计出网点服务的全新工作流程，并配套上线流程文件管理系统，为顺德农商行所有文件提供系统的直观的展示平台。通过流程化管理改革项目，顺德农商行对现有制度进行清理、补充、整合、优化和完善，对业务和管理流程进行梳理、整合和规范，对岗位责任体系进行明确和细化，以此建立一套文件化、系统透明、操作具体、责任明确的流程体系。同时对现有业务的风险点进行自我识别、评估，收集风险点数据，为顺德农商行各类风险特别是操作风险的管理打好基础。

4. 研发、应用风险管理相关系统。为加强风险管理，运用科学的手段实现风险管控的目的，顺德农商行近年来陆续建立风险管理相关系统。2009 年 11 月，上线了资金交易及风险管理系统（OPICS 系统），建成了资金业务的数据库，建立久期、凸度、VAR 风险价值、敏感性分析及压力测试等指标，通过该系统进行债券资产抗风险能力的测量，根据风险指标的计量结果，金融市场部门中台风控员利用系统或 Excel 等筛查工具对交易和止损额度等进行日常监控和定期检查，并形成“风险情况分析”报告供高级管理层参考。通过 OPICS 系统的运用，提高了对资金业务市场风险的计量能力，提升了顺德农商行市场风险管理的专业化水平。为加强流动性风险及银行账户利率风险的管理，顺德农商行于 2010 年下半年开始投入开发资产负债管理系统和内部资金转移定价系统。资产负债管理系统旨在提供一套完整的资产负债管理解决方案，并利用该系统进行资产负债结构分析和管理、利率风险分析和管理、流动性风险分析和管理、汇率风险分析和管理。资金转移定价系统的建立，将实现单一司库集中管理全行资金，科学构建收益率曲线，建立期限匹配法模式下的内部资金转移价格，将利率风险和流动性风险由基层业务单元转移到总行管理，同时为集中的市场风险管理奠定基础。操作风险管理方面，在流程化管理改革工作已取得成果的基础上，2011 年我们开始试行采用“操作风险的识别与评估”（RCSA）与“操作风险事件损失数据库”（LDC）两类操作风险管理工具对操作风险进行管理，由各专业部门配合进行风险点的识别、评估及损失数据收集工作。在此基础上，顺德农商行拟对操作风险引入系统管理，引进操作风险的计量技术，逐步走向管理的专业化。

5. 加大培训力度，夯实风险管理文化基础。顺德农商行风险管理机制建设刚起步，无论人员的风险管理意识还是风险管理技术尚不成熟，为此，我们注重风险管理文化建设工作，不断加强风险管理意识和管理技术的培训。从 2010 年初开始，我们便通过外出培训、引入专家培训、内部培训等方式开始风险管理培训数十次，并且把风险管理一些基础知识作为新员工培训的内容，从新员工开始加强风险意识的培养。2012 年，顺德农商行将在省联社的指导下开展全面风险管理培训，积极建立全面风险管理机制建设培训体系，定期和不定期针对各类风险管理理念、风险管理技术和工具运用、流程化管理、合规管理以及内部控制等相关业务及其操作技能进行全员培训，力争在2012年使本机构全面风险管理培训覆盖率达到100%。今后，顺德农商行将继续完善全面风险管理培训长效机制，并将培训工作与业务发展、内部控制和薪酬激励等机制进行有效结合。

四、对强化风险管理工作的几点设想

1. 提升风险管理计量技术，开发内部评级模型。现代金融企业的风险管理，无论从国际上巴塞尔新资本协议、COSO全面风险管理体系框架，还是国内银监会、证监会等监管部门，都对风险管理提出了精细化计量的要求，风险管理在数据管理、风险量化、风险管理应用等各层次都需要IT系统的支撑，在前期投入的基础上，顺德农商行下阶段将重点开发以内部评级模型为主的信用风险管理系统、完善操作风险管理系统，设置各类情景，开展压力测试，通过提高风险管理技术切实提高风险管理水平。

2. 进一步加强风险管理队伍建设，增加人才储备。人才是兴业之本，开展风险管理工作更是如此。顺德农商行拟在未来三年通过内部培养、外部培训、对外招聘等方式加强风险管理人员的培养和储备，通过风险管理部门统一管理、向业务部门派驻的方式实现风险管理部门对各类风险的全面管理。

3. 积极探索基于风险的风险绩效评价体系。当前，银行对经营成果的衡量已由原本的单一以利润为目标转变为利润、资本消耗与资产收益率相结合的方式，我们必须以先进的上市银行为标杆，实现科学发展、合规经营，积极推动资本约束下的理性经营。未来三年，顺德农商行将积极探讨建立经风险调整的绩效体系，引入资金转移定价和经济资本分配技术，探索将风险量化的结果应用于风险限额设定、贷款定价、经济资本计量和配置、风险拨备、绩效考核等风险管理过程，不断提高顺德农商行的风险管控能力。

二、东莞农村商业银行合规管理实践

东莞农村商业银行董事长　何沛良

2011年7月，英国《银行家》杂志公布了2010年度全球1 000家银行排名，按照一级资本规模计算，东莞农村商业银行以11.68亿美元的一级资本，位居全球银行业第490名，跻身全球银行业500强之列。在全国银行业中，东莞农村商业银行也跃至第43名，成为全国50强银行。从盈利能力来看，东莞农村商业银行2010年资本利润率为28.22%，在全国银行业机构中排第26名。在取得经营业绩较快增长的同时，东莞农村商业银行始终坚持合规经营，稳健发展的原则，在强化金融创新、优化客户服务、大力发展业务的过程中，始终把握合规管理和风险控制的底线，努力实现合规下的又好又快发展。现结合东莞农村商业银行在合规管理方面的实践，谈谈对合规管理的一些认识和体会，主要可概括为“三种形势，三类观念，三个环节”。

一、实施合规管理已成为银行业发展的大势所趋

根据巴塞尔委员会的定义，合规风险是指银行因未能遵循法律、监管规定、规则、自律性组织制定的有关准则以及适用于银行自身业务活动的行为准则，而可能遭受法律制裁、监管处罚、重大财务损失或声誉损失的风险。与此对应，合规管理是指通过对文化、理念、机构、制度、流程等的一系列安排，避免违规行为的发生，纠正已发现的违规行为并建立防范类似问题再发生的机制。

当前，合规管理已成为银行业发展的大势所趋。“势”，是指大的发展趋势和各级政策导向。“势”往往无形，却规定了方向，能够认清形势、顺应形势并且借助形势，往往能够顺势而动并乘势而上，获得成功。农村中小金融机构要认清并借助以下“三个势”：

一是整体防范风险形势。农村中小金融机构是经营货币的企业，风险客观存在，防范案件风险、加强风险治理是我们永恒的主题。当前，经济活动日趋复杂多变，农村中小金融机构经营活动社会化程度加强，金融创新不断深化，业务和产品层出不穷，各类风险不断增多，对风险管理的要求越来越高，风险管理人才奇缺。

二是外部监管趋势。问责严厉是现行体制下银行业共同的游戏规则，是银

行业监管的必然趋势。随着监管力度的进一步加强，农村中小金融机构需遵循的法律、规则和准则日趋庞杂，要求农村中小金融机构强化合规行为，树立合规经营理念，真正做到各项经营活动都能合乎法律、规则和准则的要求。

三是农村中小金融机构发案态势。由于缺乏资本约束意识和现代企业制度，农村中小金融机构走过了相当一段时间的粗放经营道路，突出表现为片面追求资产规模的快速扩张，过分注重业绩指标，忽视内部管理和风险防范。近年来，农村中小金融机构发生了一些重大案件，机构业务受到限制，给农村中小金融机构带来经济损失和声誉损失，这些合规失效的案例足以说明合规风险正成为农村中小金融机构主要风险之一，农村中小金融机构发展正面临着合规性自我约束的挑战。

从以上三方面的形势可以看出，确保经营活动的合规性是农村中小金融机构贯彻科学发展观的根本要求，是顺应金融业发展趋势的必然选择，也是实现自身稳健运行、生存发展的内在需要。合规管理作为农村中小金融机构全面风险管理的重要一环，对于保障农村中小金融机构发展具有重要作用。

二、强化合规管理关键要树立三种理念

既然合规管理在农村中小金融机构发展进程中发挥着如此重要的作用，那么我们应该创建何种价值理念，才有助合规管理目标的实现呢？

一是树立合规创造价值的理念。对于以经营风险来取得收益的农村中小金融机构来说，合规管理表面上并不会直接增加收入，但是它通过在防范风险中发挥其特殊作用来为农村中小金融机构创造价值，保护经营成果，实现可持续发展。通过加强合规管理，可以减少或避免农村中小金融机构因违规行为受到处罚和限制，蒙受声誉和经济损失。发展要做到科学发展，要做到质量、效益、安全的统一，假如片面强调规模和效益而忽视内控，忽视风险防范，只要一朝安全出了问题，一年或几年的效益就可能付之东流。打个比方说，假若出 3 个 1 000万元的案件，将会极大地影响农村中小金融机构的正常运营和发展，即使增加 1 亿元的盈利也抵消不了发生案件的负面影响，这从反面来说明“合规真正创造价值”。

二是树立合规从高层抓起的理念。企业文化具有由上至下的特性，领导合规是构成合规文化基因、实现人人合规的首要前提。要使合规理念尽快深入人心，真正提高合规管理在农村中小金融机构的执行力，首先要求农村中小金融机构的理事会、监事会和经营班子必须高度重视合规管理，率先垂范，带头倡导合规文化。

三是树立人人有责、主动合规的理念。由于合规风险广泛分布于农村中小

金融机构的各部门和各项业务活动中，因此，有效的合规管理有赖于相关人员的全面参与，而不只是某一个职能部门的事情，必须树立人人有责、主动合规的理念，建设合规文化和责任文化，使合规成为每个部门和员工的行为准则和自觉行动。

三、强化合规管理需要把握好三个重要环节

作为植根东莞的地方性银行，东莞农村商业银行拥有600多个网点，遍布东莞各个镇区，为东莞市各阶层提供了多层次的金融服务，同时面临的风险防范压力也较大。2011年“合规文化建设年”活动在全省农村中小金融机构开展以来，东莞农村商业银行以此活动为契机，积极创建和倡导合规价值观念和合规行为准则，探索合规管理路径。我们认为，在强化合规管理方面应以完善一个体系为抓手，重点把握三个环节：

（一）以完善合规管理体系为抓手

农村中小金融机构在建立合规管理体系过程中，应确立核心业务法规之间的映射关系。这就要求农村中小金融机构在建立合规管理体系过程中，应以核心业务流程为基础，依据相关监管要求对所有业务和管理活动的流程进行梳理、整合与优化，完成基于流程的、文件化的合规管理体系的建立。全面开展风险评估、完成基于流程的风险库的建立。努力实现业务经营集约化、内部管理规范化、市场营销专业化、考核激励科学化和风险控制流程化，使农村中小金融机构风险管理战略和组织结构管理能力与业务快速发展基本匹配。要实现上述管理目标，农村中小金融机构首先要对现有的管理现状进行梳理，包括对现有的外部法律法规和农村中小金融机构内部的规章制度、产品和业务、部门及岗位职责、信息系统等方面进行梳理、整合和优化。其次协调其他管理项目之间的关系，包括公司治理层面上开展的优化组织结构的调整与再造、产品创新与业务流程再造、岗位职责管理、绩效考评与激励等各方面的相互匹配和衔接。明确农村中小金融机构的合规政策、确定合规部门的组织结构和资源要求，编制合规管理计划、合规风险识别和管理流程等，完成以农村中小金融机构业务及管理流程为基础的合规管理政策、程序。同时，逐步构建起适应农村中小金融机构特色的内部风险控制模式，这种模式能够不断地识别各种风险，能使各项业务和管理活动处于严格的受控状态，并通过不间断的审核和评审，不断提高风险管理水平，实现内部控制的连续性和系统化，从而确保经营目标的实现。这些也是构建农村中小金融机构全面风险管理长效机制的基础。

（二）重点把握三大环节

环节一：夯实合规管理的架构基础。①搭架子。东莞农村商业银行在原风

险管理部门的基础上组建了专职合规部门，并配备了专职合规人员。在此基础上制定了以合规管理机制为中心的部门职能，在部门内部设置科学的岗位分工；出台了合规管理机制建设指引与岗位职责，明确了合规部门运作的工作方式和手段；明晰了合规部门与稽核部门的职责边界，做到事前事中有合规审查，事后有监督整改。②组队伍。合规管理工作是系统工程，需要全员参与，不能仅靠合规部门一臂之力。东莞农商行在分支机构设立了兼职合规经理，将合规管理进一步延伸至每一个经营单位和每一个岗位。兼职合规经理是其所在分支机构合规风险的直接管理人，也是总行合规部门与分支机构在合规管理上进行有效沟通的桥梁。我们主要从以下几个方面打造兼职合规管理队伍：一是在兼职合规经理的人选上，考虑其专业胜任能力、职务级别和敬业水准；二是给予兼职合规经理一定工作权限；三是保障合规风险事件报告路径的通畅；四是调动兼职合规经理工作积极性，根据其履职能力、勤勉程度给予适当报酬。

环节二：打造合规管理的长效机制。要建立合规管理制度体系，搭建垂直独立的风险管理组织架构，制定完善的风险管理流程和规章制度，打造合规管理长效机制。一是立规矩。合规，首先是制定合格的“规”，做到“有规可依”。自身经营行为要符合外部制度约束，必须在内部制定一套制度并加以实施，来约束整个机构和员工的行为。具体来说，就是利用流程再造这一抓手，以流程作基础，全面导入合规管理理念，在原有内控制度的基础上，通过对原有内控制度全面清理、整合、完善，理顺内部关系，明确各部门及各层级的职责和接口，明确各项活动的职责，建立起文件化、系统化、透明清晰、可持续改进的合规文件体系。二是抓执行。合规管理是否有效，在很大程度上取决于执行力的强弱，合规最主要的内容就是遵循规定，做到“有规必依”。首先，明确职责，落实问责，要对每个部门、每个岗位根据工作职责列出详细的工作任务清单，建立健全覆盖经营管理全过程的职责追究制度，做到有责必问，问责到人。其次，建立监督机制，鼓励兼职合规经理和员工主动发现和报告合规隐患及风险，为员工举报违规、违法行为提供必要的渠道和途径。最后，改革和完善绩效考核机制，通过巧妙牵好“牛鼻子”，引导树立褒奖合规和惩处违规的价值理念，正确处理业务发展与合规风险防范的关系。

环节三：培植合规管理的文化根基。合规更多地表现为一种文化，一个完备有效的合规管理机制必然内生于成熟的合规文化之中。只有在执行中将共同的规则内化为共同的习惯并上升为稳定的价值理念和行为取向，使每一位员工对东莞农村商业银行所倡导的合规价值观念和合规行为准则有所认同，并将合规价值观念和合规行为准则贯穿到整个机构的经营管理活动中，才能根治违规行为。一是培育观念。注重强化诚实、守信、正直等职业道德与行为操守，培育“合规人人有责”、“主动合规”、“合规创造价值”的理念，通过“抵制合规要求—把合规当做一种负担—被迫接受合规要求—认同合规要求—习惯合规要求—企盼合规要求—把合规要求视为一种关爱”的过程，让良好合规意识和意愿支配员工行为。二是建设载体。可采取的主要方式包括：向合规实践经验较丰富的外资银行或成绩较突出的兄弟单位取经、举行合规培训、编发合规简报、开展专题讲座、组织参观学习等，使合规文化深深植入每位员工的心中。

合规管理是农村中小金融机构科学发展、稳健经营的重要保障。在未来的经营管理活动中，东莞农村商业银行将把合规守法经营当做一种管理手段、一项根本策略、一个社会责任，进一步加强合规管理体制建设，充分发挥合规管理的作用，切实防范好各类风险和案件的发生，继续保持和维护东莞农村商业银行又好又快发展的良好态势。

三、浅谈银行柜面操作风险及防范

广州农村商业银行　王乙茹

银行自诞生之日起，便伴随着风险成长，而银行柜面业务操作风险尤其突出，潜在危害也较大，是银行重点管理的主要风险之一。柜面操作风险控制不好，就可能对整个机构的声誉、管理以及发展产生巨大的负面影响。本文拟通过阐述操作风险的概念及其表现形式、特点和特征，柜面业务操作风险点及表现形式和商业银行强化柜面操作风险防范的具体措施等，结合广州农村商业银行实际，提出建立健全柜面业务操作风险管理体制、完善柜面业务操作风险内部控制制度建设、实行科学的柜面业务操作风险管理办法、创新操作风险防范手段、加强操作风险文化建设等5项具体措施，对柜面业务操作风险的防范进行探讨。

一、银行操作风险的基本状况

1. 操作风险的概念和表现形式。巴塞尔委员会对操作风险的正式定义是：由于内部程序、人员和系统的不完备或失效，或由于外部事件造成损失的风险。柜面业务操作风险是操作风险的重要组成部分，也是当前银行操作风险的主要表现形式。通过对比分析近几年发生在广州农村商业银行的经济案件，涉及柜面业务的案件占比至少达50%以上，由此可见，柜面业务的风险点已成为防范的重点。

2. 柜面业务操作风险的种类和风险点很多，主要有以下几种表现：

（1）重要空白凭证、柜员身份、印章管理中的风险。指柜员未按规定对重要空白凭证进行管理导致风险；柜员身份管理不善被他人冒用导致的风险；柜员离岗印章管理不善被他人盗用导致的风险。

（2）岗位设置不合理风险。指柜员设置未按互相监督、互相制约的原则进行合理设置，导致柜员间不能进行有效的互相监督进而造成的风险。如前台柜员与授权监督人员设为同一人；资金往来业务、票据交换业务记账、复核、授权权限设置重复。

（3）柜员之间未按规定交接。指柜员间交接未按规定交接现金、重要空白凭证等重要物品，交接登记簿登记不全或错误，造成无法分清保管使用责任。

（4）内外账务核对不及时或不换人核对。指不能对账账、账款、账据、账实、账折、账表与外部客户进行及时核对，造成风险。

（5）支付结算业务审查和办理不严。

（6）各种会计档案资料管理、保管不善。指银行办理业务的各种凭证、会计报表、客户资料未按规定进行保管。

（7）重要交易和业务控制不严。重要交易业务做不到事中授权或者授权不仔细，审查流于形式；调整有关账户信息不经有权人审批、资金调拨业务不经有权人审查授权、未认真审查账户余额及信用等有关信息即出具资信证明等；办理大额存取款、提前支取或代理存取款等时未审核客户有效身份证件；办理大额转账和存取现金业务，未严格执行分级授权审批制度；未严格按制度要求进行挂失业务。如办理书面挂失业务，未严格审查挂失申请书的各项要素；办理解挂补发单（折）、解挂销户、密码挂失和解挂等需客户本人办理的业务，未核实客户身份等造成的风险；开户业务未严格审查客户资料的真实性，未对客户的身份证件进行真实性联网核查。由于抹账、冲正交易授权不严格或者不按规定进行操作，以及稽核不及时，导致的内部风险。

（8）结算账户、银行卡、对公存款账户管理中的风险。指未严格按照人民银行的相关规定，开立、使用、变更、注销个人和单位存款结算账户。

（9）内部账管理风险。指未按照规定乱设、乱用内部账户，未及时清理内部账户挂账余额。如果总行不对支行的内部账户进行严格管理，将导致基层网点设置内部账户具有很大的随意性，是滋生内部人员作案的“温床”。

二、柜面业务操作风险对银行的影响

1. 声誉影响。声誉是关系一家银行生存发展的大问题，对于地方性银行来讲，声誉显得尤为重要。由于前些年有农村基金会倒闭、城市信用社关门清算，农村信用社形象受到很大损害，再加上信用社服务质量与各商业银行相比还存在比较大的差距，所以信用社多年建立起来的声誉还很脆弱，经不起负面影响。而恰恰柜面业务操作风险导致的经济案件会给信用社带来声誉上的严重影响，还会大大降低信用社在客户中的形象，使信用社不被公众认可，对我们的经营造成极大的破坏，这是信用社必须高度重视的问题。而且，现阶段是广州农村商业银行准备上市的重要阶段，声誉对广州农村商业银行的影响更为重大。

2. 管理影响。柜面业务操作风险给银行带来的管理成本是很大的，银行必须高度重视柜面业务操作风险的防范问题。一方面，柜面业务操作风险对银行声誉造成重大损失和负面影响，会给各项业务管理带来阻碍和困难，这使整个银行的经营管理产生负面效应，必须花大气力去抓管理，稳定员工队伍，维护正常的工作秩序；另一方面，柜面业务操作风险导致经济案件发生后，不但会对银行资金造成直接重大损失，还会花费银行大量经费去办案和善后工作，同时也会花费高管人员大量时间和精力用于案件处理、查遗补漏、规范制度等后续管理操作，短时间内无法抽身去进行银行正常经营发展，成为银行快速发展的“绊脚石”。

3. 发展影响。柜面业务操作风险一方面会造成银行直接经济损失，而且这方面造成的案件金额越来越大，另一方面柜面业务操作风险会造成无法控制的间接损失，将对银行的发展产生巨大的阻力。

三、银行操作风险防范手段的探讨

农村商业银行应该十分重视操作风险管理，把控制风险和创造利润看做同等重要的事情。形象地说，银行的风险和利润是同一枚硬币的正反两面，彼此不能分离。操作风险管理不是某个人或者某个部门的事，而是贯穿到整个银行的所有员工，贯穿到业务的每个环节，依赖于从高管人员到基层员工各层次人员的相互监督、相互配合。

（一）建立适应广州农村商业银行组织结构管理特点的风险管理组织架构

建立柜面业务操作风险管理组织。实行垂直管理的操作风险治理结构。从总行到各支行要实施垂直化的风险控制流程，各级均要设立独立的柜面业务操作风险管理部门，或者指定某个部门承担起该管理责任；同时要明确各级管理层、风险管理部门、业务部门与基层网点的风险管理任务和职责。

（二）建立适应广州农村商业银行的风险绩效考评机制

效仿大型商业银行逐步建立与国际接轨的经济资本约束和绩效考评机制。广州农村商业银行要逐步改变传统的只关心当年账面收益的绩效考核办法，提高资本对风险的敏感程度，强化经济资本约束，增加对柜面业务操作风险经济资本指标的考核。贯彻短期收益和长期收益兼顾、风险和收益并重的全面平衡发展的理念，从绩效考核和激励机制上促进全体人员关心柜面业务操作风险的防范。改进考核考评办法，正确引导总行和各级支行在防范柜面业务风险的基础上提高经营效益。

1. 要合理确定任务指标，把柜面业务风险及内控管理纳入考核体系，一些日常工作规范也应纳入到营业网点的考核中，包括柜员离柜操作、工作交接操作、账务核对操作、授权复核操作等方面的内容，在年终的综合考核中要占有合理的比重。

2. 建立员工柜面业务操作与管理计分评价制度，量化、细化风险考核。通过一系列切实有效的考核办法加强和改善银行审慎经营和管理，严防操作风险。

（1）考核评价方法。在上级部门检查中被认定的违规违章行为，对出现违规违章行为的员工依据问题的性质、情节轻重及责任大小按统一标准进行扣分并累计记录；对认真执行制度无损失无经济案件的支行或个人实行奖分。（2）根据考核办法建立评价信息管理系统。评价管理系统用来对员工考核评价的得分情况进行录入、计量和分析，并按照柜员岗位、职级分别建立档案。（3）考核评价结果的运用。一方面总行可以根据每个员工累计得分并综合员工综合素质情况，对员工进行排名，并将结果运用于晋级、奖励、评优、劳动合同改签、下岗培训、解除劳动合同的重要依据；另一方面总行可以将每个职工工资的一部分作为安全奖进行风险考核，以支行为单位三年内未发生案件事故的连本息予以考核兑现，否则根据案件经济损失的大小，将直接发案支行所有职工的安全考核工资全额冲抵案件损失，其他非直接案件支行职工安全考核工资用于弥补案件造成的剩余部分损失。

3. 全面落实柜面业务操作风险管理责任制。（1）要通过层层签订防范操作风险责任合同，使柜面业务风险，防范责任目标与员工个人利益直接挂钩，形成总行“一把手”负总责，分管领导直接负责，相关部门各司其职、各负其责，一线员工积极参与的大防范工作格局。（2）要真正落实问责制。要明确各级管理者及每位操作人员在防范柜面业务操作风险中的权力与责任。对出现大案、要案，或措施不得力的，要从严追究高管人员和直接责任人的责任，并相应追究检查部门、稽核部门人员对检查发现的问题隐瞒不报、上报虚假情况或检查监督整改不力的责任。

（三）完善柜面业务操作风险内部控制制度建设

1. 进一步完善柜面业务内部控制制度。建立柜面岗位职责分离、横向与纵向相互监督制约的制度。明确关键岗位、特殊岗位、不相容岗位及其控制要求。整合、梳理现有内部管理制度，统一业务标准和操作要求，完善并强化风险管理作用，务求覆盖所有业务环节和风险点。

2. 对于我行综合业务系统使用的产品、流程的设计过程和业务组织结构应根据内控制度建立有效的控制程序；柜面新业务、新产品推广前，要在充分研究、试点的基础上，事先制定较为完善的制度和操作规程，以有效评估和防范在新业务和新产品上形成的操作风险。

3. 规范业务操作规范。在内控制度层次上，将内控制度建设、合规操作建设视为基础工作长期来抓，将制度执行落到实处。所有部门、所有职工都应共同参与对柜面操作风险的管理，切切实实地将已经制定的各项规章制度落实到平时的管理和实际工作中。

4. 加强柜员岗位职责和柜员业务权限划分。要建立强化相互制约的柜面业务岗位职责，加强授权、分权管理，通过科学合理地分配责权利，将不相容岗位的业务人员岗位职责进行分离。

5. 健全柜面业务操作风险监控体系。建立科学有效、防患于未然的能覆盖所有柜面业务和岗位的事前、事中、事后检查监督防范体系，既要对违章违规行为进行严肃处罚，也要进一步落实和强化监督岗位责任制。（1）重视日常监管检查。加强规章制度执行情况的监督检查，加大对柜面业务重要部门、重要人员、重要交易的监督检查力度，构筑自上而下的条线专业检查监督防线。（2）要建立循环的持续改进过程。不但要通过检查及时发现问题，同时还要建立和完善纠错整改机制，建立一个持续的、循环的柜面业务操作风险改进过程。责任单位或责任人对检查出的问题要制定整改计划和落实措施，并及时进行整改，防止相同的问题不再重复发生。监督部门要对问题的整改情况进行跟踪检查，对整改不落实、整改不彻底现象及时督促，并采取相应处罚措施，直至整改完毕。

（四）加强柜员职业道德教育和柜面操作风险文化建设

1. 高度重视柜面操作风险管理，加强风险意识，建立健全全员、全过程的操作风险管理机制，防范和化解我行操作风险是重中之重。近年来，基层网点操作风险问题突出，必须改变基层网点临柜人员柜面操作风险防范意识淡薄的现状，只有基层一线员工都普遍具有了风险防范的意识之后，才能够从根本上防范柜面操作风险的发生。

2. 坚持以人为本，建设柜面操作内部风险控制文化。要强化操作风险意识，营造良好的内控氛围，让所有员工都具有风险管理意识。同时，发挥员工在操作风险管理上的主观能动性。尊重并听取员工在风险管理上的意见和建议，形成奋发向上的氛围；加强对风险管理专业人才的培养和使用，搞好人力资源的开发；建立全面、科学、可操作的风险管理激励约束机制，充分调动员工加强风险管理的积极性和主动性。

3. 加强员工风险意识教育。（1）注重员工工作技能的培训，采取培训、交流相结合等多种方式进行培训，不断提高员工的综合素质；使其自觉遵守各项规章制度和操作规程，杜绝麻痹大意的思想，不给任何犯罪分子可乘之机。一是通过对所有柜员进行系统的培训和操作训练，重点学习制度办法、操作规程和新业务知识并进行相应的测验和考核，不断增强柜员理论知识，提高柜员的操作技能；二是在柜员之间进行经常性的岗位轮换，让员工不断接触新的业务和新的工作环境，避免长时间从事同一工作而产生厌倦情绪，激发员工的工作热情，提高工作效率和办理业务的准确率；三是把学习教育同创建学习型银行，争做知识型员工紧密结合起来，促进学习长效机制的建立。（2）加强员工思想道德的培育、法律意识的培养，使员工养成正确的人生观、世界观，坚守职业道德，不干违法乱纪的事。抓好整肃工作作风、工作纪律和各类案件的警示教育，有针对性地解决干部员工在思想作风和工作作风方面存在的突出问题；落实对员工行为的排查制度，对已发现的有经商办企业、从事第二职业、赌博、不正常交友等问题和现象的员工要予以密切关注，力求将各种隐患消灭在萌芽状态。

（五）利用信息科技手段提高风险防范水平

1. 建立柜面业务风险事件分析系统，对发生的每一次柜面业务风险事件进行记录、录入和上报，并分析导致每次风险发生的因素和产生风险的环节点，通过对风险事件的统计和分析，不断积累风险识别经验，以便对未来潜在的操作风险进行预测。

2. 建立柜面业务预警监控稽核系统。根据当前柜面业务重要交易、重要风险点，利用先进的计算机技术，从综合业务系统中下载预先设定的关键数据进行分析并预警，由稽核检查人员负责风险交易的检查、核实、整改。

3. 加强对柜面的防弊防案防诈骗科技手段的建设。各营业网点必须配备必要的点钞机，建立居民身份证联网核查系统，加强对利用假身份证在银行开户、洗钱的管理。

4. 加强业务系统的开发优化，提高系统控制操作风险的能力。通过综合业务系统程序编制，对业务处理的关键风险点进行有效的控制。如系统可以对重要交易要求强制授权或者要求强制复核；对未到期存款取款、销户时给予电脑系统提示。

5. 借助高科技手段，完善风险管理方法。借助于现代化的高科技手段，在提高合作联社柜面业务操作效率的同时，要更加规范化，提高抵御风险的能力。比如柜员的签到由现有的密码签到发展为指纹签到，降低柜员身份被盗用的风险性。

四、新监管标准对中山市农村信用合作联社的影响和对策

中山市农村信用合作联社　廖山鑫

2010年12月16日，巴塞尔委员会发布了《第三版巴塞尔协议》（Basel Ⅲ，以下简称新资本协议），新资本协议确立了微观审慎和宏观审慎相结合的金融监管新模式。新资本协议出台之后，针对国内实际，中国银监会也发布了《关于中国银行业实施新监管标准的指导意见》，明确了包括资本要求、杠杆率、拨备率和流动性要求在内的四个大方面的监管标准，这些标准构成了未来一段时期我国银行业监管的新框架，对国内银行的经营模式和发展战略将会产生深远影响。

目前中山市农村信用社正处于转型农村商业银行、向现代金融企业迈进的重要阶段，以新监管标准为准绳去逐步构建全面风险管理体系不仅是顺应监管改革大趋势的基本要求，更是提高自身风险管理能力、实现向现代金融企业转变的内在要求，因而非常有必要结合我们目前的实际情况去分析新监管标准对中山市农村信用社可能产生的影响以及对策。

一、中国银监会新监管标准

2011年4月27日，中国银监会下发了《关于中国银行业实施新监管标准的指导意见》，主要在资本要求、杠杆率、拨备率和流动性要求四大方面对银行业机构提出了具体达标要求。

1. 提高资本充足率监管要求。一是明确三个最低资本充足率要求，即核心一级资本充足率、一级资本充足率和资本充足率分别不低于5%、6%和8%。二是引入逆周期资本监管框架，包括2.5%的留存超额资本和0～2.5%的逆周期超额资本，若出现系统性的信贷过快增长，商业银行需计提逆周期超额资本。新标准实施后，正常条件下系统重要性银行和非系统重要性银行的资本充足率分别不低于11.5%和10.5%。

2. 建立杠杆率监管标准。引入杠杆率监管标准，即一级资本占调整后表内外资产余额的比例不低于4%，弥补资本充足率的不足，控制银行业机构以及银行体系的杠杆率积累。

3. 强化贷款损失准备监管。贷款拨备率不低于2.5%，拨备覆盖率不低于

150%，原则上按两者孰高要求的方法确定银行业机构贷款损失准备监管要求。

4. 改进流动性风险监管。建立流动性覆盖率、净稳定融资比例、流动性比例、存贷比以及核心负债依存度、流动性缺口率、客户存款集中度以及同业负债集中度等多个流动性风险监管和监测指标，其中流动性覆盖率、净稳定融资比例均不得低于100%。

以上监管指标的达标要求均设定了缓冲期，以避免对我国经济和银行业产生大的冲击。对中山市农村信用社而言，依据银监会的文件要求，作为非系统重要性银行，2016年底前需大部分指标能达到监管达标要求，只有贷款损失准备方面的要求最迟可以推迟到2018年底前达标。

二、新监管标准对中山市农村信用社的影响

（一）资本充足率方面的影响

从表1可以看出，新监管标准在最低资本充足率方面的规定对中山市农村信用社的影响不大。截至2010年底，信用社核心一级资本充足率、一级资本充足率和资本充足率三个指标都达到9.61%，前面两项指标已经达到监管标准，只有资本充足率离10.5%的要求还有一点差距，表明信用社的资本结构总体上是健康的。这三个指标之所以一致，是因为附属资本为零，一级资本中所包含的其他一级资本也为零（一级资本分为核心一级资本和其他一级资本）。从表1的数据来看，目前信用社不存在其他一级资本，但本次新资本协议将该概念的引进，能丰富信用社资本补充的渠道，比如发行优先股和可转债等，一旦此类资本工具成功发行，将有助于降低未来普通股份融资压力。

需要指出的是，2.5%留存超额资本的要求使得资本充足率从原先要求的8%提高到10.5%，直接导致我们目前没有达到新标准的要求，要达到新的监管要求，则需要限制利润的分配，这无疑对股东的收益和职员的薪酬存在一定的影响。当然，我们还有几年的缓冲期，在未来几年通过拓宽融资渠道，优化资本结构，应付10.5%资本充足率的要求相对来说不会存在太大的难度。

表1　2009~2010年中山市农村信用社资本构成表（1104口径）

单位：人民币万元

项目	2009年	2010年	增减
资本净额	165 794	209 226	43 432
其中：核心资本	195 865	211 388	15 523
附属资本	0	0	0
扣减项	30 071	2 162	-27 909

续表

项目	2009 年	2010 年	增减
加权风险资产净额	1 964 520	2 177 177	212 657
资本充足率（%）	8.44	9.61	1.17

数据来源：中山市农村信用社 2010 年度经营管理情况报告。

（二）杠杆率控制方面的影响

加强杠杆率管理，有利于防止信用社资产负债表的过度扩张和过度承担风险，提高稳健经营水平，但是杠杆率的规定对主要收入来自存贷利差、业务品种相对单一的农村信用社来说，其影响将会很明显：在资产规模固定的情况下需提高一级资本的比重，这会导致盈利水平下降；而在一级资本固定的情况下，则必须控制资产规模，甚至必须压缩资产规模。由于部分数据无法获取，再加上调整后的表内外资产余额的计算过于复杂，无法对中山市农村信用社杠杆率作出测算，在此仅用倒推法计算符合最低要求监管的资产规模容忍度，用来作为参考性的压力测试数据。以监管层不低于4%的杠杆率要求和中山市农村信用社一级资本209 226万元来算，调整后的表内外资产余额的容忍额度为5 230 650万元，也即如果当前的资产规模超过5 230 650万元，我们就有必要在未来适当控制资产规模的过度扩张，以避免过度承担风险，或者也可以通过增资扩股等方式来提高一级资本的比重。

（三）贷款损失准备监管的影响

2010年末，中山市农村信用社各项贷款余额2 056 806万元，贷款损失准备缺口1 562万元，不良贷款率2.79%。据此可计算出2010年末的贷款损失拨备率为2.71%，满足了2.5%的要求，但是计算所得的拨备覆盖率仅为97.13%。实际上，2.5%的动态拨备率在2010年11月15日银监会印发的《关于加强当前重点风险防范工作的通知》中就明确提出，同时贷款损失准备金占不良贷款的比例原则上应不低于150%，两者按孰高要求执行。由此看来，中山市农村信用社拨备覆盖率离银监会规定的150%还有相当大的差距，这就要求在未来几年中，需根据经营情况提高损失准备的计提，以满足监管要求。但是提高损失准备的计提又是以压缩利润为代价的，如果按照150%的覆盖率来算，中山市农村信用社2010年的贷款损失准备还要多计提30 254万元才能达标，这意味着经营利润会在55 392万元的基础上减少到25 138万元，直接压缩了54.6%的经营利润，这无疑是个沉重的负担，当然，由于贷款损失准备属于税前计提的科目，该科目计提的增加对净利润的影响没有对营业利润影响那么大。所以，在未来几年的缓冲期内，把好信贷风险控制关，进一步提高贷款质量，应是我们的工作重点。

（四）流动性风险监管的影响

根据要求，商业银行应建立包括流动性覆盖率、净稳定融资比例、流动性比例、存贷比以及核心负债依存度、流动性缺口率、客户存款集中度以及同业负债集中度等指标在内的多维度的流动性风险监管标准和监测指标体系。目前中山市农村信用合作联社的流动性比例为37.41%，比25%的监管标准高12.41个百分点，在此需要指出的是，并不是流动性比例越高越好，因为流动性比例的提高是以牺牲资产经营效益为代价的，中山市农村信用社当前的流动性比例指标有偏高的嫌疑，从提高经营效益的角度来说，我们有必要控制流动性比例在合理的范围之内，充分运用闲置资金去创造利润；账面存贷比例为54.47%，远远没有超出75%的要求，也就是说在信贷额度的允许下，中山市农村信用合作联社的信贷规模还存在很大的扩张空间，当然，信贷规模的扩张是以控制风险为前提的，不能盲目扩张。由于核心负债依存度、流动性缺口率、客户存款集中度以及同业负债集中度等指标的计算需要掌握大量数据，银监会的指导意见中也没有做硬性的规定，故在此不做过多谈论，仅对流动性覆盖率和净稳定融资比例这两个被着重强调的指标进行简单探讨。

流动性覆盖率指银行流动性资产储备与压力情景下30日内净现金流出量之比，用于衡量短期（30日内）单个银行流动性状况；净稳定融资比率指可用的稳定资金与业务发展所需资金之比，分子是银行可用的各项稳定资金来源，分母是银行发展各类资产业务所需的稳定资金来源，该比率用于度量银行较长期限内可使用的稳定资金来源对其表内外资产业务发展的支持能力。上述两个比率的要求均为不低于100%。显然，这两个指标的执行，将会直接加大中山市农村信用合作联社流动性动态管理的压力，对资产负债的综合管理、实现流动性需求和供给的合理匹配提出了更高的要求，最为重要的是，这要求我们的风险管理人员在流动性管理方面必须具备系统化专业化的知识储备，由此可见，在向农商行转型的契机下，中山市农村信用社高层提出人才兴社战略无疑是有远见的，这符合现代金融的发展趋势，我们必须进一步对现有人员加大培训力度以适应新的形势，同时也需要对外招募专业人才来壮大我们的专业化队伍。另一方面，这两个监管指标的计算是一项非常复杂的工作，所需的数据多而细，不仅工作量大，且结果容易发生偏差，如流动性覆盖率要求对30天内到期的个人、中小企业等客户正常履约贷款所产生的本金、利息、费用进行逐笔计算和汇总，这对我们负责数据采集、报表填报的人员也提出了更高的素质要求。总之，在流动性管理的新监管标准下，中山市农村信用社无论是在流动性的动态管理上，还是在员工素质的提高上，都面临着很大的压力，同时也会不可避免地带来经营成本的大幅提高。

综上所述，银监会的新监管标准给我们在资本结构调整、企业规模控制、信贷质量管理、资产运营效益提高和流动性动态管理等方面带来的或大或小的压力和影响，相应地，也会加大我们的经营管理成本。

三、相关的对策和建议

对中山市农村信用社而言，新监管标准的实施是挑战，同时也是机遇。中山市农村信用社正处于转型为农村商业银行、向现代金融企业迈进的重要时期，我们应以转制为契机，以新的监管标准达标为目标，打造风险可控、效益良好的农村商业银行，具体而言，我们可以考虑从以下几个方面进行努力：

（一）拓宽融资渠道，优化资本结构

目前，由于自身条件的限制，中山市农村信用社的资本来源除增资扩股、利润分配和准备计提等常规做法外，缺乏其他的可操作债务工具，融资渠道相对过窄，当资本充足率下降或不能满足监管要求时，就难以迅速有效地弥补资本。但是转制为农村商业银行之后情况又会大大不同，未来我们可以考虑发行次级债来作为提高资本充足率的补充工具，甚至也可以大胆地以实现挂牌上市作为我们企业发展的最高目标，重庆农村商业银行在香港上市就是一个值得借鉴的例子，一旦能成功上市融入广阔的资本市场，融资难的瓶颈便能打破，资本运作将会变得游刃有余。另外，如果有合适的机会，我们也可以考虑引进战略投资者，目标可瞄准国内外大型银行或者大型金融集团，战略投资者的加入不仅可以补充资本金，更重要的是能带来先进的管理理念和经验，对企业的跨越式发展能起积极的推动作用。

（二）加强信贷管理，提高贷款质量

由于历史的原因以及所面向的客户群体的特殊性，农村中小金融机构的不良贷款一直以来都是高居不下，中山市农村信用社也是近年来通过不懈努力并借助中央银行专项票据的支持才将贷款不良率降低的，但是尽管如此，如前文所述，我们的拨备覆盖率离监管标准还存在很大的差距，这表明我们的信贷质量还需进一步提高，况且以现代金融企业作为发展方向的我们也不能总是依靠国家的支持来渡过难关，所以，我们应切实重视和加强信贷管理，这也是现代商业银行的立足之本。

具体而言，一是要完善信贷风险控制体系，风险控制应贯穿于信贷业务的整个过程，制定贷前调查的具体要求和操作标准，制定专门贷后管理制度和办法，完善贷款第一责任人制度等；二是要将前述的一系列操作标准、制度和方法等执行到位，没有执行到位，风险控制将沦为空谈；三是要提高信贷员的业

务素质水平，建设一支业务技能过硬的信贷员队伍；四是要关注行业风险，及时做好客户结构调整，这就需要加强行业调查研究，紧跟国家宏观调控政策的走向，做到反应灵敏；五是要加快风险数据库建设，建立内部评级的数据基础，数据的积累是个长期的过程，目前我们在这方面还有很大的欠缺，为了企业的长远发展，我们需要从现在开始就要着手进行这一系统性的工作。

（三）扩大业务范围，增强盈利能力

要达到新的监管标准，需要从经营管理的多个方面入手作出调整，不可避免会带来经营管理成本的增加，盈利水平也会下降，因此如何进一步增强中山市农村信用社的盈利能力需要加以重视。目前信用社的业务范围还比较小，业务品种少，主要收入还是来自存贷利差，中间业务也只局限于支付结算业务、银行卡业务和少量的代理类业务。据不完全统计，国外大型银行中间业务的收入能占到全部收入的50%以上，而我国中间业务开展比较早、业务量较大的中国银行中间业务收入占总收入的平均水平也才14%左右，与国外水平相差近三四倍。此外，建设银行、工商银行、交通银行平均水平达不到10%，而农村中小金融机构中间业务收入占比则更低。可见，在改善经营业务结构提高盈利能力上，我们还有很长的路要走。转制为农村商业银行之后，我们可以在现有业务领域的基础上，积极拓展包括国际业务、贷记卡、第三方存管和网上银行等在内的多种业务，积极参与基金代理和托管等业务。

（四）重视人才储备，夯实风险控制基础

金融行业是知识密集型行业，现代金融的竞争最终还是体现在人才的竞争与培养上，这是已经确定并将继续延续的趋势。目前信用社正在构建全面风险管理体系，这当中包括两个很重要的方面，一是机制，二是人，两方面缺一不可、相辅相成。相对于机制建设来说，人才体系的建设更难，也更值得我们重视，因为在新形势下，构建全面风险管理体系对人才体系的建设提出了更高的要求，我们需要重视风险控制人才的储备，以夯实我们的风险控制基础。具体地，我们的风险控制管理团队和信贷员队伍需要有持续学习的原动力，坚持学习和掌握风险控制领域的新理念和新技术，而我们企业在这方面也要加大支持力度，多组织人员特别是一线风险控制人员去参加各类相关讲座和参与定期交流活动等。除了在现有人员基础上进行优化外，我们也可以考虑多引进人才，特别是需要很高业务技术素质水平的关键岗位可以考虑引进外来人才，以弥补特殊岗位人才储备的不足。

注：

1. 本文所有涉及数据的计算与分析，均基于公开渠道所获取的信息，以中山联社近年来对外披露的经营管理情况报告为主，数据来源截至2010年底，故本文的分析和结论均以2010

年末的数据作为基础。

2. 附属资本包括非公开储备、重估储备、一般贷款损失准备、混合债务资本工具、中长期次级债务等。由于在公开渠道笔者无法获取这部分信息，且经营情况报告中也没有披露，如果把附属资本也考虑进来的话会提高资本充足率，基于审慎性原则，在此假设其为零。

五、基于传统百家文化浅谈合规文化建设

新兴县农村信用合作联社　李杰冠

银行是经营风险的特殊行业。一部银行发展史实质上就是金融风险的调控史。银行业机构进行金融活动的实质就是经营风险，并在风险与效益中寻找最佳平衡点。由此可见风险管理在银行管理中占据着重要的地位。风险管理的关键是合规。作为合规管理的重要组成部分，合规文化是根据巴塞尔协议限定的合规风险衍生出来的关于银行如何规避此类风险的管理方式的一种界定。大力推进合规文化建设，既是落实科学发展观的政策需要，也是农村信用合作社实现发展目标的必然要求。中国文化源远流长，百家争鸣，不乏真知灼见，正所谓“他山之石，可以攻玉”，打造具有农村信用社特色的合规文化可以借鉴吸收中国传统百家文化中的思想精髓。现试从中国传统百家文化中推陈出新，而中国传统百家文化如此博大精深，本文只能管中窥豹，就当是抛砖引玉。

一、合规文化建设的兵家谋略

1. 战略上认识合规文化建设的重要性。“兵者，国之大事也，死生之地，存亡之道，不可不察也。”《孙子兵法》开篇第一句即强调了战争是国家的大事，关系着民族生死，决定着国家存亡，因此不可以不仔细认真考虑。建设合规文化，首先要把合规文化建设放在关系到农村信用社生死存亡的高度来思考，然后才能付诸实施。作为合规文化建设的主要实施者理事会以及高层管理人员必须从“战略上重视它”，积极倡导和策划一系列合规文化建设活动，促使所有员工包括高层管理人员在开展业务时都能遵守法律、规则和标准。

2. 策略上认真规划进行合规文化建设。“夫未战而庙算胜者，得算多也；未战而庙算不胜者，得算少也。得算胜，少算不胜，而况于无算乎。”《孙子兵法》这句在此可解释为：未开战而在计算预计中就认为胜利的，是因为具备胜利的条件多；未开战而在计算预计中就不能获胜的，是因为具备的胜利条件少，具备制胜条件多的就胜，具备制胜条件少的就不胜，更何况没有具备制胜条件的。放之于合规文化建设中，我们得到的启示是合规文化建设开始时必须认真规划，在“知己知彼”的详尽分析建设过程中可以利用的资源（知己）以及将要碰到

的困难（知彼）的情况下，针对困难提出若干个解决的方案以保证顺利进行（百战不殆）。

3. 战术上以培育员工合规意识为突破点。“攻心为上，攻城为下。心胜为上，兵胜为下。”此句曾是历代兵家克敌制胜的有力武器。在合规文化建设中，对全体员工实行合规教育，也要注意运用“攻心”的策略。人的思想意识是神奇的，因为每个人的言行举止都是在其思想意识支配下进行。当前合规文化建设已经进入了新阶段，然而部分管理层仍然对合规文化建设认识不到位，部分员工的合规意识依然淡薄，违规经营、道德风险以及操作失误依然长期存在并制约着农村信用合作社的稳健经营和健康发展。因此在合规文化建设中，在追求金融创新和经济利润的同时，必须改变“重经营轻管理”的管理思想，注重培育员工的合规意识，让合规意识贯穿于全体员工的每一个具体操作中，最低限度地降低风险。这一方面能使农村信用社的管理水平得到有效的提升，另一方面也能使农村信用社的经济利益得到切实的提高。

二、合规文化建设的法家制衡

1. 完善机制体系，订立制度规范。“夫圣人之治国，不恃人之为吾善也，而用其不得为非也。”《韩非子》这句话可以解释为：圣人治国，不是要人人为善，而是使人人不做恶。故而在合规文化制度的建设，必须要建立完善的机制体系，订立详尽的制度规范，明确合规的要旨在于使员工没有机会违反制度，坚决杜绝“信任代替制度”的陋习。这里包括：（1）强化员工的自警意识。在日常工作中，农村信用合作社通过与制度规范相关的形势教育、警示教育和启示教育等活动，强化全员的自警意识，从而增进员工进行合规文化建设的责任感和自觉性。（2）强化制度的约束功能。“且夫物众而智寡，寡不胜众，智不足以遍知物，故因物以治物。”《韩非子》这句话的意思是：相对于复杂的世事而言，个人的智慧是很渺小的，个人的渺小智慧难以处理繁杂的事务，所以应该利用工具来处理事情，这里的工具包括各种规章制度等。推行合规文化建设必须健全和落实各项制度，改变粗放式管理的套路，建立一整套有效管理各类风险的职业行为规范和守则，如全面联保制、治安联防制、强制休假制、离岗审计制、责任追究制以及业务操作规范等。

2. 整合政策法规，公布合规丛书。“法者，编著之图籍，设之于官府，而布之于百姓也。……故法莫如显……是以明主言法，则境内卑贱莫不闻知也，不独满于堂。”《韩非子》此处申明了作为法（制度），必须要详尽地制定，然后公布于众，让大家了解并且懂得法律制度。在合规文化建设中，必须把各项法律法规、政策制度以及各种业务处理程序、处理标准、风险控制点、操作规范等进行细致明确的界定和划分，并详细制定相关的监督与制约，通过梳理整合编成系列丛书。规范文件形成丛书的功用有四个：（1）可以作为流程化改革的总结和提高；（2）可以使全体员工对于每一种业务、每一项操作、每一个岗位都有章可循；（3）可以作为新进员工的岗前学习资料；（4）可以作为在职员工的再教育再培训的辅导教材。

3. 严明奖惩制度，保障合规管理机制建设。“功当其实，事当其言，则赏；功不当其事，事不当其言，则罚。”《韩非子》这里强调了严明奖惩制度。在宏观上，严明奖惩制度是合规文化建设的应有之义，也是合规文化建设的重要保障。建设成效达到预期制定目标的，应该奖励和表扬；结果达不到预期制定目标的，应该惩戒和通报。所谓“四维不张，国乃灭亡”（《韩非子》）就是这个道理，其中四维是指礼义廉耻。通过严明奖惩制度，树立员工礼义廉耻的价值观，在合规文化建设中筑起一道坚固的思想堤坝；在微观上，严明奖惩制度表现在合规文化建设中主要为明晰的责任制和问责制，以及相应的激励约束机制。通过相关制衡制度，使所有员工形成自然而然要为自身从事职业和所在岗位的工作负责任的氛围，进而形成全新的、积极的合规文化。

三、合规文化建设的儒家处世

1. 树立以“以人为本”为核心的合规文化建设理念。“道之以德，齐之以礼，有耻且格。”《论语》中的这句话可以分开解释：道之以德，就是以道德价值观为导向作为人的内部自身控制；齐之以礼，就是以礼义制度为准绳作为人的外部环境约束。简而言之，在执行合规文化建设中，人是执行和被执行的关键因素，“以人为本”可“宽猛相济”，使人在内心控制和行为控制的双管齐下，提高规章制度对人的执行力。这包括：一方面，树立全体员工正确的道德观和价值观，把价值观念灌输到员工的头脑中，使之化为发自内心的自觉行为（宽）；另一方面，通过规章制度的外部约束，把每一项业务规范细致贯彻在每一项业务操作中，使之员工认真遵守并执行（猛）。

2. 建立以科学发展观为指导的长效合规教育机制。“业精于勤而荒于嬉，行成于思而毁于随。”语出韩愈《进学解》，意思是：学业由于勤奋而精进，但它却荒废在嬉笑声里；事情由于反复思考而成功，但它也能毁灭于随随便便中。合规文化建设，是一项不进则退的事业，必须要有一套以科学发展观为指导的长效合规教育机制，以保障员工能不断地从各种合规教育培训与风险防范培训中得到持续化、层次化、多样化的合规熏陶。同时在工作中，也大力鼓励员工积极思考，发现症结，解决难题。这是《论语》中“学而不思则罔，思而不学则殆”的要旨所在，也是蓬勃向上、富有活力的合规管理机制建设活动的基本内涵。

3. 营造人人争当“合规之星”的合规文化氛围。“勿以恶小而为之，勿以善小而不为。”语见《三国志－蜀书－先主传》，大意是：不要以为坏事很小就去做，不要以为好事很小就不去做。在合规文化建设中，这应该作为“合规之星”评选的具体要求之一，同时这句名言可以引申为两方面要求：（1）要求管理者，必须以身作则，严格执行规章制度。巴塞尔委员会在《合规与银行内部合规部门》中指出：“合规应从高层做起，应成为银行文化的一部分”，“企业文化强调诚信与正直的道德行为准则，并有董事会和高级管理层作出表率时，合规才最为有效”，这就是“其身正，不令而行；其身不正，虽令不从。”（《论语》）；（2）要求普通员工，必须时刻警醒，严格遵守规章制度。《论语》中提及“三思而后行”，在合规文化建设中，就要求员工每做一项操作，必须全面认真思考其行为是否合规，是否存在风险，是否必要。严格遵守规章制度一方面是保护员工自己，让自己远离风险旋涡；另一方面也能保护同事，使同事无可乘之机；更深层次方面，也保障了信用合作事业的健康发展。巴林银行的轰然倒闭起因是操作员的一个微小违规操作。

四、合规文化建设的道家智慧

1. 合规文化建设的“自知者明”、“自胜者强”。“知人者智，自知者明，胜任者有力，自胜者强。”《老子》这句话可以翻译为：能够了解他人的人是有智慧的，能够了解自己的人是高明的，能够战胜他人的人是有力量的，能够战胜自己的人是真正的强者。农村信用合作社目前进行合规文化建设，根源在于长期粗放式管理导致自身内控薄弱，风险高企。而在合规文化建设方面，身为农村金融主力军的农村信用合作社相对于其他商业银行尤显劣势。如何根除案件高发病根，焕发活力，打造现代金融企业，就必须战胜自己，建设合规文化，促使人人合规。

2. 合规文化建设的“有所为而有所不为”。“相反相成，物极必反。”《老子》这句话揭示的道理是：做一件事，不要过度。对于合规文化建设的借鉴意义可以简述为“有所为而有所不为”。具体有两层含义：一是合规文化建设，顾名思义是强调符合规章制度。然而银行等金融机构作为经营风险的特殊行业，追求效益也是企业发展的主要动力。因此，合规文化建设在一方面需要强化风险管理，促进合规经营；另一方面也需要鼓励管理者在合规的基础上积极创新，寻找风险与效益最佳平衡点的文化因子。这也是《老子》中“先有为而后无为”的表意。二是合规文化建设，应该循序渐进，让时间服务于质量。万事万物的成长自有其规律，对于合规文化建设，既不能放任自流，也不能揠苗助长。因此在合规文化建设过程中可以设定几个阶段把合规文化建设这一目标细化，然后在每个阶段对细化的具体目标进行量化，由此使得合规文化建设能稳步推进，扎实提高。

3. 合规文化建设的“无为而无不为”。“道常无为而无不为。”《老子》这句话中，“无为”是因，“无不为”是果。“无为”不是指无所作为，而是尊重自然规律。同理“无不为”就是无所不为，在尊重自然规律下，万事可做。在合规文化建设中，规章制度一旦制定，员工形成自觉、自然的风险管理行为，管理者就应该从大局中把握规章制度，而在具体事务中则放手下属积极有为，从而有效地实现企业目标。也就达到了《老子》的“治大国若烹小鲜”的境界。

总之，合规文化建设首先需要高层管理人员的战略重视，在策略上认真谋划，以抓培育全体员工合规意识为重点，通过完善体系和制定相关规范，整合和公布合规丛书，严明奖惩制度，在“以人为本”“科学发展观”的指导下，让全体员工踊跃争当“合规之星”，而使农村信用合作社在内部不断自省中不断自强，必能让合规文化建设更上一台阶。诚然，合规文化建设是一项艰巨而长期的工程，合规文化建设也是一科艰深而有趣的学问，同时合规文化建设更是一门需要苦心孤诣用心琢磨的艺术。如何建设如此浩大工程，专研如此深邃的学问，掌握如此神秘的艺术，需要我们不断地在思考的指引下实践，在实践的思考中领悟。

六、流程化改革的成效、问题及解决措施

五华县农村信用合作联社理事长　谢永伟

2009年9月，根据广东省农村信用社联合社（以下简称省联社）的统一部署和安排，五华联社作为流程化管理改革的第三批试点联社之一，正式启动改革工作。流程化改革工作启动以来，在省联社合规部和梅州办事处的领导及直接指导下，在其他兄弟联社的大力支持下，五华联社全体员工经过共同努力，完成了流程化管理改革的各项工作，并于2010年4月1日试运行，2010年7月1日正式运行。自正式运行以来，联社的各项业务和经营管理活动都能按流程化管理要求开展，基本实现了“部门银行”向“流程银行”的平稳过渡，自身经营管理水平也得到有效提升。通过流程银行建设给五华联社带来了全新的发展。

一、改革取得的成效

（一）明确了战略目标和实施策略

以“立足三农，充分发挥自主、灵活、快捷、互惠的经营优势，大力支持中小企业发展，成为区域经济发展的品牌金融机构”为总体战略目标，计划到2012年末，达到各项存款余额31.71亿元，各项贷款余额20.92亿元，经营利润达到2 000万元，资本充足率不低于2%，五级分类不良贷款率低于20%，贷款损失准备充足率17.5%以上。同时，根据战略目标规划制定了联社战略目标的实施策略。

（二）建立了较科学的组织架构和运营模式

依据业务管理垂直化、机构设置扁平化的原则，加强市场营销能力和风险防控能力的初衷，构建了以三道防线为基础，前、中、后台分离的流程型组织架构，并根据五华联社现阶段的内外部经营环境和战略目标，建立了新的组织管理模式和业务运营机制。

1. 清晰界定了联社风险管控的三道防线及其职责，构建了较为完善的内部控制机制。将前、中、后台的业务、管理以及支持保障部门作为风险控制的第一道防线，侧重于事中的操作风险控制；将合规与风险管理部作为风险控制的第二道防线，侧重于业务开办及制度建设的事前风险防范管理，并对第一道防

线的业务运营和风险管理进行事中的检查监督；将内审监察部作为风险控制的第三道防线，侧重于事后的监督，并独立开展对第一道防线和第二道防线的检查评价，确保联社的总体风险水平保持在可接受的范围内。

2. 业务部门实现了前、中、后台的分离。依据“前台前移、中台上收、后台集中”的指导思想对相关部门进行重新设置：前台设置了公司银行部、个人银行部、各信用社和营业网点，并将公司和大客户授信业务上收到联社进行管理，同时加强市场营销职能，确立了以客户为中心的运营导向；中台在联社设置了授信审批中心和授信管理部，集中处理联社的授信审查、审批工作，以强化授信前的风险控制和授信后的风险管理职能；后台设置了计划财务部和会计结算部，对联社内部财务、资金清算和会计处理进行风险控制和规范化管理。

3. 加强了监事会的监督职能。内审监察部归属监事会领导，直接对联社监事会负责，强化了监事会行使监督管理职能，不断完善联社的公司治理结构。

4. 初步建立了流程化管理的配套机制。建立或优化了客户经理、授信风险经理、兼职合规经理以及综合柜员等相关机制和制度，在强化市场营销职能的同时加强了风险控制，促进联社业务均衡、健康和可持续的发展。

总体来说，联社新的流程型组织架构实现了有利于市场营销和有利于风险防控的两大原则，为联社业务发展和管理水平的提升奠定了坚实的基础。

（三）建立规范的流程文件体系

建立起覆盖联社全部业务及管理活动的流程化管理文件体系以及标准化、工序化的业务流程，基本搭建起新的运营管理平台（从内部控制的五大要素出发，结合 19 项子要素，将联社的主要业务和管理活动细分为 118 项，按照业务的发展迄今共设计了 300 份文件，基本覆盖联社的所有经营及管理活动，为组织架构和运营模式的有效实施提供了重要保证，也为实现持续改进的管理机制打下了良好的基础。

（四）搭建全面风险管理的基础

在省联社基础版的风险点库的基础之上，联社通过对自身制度文件、业务流程的梳理，根据联社实际情况，重新修改并完善了部分业务流程、岗位职责和风险点，基本建立了可承受、易防控、全覆盖的操作风险控制体系，为联社日后的风险管理运营打下了基础。而且，联社依托流程合规管理信息系统，建立起了持续改进的风险管理机制，并与每一份体系文件和业务流程相结合，实现了基于流程的风险识别、评估、控制、监测、报告、再评估的可持续改进机制，这将为联社的风险管理水平带来跨跃式提升。

（五）建立较先进的流程合规管理系统

联社引入的流程合规管理信息系统以联社运营流程/风险分布地图，日常业务与管理活动，联社内外的监督、检查、审计、监管等活动，以及流程的改进、风险的再识别和再评估、控制措施的改进四大要素作为系统的设计理念，共包括流程体系文件管理、合规管理、风险管理等七大模块。并将岗位职责、相关活动的风险点、流程操作与控制要求等与流程环节的关联，实现了岗位职责、风险点、工作依据文件/体系文件要求的一眼清。通过流程合规管理信息系统，联社基本实现了制度文件数据化（而非文档化），管理流程信息化（而非人工化），管理语言风险化（而非部门化），风险管理职能化（而非概念化）和管理改进持续化（而非理论化）。所以，这一流程合规管理平台必将为联社的业务发展和管理水平提升发挥重要作用。

实行改革以来，各业务条线都能按照新的流程操作，真正做到流程管事，领导管人，达到流程改革的预期效果。而改革给五华联社带来的变化是巨大的：服务效率与服务质量逐渐提高，员工形象与网点环境有了很大改观，贷款、银行卡、POS 机等业务的营销出现快速增长，中间业务收入不断增长、费用管理明显加强、资产质量不断提高、员工业务知识不断提高、经营利润较往年更是创出几倍的增幅，有较多指标已超额完成了前三年的规划进度，农村信用社竞争力得到进一步提升。

二、具体工作与做法

（一）进一步完善公司治理机制，明确了理事会、高管层各自的权责利

1. 理事会下设 5 个委员会。

风险管理与关联交易控制委员会：制定联社风险战略，对高管层风险控制监督，对联社超授权和疑难、大额授信业务、财务及重大投资事项审批和决策、关联交易的审议。

审计委员会：履行经营监督、内控监督、责任认定追究的职责，并加强与监事会相关委员会、联社相关部门和外部监管部门、中介机构等的沟通交流，正确履行监督职责。

战略规划委员会：负责研究国家经济金融政策和趋势，结合联社实际制定联社的发展战略和方向，并审议联社的年度经营计划、资产负债管理目标和政策，完善业务组织架构与经营管理模式，确定并督促完成战略目标任务。

提名与薪酬管理委员会：根据联社经营活动情况、资产规模和股权结构等，对理事会人员结构及变动等事项、理事和高管人员管理方案、独立理事和外部监事薪酬方案等提出建议，经理事会同意后再提交股东代表大会审议。

股东权益保障委员会：掌握和了解股东股份转让信息，讨论审议应对措施，避免因恶意收购行为给联社经营管理带来的不利影响。

2. 监事会下设2个委员会。

监督委员会：在权限内履行经营监督、内控监督、重大事件和异常情况监督、履职监督职责，加强与理事会相关委员会、联社相关部门和外部监管部门、中介机构等的沟通交流，正确履行监督职责并提议聘请或更换外部审计机构。

提名委员会：对监事会的规模和构成向监事会提出建议；对由股东提名的监事候选人的任职资格和条件进行初步审查并提出建议；广泛搜寻合格的监事人选；提名内审监察部门经理的人选，对监事履职情况进行考核。

3. 高管层下设5个委员会。

经营与风险管理委员会：在权限内负责风险管理框架和规划审定，风险制度和流程审批，日常经营管理风险审议审批，新产品、新服务创新决策、不良资产处置监督和审批等。

授信审查委员会：负责授信政策制度和流程审定、结合宏观政策与市场分析并报告，负责授信审查等。

资产负债管理委员会：负责资金计划审定及运营监管、权限内财务审议审批等。

采购管理委员会：负责采购制度及计划审定监督以及集中采购审议审批和确定其他重大集中采购与招标事项。

薪酬与绩效管理委员会：负责人力资源规划、薪酬管理、绩效管理以及研究制定全员等级工资制的推行工作并督导落实相关执行。

（二）梳理、完善权限设置，实现财务及授信业务的审批分流

结合自身实际和业务发展需要，对财务、授信及重大投资事项等各层级的审批权限重新进行梳理、完善，并将审批以分流的方式进行：

信用等级评定、授信审批流程：在高管层权限范围的，按相关流程进行审批；超过信用社权限的，报联社授信管理部；在联社分管副主任权限内，经授信管理部审查后，直接报联社分管副主任签批；在联社分管副主任权限外、联社主任权限内的，经联社分管副主任同意后，报联社高管层的经营与风险管理委员会审批，由联社主任签批。

贷款审批流程：在高管层权限范围的，按相关流程进行审批；超过信用社权限的，报联社授信审批中心；在联社分管副主任权限内，经授信审批中心审查后，直接报联社分管副主任签批；在联社分管副主任权限外、联社主任权限内的，经联社分管副主任同意后，报联社高管层的授信审查委员会审批，由联社主任签批；联社主任权限外的，报联社理事会的风险管理与关联控制交易委员会审批，由联社理事长签批。

财务审批、重大投资事项审批流程：在高管层权限范围的，按相关流程进

行审批；超过高管层授权权限的，经联社主任签批后再直接上报到理事会的风险管理与关联交易控制委员会审查审批，不再报高管层的资产负债管理委员会。

（三）分期开展全员培训，提升员工流程化管理知识和操作技能

体系文件修订工作完成后，联社举办了8期的培训班，培训的对象包括全县的网点负责人、联社机关人员、副主任、客户经理、会计经理、综合岗等岗位员工，培训内容涵盖了各业务条线的主要业务。各信用社、联社各部（室）在联社培训的基础上，也组织了本社（部）员工进行流程化管理制度与知识的学习和再培训，并依据流程文件开展实际的管理和业务活动。在试运行期间，联社还以“上机考试”的形式对联社各岗位员工的流程化管理知识掌握程度进行检验，促进员工熟悉自身岗位职责与相关业务，提高了员工的服务水平与操作能力，并推广了合规管理系统的使用。

（四）完善人才选拔机制

按照新组织架构（9部1室1中心）的岗位设置和扁平化网点岗位人员配置，联社通过对联社重要岗位、联社部门正副职、基层信用社正副主任、会计经理、客户经理、风险经理等岗位实行全员公开竞聘，将优秀员工选拔到联社重要岗位、联社部门正副职、基层信用社正副主任等岗位，形成强有力的管理团队。新团队的作用在试运行和正式运行中得到有效的发挥，大大提升了联社的经营管理能力。

（五）建立流程化管理配套机制

在建立流程合规管理体系的同时，经过不断调整、优化后的客户经理、授信风险经理、兼职合规经理、会计经理以及综合柜员等队伍，起到了强化市场营销职能和风险控制，促进联社业务均衡、健康和可持续发展的作用。

（六）建立集中事后监督制度

为更好地开展事后监督工作，结合五华联社实际，分南、中、北片设立三个分中心开展集中制事后监督，并根据各网点的实际，分网点按照T+1、T+2、T+5的归集方式进行凭证及报表的报送及审核工作。经过一年半的运行，五华县的事后监督设置真正实现了强化案件风险防控，减少差错事故发生的作用。

（七）对网点实行扁平化管理，精简管理层级

通过资源整合，对39个网点中的36个有网点进行评级，分成四个不同的类别由联社直接管理，强化其营销职能。

（八）建立不同团队的考核激励机制

具体包括网点负责人绩效考核方案、客户经理绩效考核方案、综合柜员绩效方案、网点扁平化方案等，促进联社业务发展和效益的提高。

（九）以创新促改革

建立信贷回访、一楼办贷、不良贷款认领清收与打包清收制度，加大资金营运力度，开办代理保险兼业业务、银银转账第三方存管业务等，推进了流程化管理的运行。

三、存在的不足

1. 不同层次的委员会运作仍需进一步优化。16 个人组成 12 个委员会，则各委员会成员就不可避免地出现兼岗现象，而各成员还要处理各自大量的日常工作，因此，在效率、工作重复、人手、权限等方面还需进一步探讨，以达到更合理高效的运行。

2. 因法律法规及监管要求的不断改变、业务的不断发展、新产品的不断推出以及存在差异化等原因，需要根据变化及时新增或修订体系文件，以确保合规管理体系的充分性、合规性，切实防范风险和案件的发生。但在实际操作过程中，体系文件的更新及修订很难及时跟进政策法规的最新变动和业务的发展。

3. 网点扁平化管理的合理性须进一步探讨。36 个扁平化网点因地区、历史及其他各种原因形成各自规模，资产质量的不平衡以及任务、人员等方面的不同，给管理及绩效考核差异化、合理性带来相当大的难度，需在今后实施过程中不断调整、平衡、优化。

四、工作措施

1. 根据银监局《农村中小金融机构风险管理机制建设指引》，积极完善风险管理组织架构，制订清晰有效的风险管理政策，强化风险管理运行机制，建立科学的激励和问责机制，培育良好的风险管理文化，建立有效的风险监督评价机制，形成与业务规模及其复杂程度相适应的全面风险管理体系。探讨并不断优化各委员会、各部门运作机制，进一步提高工作效率与质量。

2. 强化学习与培训，促进员工在熟悉自身岗位职责、提高业务知识与操作技能的同时，能依据体系文件规定开展实际的管理和业务活动，使运行工作安全、快捷、流畅。

3. 持续不断地加强对各项业务、管理制度的梳理、修订、完善，建立覆盖联社主要业务及管理活动的流程化管理文件体系以及业务流程，为组织架构和运营模式有效实施提供重要保证。

4. 强化基于流程的风险识别、评估、控制、监测、报告、再评估的可持续改进机制；推广、完善流程合规管理系统，持续加强风险点的识别与风险管理，为联社的业务发展和管理水平提升发挥重要作用。

5. 不断改进薪酬和绩效激励机制，优化岗位绩效考核指标，明确薪酬激励方向，形成比较合理和科学的绩效管理体系，强化制度执行力，以促进流程体系、岗责体系、风险管理体系等方面的有效实施。

6. 不断完善和优化客户经理、授信风险经理、兼职合规经理，以及综合柜员等相关机制和制度，在强化市场营销职能的同时加强风险控制，促进联社业务均衡、健康和可持续发展。

7. 加大扁平化管理力度，精简管理层级，通过减少管理环节，提高价值链管理效率，以实现贴近市场、快速应变、增强战略和管理执行的能力。

8. 逐项落实解决在运行过程中的问题。针对在运行过程的存在不足，联社将研究逐项解决，达到职责明确，流程合规，运转高效、风险可控、效益提升的目的。

启 示 篇

第一章 制度制定与执行

引言：银行的制度，也称规章制度，是银行业机构为了维护正常的经营管理秩序，保证国家相关政策法规的顺利执行和各项工作的正常开展，依照法律、法令、政策而制订的具有法规性或指导性与约束力的文件，是各种法规、规定、公约等的总称，是内部员工行动的准则和依据。银行的规章制度具有权威性、系统性、科学性、无差别性、借助强制力和稳定性等基本特征。银行制度对相关人员做什么工作、如何开展工作都有一定的提示和指导，也明确了相关人员不得做什么，以及违背了会受到什么样的惩罚；同时，银行制度对实现工作程序的规范化、岗位责任的合规化、管理方法的科学化起着重大作用，它是银行一切经营管理活动的基础，强化制度执行力是银行内部控制和风险管理的生命线。

一、业务未动，制度先行

某农村信用联社为发展中间业务，与当地一家保险公司合作开办代理投资连结保险（投连险）业务。投连险是一种集保障与投资于一体的终身寿险产品，其保障主要体现在被保险人保险期间意外身故，会获取保险公司支付的身故保障金；而在投资方面则由保险公司使用投保人支付的保费进行投资，获得收益，具有一定的投资风险。由于该联社新开办此项业务缺乏经验，联社业务部负责人认为代理保险业务手续简单，主要职责在保险公司，因此，在未征得本机构合规部门对新产品、新业务的风险评估和未制定相关合规制度的情况下，业务部组织辖属所有经营单位全面代理此项业务。按照保监会的管理规定，在对客户推荐投资类保险产品时，银行应该先对客户进行销售适合性分析，并向客户提示相关的投资风险。由于缺乏可行的合规制度和清晰的流程规范要求，该联社某网点业务人员赵某在未向客户提示相关投资风险以及进行客户适合性分析的情况下推荐一位客户购买了较大金额的投连险产品。其后，该项产品并没有出现如赵某向客户推销时描述的“较高分红”，导致客户强烈不满，要求该农村信用社清退保险费并赔偿损失。在双方交涉无效的情况下，该客户鼓动多人到联社闹事，对该联社带来较大的合规风险和声誉风险。

银行业有一条不成文的规矩，就是“业务未动，制度先行”。它是指银行要推广新业务、开拓新市场，必须首先制定规范的管理制度和操作规程，并对相关人员进行培训和操作训练，以控制和防范推广新业务、开拓新市场所带来的新风险。而从农村中小金融机构的管理现状来看，部分机构为了抢占市场，往往是先把新业务做起来再说，而管理制度没有及时跟上，导致对一些业务操作的监督和风险管控方面出现真空或断层，风险隐患较大。因此，为防范开办新业务、销售新产品带来的合规风险，以下七项措施至关重要：一是新产品与新服务的设计必须符合相关法律法规要求，严格按照监管部门的规定（如产品准入要求等）进行操作。二是所有业务条线、业务部门开办新业务或销售新产品，必须制定相关制度交合规部门根据法律规章进行合规风险审核，并对相关业务人员进行事前的业务培训，指导业务人员准确把握相关合规要求，严格控制合规风险和操作风险。三是合规部门要及时指导业务条线和业务部门根据法律法规要求及时建立业务操作流程，并在流程中进行合适的风险提示，跟踪风险管控情况。四是对业务人员与客户接触时应有具体的操作规定和合规要求，规定业务人员在向客户推销新业务、新产品时，必须实事求是，诚实守信，不得向客户隐瞒或回避有关风险，更不得弄虚作假，瞒天过海，破坏本机构对外形象。例如，要明确业务人员必须如实向客户介绍产品或服务的性质及其可能存在的风险事项，明确要求业务人员要如实汇报客户是否自愿接受银行的产品与服务并自愿承担相关风险等。五是建立有效的产品售后服务机制以及诚信举报制度，及时了解客户的需求及其对本机构产品与服务的反映。六是建立有效的激励约束机制，对积极合规地推进新产品与新服务的营销并取得较好成绩的要适当奖励，而对一些不按规定或违背了职业操守并带有欺骗性的营销行为，则要坚决制止并追究相关人员责任。七是各业务条线、业务部门要及时向合规部门反馈新产品、新业务投向市场后风险控制效果，并由合规部门进行评估后报高级管理层备案，高级管理层对于重点业务或重点产品的风险评估情况要指定相关委员会进行总体评价和监督有关制度的执行情况。

同时，为了保证各业务条线、职能部门制定的规章制度的合规性、适应性和可操作性，合规部门应组织相关职能部门在制定和组织实施一项规章制度时至少应做好以下工作：一是根据本机构总目标的需要，在充分调查研究的基础上，提出制定制度与规范的具体目标；二是制定草案，在大量分析处理有关信息资料的基础上，起草制定制度与规范草案；三是讨论与审定，即制度草案提出后，要广泛征求意见，反复讨论修改，最后完善定稿，报合规部门核定；四是试行，对于本机构的核心制度和与该制度有关的核心流程，要在整个机构内试行，经进一步修改、检验，使之完善；五是正式执行，即以正式的、具有法律效力的文件形式颁布实施。

二、执行“四项制度”一个都不能少

“干部交流、岗位轮换、亲属回避和强制休假”是中国银监会提出的农村中小金融机构案件防控治理的“四项制度”。从实践来看，这“四项制度”对解决农村中小金融机构高层领导（特别是董事长、行长等）长期在一个单位、员工长期在一个岗位易积酿案件等问题起到积极有效的作用。但由于个别机构贯彻落实“四项制度”不到位，导致大小案件时有发生，这不但给整个机构带来经济损失和声誉损失，也给犯案个人带来终身的后悔。例如，丁某是某信用社一名主办会计，他在工作期间，因不甘心于只是一名小职员，经常和别人合伙经商做生意，但由于经营不善，投资出现大额亏损。为弥补损失，他从2004年开始利用工作之便，采取套用客户的定期存款、虚存实支及增加贷款支出等手段，盗窃信用社资金。至2010年8月案发，他一共侵占公款45笔，金额95.8万元，最终锒铛入狱。从这个案例，我们分析出其个中原因主要就是该机构没有认真执行“四项制度”。丁某从2002年起担任营业部主办会计，至发案时已在同一岗位工作8年以上，从未调换过岗位，而且在其担任主办会计不到2年时间就开始作案，到案发前整整6年时间都未被发现。由于该信用社地处偏远山区，其间每次联社下来进行稽核检查，检查人员都会在检查前一个晚上电话通知该信用社第二天多做几个人的饭菜，丁某据此推测上级会有人来检查，就会连夜加班将假账做平。而每次的稽核检查工作流于形式，连续6年也没有发现问题，直到一次突击检查中发现丁某的账总分不符，差额较大，才被立案查处。案发后，他在与纪检监察的同志谈话时说“是信用社主任和上级检查部门害了我”，问其原因，他说：“如果领导及早将我换岗，或者稽核检查及早发现问题，我也不会走到今天这地步。”此话虽有推卸责任之嫌，但也真实反映了个别农村中小金融机构在案件防控机制建设中存在的漏洞，不能不引起我们深思。

我们综合分析近几年农村中小金融机构爆发的一些案件，并不完全是制度、措施、手段不健全的问题，更多的还是管理不到位、措施不落实、责任心不强的问题。例如，“四项制度”规定要对主要负责人进行“干部交流”，但一些机构的主要负责人长期在同一领导岗位工作多年（有些是10年以上），上级部门（如农村合作金融机构的省级联社）受各种原因影响长期无法对其实行异地交流。再如，“四项制度”规定重要岗位人员要进行“强制休假”，但在实际执行中，很多机构会以人手不足或新老员工交接不上等借口迟迟没有对重要岗位人员进行强制休假。这些情况的发生，与目前农村中小金融机构管理体制和运行机制有关，“内部人控制”和“一权独大”等体制问题长期困扰一些机构的改革与发展，权力约束和互相监督不到位以及规章制度执行不力等运行机制问题也在一些机构迟迟得不到解决，存在极大的内部道德风险和案件风险。因此，农村中小金融机构除了要积极进行体制改革和机制创新以外，还一定要下力气狠抓执行力建设，严格落实防范操作风险和案件风险的“十三条意见”和内控“十个联动建设”，同时对“四项制度”的执行与检查一个都不能少，该交流的干部特别是“一把手”一定要实行交流，该实行岗位轮岗的一定要实施轮岗制度，该实行亲属回避的一定不能讲“情面”，该实行强制休假的一定要安排时间让其休假，以加强对机构负责人以及各经营单位和基层网点负责人、重要岗位人员等人员行为的监督管理。此外，凡是有章不循、违章操作的，不论是否造成损失一律严肃处理，涉嫌违法的要坚决移送司法机关。同时要建立案件防控“五条防线”，在明确岗位职责、操作规范的基础上，建立岗位自我约束防线；按照职责分离、相互制约的原则，建立严密的业务流程监督防线；健全风险、合规、内审稽核部门等职能部门的沟通协调机制，全面推行会计主管、风险经理、合规经理委派制度，建立监督检查防线；强化业务管理部门的辅导、检查职责，建立业务条线监督防线；进一步提升管理技术手段和系统支持，逐步建立和完善覆盖所有业务、所有部门的信息系统技术防线。

三、制度既要严格又要切合实际

刚从大学毕业的小王经入职考试被某农村商业银行聘为正式员工并被安排到总行营业部实习。上班第一天，营业部负责人将该银行印制的《员工行为规范守则》以及其他相关规章制度交给小王学习。几天后，该负责人问小王学习这些规章制度后有何感想，小王脱口回答：“这些规章制度就是管人、卡人。”该负责人为之一惊，又同时询问了一些老员工，部分员工也反映该银行有些制度不切实际，执行起来不容易。于是，该负责人立即提请人力资源部、合规部以及相关高管人员一起召集新入行所有员工与部分老员工就这些规章制度的作用及其制定的出发点等问题进行讨论。在讨论中，一位在银行工作了20多年的同志说：“银行内部制定的各项规章制度，其出发点就是基于‘人性本恶’。也就是说，制度本身就是要提防某些心术不正的人钻制度空子而损害集体利益，必须严格，把人管住。”另一位经理级员工说：“在管理上，我们希望所有员工都是道德品质良好并具备较好自控能力的人，我们在文化培养、宣传教育等方面也应从‘人之初，性本善’的角度出发，但银行制度是针对所有人员，而不是针对某个人而制定的，制度设计就必须考虑到最坏的情况，以防万一。因此，银行的规章制度必须从范围上覆盖到每个人、每个岗位、每个环节，不留任何空白点。”营业部负责人说：“我们员工每天与钱打交道，必须严格按照规定的制度与流程进行操作和管理，否则，容易出风险。”

会上，也有部分员工提出以下观点：一是银行制度的民主化、人性化不够，有些制度用词过硬，容易让员工感觉到自己是一个被约束、被管理、被提防的对象，没有主人公的感觉，缺乏归属感，从而也削弱了制度在员工心目中的形象。二是有些部门在制定制度过程中没有从实际出发，喜欢摆“花架子”，不实不细，出台的制度可操作性不强。三是制度体现了过多的“部门利益”，有些制度不具备普遍性。四是有些制度的制定没有进行成本与收益的分析，制度执行的成本相当大，需要从银行整体出发进行各方面考虑后进行修正。五是没有激励机制配套，只有对违反制度的严格处罚却没有对执行制度好的奖励。六是没有建立反馈、实施评估及修改机制，有些制度长期没有部门或岗位跟踪和评价等。

这件事情让高管人员意识到制度管理不是发文后就完事了，需要对制度的可操作性进行返回测评和评估，并要将这一要求纳入制度设计与执行的程序。任何制度都不可能十全十美，需要对制度进行返回测评和评估，特别是对其目标和实际效果进行比较，从而发现问题以便持续地进行改进。制度制定后，高管人员应组织力量进行定期评估，总结效果并分析存在问题，及时反馈，形成有效的评估—反馈—改进机制。制度评估的主要内容包括但不限于以下内容：①制度的可操作性；②制度的覆盖范围；③制度执行效力与效率；④与制度配套的流程运行情况；⑤制度、流程对业务发展的支持作用；⑥员工满意度情况等。同时，这件事使人力资源部、合规部等制度把关部门也得到了启示：如果要致力于建立广大员工共同认可的价值体制和制度体系，致力于建立一个在制度基础上的规范化管理团队，以制度和文化凝聚人心，就需要警惕规章制度建设中所容易犯的一些错误，要认真解决制度执行中的一些实际问题，以保证出台的各项制度既符合监管部门要求和满足自身内部控制需要，又能使员工乐于接受，自觉遵循。而包括小王在内的一批新员工也受到了教育，并初步了解了银行制定规章制度的出发点就是要引导员工走正确的路，做正确的事；银行制度的执行必须严格而到位，制度执行力在银行显得特别重要。

四、制度设计预期与执行必须依赖员工的认同

信贷资产好坏是银行的生命线。因此，一些银行业机构对信贷不良率的容忍度极低，一旦出现不良，不论是主观原因还是客观原因，主办及协办信贷员（客户经理）以及相关的管理人员都要受到严厉的处罚，甚至开除。这种严厉的处罚一方面强化了信贷员的合规审慎意识，让其不敢轻易触及“红线”，另一方面也会导致两种情况的发生：其一，信贷员一旦发现贷款有出现不良的迹象，为了不受处罚，就可能想尽办法隐瞒事实，甚至帮助借款方通过其他形式从银

行获取新的贷款，或采用各种手段帮助客户借新还旧，可能导致更大信用风险的存在。其二，信贷员在开展业务时会首先考虑自身承担的风险责任，部分人员由于害怕担责任而过度保守，在一定程度上又会影响银行信贷业务的开拓与发展。

这样看来，银行的制度本身就是一把“双刃剑”。制度的设计与执行存在两种可能性，一种是得到广大员工认可的制度，会产生有效推动业务发展的积极作用；而另一种是得不到员工普遍认可的制度，则可能在一定程度上影响业务的发展。为此，制度的设计不能仅仅源于制度制定者（或管理者）的主观期望，它必须得到管理制度约束的对象——广大员工的认同，与员工的利益和期望相适应，这是根源于管理制度的设计预期和执行必须紧紧依赖员工的认同这一理念。也就是说，制度既要促使员工认真执行各项规章要求，又要最大限度地激发他们的工作热情和创新灵感，让整个团队利益和个人利益在合规、和谐的氛围中融为一体，真正消除员工心目中存在的制度是对员工的“威胁”的情绪，这样才能最大限度地实现制度设计的目标。要达此目的就应该从以下几个方面做好制度的设计与执行工作：一是制定制度要避免单纯强调惩罚，要同时兼顾激励制度，对工作做得好的必须积极鼓励和奖励，鼓励员工发挥最大潜能。二是制度对责任人的责任追究必须分清主观责任与客观责任，不能一棒子全打死，例如，对于恶意违规操作导致不良资产产生的必须严肃处理；而对于外部客观环境变化导致客户违约等情况的，则要区别对待，认真分析成因，同时，对于主动如实报告贷款客户信用状况以及贷款存在风险等情况的要作出灵活的处理规定，减少一些千篇一律的处罚，以便信贷员及其相关责任人既能自觉遵守制度，又能灵活处置，积极维护本机构利益，尽可能减少损失。三是制度要体现银行积极倡导的诚实守信和公平公正的工作标准和道德规范，制度的设计与执行要综合考虑各层级管理者及员工的共同发展目标，兼顾并处理好管理者管理与员工被管理之间的利益关系，也就是说，不能造成内部员工与管理者之间人际关系紧张。四是制度在综合考虑风险管理与业务发展等方面因素基础上，要兼顾人的因素，尽一切可能为员工的自我发展及其个人职业生涯创造良好政策与制度环境，让员工感觉只要认真工作、合规操作就能实现个人价值。五是合规部门及相关业务条线/部门要定期或不定期对相关制度执行情况进行检查，及时发现制度执行上的问题或矛盾并采取有效措施予以化解，包括定期修订相关规章制度以保持其对业务发展的适应性，定期组织各层级管理者以及员工总结和交流对规章制度执行的效果和问题，实现规章制度执行信息在内部的及时共享等。

五、制度执行重在检查与评价

农村中小金融机构高级管理层通常会碰到这种情况：总部（总行，联社）制定出台的规章制度在辖属经营单位（分支机构）就是得不到有效执行，或者执行过程中存在偏差，导致一些违规事件或风险的发生。例如，总部要求各个经营单位及网点负责人要加强对综合柜员尾箱的定期检查和严格管理，但在执行中却存在一些负责人并不重视这项工作，往往会错误地认为自己对这些员工十分了解，完全信任自己的员工，即以信任代替制度，从而存在较大的风险隐患；又如，总部规定所有员工都要穿统一的工作服，以树立整个机构的良好形象，但在实际执行中，一些经营单位或网点的负责人就不予落实，自己不执行也不对员工是否执行这项制度进行检查监督；再如，总部规定所有密级文件下发给经营单位负责人传阅后要立即提交总部或按要求销毁以防泄密，但在执行中，一些负责人往往为了“方便阅读”而将密级文件复印下来，而对这些复印下来的密级文件又往往不按规定进行保密管理，存在较大的泄密风险等。此外，一些经营单位对总部下发的信贷管理政策、风险管理制度、业务操作流程等一些重大决策、政策、制度、规范，也存在不予严格落实和贯彻执行的情况，导致整个机构的内部控制机制存在较大的漏洞。

对于农村中小金融机构来说，作为独立法人机构，总部董事会承担着所有内部控制和风险管理活动的最终责任，因此，提高各经营单位的制度执行力显得尤为重要。为此，总部各职能部门和业务条线必须加强对各经营单位执行总部各项规章制度情况的检查和评价，通过检查落实各项规章制度，提高规章制度执行力，并通过合适的评价来检查相关规章制度的适应性和可行性。具体应做好以下工作：一要牢固树立“制度重在执行，执行重在检查和评价”的思想，始终坚持“制度规范延伸到哪里，检查就跟踪到哪里，监督约束就落实到哪里”的基本原则。二要加强重点领域规章制度执行情况检查与评价工作，加强对重要人员、重要岗位、重要职能、重要事项的制度执行检查，监督其是否存在不执行、假执行、乱执行制度的问题。三要注重制度执行与评价的工作方式，可采取定期检查与突击检查相结合、专项检查与综合检查相结合、事中检查与事后检查相结合、内部检查与外部检查相结合等方式。同时既要注重检查结果，又注重检查过程，在检查中提高规章制度的执行力。四要严格落实检查责任，要将各层级人员执行制度情况纳入绩效考核范围。同时通过检查做到出现问题早发现、早提醒、早制止、早纠正，而合规部门、内审部门等职能部门的检查人员要做到敢抓、敢管、敢碰硬、敢于解决问题，对违反制度的人要按规定进行处罚，并向所有员工通报。通过严格检查，使大家始终绷紧严格执行制度这根弦，自觉养成严格执行制度的良好习惯，久而久之，员工就会养成按规章制度办事的好习惯。五要强化整个机构合规文化建设，总部董事会、监事会、高级管理层各成员必须带头执行相关的规章制度，特别是对于国家相关法律法规和监管部门、行业管理机构等部门的规章条例等必须严格执行，并在日常经营管理活动中及时检查和评价各层级对规章制度的执行效果和存在问题，切实提高整个机构的制度执行力。

六、规章制度要及时让员工领会和掌握

某农村信用社运行新的业务系统，网点柜员小陈和小李连续 3 天操作业务出现失误，分别被联社事后监督中心通报并扣发半个月绩效工资。该网点负责人立即组织员工分析操作失误的原因，发现在新系统上线后实行了一系列新制度和新规定，而部分员工却未能及时学习和掌握这些新制度和新规定，仍按照旧的制度规定来操作，因而导致失误。对此，这两位员工对自己被处罚感到很委屈。该网点负责人也向联社事后监督中心反映，新业务系统上线期间，前台柜员每天都因录入数据加班到很晚，员工自我学习的时间相当有限。此外，上级管理部门短时间内下发了大量的制度规定和操作流程，员工在短时间内要对每一项业务的操作规定进行熟练掌握存在较大难度。

这个事件值得我们反思，虽然员工操作失误有其个人的原因，但员工未能及时掌握新业务和新制度，也与管理者没有及时组织员工进行新业务、新制度的学习和操作训练有关，同时与该机构对员工领会与掌握新业务、新制度的方法欠妥有关。假如联社相关职能部门能将大量的制度规定按岗位要求归类，每个岗位可以优先学习与自己岗位相关的制度，或者做成电子版的数据可供查询检索，这样一线员工就不用在海量的规章制度面前茫然不知所措，可以更有效率地、更为准确地学习制度、掌握制度、按制度办事。因此，为了保证员工及时掌握新业务、新制度，减少操作失误，总部相关职能部门和业务条线首先要将各项规章制度通过勾画流程图或者落实到新流程里面，明确员工操作步骤和操作方法，让员工及时掌握具体的操作规范；其次，要及时组织员工对新业务、新制度的学习和操作训练，并通过适当的考试或测评，检查员工对这些新业务、新制度的领会与掌握程度；再次，要科学安排员工的日常工作与学习时间，让员工有足够的时间和精力去学习和掌握其应有的业务知识和操作技能，避免工作失误；最后，要在整个机构上下建立起有效的学习制度，要将提高全体员工学习能力摆在突出位置，引导全体职工树立终身学习、团队学习、创造性学习的理念，重点加强风险管理知识、现代信息技术、法律法规以及专业技能的学习，提高员工综合素质，使之成为银行工作的“熟练工”和本职工作的“业务

通”，以此提升整个机构的综合竞争力。

七、以信任代替制度后果严重

银行业机构执行的制度一般有两类，一类是外部法律法规、监管规定和行业标准等，另一类则是银行内部制定和实施的各种规章制度和流程操作规范等。其中制定内部制度及流程规范有一个重要的出发点就是要防止银行内部员工之间迫于情面而“互相信任”地办理业务，以建立一切按制度办事、按流程操作的运营机制。但农村中小金融机构的一些员工和管理层人员仍然存在办事看情面和内部拉关系等“江湖”思想，更有一些管理者与员工之间称兄道弟，形成内部“无组织化”，导致一些规章制度无法得到认真执行和贯彻。例如，某农村商业银行营业部收到一张50万元的银行承兑汇票，业务受理人员粗略辨认后就交给后台复核人员，而该复核员与受理业务员向来关系好，互相信任，错误地认为业务员经验丰富应该不会出错，就没有认真进行复核，同意业务员电话查询出票行，经向出票行查询确有其事，就以转账的方式兑付了资金，将款项划到收款人指定账户，收款人在几天内分三次提走了款项。过了几天，该营业部又收到一张同号码、同金额、同出票行的银行承兑汇票，这时业务员和复核员才意识到问题的严重性。拿出两张同号码、同金额、同出票行的汇票分辨鉴别，鉴别出前一张是假票，而作案人员已经取款逃走，无线索可查。再如，小陈是某农村商业银行的客户经理，一天按领导指示受理一笔100万元的小企业贷款，在向客户进行贷前调查过程中，银行指定风险管理部的风险经理小叶参与贷款项目的风险调查，而由于这两位同志是大学校友，到该银行工作后关系一直很好。因此，小叶在没有亲自参与贷前调查的情况下，完全按照小陈所作出的客户资信评估进行客户的风险评估，而小陈迫于领导的情面也没有认真对客户资信和贷款用途等进行认真调查和评估，导致该笔贷款发放后客户不能按期还款而最终形成逾期贷款，小陈和小叶同时受到银行的严厉处罚。

这两件事情反映出一些农村中小金融机构在经营管理上存在的一个通病——“人情化管理”。在这种管理模式下，一方面，大家都讲义气、讲情面，谁最讲义气和情面，谁就最得人心，谁不讲义气和情面，谁就会受到冷落而且办起事来也处处受到刁难；另一方面，由于过分强调“人情化管理”，易把一个部门或经营单位变成“帮会”，“义”字当头，原则丧失，把规章制度执行定格在同事间的相互信任上，以信任代替制度，埋下严重的风险隐患。为彻底改变这种以信任代替制度的管理模式，各家机构必须坚持制度管理，强化制度执行力，以维护整个机构的健康运行，同时在一定程度上强化员工的自我保护。具体措施包括：一要完善法人治理机制，各机构领导层以及各层级管理人员必须带头构建良好的制度执行机制，从源头上推动内控制度执行；二要将各项制度规定落实到具体的操作流程中，以严格按流程操作为基本原则，强化员工之间的配合和协作，同时要建立严格的岗位制约机制，强化相邻或相近的岗位之间的制约和约束，构建严密的内部控制机制；三要严格执行“干部交流、岗位轮换、亲属回避和强制休假”等四项基本制度；四要树立内部良好的团队精神和健康的合作精神，各管理层人员必须积极带领所属团队同心协力地做好各项本职工作，以人为本，构筑良好的工作环境；五要加强审计监察力度，建立严格的监督体系，严格责任制，提高内控执行力度。

八、领导的行动就是无声的制度

某农村信用联社新上任的一位理事长宴请远方来的几位朋友，随行的办公室主任建议用公款埋单，这位新上任的领导拒绝这样做，并在第二天的办公会议上强调严禁用公款请客送礼，要求所有领导层成员必须带好头。随后，为加强内部管理，该机构领导不但在授权和限额管理上对每一位部门负责人以上的管理人员作出具体规定和限制，并且强化了对于辖属经营单位负责人权力行使的检查，由稽核审计和财务管理等部门不定期进行抽查。一段时间以后，这家机构不但各项管理费用得到有效控制，各项业务的发展也没有因制度的严格执行而放缓，反而得到更好更快地发展。

银行业机构强化规章制度执行力，首先要得到决策层、高管层等高层领导的身体力行。从农村中小金融机构现状来看，即使改革了公司治理结构，建立了平衡制约的管理机制，但如果高层领导将合规原则和规章制度置身度外，这种治理结构和管理机制仍可能流于形式而徒有虚名。假如高层领导能自觉接受制度和监督机制的约束，带头遵守相关制度和规定，在全体员工中就会起到良好的合规示范作用，从而带动整个管理团队和全体员工自觉遵守相关制度规定。这也是巴塞尔协议中强调的“合规必须从高层做起”的实质所在。而所谓“兵孬孬一个，将孬孬一窝”，也是这个道理。假如上述联社理事长带头用公款宴请自己的朋友，那么联社其他高层领导甚至是部门或经营单位负责人都可能效仿理事长的做法，从而带坏整个机构的风气。伟人列宁曾经说过，“领导一个行动胜过一打文件”，也就是说，“领导的行动就是最好的制度”。为此，农村中小金融机构的高层领导有责任制定必要的、有效的规章制度，倡导合规价值观念和合规文化，确保整个机构的合规问题得到有效解决，同时要从以下三个方面严格要求自己：一要做到执行制度行动先于员工，标准高于员工，要求严于员工，敢于号召所有员工向自己看齐，要求别人做到的，自己首先做到；禁止别人做的，自己坚决不做。二要做到无论在八小时以内的公务活动中，还是在八小时以外的个人生活中，都要严于律己；无论是在公众面前，还是单独处事，都要严于律己，越是在自认为别人不知晓的情况下，越要从严律己；无论在任何时候、任何地点、任何情况下，都不做违规的事，不说违规的话，自觉按照制度要求严格约束自己。三要积极带头开展批评与自我批评，敢于承认错误，敢于及时纠正错误，不管是工作中的过失，还是生活中的小问题，要早发现、早纠正，防止和避免小问题滋长成大错误，及时把问题解决在萌芽状态；“千里之堤，溃于蚁穴”，放纵所谓的小问题就有可能犯大错误；正确处理好工作与生活中的所谓小问题，是严于律己执行制度的前沿防线。因此，只要高层领导能自觉主动地成为国家法律法令、规章制度坚定不移的执行者，广大员工就会高扬合规文化的大旗奋勇前进。

九、授权与转授权制度必须严格遵守

某银行外汇业务部一位外汇交易主管凭借自己丰富的外汇从业经验，根据外汇市场上的一些信息，预测周末外汇业务将会有利好消息，及时加大交易一定能为机构带来更好的业绩。但他认为机会稍纵即逝，如果层层上报审批，势必错过此次盈利的良机。于是，他出于这种动机，自作主张，在没有经过上级批准的前提下擅自允许交易员超过“止亏点”与“止盈点”交易。由于预测准确，为该银行多盈利50多万元人民币。但是，主管领导知道这件事后，非但没有表扬该业务主管，而是依规对其进行了严厉处罚。主管领导认为，该业务主管虽然本意是想为银行赚取更多利润，但却违反了机构内部授权与转授权制度，越权交易，必须严厉处罚。随后，为杜绝这种违规操作行为，总行对该事件进行了全辖通报，告诫全体员工要以此为鉴，无论何时何地，都要严格执行授权与转授权制度，努力追求事事合规，时时合规。

出于对风险的管控，各家银行对各层级经营单位或部门及其相关人员从事各项业务活动或管理活动都有严格的授权（或称基本授权）与转授权制度，并由其合规部门负责授权与转授权的组织协调、制度制定、授权内容的法律审查、授权文本的制作以及授权管理的综合评价等工作。而内审稽核（监察）部门则负责检查监督受权机构/经营单位执行授权与转授权情况，并有权对越权违规主要负责人及相关责任人员提出处罚意见。授权的范围主要包括：资金组织管理权限；资金计划管理权限；信贷管理权限；结算业务管理权限；财务管理权限；外汇业务经营管理权限；代理业务管理权限；银行卡业务管理权限；资产损失管理权限；机构、人员和劳动工资管理权限；法律事务管理权限；非业务活动经营管理权限；其他经营管理权限。对于一些创新业务或超出上述基本授权的管理权限，一般还要进行特别授权。

上述事例给我们带来启发：对于被授权的经营单位、部门或个人来说，授权不仅仅是一种权利，更是一份责任。严格按照授权范围进行业务操作和管理活动是一家机构及其相关人员最基本的合规原则，也是不能逾越的底线，任何人都不得以任何理由擅自授权或超越权限转授权，不管出于什么目的，所有管理者及员工在这个问题上没有任何条件可以谈，纵使出于“好心”，出于公利，纵使没有造成损失甚至可能带来利润，这种行为依然要受到处罚，并要毫无例外地严令禁止。对于管理者和广大员工来说，老老实实、规规矩矩地在权限内办事，才能保护自己，也才能有利于各项业务的风险控制和安全运行。为此，各家机构在强化授权管理时，必须制定科学的授权方案，即从实际出发，综合考虑业务性质、复杂程度、风险水平以及被授权人的管理能力，制定明确的授权方案，并在实施期间及时根据业务变化进行调整。例如，机构的董事长代表董事会对高级管理层进行授权必须明确、具体，并与整个机构的业务规模以及高级管理层的经营管理水平和风险控制能力等相一致。同时要强化授权与转授权管理，提高授权纠正力度，并针对授权执行情况进行及时检查、通报，纠正不规范操作，如发生下列情况时，原授权应立即终止：实行新的授权制度或办法；受权的经营单位或部门发生分立、合并等情况；授权被撤销；授权期满以及其他需要终止授权的情况。而对受权单位/部门或人员在授权范围内发生滥用权力、不正当行使权力的行为，影响机构信誉或造成经济损失，则要严格追究受权单位/部门主要负责人及其直接责任人的行政和经济责任，构成犯罪的，则要依法追究其刑事责任。

十、制度面前人人平等

某农村信用联社稽核部在对辖内经营单位开展的一次不良贷款专项检查中，发现某信用社近期出现的一笔 300 万元不良贷款的主要责任人已经上调到联社担任主管信贷的副主任。这让稽核部经理感到为难，因为按照该联社不良贷款问责制度是要对该负责人追究相应的管理责任，而假如追究责任，这位已经升任副主任的责任人就会被降职。为此，稽核部经理向联社理事长作了汇报请示，理事长很快批示“制度面前人人平等”，要求稽核部按照检查确认的事实对该笔不良贷款主要责任人（包括这位副主任）进行全面追责。最后这位已经担任联社副主任的责任人也毫无怨言地接受了联社对他行政级别降一级和扣发一年绩效工作的严厉处罚。通过这一事件的处理，使该联社内部各层级管理人员和员工受到教育，大家体会到在制度面前人人平等，没有职务高低、关系亲疏之分，也没有特殊员工，更没有特权，一旦制定了制度，就必须坚决地执行下去。任何人违反了制度就要受到处罚，造成损失就要受到相应的问责。

中共中央总书记胡锦涛在2010年1月12日第十七届中央纪律检查委员会第五次全体会议上发表重要讲话时指出，要切实加强制度执行情况监督检查，切实查处违反制度的行为，着力在高层领导特别是高中级干部中树立法律面前人人平等、制度面前没有特权、制度约束没有例外的意识，教育引导高层领导带头学习制度、严格执行制度、自觉维护制度。胡锦涛总书记的这番话掷地有声，让群众听出了党中央反腐倡廉的决心和信心，也给农村中小金融机构的领导层指明了强化制度执行力的方向和目标，值得我们认真学习，并积极贯彻。

长期以来，受传统管理理念影响，一些农村中小金融机构高层领导的特权意识浓厚，合规观念淡薄，惯于弄权却不喜欢接受制度约束和内部监督，往往将自己凌驾于制度之上，予取予求，恣意妄为。此外，领导层成员职务往往是可上不可下，即使犯了一些错误，这些高层领导也安枕无忧地不用接受制度的约束和处罚，他们往往错误认为，制度有特权，约束有例外。然而，普世真理应该是“王子犯法与庶民同罪”。上述例子也为我们作出了很好的榜样，在制度面前必须体现人人平等，只有对那些领导层成员违反制度的行为予以严肃处理，才能让所有员工更加真切地认识到规章制度的严肃性、公正性，才能让所有员工真正相信“制度面前人人平等”、“制度约束绝无例外”，才能在整个机构建立起良好的合规文化和企业精神。

通过分析上述例子，结合胡锦涛总书记的教导，为了保证“制度面前人人平等”，各机构领导层要真正树立制度面前“人人都是员工”的观念。制度是银行业机构合规经营、规范管理的有力保障，无论是领导还是员工，无论是业务经营还是管理活动，都必须严格遵守。面对制度，只有人人都解放思想，转变观念，放下“架子”，少些“自我”，人人都把自己当做一名普通员工，保持平常心，从内心深处认真对待制度，从行动上自觉遵守制度，才能体现出制度执行上的平等性、公正性和严肃性。同时，要发挥高层领导率先垂范的作用。农村中小金融机构各级高层领导作为规章制度的制定者，抓制度落实的组织者、实践者、推动者，首先要率先垂范，以自身良好的形象影响和带动员工。在当“裁判员”的同时，更要带头当好“运动员”。如果律己不严、自身形象不好，严人不严己，严下不严上，严基层不严机关，机构就不会有新风气，合规稳健经营就难以全面实现。因此，制度执行应从领导做起，坚持“铁律、铁腕、铁面无私”，这样才可以使制度真正发挥作用，实现以制度管人，以规范管事。

十一、反洗钱手段要与时俱进

潘某认识了元某，双方约定由潘某将元某从某银行网上银行获取的客户资金提现、转账，事成之后按1:9的比例分赃。随后，潘某与祝某、李某、龚某等人结为同伙，动用了数十人的身份证，共办理银行卡90余张。此后，元某用非法手段从网上银行获取他人账户的资金，划入上述银行卡内，然后电话指示潘某取款。潘某等人分别使用上述银行卡，通过ATM提取现金共计108万元，又通过柜面提取现金共计7万元。潘某等人扣除事先约定的份额后，将剩余资金再汇入元某指定的账户内。通过这一过程，元某从网上银行非法获取的资金即由“黑”洗“白”。

现代社会科学技术发展日新月异，犯罪分子洗钱手段也越来越“高明”，网上银行洗钱相比银行柜台洗钱更具隐蔽性、便捷性及复杂性。这表明各家银行业机构应从技术上提高对洗钱犯罪的甄别技能。目前，为应对网上银行的普及和由此可能带来的风险，农村中小金融机构应加强对网上银行业务的统一管理，明确网上银行业务管理部门，规范网上银行账户和支付结算管理，同时要通过技术手段留存网银客户登录的IP地址，以符合监管部门对于“了解你的客户”的要求。而在大力推进网上业务的同时，应把客户洗钱行为作为内部控制的直接防范对象，修改和完善网上银行业务管理实施细则和操作规程，制定反洗钱基本原则和业务操作手册，严格执行网上银行管理制度，规范内部操作行为，做好大额和可疑资金交易情况的上报、监测和分析工作，从技术上提高反洗钱工作对新业务的敏感度，跟上现代金融创新的步伐。与此同时，要建立信息网络资源，解决信息不对称问题。一方面，对内要进一步完善业务系统功能，实现全系统范围内信息数据的自动收集和识别，确保对已有的可以交易信息报告的全面利用，解决内部反洗钱信息不对称问题。另一方面，对外要通过加强与公安、纪检、税务等机构客户信息资料的共享，实现与其他系统相关信息资料的校验，缓解农村中小金融机构在信息弱势下的不利局面，解决洗钱者与金融机构之间的信息不对称。

针对网上银行开展反洗钱工作，可以具体采取以下几项措施：一是加强事前防控，严格审核网银客户开户准入条件，对于客户风险等级划分为高风险的客户，拒绝为其开通网银业务。二是建立大额网银客户实地查访制度。对于申请网银交易限额标准较高的客户，通过实地查访的方式，了解、掌握客户真实情况，包括住址、经营规模、主营业务及业务收入等。三是严格执行网银交易金额的限制措施。《电子支付指引》第二十五条规定“银行应根据审慎性原则并针对不同客户，在电子支付类型、单笔支付金额和每日累计支付金额等方面作出合理限制”，各机构在审核客户的限额申请时，应根据存款人注册资金大小，结合企业正常经营需求进行核定，必要时要求客户申报日常资金周转需求等证明；要利用科技手段加强反洗钱活动监测，增强线索发现能力，建立信息共享平台，同时可以通过建立网银交易监管系统，实现银行电子支付的预警报告。四是在实践中，可在监控系统中，把金额较大、交易频繁、网银交易IP地址相同、重复发生网银业务等异常特征的网银交易提取出来，实现整个机构反洗钱人员对网银交易信息的共享，同时可引导相关人员对网银交易信息的关注，并作为反洗钱线索，进行可疑交易分析。五是加强网银业务的监控，实施有效限制措施。按照《中国人民银行关于进一步加强人民币银行结算账户开立、转账、现金支取业务管理的通知》要求，对具有可疑交易特征的网银客户，相关机构应关闭其网上银行转账功能。

十二、有效监督是提高制度执行力的重要手段

某信用社赵主任工作富有激情，业务开拓能力很强，但行事不拘小节，合规管理缺乏主动性，信用社内部制度执行力也不强，内部控制存在一定的风险隐患，多次被联社合规部门和内审部门检查和通报。联社领导从强化合规管理、防范风险和开拓业务的角度出发，将多年从事合规与风险管理工作的李某作为副手配备给他，并由合规部聘任李某为合规经理，主管信用社合规事项以及内部控制、风险管理等。李某到任后，积极带领管理团队从梳理、优化和再造业务流程以及增强制度执行力入手，完善事中及事后监督制度，强化管理团队之间的合作和监督，在积极支持信用社主任带领整个团队发展业务的同时引导全体人员严格执行联社的各项制度规定，并大胆及时监督和纠正信用社主任在某些工作环节以及操作流程方面的不合规做法。经过半年多的努力，使该信用社业务发展迅速，合规管理也明显加强，在联社组织的各项业务评比和内控评价等方面均名列前茅。赵主任在联社一次表彰大会上总结经验时说："感谢我的副手李先生，是他帮我看好家，管好钥匙，我才能放心地去开拓业务；也感谢李先生平时能及时监督和纠正我的一些做法，使我们整个团队和各项业务始终在合规的轨道上稳健发展。"

赵主任的这番话不无道理。可以想象，如果一个机构或者一个管理团队内部缺乏有效的监督和制约，该机构或团队的主要负责人就可能"一权独大"，就可能出现个别负责人我行我素或为所欲为的现象，从而导致合规失效，风险或案件隐患扩大。过往的实践表明，一些机构或经营单位的违规经营事例，多数与这些机构或经营单位部分管理者特别是"一把手"缺乏有效监督和制约而带头违规所致。

就农村中小金融机构的管理现状而言，对一个机构或一个经营单位"一把手"的有效监督仍然是各种内外部监督的薄弱环节，特别是"副手"（即其他管理成员，如法人机构的监事长、主任、行长以及副主任、副行长等）监督缺位或不到位，导致"一把手"的经营管理行为与各种合规要求存在偏差。主要表现为：一是不敢监督。出于"一把手"的权威，其他管理成员不敢监督，或者

这些管理成员出于监督容易得罪人的顾虑，怕惹是生非、引火烧身，怕遭受打击报复、得不偿失。二是不愿监督。一些管理成员对监督的有效性缺乏自信，觉得监督只是走过场、摆形式，“意见年年提，行动迟迟不见”，自己说了也不顶用，一个人的力量微不足道，还不如“睁一只眼、闭一只眼”，乐当“和事佬”。三是不懂监督。一些管理成员缺乏对各项政策法规、内部控制程序、业务操作规程以及内部监督方法途径的了解，难以把握监督的正确定位，人云亦云、跟风随影，缺乏主见，致使监督不能切中要害。

如何让内部监督更加有效，让一个机构或经营单位的主要负责人能够在其他管理成员以及广大员工的有效监督之下进行合规履职，减少违规行为发生？我们认为：一要倡导正确的监督导向，积极引导各层级管理者（特别是“一把手”）真正把监督和制约当做组织对自己的爱护，主动接受监督；同时要积极引导各层级管理者切实把正确履行监督约束权力作为做好本职工作的重要组成部分，积极主动参与互相之间的监督和权力约束。二要突出监督重点，各机构要切实加强对各层级管理者执行相关政策法规情况的监督检查，提高制度执行力；同时要紧紧抓住易于滋生腐败的重要环节，如信贷审批以及财务审批等重要环节，强化内部监督的针对性。三要创新监督形式，大胆探索新的监督形式，在体制上健全同体监督和异体监督、内部监督和外部监督、下位监督和上位监督有机结合的全方位监督体系；在方式上变事后监督为主为事前、事中、事后全过程监督。四要强化监督保障，完善举报机制，要积极推行违规预警机制，畅通诚信举报渠道，要建立健全激励机制，探讨设立“监督”专项奖励基金，对那些勇于监督、善于监督并作出积极贡献的监督组织和个人，在授予荣誉称号的同时给予一定的物质奖励，努力形成良好的监督氛围。

十三、内部的承诺制度与投诉制度

前台客户服务人员经常抱怨的一句话就是“不是我一个人就可以做好服务的，客户投诉我，我投诉谁呢”。银行业机构为了实现服务的专业化和高效率，往往采取“前台接单，中台审单，后台下单”的操作模式，一项客户服务往往会涉及诸多服务环节和前、中、后台多个业务人员和管理人员，所以服务不只是前台人员的事，应是整个机构的事。比如说，客户经理营销的贷款客户，他从受理客户贷款申请开始，按其职责完成客户相关资信调查并向贷款审批部门/岗位提交整套资料后，就要按流程由中台部门/岗位进行贷款审批和后台部门/岗位进行集中账务处理，有些机构还设有独立的风险经理与客户经理平行作业，这些流程运转所需的时间和程序对于客户经理来说，他往往无法控制，也就是说，假如整个机构没有明确的对外承诺一笔贷款发放需要多长时间，那么这位客户经理就无法向客户保证多少时间能够有审批结果。如果贷款客户不明事由而不满意银行在业务受理上的时间安排，或者认为银行耽误了他的商业机会，他就可能拿受理的客户经理出气，向银行或行业监管部门投诉这位客户经理。而对这位客户经理来说，他明显是无辜的。因此，为解决这个问题，我们需要建立有效合理的对外承诺制度和投诉制度。比如说，我们可以向客户承诺：对于新的小企业客户，我们贷款从受理到放款所需时间是10天；对于老客户，我们所需时间是7天；对于个人有抵押贷款，所需时间是5天。通过明确的承诺，让贷款客户和前台受理业务的客户经理心中都有明确的目标和计划。假如客户对我们的承诺不满意或者我们没有履行承诺，客户就可以按相关程序进行投诉。

为保障整个机构对外信誉，提高客户满意度，机构内部就必须建立有效的流程化管理模式，通过流程梳理、优化和再造，明确一笔业务所经过的流程以及流程运行每一环节所需时间，以保证业务正常运行。为此，内部所有条线、部门和岗位及相关人员必须按流程办事，在流程规定的时间内完成相应事项。同时，内部各条线、各部门和各经营单位都应建立服务承诺制度，例如，一线部门、经营单位向客户承诺，中台部门/岗位（二线）向一线部门/经营单位承诺，后台部门/岗位（三线）向前台、中台承诺。因此，农村中小金融机构内部中台风险管控部门以及后台支持保障部门等要及时转变观念，牢固树立“一线为客户服务，二线、三线为一线服务”的意识，优化业务流程和提升业务处理效率，增强整个机构客户服务水平。若由于二线部门/岗位及其人员因为工作不到位未履行承诺而导致一线部门/岗位或员工被客户投诉，一线部门/岗位或员工可以向内部设定的投诉处理部门（如合规部门等）进行再投诉，而受理投诉部门要及时进行协调，并就其责任归属进行处罚。总体来说，农村中小金融机构通过建立有效的承诺制和投诉制，加强内部各条线、部门以及各经营单位之间的配合与协作，提高业务办理效率，提升客户的满意度。

十四、严格遵守操作制度才能防范洗钱风险

某日，一位年轻客户到某农村信用社开立个人银行结算账户，并出示个人身份证，经过柜台人员李某仔细核对客户身份证后，交后台业务员邓某通过公民身份信息联网核查系统进行核查，因系统原因，联网核查系统无法联网核查，业务人员李某和邓某认为，客户提供的是二代身份证，且经核对身份证相片与其本人一致，因此，李某为该客户办理了开户业务。随后，该客户连续通过这一账户频繁进行资金转账或提现。这才引起该社相关人员的注意，再次通过公民身份信息联网核查系统对客户身份证进行核查，核查号码与姓名一致，但联网核查系统反馈的相片是一个老人，与办理业务的小伙子不相符。工作人员立

即联系客户，但拨打客户开立账户时留下的电话号码，号码处于关机状态。业务人员立即将情况上报联社合规部门，合规部门经向联社反洗钱领导小组请示，向营业网点提出防控措施：先冻结客户账户，并继续联系客户，查明原因，关注账户变动情况，发现问题及时汇报，同时向当地人民银行反映。

金融机构是犯罪分子洗钱的主要渠道之一。根据中国人民银行要求，所有金融机构工作人员在为客户开立账户时要严格落实客户身份识别制度，主要的目的就是为了防范犯罪分子通过金融机构进行洗钱活动。该事件中，个别员工在经办业务中没有严格遵守规章制度，为洗钱犯罪分子提供可乘之机，从而也给机构带来了合规风险。目前，农村中小金融机构普遍建立了以客户身份识别与交易记录保存及大额和可疑交易报送制度为核心的反洗钱制度体系，各层级管理者和一线员工在实际工作中，必须严格遵守相关制度要求：一是完善客户身份识别制度，始终坚持客户实名制，完善客户身份核实程序，制定切实可行的客户身份识别的具体规定；二是完善大额交易和可疑交易报告制度，推进客观标准与主观标准相结合，进而以主观标准为主的报告制度，提高可以交易报告的情报价值；三是完善客户身份资料和交易保存制度，加强档案管理；四是通过一系列反洗钱激励机制，确保员工反洗钱工作的积极性，包括建立反洗钱效果评估机制，鼓励员工以更高的积极性投入到反洗钱工作中去。

第二章 服务与营销

引言：银行是服务于千家万户的服务企业，是经营货币信用的特殊服务行业，有一般服务行业的共性，更有其自身行业服务的特性。一切从客户需求出发，让客户满意，创造客户的“满意度”、“美誉度”和“忠诚度”，是银行服务的出发点和归宿，也是银行制定制度与再造流程的主要目标。检验银行服务质量好坏的基本标准是快捷、准确、合规与安全。农村中小金融机构既要为客户提供快捷、准确的金融服务，又要严格遵循各项法律法规，始终保持业务发展的合规性与安全性；既要积极开拓新客户和优质客户，也别疏远和忽视了老客户和普通客户；既要对外建立起健全的客户投诉受理与处置机制并把客户投诉当做重要的资源来经营，又要通过流程银行建设建立起有效的承诺机制，全力提升整个机构对外服务效率，致力成为各类客户高效、专业、能够满足全面需求的合作伙伴。

一、用优质服务塑造良好形象

在中国银行业，招商银行的特色服务名扬已久。其赢得广大客户认同的因素很多，但其核心要素主要包括以下三项内容：一是员工服务规范，流程化操作服务便利；二是金融产品丰富，满足客户个性化需求；三是基础建设先进，网点布局合理，服务功能齐全完善。例如，当你走进招商银行的营业大厅，迎面而来的往往是穿戴整齐、面带微笑的大堂经理，他会主动了解你的需求，将银行的业务按照你的要求给予介绍，并将你引导到不同的服务区办理业务，这些服务区包括普通客户服务区、金卡客户专属服务区、自助服务区，还有金葵花客户服务专区等，充分考虑了不同需求客户的服务。当你办完业务，大堂经理如果认为你有业务发展的潜力，他会积极主动向你传递银行目前可提供的各种新业务和新服务，或者在得到你许可情况下会将你的信息传送给负责市场销售的客户经理，以开展岗位营销和业务交叉营销，提高客户的满意度和忠诚度，提升整个银行的社会形象。

反观一些农村中小金融机构，其服务意识、服务方式与服务手段仍然比较落后，等客上门现象普遍存在，客户经理制和大堂经理制也没有真正建立起来，不能适应当前客户日益提高的服务需求，与农村中小金融机构服务社区大众、服务“三农”和服务中小企业的“社区银行”的定位不符。特别是在一些农村地区，由于缺乏有力的竞争，农村中小金融机构特别是农村信用社的服务意识还相当滞后，个别员工“唯我独尊”的思想严重，严重影响了农村中小金融机构的形象。例如，2011 年 8 月，某农村信用联社接到一位年轻大学生的电话投诉，说他回乡下度假时到当地一家农村信用社办理业务，看到一位年近七旬的老人，行动不便，站在他跟前排队，这位老人排了很长的队后终于排到他，他对信用社柜员说要把储蓄卡里的 90 多元零头取出来，可当时排队的人很多，柜员为图方便，很干脆的回答老人，你只能去县城联社营业部取，我们这里不取零头，老人无知只好默默离开，这时，这位大学生气愤为老人打抱不平，上前理论，信用社柜员回答这里的规定就是不能取零头，县联社营业部才可以取，无知的老人很无助。无奈之下，这位大学生替老人打通了联社的客服电话，通过客服中心的协调，信用社柜员才很不情愿地让老人排了第二次队才把钱取出来。这个事例，值得我们深思，在当今时代，客户到一些农村信用社办理业务不但要站着排长队（没有设置叫号机），而且还要看员工的脸色办事，这种传统落后的服务机制与招商银行等先进银行建立起来的现代金融服务体系相比较差距是何等之大。

借鉴招商银行、民生银行、工商银行等先进银行的经验，结合农村中小金融机构的实际，为提升自身的服务水平和服务能力，各家机构在构建服务机制过程中要做好以下工作：一是全面提升客户服务水平。要通过业务培训、合规教育、服务礼仪训练等方式，全面提高全体员工特别是面对客户的一线员工的服务意识和服务水平，并通过建立严格的服务考核机制和客户投诉机制等监督和纠正员工的对外服务行为。二是推进统一、有序的流程化管理。要制定统一的服务标准，规范员工所有工作细节和业务操作规程，对营业网点的营业环境、服务质量、网点管理等各个方面进行全面规范，让客户在所有网点享受统一的优质规范的服务。三是建立统一的企业识别系统（CIS）。作为独立法人机构，应建立统一规范的对外标识，统一建设功能完善、划分合理的营业网点，让客户没有陌生感，各分支机构看到的同样是亲切、熟悉的规范布局，只是地理位置不同罢了，以树立良好的形象。四是积极拓展业务品种，满足客户差异化个性需求。农村中小金融机构目前产品比较单一、粗放，普遍没有针对不同客户群体的独特产品，使得一些有特殊需求的客户和高端客户感受不到特殊待遇，无法建立对农村中小金融机构的忠诚度，也容易造成优质客户群体的流失。五是建立完善的客户投诉管理体系，认真对待客户的每一次投诉和诚信举报，对于客户反映的每一个问题都要落实到底，及时解决。

二、检验服务质量的四大标准：快捷、准确、合规与安全

某农村商业银行总行在2011年12月由合规部、运营部、人力资源部、内审部等职能部门联合组成检查组，对其下属所有经营单位、营业网点进行暗访。此次暗访检查本着“不打招呼、不影响网点正常营业、不暴露暗访者身份”的原则，暗访者“以神秘客户”身份，通过现场观察、咨询业务、体验服务、对比同业等方式，以检查各个经营单位和营业网点客户服务以及业务受理是否实现“快捷、准确、合规与安全”，重点针对营业网点外部形象、内部环境、服务设施、服务规范及操作合规性等5大类46个项目进行了随机暗访，基本涵盖了网点规范化服务及业务操作流程要求的主要方面：一是着重检查网点的安全性。通过深入观察，检查网点的外部形象、环境卫生、办公设施布局、现场秩序及安全保卫等情况。二是着重检查网点受理业务的快捷性与准确性。以客户身份进行业务咨询，试办业务，并切身体验网点的服务设施、服务态度和服务质量，检查网点服务水平和员工办理业务熟练程度与准确性。三是着重检查网点的合规性。以客户身份要求网点受理一些不合规业务，然后根据网点对这些违规业务的处理方式进行评价。四是着重检查客户满意度情况。通过现场随机对个别客户进行事后采访，征求客户的意见和看法，同时结合客户的建议和要求，拍照记录网点在规范化服务方面的做法及存在问题，同时通过查看网点意见簿，了解客户对网点服务的满意程度及对客户投诉（反映）问题的处理情况。

事后，检查组对个别经营单位和营业网点存在的问题进行了总结，主要包括：一是个别员工对外办理柜面业务不熟练，操作不规范，客户颇有微词；二是个别营业网点受理对公客户业务没有达到“快捷、准确”的要求，资金汇划不及时现象时有发生；三是个别经营单位对外营销存在不合规现象，违背了公平竞争的行业规范，存在较大的合规风险；四是流程操作存在缺陷，例如，贷款客户办理一笔业务要面对多个部门和多个岗位，而且流程操作时间长；五是内控机制存有漏洞，业务受理与风险管理职能没有真正分离，存在兼岗或一人多岗现象，安全性不足；六是客户投诉渠道不畅通，个别经营单位负责人对客户投诉不重视，出现一位客户对某位员工或网点进行多次投诉的现象。随后，针对这些问题，总行组织全辖所有经营单位和营业网点开展了“内强素质，外树形象；客户第一，服务至上”的全面服务活动，引导各经营单位和营业网点以创一流管理、创一流服务、创一流业绩、创一流团队为主旨，以客户满意为目标，搭建“服务四大平台”，着力提升优质服务工作的标准和层次，促进各项业务的发展。一是搭建服务考核平台。进一步加大服务工作处罚和挂钩力度，提高文明服务在全行综合考核体系中的分值占比，并采取评选“星级员工”和

“星级网点”等多种形式，对星级个人和单位给予表扬和奖励，营造优质文明服务的强势氛围，全面提升员工素质，有效激发员工对外文明服务的热情，同时，充分发挥已设立的服务督察经理的职能作用，加大服务工作检查力度，对员工的服务行为进行持续不断的监督检查，构建上下联动、内外配合的服务督查体系，增强服务督查的约束力。二是搭建客户服务平台。加快银行卡业务和网上银行、电话银行和手机银行等电子银行业务的宣传和营销，推动电子化建设步伐，将投入的重点向离柜业务的发展倾斜，扩大交易渠道，降低运营成本，提高市场竞争力。同时上门广泛征求企业和个人客户等多方面的意见，对征集到的客户的意见和建议及时整理归类，通报全行，并深入分析客户意见产生的原因、存在问题症结，举一反三，引以为戒，提出整改的措施，进一步提高全行整体服务水平和合规管理能力。三是搭建服务监督平台。对外开辟客户服务投诉电话，对内专门设置投诉信箱和电话，确保客户投诉电话畅通，在所辖营业网点和客户经理办公室显眼处，摆放客户投诉公告牌，并成立行长挂帅的优质文明服务领导小组，组成优质文明服务督查小组，制定详细的考核办法和标准。同时严格执行服务工作督查制和问责制，对自助设备运行、投诉整改等进行督查，对服务不到位，措施不落实，引发媒体曝光或客户有效投诉的，严格执行问责制，并依据服务奖惩办法进行处罚。四是搭建队伍建设平台。落实加强客户经理队伍和大堂经理队伍建设工作，在保证客户经理和大堂经理队伍人员数量的基础上，着力提高他们的综合营销能力和服务技能，并通过竞聘上岗和科学有效的绩效考核，促进客户经理和大堂经理不断提高综合服务技能和营销水平，群策群力，牢固树立主动服务、细节服务的思想意识，积极营造大服务格局。

三、不可忽视对普通客户的服务

某农村商业银行辖属一个营业网点地处制造业工厂集中的区域，为附近诸多工厂提供代发工资业务，每到月初，工人为取工资就排起了长龙。一日又至月初，正值中午换班吃饭时间，只有两个窗口办理业务，其中一个是 VIP 贵宾窗口，有两位 VIP 客户正悠闲地等待办理，而唯一的普通窗口前却排了十多位焦急等待办理业务的普通客户，不时发出抱怨声。客户李某在等候 30 分钟以后，终于可以办理业务。在办理业务过程中该客户向银行柜员抱怨等待时间太长，质疑银行为什么 VIP 窗口人少却不向普通客户开放。该柜员非但没有安抚客户的情绪，却向客户说“我们 VIP 窗口只为优质客户服务，要是你能多存几万元过来，就可以到 VIP 窗口办理业务”。这句话激怒了已经严重不满的李某，李某将本要一次性存入的 5 000 元分 10 次每次 500 元存入，最后还是网点负责人出面赔礼道歉才避免了更大的冲突。

近年来，各家银行业机构逐步推行客户分层管理，实施对高价值客户（黄金客户）的差异化服务和附加价值的提升，提高了对各类大客户的服务质量和服务水平。但这项服务制度在某些农村中小金融机构具体实施过程中却存在偏差，即在整个机构服务资源向高价值大客户倾斜以后，对普通客户的服务却往往被忽视，大众化的服务水平没有及时跟上，从而引起普通客户的不满，客户与服务网点及综合柜员之间的争执也时有发生。同时，近年社会大众对农村中小金融机构的服务质量和服务方式也颇有微词，评论持续不断，对农村中小金融机构的社会形象和声誉带来一定影响。

一直以来，很多员工认为合规仅仅是指规范化操作，而没有意识到银行业机构作为服务行业，服务态度、服务质量也是银行合规文化的一个重要部分，而服务窗口就像一块“试金石”，承载的不仅仅只是业务，更多的是要能够接受客户满意与否的检验。农村中小金融机构作为社区性银行，正是靠千千万万个基层的普通客户支撑着我们的业务发展，我们的口碑也是靠一大批最普通的客户建立起来的，这些社会大众就是我们的“衣食父母”。我们不能简单地根据客户对银行贡献大小来变换服务方式，在服务质量上必须做到一视同仁，只有这样，才能最大限度地吸引所有客户。如果我们不能正确对待这些大众客户的需求，不能正确处理好服务细节，就会直接影响我们的业务发展，同时也与农村中小金融机构的市场定位不相符。假如因内部员工服务态度引起客户不满而导致客户采取某些“报复”行为，这不仅会严重影响到机构自身的工作秩序和业务运营程序，还可能引发声誉风险和合规风险。所以，农村中小金融机构既要认真做好黄金优质客户的服务，也要千方百计做好普通客户的服务，“开门做生意，进门就是客”！我们始终要保持对所有客户服务的标准，构造良好服务文化，努力打造成为受大众信赖的社区银行，让所有客户处处感到银行员工对他的尊重，以最佳的职业素质接受广大客户的检验和监督。

四、认真对待客户的每一次询问

某客户到县城的一家农村信用社网点窗口咨询：“我用房屋作抵押，能否在农信社贷款?”该农村信用社一位综合柜员随意回答：“可以。”却不知，这简简单单的两个字却引发了一场事端。随后，该客户返回其近 100 公里远的居住地将不属于其名下的一套房屋产权证以及其他证件拿来县联社要求办理抵押贷款。经联社客户经理的审查，发觉该客户贷款手续不完备，不具备发放贷款的资格。该客户马上有上当受骗的感觉，说他已经咨询过柜台人员可以办理抵押贷款，不管客户经理如何解释，他都非借不可，否则要到政府部门讨个说法。

这个例子告诉我们，银行业机构作为服务性企业，面对的是各种各样的服务对象，各类客户对银行产品和服务品种的理解存在差异，这就要求我们每一位面对客户的工作人员，不论是客户经理还是综合柜员或者是大堂经理等，对客户的咨询以及业务需求都要认真对待，仔细分析，详细作答。假如上述柜员能够仔细了解客户的需求或者将该客户介绍给专门受理贷款业务的客户经理（已设置大堂经理的机构应统一由大堂经理回答客户的咨询）进行深入了解，或许就不会发生这类纠纷事件。因此，我们要求员工要“事事合规，时时合规”，不仅行为上要“合规”，言语上也要“合规”，特别是前台柜员处于服务的第一线，直面客户，其言行举止，举手投足都代表着整个机构的形象，特别要重视每一次与客户的对话，认真对待客户每一次询问，对每一位客户都要面带微笑，轻声细语，态度热情。

为了提高前台柜员的合规意识和服务质量，各家机构应注重对前台柜员合规意识培养和业务技能培训，教育他们要认真做好以下四方面工作：一要突出一个“实”字。假如尚未推行大堂经理的农村中小金融机构，要特别注意前台柜员综合业务素质的培养和礼仪服务态度的训练，要通过各类业务知识培训和教育，让他们实实在在掌握本机构所受理主要业务的操作程序和具体工作要求，使他们面对客户的各种咨询都能“胸有成竹”地作答，做到说话让客户相信，办事让客户放心。二要做到一个“快”。前台柜员办理客户业务时应尽一切可能快速完成，不能拖泥带水，在保证质量的前提下，提高工作效率。假如有一些业务要通过中台的主管会计或其他监督岗位人员进行实时授权，这些授权人员也必须尽快判断业务的合规性并立即给予办理，遇到有疑问的业务，也要及时作出正确处理。三要做到一个“准”。对每一笔业务的办理，每一个客户的询问，都必须做到准确无误，不说空话，不含糊其辞，充分体现我们员工的专业素养。四要做到一个“严”。无论是前台柜员还是大堂经理或者是客户经理，面对客户的业务申请，要严格执行各项规章制度，对违规的事情要敢于纠正，自觉维护本机构利益。同时，各家机构的合规部门和人力资源管理部门，要定期组织员工（特别是新员工）学习有关的政策制度和业务操作规程，适时进行纪律教育和廉政教育，教育员工时刻牢记“自重、自省、自警、自励”的教导，用工作纪律严格约束自己，坚决反对拜金主义、享乐主义，牢固树立“平凡”意识，忠于“平凡”岗位，保持“平静”心态，甘于“平淡”生活，严格要求自己，合规办事，合规做人。

五、吸引新客户但别疏远了老客户

银行业机构的客户服务就像一个“漏斗”，为了保持漏斗的一定盛水量（客户量），要弥补不断流失的老客户就要不断注入新客户。而假如注入的新客户总量或总额比不断流失的老客户总量或总额少或速度慢，那就证明银行的客户服务存在一定问题，这时高级管理层就要认真分析原因，及时找出解决办法。

目前，一些农村中小金融机构在对待新老客户方面普遍存在四种现象："结识了新朋友，忘记了老朋友；奖励了新客户，冷落了老客户；新客户在流入，老客户在流失；制度办法良多，执行虚位突出。"也就是说，农村中小金融机构目前普遍比较重视采取各种营销手段，包括开户有奖、开卡有奖等，千方百计对外营销，吸引新的客户，新客户数量越来越多，但由于缺乏后续的配套服务机制，老客户因不满意现有的服务又不断流失，虽然一些机构也不断出台各种制度办法来挽留客户，但在具体实施过程中效果不明显。这个问题说明，我们积极营销新客户也千万别疏远了老客户。前台在积极营销，整个机构的中台和后台人员也要积极服务前台、服务客户，共同为新老客户提供统一、规范、高效的服务，让新老客户都能享受到我们始终如一的优质服务，这样，或许这个"漏斗"就会来的多，流失的少。与此同时，我们既要重视客户营销手段，也要更加重视开发新产品，提供新服务，尽可能使新老客户都能得到其所期望得到的金融服务。

西方有句谚语"使远的更近，让近的久远"，与中国工商银行的服务口号"工于至诚，行以致远"，有异曲同工之意。也就是说，银行业机构要以至诚至信的行动，拉近我们与客户之间的距离，让他们了解我们的服务，接受我们的服务，满意我们的服务，使每一位客户都能成为我们永远的客户，永远的朋友，使我们的事业始终保持旺盛的生机与活力。在实际工作中，各家农村中小金融机构必须认真学习和借鉴先进商业银行的服务经验和做法，尽快转换我们的服务模式，从以产品为中心转向以客户为中心，以推销产品转向营销产品，真正实现由"银行服务"向"服务的银行"转变，以更加务实的工作和更加优质的服务迎接新客户、留住老客户。

六、与客户交往要学会换位思考

一次，某农村商业银行宴请一位从外地来的重要客户，气氛融洽，相聚甚欢。可就在宴会快结束时，服务员为客人端上来各种水果，看到那些不常见的水果，客户一时兴起，拿起一种应该剥皮的水果，一口咬下，作陪的人员目瞪口呆，这时客户也意识到自己的失礼，场面非常尴尬。大家将目光投向宴请的主人——银行业务部总经理。只见这位总经理神情自若，也拿起这种水果一口咬了下去，然后对客户说，连皮吃别有一番风味。他的这个举动给客户挽回了面子，将尴尬一扫而光。客户从银行管理人员的友好举动中，也看到了银行的诚意，不久就将大额的资金存入了这家银行。

这位业务部总经理在与客户的沟通过程中能够考虑到客户微妙的心理感受，进行换位思考，从而赢得了客户的信赖。换位思考就是站在对立的角色上，用对立的“角色”来思考问题。这一方法在服务行业中得到了较好的应用。银行本身就是为客户提供各类金融服务，其本身也是服务业，所以不妨学习世界知名服务企业的经验。例如，丽嘉酒店以注重客户的服务体验而闻名，该企业有一整套“丽嘉准则”，包含了作为一名初级雇员提供服务所遵循的20个要点，要求雇员在服务中要实行与客户的共同思考，将服务和客户的满意度放在首位。银行的服务每天要面对大量的客户，在背景、知识、兴趣等方面都存在诸多差异，优秀的营销人员在服务客户的过程中，往往能站在客户的角度进行换位思考，将心比心，感同身受，识别出客户的需要，为客户推荐适合的产品和服务，满足他们的需求，为客户解决问题，创造价值。

七、主动营销，抢占先机

某农村信用社客户经理宋某从政府有关部门得知外地有家大型企业要到本地投资建厂，近期该企业的负责人将前来考察。得知这一信息后，宋某立即收集该企业负责人考察的具体时间、乘坐的航班、下榻的宾馆和房号。当日，该企业负责人一下飞机，宋某就已经在停机坪上等候接机。等到这位负责人推开宾馆的房门，又发现房间里摆着附有该信用社祝福卡片的鲜花和水果。第二日，宋某和联社主任亲自到宾馆接这位企业负责人到该信用社参观，并由联社理事长亲自陪同参观信用社大楼，并详细介绍了本机构的规模、内部管理以及服务和产品种类等各种情况。虽然其他银行业机构也都在极力争取这个项目，也想借这个机会展开营销，但由于该农村信用社的周密安排，其他银行业机构根本没有机会接触该企业负责人，最后这位企业负责人接受了该信用社的宴请并与农村信用社达成初步的合作意向。

在本案例中，该信用社成功营销的关键在于客户经理前期市场信息收集工作的到位和周密的营销布局，机场接人、鲜花祝福、负责人会面等一系列的营销工作，让客户真正感受到了该信用社的营销意识和服务质量，赢得了客户的满意。更重要的是，宋某凭借和政府部门的良好关系，第一时间获得了关键信息，抢占了先机，赢得了竞争上的主动，让竞争对手失去了表现的机会。作为地方性的社区银行，农村中小金融机构要在日趋激烈的市场竞争中占据先机，内部各业务条线和各业务部门必须坚持不懈地做好日常市场信息的收集工作，而在信息收集的来源上应重点关注政府相关部门、主要媒体、合作伙伴、在本机构开户的高端企业客户及个人客户，收集的内容主要是本地区新增投资信息、产业信息、客户信息以及新兴消费群体的信息等。收集信息时要注意信息的实用性和质量，并把各种情况、各种问题和社会现象加以过滤，从中“网”住关键信息，筛选出有价值的商机，进行深入挖掘。业务条线、业务部门负责人应将筛选出的信息传递到对应的岗位，及时安排客户经理跟进，在周密的营销策划后，第一时间对潜在客户开展营销。

因此，成功的营销是尽快与目标客户建立有效的沟通方式并正确地经营与客户之间关系，以创造、沟通与传达价值给客户，实现买卖双方的共赢。营销首先是做人，是客户经理人格魅力的自我展示，同时要充分了解、分析客户的心理过程、决策原则，从而实施不同的营销策略，在营销活动中时时掌握主动。营销还是一种组织战略和组织行为，特别是机构领导层必须主动协调和配合内部客户经理对一些特殊客户的营销，并组织力量配合客户经理科学分析市场机会、合理选择目标客户、正确制定市场营销策略、严密营销活动管理等。

八、应把客户投诉作为重要资源来经营

一位小企业老板是某农村商业银行的大客户，在该银行营业部存有 300 万元定期存款。该笔存款到期日由于其自身原因没有及时转存，15 天后才到银行办理转存手续，以致其利息收入受到损失。随后，这位客户认为银行服务不到位而直接向总行投诉，质询营业部为什么没有通过电话提醒其存款到期。总行相关负责人十分重视这位客户的投诉，亲自上门向该客户解释有关银行的操作规则并指导业务人员及时为该客户办理了自动续存手续，客户对银行的处理方法感到满意。

银行是典型的服务行业，客户的满意和信任是我们的出发点和归宿。因此，应把客户投诉视为银行“资产”而不应视为银行“负债”，高明的银行管理者应把客户投诉作为银行重要资源来经营。其实，大部分客户如果向银行投诉其受到不公正的待遇或其他问题，往往是希望银行能够接受他的投诉并能及时改正银行的做法，以保证以后银行不会再次犯错。而银行对于每一位客户的投诉，即使是客户自身的问题而错怪了银行的员工，银行客户服务人员或相关负责人也要心平气和地向客户解释和认真处置，同时要及时教育员工将客户的投诉视为关心银行的举动，不能嘲笑客户“小气”，更不能作出过激行动。

美国商人马歇尔费尔德的独白值得我们思量，他说：“那些购买我产品的人是我的支持者；那些夸奖我的人使我高兴；那些向我埋怨的人是我的老师，他们纠正我的错误，让我天天进步；只有那些一走了之的人是伤我最深的人，他们不愿给我一丝机会。”美国 IBM 公司每年有 40% 以上的技术发明与创造，是来自客户的意见和建议。对银行来说，客户意见、建议或投诉是一种不可多得

的“资源”，我们要从客户投诉中挖掘出“商机”，寻找市场新的“买点”，变“废”为“宝”，从中挖掘出金子。当然，处理客户的意见、建议或投诉是一项相当复杂的系统工程，需要我们始终秉承“客户就是上帝”的理念，并借鉴台湾地区学者谢跃龙先生提出的五点建议：耐心多一点、态度好一点、动作快一点、补偿（情感）多一点、层次高一点。

在客户服务的理念方面，我们应该学习美国的一家汽车修理厂，他们有一条服务宗旨很有意思，叫做“先修理人，后修理车”。也就是说，一个人的车坏了，他的心情会非常不好，所以我们应该先关注这个人的心情，然后再关注汽车的维修，这样也许会让客户安心地接受你所提出的各种修车方案。这个道理看似简单却常常被我们忽略。

九、持之以恒，真诚服务

某客户经理在吸储营销时，有位客户对该客户经理说，“我不会去你们银行办存款业务，因为我和另一家银行某员工关系非常好。”这位客户经理表示非常理解，并说“如果是我，我也会这样”。但他仍然为该位客户提供一些无偿的小服务，包括为客户带去一些他所需要的资料和信息，慢慢地他们建立了良好的关系。一天，这位客户告诉这位客户经理，他准备来这位客户经理所服务的银行存一笔大额定期存款。这正是因为该客户经理的长期行动感动了客户，从而使客户作出以上改变。

银行业务营销中的一条重要原则就是“客户永远是对的”，即客户经理不能明显表示自己和客户持不同意见，尤其跟客户争执是最不明智的，应该先倾听客户的话，再从中找出应对之策。客户经理不要企图拜访客户一次就会成功，如果客户拒绝你，客户经理要认识到客户是拒绝你的营销，而不是拒绝你这个人。有可能是你营销的技巧不够好，无法打动客户的心；也有可能客户本身没有需求或已使用类似产品或服务。所以第一次营销未成功，可能还要第二次、第三次……特别是在同业竞争日益激烈的今日，农村中小金融机构的服务正需要这种精神和毅力。除了持之以恒的精神以外，如何策略地打破僵局也很重要。一是要认真倾听对方回应的真实意图。先确定这是拒绝或只是拖延，倘若是真正的拒绝，不要和客户有所争执，客户经理首先要表示同意或理解客户的选择。二是摸清客户拒绝的主要原因，特别是要实地了解客户还有没有拒绝你的其他因素。三是在了解客户真正拒绝的原因之后，评估如何调整自身的营销策略和建议才能改变客户的心意，完成交易。记住有些客户会比较挑剔，但往往越爱挑毛病的客户，最后成交的机会越大。所以，当客户质疑你的产品和服务时，客户经理可以趁机向客户灌输正确的观念，或是强调产品和服务的价值。当然，营销你的产品或服务，别忘了你的真诚，用真诚打动客户往往会取得事半功倍的效果。

十、服务标准化是提高服务质量的关键

某农村信用社对辖属所有经营单位和营业网点的服务水平与服务质量进行百分制的评分，定期公布评分结果，并对扣除每一分都说明具体原因。例如，这家农村信用社对员工如何操作相关业务才算合规操作，对客户投诉正确的处理方法如何，员工日常行为规范有哪些等，都有明确的操作标准和明细的评分标准。而员工如果因制服上衣的第一个纽扣未扣而被检查到，或者柜员因怠慢客户又未向客户说对不起而被主管负责人获悉，大堂经理因服务态度问题被客户投诉等日常服务不规范行为，也有明确的扣分标准。这种严格且具有明确标准的评比，对所有员工都是公平的。

当前，在激烈的市场竞争中，包括农村信用社在内的所有农村中小金融机构普遍都在对自身营业网点功能进行转型，即从结算型网点转向服务营销型网点。网点的转型必将提升网点的服务能力和销售能力，有效提升客户满意度和忠诚度。网点转型的关键是所有员工都能执行一整套行之有效的服务标准和评价标准。但在网点服务中，部分农村中小金融机构却存在这些现象：（1）前台柜员、大堂经理和客户经理等一线员工缺乏良好的服务意识和全局观念，表现在服务态度时好时坏等；（2）前台柜员、大堂经理和客户经理等一线员工没有准确理解自身的服务角色和定位，不善于团队协作，表现在“各人自扫门前雪”现象严重；（3）整个机构缺乏服务标准和服务规范，员工服务的随意性较强，对员工服务质量的评价缺乏有效性、合规性和科学性；（4）前台柜员、大堂经理和客户经理等一线员工主动营销意识不足，等客上门、“守株待兔”现象严重；（5）机构对前台柜员、大堂经理和客户经理等一线员工的业务培训、技能训练、合规教育等工作缺少力度，普遍缺乏有效的营销能力和业务开拓能力，制约和限制了业务发展；（6）机构对经营单位、营业网点服务的后续评价工作缺乏连续性和可行性，服务质量的好坏没有与绩效挂钩，重业务轻服务现象普遍存在，经营单位、营业网点总体服务水平提高缓慢，整体绩效不理想。

随着银行业金融产品同质化程度的加剧，服务作为一种特殊“产品”得到各家银行业机构的重视，服务也就成为银行业机构核心竞争力的重要构成要素之一。而要提高员工为客户服务的质量就必须首先将各项服务标准化、工作标准化。如果没有标准，员工不知什么才是可行的，也就没有好坏之分；有了标准，就有了衡量和检查的尺度，也为组织考核和奖惩员工提供了可行性强的指标。为此，在一些管理规范的农村中小金融机构，普遍对各个服务项目都制定

了比较完善的标准，让员工在服务客户时作为基本准则，取得了较好的成效。这些服务标准包括：服务管理标准、服务程序标准、举止规范标准、服务配备标准、服务技能标准、岗位责任标准、处理投诉标准、服务检验标准、服务环境标准、服务营销标准、服务礼仪标准、电话接听标准、服务规格标准、服务效率标准、差错处理标准、处理举报标准等。一系列的服务标准有利于解决上述服务工作中存在的问题，能让员工在开展业务时有规则可循、有标准可依，让员工时刻牢记哪些事情不能做、哪些话不能说，从而让员工在思想上和行为上严以律己，全面提高客户服务水平。

十一、员工对外提供服务要讲合规、防案件

某农村商业银行合规部接到一位企业财务人员打电话投诉该银行营业部新接手办理该企业业务的会计员甲服务态度差，而表扬原受理其业务的会计员乙能为客户着想，服务态度好。经合规部负责人详细了解，原来该企业在营业部开立了基本账户，财务人员为求方便，经常打电话给该银行会计员询问其企业账户余额，以便及时掌握、调配资金，而原会计员乙每次都有求必应，但新接手的会计员甲则建议客户以开通电话查询服务、网上服务或派员取回单等方式了解账户信息，而不肯在电话中直接告诉其账户的余额，因此该财务人员认为会计员甲故意刁难客户，不肯为客户提供方便。

最后，合规部给该投诉人的回复是：会计员甲才是真正为客户着想，应受到表扬，而会计员乙则严重违规，应受到批评。对此投诉人不解，经详细说明后，才明白会计员甲这样做的目的，完全是从维护客户的利益出发，切实履行“为存款人保密”的职责。在高科技犯罪手段层出不穷的今天，我们的员工还没有具备单凭聆听电话传来的声音就能准确确认客户身份的能力。如果别有用心的人通过模仿客户的声音打电话来套取客户账户的信息资料，实施损害客户利益的行为，我们的员工不就成了“帮凶”吗？因此，会计员乙的行为表面上看是为客户提供了方便，但实际上是一种违规行为，存在较大的案件风险隐患。而会计员甲则遵循了以合规为前提做好服务的原则，并引导客户按照银行操作规范办理业务。

纵观银行业机构近年发生的一些案件，其中部分案件是发案机构内部员工违规操作或内外勾结共同作案所致。例如，2009 年 3 月初，一家浙江石化类企业到宁波银行上海分行开户，并分 8 批打入该企业账户 5 000 万元。随后数天之内，却有 2 751 万元存款被犯罪嫌疑人 A 分批转移。在本案中，该银行客户经理与犯罪嫌疑人 A 指派的社会人员 B 陪同企业财务人员到该银行办理开户手续。当时因缺少法人授权书而无法办理开户，柜面人员对营业执照、法人代码证等

原件进行了复印，其复印件留存银行。此时客户经理将企业财务人员骗离柜面，开户柜员就将整套开户材料交给了该名银行客户经理。随后客户经理就将整套资料交给了犯罪嫌疑人 B，而 B 利用企业预留印鉴卡刻制了企业公章、法人印章等印鉴，重新制作了印鉴卡并将其与企业原印鉴卡进行了调换。随后，B 冒充企业财务人员，伙同客户经理来补交法人委托书，办理开户。因 B 第一次陪同企业财务人员来办理过开户，柜员确信其为企业人员，虽核实其身份证件后发现与授权委托书不符，但仍然为其办理了开户。银行完成开户手续后，犯罪嫌疑人购买了支票、本票等空白凭证。之后犯罪嫌疑人 A 再指派 B 利用偷换的印鉴骗划企业资金。该案件暴露出银行在印鉴管理、开户管理等方面存在明显的内控失误，导致了犯罪嫌疑人的轻易得手。一是柜员办理业务未遵循“面对面，一对一，不间断，交本人”的基本要求。二是开户资料审核不严格。该案中，授权书是直接授权给该企业财务人员，但银行核对出现失误，第二天该财务人员未来而是犯罪嫌疑人独自办理业务时，银行柜面人员没有坚持遵守“本人”办理原则，明知犯罪嫌疑人不是被授权的人员，仍然为其办理了账户开立业务。三是重要空白凭证出售程序把控不严。该案中，假印鉴一路绿灯，犯罪嫌疑人轻易购买到了重要的空白凭证。四是大额汇划制度执行不规范。如果在犯罪嫌疑人首次大额划款时，银行能与企业财务人员或主管人员进行核实，就可以在第一时间制止案件的发生。不难看出，只要银行员工对开户制度、印鉴管理制度、客户查询制度等执行到位，如上述农村商业银行会计员甲的合规做法，就能及时阻止骗局的进行，案件的发生完全可以避免。

现将农村中小金融机构为客户办理柜面业务容易出现的违规行为列明如下，希望各机构一线员工以及相关职能部门引以为戒，加强防范：为无证件或未获得相关批文的客户开立账户；未经授权，将单位存款或个人存款转入长期不动户盗取客户存款；恶意查询并窃取客户信息；账户的查询、冻结、扣划等不符合规定；对大额存单签发、大额存款支取没有执行分级授权和双签制度；没有对休眠账户、户主死亡的账户、存折丢失账户、用于抵押担保贷款的账户、法院传令要求冻结的账户等进行特别控制；利用开户单位注销账户时没有收回作废的支票，加盖伪造印鉴章，对外出具假支票；频繁开销户，通过虚假交易进行洗钱活动；利用自身提现的便利，以自己名义开立账户，为社会人员转移资金或套取现金；对现金收付、资金划转、账户资料变更、密码更改、挂失等柜台业务没有建立复核制度并严格执行；没有执行内部往来定期勾对并确保通存通兑、往来账务相符；每日营业终了账务及票据等没有入账及有效管理，并履行内部审批、登记手续；没有配备专人负责事后监督，实现业务与监督在岗位和人员上的分离；对内部特转业务、账户异常变动、大额资金交易等没有及时跟踪分析和监控；各级柜员没有严格分级授权，没有严格执行营业部门（经营单位）重要岗位的休假、轮岗以及离岗审计制度；授权密码泄露或借给他人使用；柜员盗用会计主管（委派会计）密码私自授权，重置客户密码或强行修改客户密码；柜员调离本工作岗位时，未及时将柜员卡上缴并注销，未及时取消其业务权限；未及时收回账务对账单，导致收款人不入账的行为不能及时发现；对应该逐笔勾对的内部账务不进行逐笔勾对；对账、记账岗位未分离，收回的对账单不换人复核；银企不对账或对账不符时，未及时进行处理；柜员未经授权办理抹账、冲账、挂账业务；冒用客户名义办理挂失，利用挂失换单、盗用客户资金；客户利用虚假挂失诈骗资金等。

十二、与客户来往必须严格遵守保密法

法院执法人员在执行一起商业贸易纠纷案件时到某信用社查询被执行人王某的存款账户情况，信用社员工赵某协助查询到王某账户内有存款96万元，并将此事告知客户王某。王某得知此事后立即到信用社取款。当法院出具法律文书对王某的存款账户进行冻结时，王某的账户只剩下53万元，而当法院准备扣划时王某的账户又只剩下23万元。法院执法人员当即责令该信用社将冻结以后的款项必须如数追回，否则追究信用社连带的法律责任。在该信用社负责人对员工赵某进行调查时，赵某承认向王某通风报信，却认为自己是在维护客户的“利益”。殊不知自己维护的不是客户的合法利益，而是非法利益。中国人民银行在其发布的《金融机构协助查询、冻结、扣划工作管理规定》中明确规定金融机构应当在其营业机构确立专职部门或专职人员，负责接待要求协助查询、冻结、扣划的有权机关，及时处理协助事宜，并注意保守国家秘密。这一案例暴露出一些员工法律意识的淡薄，这种淡薄最终导致个人和机构付出不必要的代价。

从2010年10月1日开始，我国实施新的《保守国家秘密法》。为了国家秘密的安全，为了维护本机构的利益与信誉，为了保护员工的切身利益，农村中小金融机构高层领导及所有员工都要认真学习并遵守新修订的《保守国家秘密法》。特别是该法的第四十八条，规定了十二种严重违规行为的法律责任，而且不论是否产生泄密实际后果，只要发生所列举的严重违规行为之一的，都要依法追究责任。即违反《保守国家秘密法》规定，有下列行为之一的，依法给予处分；构成犯罪的，依法追究刑事责任：（1）非法获取、持有国家秘密载体的；（2）买卖、转送或者私自销毁国家秘密载体的；（3）通过普通邮政、快递等无保密措施的渠道传递国家秘密载体的；（4）邮寄、托运国家秘密载体出境，或者未经有关主管部门批准，携带、传递国家秘密载体出境的；（5）非法复制、记录、存储国家秘密的；（6）在私人交往和通信中涉及国家秘密的；（7）在互

联网及其他公共信息网络或者未采取保密措施的有线和无线通信中传递国家秘密的；（8）将涉密计算机、涉密存储设备接入互联网及其他公共信息网络的；（9）在未采取防护措施的情况下，在涉密信息系统与互联网及其他公共信息网络之间进行信息交换的；（10）使用非涉密计算机、非涉密存储设备存储、处理国家秘密信息的；（11）擅自卸载、修改涉密信息系统的安全技术程序、管理程序的；（12）将未经安全技术处理的退出使用的涉密计算机、涉密存储设备赠送、出售、丢弃或者改做其他用途的。有前款行为尚不构成犯罪，且不适用处分的人员，由保密行政管理部门督促其所在机关、单位予以处理。

十三、员工与客户之间要保持“一臂之隔”

某农村商业银行发现其基层经营单位出现信贷业务违规操作等问题，大都是因为信贷员（客户经理）与客户交往过密，不分彼此，导致贷款调查阶段不按规定办理，人为提高客户信用等级或授信额度，或在贷款审批环节以贷谋私，发放假抵押、空担保贷款或发放人情贷款等。为此，该机构明确规定信贷员与客户之间要保持“一臂之隔”，这里的含义非常深刻。因为银行员工和客户毕竟是代表着不同的利益，银行信贷员与客户交往时，要与客户保持一定的距离，明白自己的责任。

在一般情况下，信贷员不要告诉客户你的家在什么地方，接待客户尽量在办公室，这样可以更好地分清公私；当客户邀请参加一些奢侈的消费或赠送高档礼品时，应婉言谢绝，因为你一旦接受他的邀请或礼品，就会产生亏欠客户的心理，而这时当客户提出一些违反规定的请求时，你就不好拒绝。此外，管理层人员当了解到信贷员与客户交往过于密切，就要提醒信贷员要洁身自好，或根据情况对其业务进行调整，让其他信贷员负责这位客户的服务，以警示每位信贷员要正确地处理与客户的关系，杜绝道德风险的发生。

“以人为本”，重视人的因素，是包括合规文化在内的企业文化建设的关键。当前，农村中小金融机构的员工合规意识和风险意识普遍淡薄，有章不循、违章操作的现象时有发生。例如，一些管理层人员和信贷员在实际的风险管理中执行政策、规章制度的主动性、自觉性不强，服务大局、企业主人翁意识缺失；或者在处理利益冲突问题时往往将领导意志、上级愿望、个人利益和同事感情凌驾于制度之上，内控制度形同虚设；或者是岗位之间缺乏必要监督，该双人操作的，却往往是一人单独完成，该实行岗位分离的却由一人兼任多岗，该定期轮岗的却长期固定在一个岗位等。从最近农村中小金融机构发生的一些案件来看，内部工作人员风险意识不强或与外部不法分子相互勾结，提供虚假材料，伪造票据骗取贷款或盗用客户存款的舞弊事件等时有发生，这都充分暴露了以上问题的危害性。

合规文化和风险文化建设与整个企业文化建设一样，是一项长期性、全局性的系统工程，需要全体员工的广泛参与。农村中小金融机构要牢固树立“企业即人、以人为本”的人本思想，并以此作为包括风险管理文化在内的企业文化建设的切入点和着力点，坚持将以人为本的思想贯穿于企业文化建设的全过程，大力加强教育培训，完善激励约束机制，开展文化活动，建设学习型组织，用目标鼓舞人、用精神凝聚人、用事业留住人，营造良好的企业文化建设氛围，实现企业文化和员工价值的有机统一。在风险管理文化建设方面，要注意其层次性和广泛性，要分工明确，理顺关系，落实风险管理文化建设的责任机制和推动机制，在董事会、高级管理层要强化风险管理文化的创建意识、参与意识和指导意识；对中层管理者要进行全面辅导，开拓思维，增强创意；对员工要进行宣传，及时解决其存在的各种问题，全面增强员工对风险管理文化基本知识的掌握和理解，提高全体员工对风险管理文化的创建意识，增强紧迫感和信心。

十四、认真履行客户身份识别义务，维护客户正当利益

一名操外地口音的男子持一本地存折到某农村信用社网点要求取款，当班柜员在正常询问时，发觉该男子支支吾吾，神情异常，遂要求其出示身份证，该男子躲躲闪闪，支吾间想取回存折，柜员再次要求其出示有效身份证，男子故作打电话状，转身骑摩托车逃走。当班人员立即查询存折信息，并致电存折持有人陈某。正当陈某心急如焚之时，接到该网点打来的电话，当即赶到网点，得知自己的存折失而复得，两万多元血汗钱没有损失时，连声感谢网点员工，并讲述了事情经过。原来该男子以“拾金”为欺骗手段，带其到偏僻处分“金”，并用外省存折作抵押消除其疑心，以代其取款为由骗取存折。经该网点员工仔细辨认、核查犯罪分子留给陈某作为抵押的存折，虽然折内显示有余额 29 000 多元，但证实为拼凑而成的假存折。

银行业机构的前台柜员面对各种各样的客户，为维护客户的正当利益，必须认真执行存款账户实名制有关规定，严格履行客户身份识别制度，按要求留存客户身份资料，完善客户档案信息，尽量了解客户取款用途等相关信息，留心观察取款人行为举止，切实做到“了解我的客户”，发现异常情况应及时发出提示，维护客户正当权益。而在执行客户身份识别制度的过程中，要把握好接受客户、持续识别客户和重点审查高风险客户三个关键环节：一是接受客户。在接受客户环节，前台柜员应按风险程度高低进行客户分类，采取不同的接受方式。对风险程度较低的客户，其接受手续可简化，要求客户出示真实有效的

身份证件或者其他身份证明文件，进行核对并登记；对敏感客户、高风险客户则要采取多种方式，如更多地了解客户职业、收入状况、住所，其开户目的与原因，希望通过账户所进行的活动，资金的主要来源，真实受益人等，以此来进行客户身份的核实。二是持续识别客户。在成功接受了客户的申请建立业务关系后，对客户账户和交易的审查是一个持续、不可或缺的阶段，是对客户作进一步深入了解、认识，并再次确认客户身份的过程。通过为客户办理业务的过程，做到持续关注与跟踪，才可能逐步了解并重新确定账户真正的受益人身份。对于法人和实体，应尽力了解客户的所有权和控制权结构，防止犯罪分子利用虚假法人实体从事洗钱活动。三是重点审查高风险客户。一般来说，金融机构确定的高风险个人客户通常表现为其账户交易明显与其个人身份、年龄、收入状况不相符，前台柜员需对这些客户的交易进行更为严格的详细审查；即使是对那些没有实质重要性的最微小的账户关系，也应当高度确保自己不会被任何可能对机构声誉产生严重不利影响的客户所滥用。此外，对于高风险客户，尽职调查程序不仅要得到客户个人财产、资金来源等问题的答案，而且有时候还需要由具备资格的专家出具个人审核意见，并且内部审查的频率应远远高于低风险客户的内部审查频率。

第三章　风险管理与内部控制

引言：银行内部管理具有特殊性：货币信用中介特点要求银行要保持足够的流动性；个性化交易特点决定了在每一个交易环节每时每刻都可能发生风险，银行必须建立全流程的风险管理体系，确保交易操作的安全性；服务产品的生产（设计）与销售没有中间环节的特点决定了银行必须加强客户信息“3konws”管理（了解客户、了解客户的账户、了解客户的信息）和员工与客户往来的合规管理；员工直接与货币打交道又要求银行必须有严密的内部控制，并拥有一支高素质的员工队伍，即使是一般柜员也要有尽可能高的素质并具备良好的职业道德规范。

一、任何一项业务操作都不能“一脚踢”

某省级联社内审部门对某农村信用联社近年的信贷业务进行专项检查，发现该机构的对公贷款业务绝大部分都是由信贷部“一脚踢”，即从客户信用评级到客户贷款申请受理，再到贷款审批及其贷后管理等操作流程，全部由信贷部“全面”办理，导致该机构长期以来存在信贷管理混乱、不良贷款率居高不下、内部道德风险严重等问题，严重影响了该机构的改革与发展。

操作风险是各家银行业机构面临的主要风险。因此，各家银行业机构在业务操作中都要严格执行任何一项业务操作都不能“一脚踢”的原则。这主要包括两层含义：一是任何一项业务（特别是信贷业务、运营业务等核心业务）都必须由两个或两个以上职能部门进行运转及管理，如贷款业务必须经过前台业务营销部门/条线进行贷款客户营销，同时由风险管理部门进行前期客户风险评估，然后交专职审批部门和专职账户管理部门（如会计结算部门、运营部门等）进行专业审批和资金划拨及其管理等，而贷后管理也应该由专业的管理部门（如合规与风险管理部门等）负责。二是一项业务不能由一个人全包，如资金业务一人接单、下单到账务处理，容易发生员工滥用权力；客户资信评级如由一人调查、审批到核定级别，就容易出现道德风险；押汇业务从审单到账务由审单员一人干到底，如果没有制约就容易出风险。即使是采取综合柜员的机构，每一柜员也只能在各自配备的计算机上作业，不可使用他人计算机，而且要强化实时的事中监督和事后监督，并要严格执行实时授权与转授权制度。也就是说，对任何人都不能离开有效的监督和约束，权力如果不能接受监督和制约，就会产生极大的操作风险。

目前，几乎所有的商业银行在其业务流程运行中都有明确的制度规定防止员工“一手清”或“一脚踢”，严防员工内部作案。如资金交易员由后台清算人员制约，业务操作员由复核员制约，复核员由计算机操作员制约，管理有价证券的员工没有签字权，有签字权的无业务操作权。近亲属在同一银行的，一方有签字权的，另一方就不能有签字权，以免双签作弊。在营业部，柜员由出纳员制约，出纳员由出纳主管制约，出纳主管由会计主管制约。即使是一个经营单位主管，他也受到各方制约，有下属的制约、上级的制约、其他部门的制约，最重要的是受到会计部（运营部）和合规部的制约。

但凡银行业机构案件的发生，除了因为当事人品行不端、思想不正或者麻痹大意、责任心不强外，更多更重要的原因是制约和监督机制的缺失。农村合作金融机构在岗位设定的时候要遵循相互监督、相互牵制、相互制约的原则：不论何种岗位均应坚持审批、操作、监督三权分离；按业务流程顺序操作，不能漏、逆程序操作，更不能无程序单人操作；在监督上既注重个人自律性监督，岗位间交换性监督，更应该注重发挥合规、审计（稽核）、监察部门的再监督主渠道作用，同时实行领导人员的突击性抽查和上级部门日常性的巡回监督，确保长效监督。

近年中国银监会针对银行业案件防范工作任务重的现状提出了对操作风险管理的十三条铁律，其中对银行业机构内部账户管理提出了三点要求：一是加强和完善银行与客户、银行与银行以及银行内部业务台账与会计记账之间的适时对账制度，对对账频率、对账对象、可参与人员等作出明确规定。二是加强未达账项和差错处理的环节控制，记账岗位和对账岗位必须严格分开，坚决做到对未达账和账款差错的查核工作不返原岗处理。三是严格印章、密押、凭证的分管及销毁制度，坚决执行制度规定，并对此进行严格检查，对违规者进行严厉惩处。银监会提出的这三点要求在一定意义上说明了监管部门对银行业机构内部控制与风险管理的真正导向，即银行业机构必须坚持内部管理的权力制约和履职监督，强化内部各业务条线、部门及其各个岗位/员工之间的制约与监督，切实防范在日常运营中由于人为因素产生操作风险，防微杜渐，从源头上堵住金融案件的发生。

二、顶岗式稽核检查，直观暴露风险隐患

为提高稽核检查成效，某农村信用联社开展了顶岗式检查，即由总部内审

稽核部门抽调相关人员，突击性地在短时间内代替任一营业网点（或经营单位营业部，以下同）所有人员上岗，目的是通过顶岗对被检查网点内部风险管理以及业务操作流程等进行实证性检查，以便更好地评价该营业网点内部控制现状和揭示潜在的操作风险隐患。进行顶岗行动前，由内审稽核部门对检查人员进行业务培训，并列出检查重点；检查组进场后，被顶岗网点立即轧账并进行一对一的交接，要求按检查内容全面清核，严格检查，随后公开检查信息并对被顶岗员工进行座谈调查；最后检查组针对检查的问题与网点负责人及其上级管理人员进行集中交流，寻找原因，找出对策，提出针对性强的整改要求，确保实效。这种顶岗式检查具有极强的心理震慑力，特别是对某些存在违规操作侥幸心理的员工起到及时的纠偏作用，其最大优点能直观地监控被顶岗经营单位、营业网点及其内部员工存在的操作风险和安全隐患，弥补了常规现场检查的不足，在一定程度上也能有效克服个别操作风险屡查屡犯的难题。

对农村合作金融机构来说，统一法人之前一般是实行多级法人管理机制，而统一法人之后如果没有及时进行业务流程再造和组织架构调整，就很容易导致总部职能的虚化，各个经营单位及其营业网点执行总部各项规章制度的主动性不强，即使执行相关制度也存在较大偏差，对自身存在的风险隐患或其他经营管理问题也往往隐瞒不报，导致统一法人后风险责任上收由总部负责而经营管理权利分散，从而不利于总体的风险管理与内部控制。为解决这一问题，各家机构除了要及时进行有效的流程银行建设以及及时进行组织架构优化、再造外，还要进行多种方式的内审稽核检查，其中，顶岗式稽核检查就是一种较好的检查方式。在采用这一方式时，要注意以下问题：一是总部内审稽核部门职能要不断强化，内部组织体系要不断完善，机构董事会和高级管理层要在人、财、物等方面保证其有充足的资源；二是要不断创新工作方式和工作方法，例如，可借助电子信息手段，按照风险程度确定顶岗式稽核检查对象和频率，并将现场稽核和非现场稽核相结合，提高内审稽核效率。三是要明确检查责任，并通过推行切实有效的约束激励机制，鼓励检查人员敢于揭露问题，全面提升内审稽核检查有效性。四是科学运用稽核检查的成果，帮助被检查单位和问题责任人做好整改工作，进行风险提示，并将检查中发现的重大风险隐患和带有共同性的问题形成建议书提交高级管理层，以促进整个机构风险管理的改进。

三、员工的风险意识要潜移默化

某农村信用联社多年来一直坚持定期对员工进行业务制度、流程操作、风险管理及案件防控等方面的知识测试，并将测试结果与员工日常考核挂钩。同时，该机构合规部每月坚持把银行业特别是同系统所暴露的各类重大风险事项及案件公告全体员工，提醒各层级人员时刻注意风险事件，时刻保持清醒的头脑。而该机构理事长也坚持每月自制课件给全体员工上一堂合规课，将整个机构的风险管理状况以及合规文化建设最新动态等内容及时向全体员工灌输。由于该机构高层领导对合规的重视，加上合规部门在合规风险管理方面做了大量卓有成效的工作，使该机构连续8年无重大风险事件，也没有发生大小案件。

对于银行业机构来说，案件风险的发生除了与机构内部各项规章制度的完整性、可行性以及相对应的流程的科学性等方面有关外，在很大程度上与员工的风险意识有很大关联。假如员工没有正确认识风险防控的重要性和紧迫性，缺乏合规意识、风险意识和自我保护意识，就会给一些不法分子以可乘之机，也就会导致盲从操作或盲从作案的事件发生。而要增强员工的风险意识，就必须从机构高层领导的重视与带头合规抓起，同步建立良好的合规文化与风险文化；同时，可以选择不同风险事件或外部案件作为反面教材，利用身边事教育身边人，同时要认真学法、懂法，增强法制观念；不断弘扬艰苦创业、勤俭建设、无私奉献的精神，自觉抵制腐朽思想的侵蚀，增强拒腐防变的能力，使员工在思想上以及行为上真正做到主动防控。

四、加大责任追究力度是预防案件风险的有效手段

某信用社负责人老王在该机构工作近20年，从柜台员工一直做到经营单位负责人，业务拓展能力突出，人际关系良好。但老王在受理一笔贷款业务中因为“人情”关系而将200万元贷款发放给不符合条件的借款人，最终贷款逾期。随后，总部授信管理部门、合规与风险管理部门等召开联席会议讨论如何处理这一事件。会议中，个别管理人员提出应该考虑老王近20年的工作表现和为信用社发展作出的贡献，考虑不给予处理。而大部分参会人员却认为不能因为他过去有功而从轻对他违规行为的处罚，必须按照总部原来制定的员工违规责任追究的相关制度进行处罚，否则可能让一些老员工躺在“功劳簿”上沉沦，并且其他员工也会因为个案处罚力度轻而敢于触及“红线”。最终，经会议讨论并报经高级管理层批准，总部依据相关规定对老王进行降职并处以罚款。

现代行为强化激励理论认为，对管理对象符合组织目标的行为进行肯定并奖励是正激励，而对管理对象违背组织目标的行为进行否定和惩罚是负激励，在管理中要多用正激励，发挥积极作用，但负激励是正激励的必要补充，可以促使管理对象改正动机和行为以实现管理目标，是正激励得以充分发挥功效必不可少的手段。否则，处罚过轻会使违规违纪人员抱有侥幸心理和不良的示范效应，不利于遏制违规行为和风险防范。近期，浙江嘉善农村合作银行在案件风险防控上的创新值得借鉴。该行实施了员工违规行为积分管理，对全体员工

在开展各项金融业务及管理、操作过程中发生的各类违规行为实行记分管理，管理结果与部门、单位的年度考核挂钩，与个人业绩、职务晋升挂钩。农村中小金融机构建立严格的责任追究制度具有不容置疑的必要性。对履行职责不到位的，要对直接责任人、相关岗位人员追究连带责任，出现损失的实行连带赔偿，依法依规严处。各机构在违规处罚上要做到奖罚分明，一切按制度办事，一切靠制度管人，该奖一分钱不可少奖，该罚一分钱不可少罚。问责处罚就是要影响到违规者的事业发展，影响到违规者的声誉，警告、降职、调离、撤职、清退以及移送多种手段并用才有威慑力。加大责任追究力度的目的就是要建立有效的机制促使各层级管理者和全体员工在办理各种业务和开展各项工作时不敢作出违规行为，打压违规违纪的苗头，降低内部人员违法犯罪的风险，为农村中小金融机构的可持续发展保驾护航。

五、预防风险事故，高层责任必须到位

某农村商业银行为了强化问责制，按照“分级管理、逐级负责、层层落实、责任到人”的管理方法，签订案件防范责任书，把责任分解落实到各个部门、经营单位和员工，把案件防范落实情况作为年度考核的重要内容，并与评先进、晋资、晋级等挂钩。而为保证这项机制实施的有效性，该机构董事会的主要任务应放在建立起高层领导的问责制上。例如，董事会风险管理委员会出台新规定，假如高层领导出现严重失职，导致所管辖的业务条线、部门或经营单位发生案件或违规问题，具有以下情形的相关高层领导应当引咎辞职：所管辖的业务条线、部门或经营单位在一定时间内发生多起案件或重大违规问题；违规问题涉及金额巨大或损失严重的；违规问题性质严重，社会影响恶劣的；严重挫伤员工积极性的等。此外，还规定总行行长对整个机构的经营管理风险事故或案件负管理责任；董事长承担所有重大风险事故或案件的最终责任。在这一措施下，该机构近年来的案件风险防控取得了较好的成效。

预防风险事故与案件防控的重点在人，关键在高层领导。农村中小金融机构要预防重大风险事故，严防案件发生，以下工作要做实做细：一是必须形成“一把手”总负责制度，董事长作为法人代表要承担整个机构风险管理与案件防控的最终责任；行长和各个分管副行长、总行各部门以及各个经营单位、基层网点负责人等都要各负其责，共同形成各司其职的风险管理与案件防控的联动工作机制。例如，可推行高级管理层成员分片挂点责任制，切实承担起对风险管理与案件防控工作的检查、督促、指导之责；每季度至少召开一次重大风险管理事件及案件防控形势专题分析会，高级管理层成员要在专题分析会上对挂点情况进行汇报、分析，同时要求高级管理层成员建立专门的挂点工作日志，

记录自己到基层进行检查工作的情况，作为风险管理与案件防控工作的考核依据。二是董事长及其带领的董事会要积极引导和督促高级管理层尽快建立有效的全面风险管理机制，从政策、制度、流程等方面强化对信用风险、市场风险、操作风险等的全面管理，同时要积极创造条件实施新资本协议，积极引进有效的风险管理技术和计量工具，切实加强对风险事件的全面管理。三是完善内部公司治理，加强董事会及其所属各个专业委员会的建设，其中董事会权力不能董事长个人化，严防内部人控制，同时要加强独立董事机制建设，使独立董事真正地独立于经营管理者。四是加强对风险责任及案件责任的追究力度，特别是对于应承担相关责任的高层领导，必须按规定予以严格查处，积极营造良好的风险案件责任问责的内部环境。

六、不可忽视员工相互监督制约机制的作用

某农村合作银行为了从源头上防范内部风险，堵塞管理漏洞，消除风险隐患，不断创新和完善员工相互监督制约机制，从而在风险管理、案件防范以及业务发展等方面发挥了重要作用，值得我们学习和借鉴。其主要做法：一是扩大参与人员范围，实现风险防控“群防群治、人人有责”。该行制定了《员工相互监督制约实施办法》，以文件的形式将各营业网点、行部室的全体员工都纳入相互监督制约的范围，员工监督制约面达到100%。支行、分理处辖属网点内部和总行各部室全体员工之间为相互监督制约人。若发生人员变动，自调整之日起，新成员即自动成为本单位相互监督制约人。每名成员按年度签订《员工相互监督制约承诺书》，承诺本网点（部门）人员出现实施办法中所列举的行为时，要视情况及时进行提醒、制止或向有权部门、人员举报揭发。该办法的实施使案件防控工作由“职能部门、责任人员”具体抓，走上了“群防群治、人人有责”的管理模式。二是扩充监督制约内容，实现风险防控“横到边、竖到沿”。该行将员工思想作风、生活作风、工作作风、纪律行为作为监督重点，使监督制约效力延伸到员工工作、生活的各个角落，成为员工管理的第二套“监控器”。在思想作风上，该行突出对员工工作情绪、意志、思想动态的监管；在生活作风上，除了对“九种人”加强监督外，该行将家庭关系、社会交往、奢侈浪费行为等列入了监督制约范围；在工作作风上，该行在“十个严禁”的基础上，增加了对独断专行、我行我素、弄虚作假、欺上瞒下、工作不认真、不主动、不负责的监督；在纪律行为上，重点对不安心本职工作、工作散漫、迟到早退、不团结同事的员工进行监督。三是健全奖惩机制，实现员工监督“无后患、争主动”。该行公布了董事长办公室、行长办公室、党委办公室、监察保卫部、合规部等监督电话。发现问题的员工可以越级举报，直接当面或电话向

上级领导或相关部门反映问题。对举报、反映的问题，将责成有关职能部门进行调查核实。对举报揭发人实行保护政策，严禁对举报人进行打击报复，对恶意打击报复检举揭发人的，从重、从严处罚。该行对监督制约人履行承诺情况如何进行奖惩作了明确规定，有效调动广大员工参与监督制约的积极性。相互监督制约人之间负有连带责任。员工发生不良行为，监督制约人没有及时制止、教育，或发现不良行为不报、包庇、纵容员工违法违纪的，若形成案件，在追究作案人和相关责任人的同时，对有监督制约责任的员工进行相应的处罚，包括经济处罚和纪律处分。对及时有效制止员工违规违纪不良行为的，根据贡献大小，分别给予适当的经济奖励，同时在评优评先中优先考虑。

七、风险防控要求建立科学的薪酬激励机制

薪酬激励是激励机制的重要组成部分，亦是银行业机构建立有效风险防控机制的重要内容，其有效性和合理性直接影响到业务的发展和风险管控的效果，进而影响银行的经营效率和内部控制。近年来，各家农村中小金融机构在薪酬激励机制建设方面进行了积极探索，但由于历史和体制等多方面因素的影响，目前大部分机构的激励机制建设并未真正在深层次上取得实质性突破。主要存在以下问题：薪酬水平与效益水平较低、薪酬结构不合理、薪酬差距比较大、薪酬与业绩相关性以及薪酬与风险管理相关性存在差异；短期薪酬忽视长期行为的激励、短期薪酬存在边际效用的递减、短期薪酬缺乏同业竞争的优势；薪酬制度自身因素、业绩评价不科学因素、公司治理结构因素、市场非充分有效因素、法规制度不完善因素等方面影响深远，直接导致农村中小金融机构薪酬激励机制设计不科学，运行不顺畅，作用不明显。

当前不论是经营单位还是农村中小金融机构总部，普遍奉行“规模至上”，以拓展业务作为首要考核指标，过于强调业务指标完成情况，对内控合规及风险管理考虑不足，使得薪酬激励机制往往单纯考虑业务发展而忽视其对合规管理与风险控制的作用。例如，多数考核指标中合规性指标仅作为扣减项存在，忽视了违规成本在风险管理过程中所能发挥的重要作用。基层经营单位经营管理仍然习惯于传统的增长方式，习惯于追求规模和数量的发展，追求市场份额，这致使基层经营单位的员工存在侥幸心理，为完成考核任务，使用各种极端方法甚至违规来完成考核任务，埋下了很深的风险隐患，最终可能导致案件发生。此外，目前多数基层经营单位的薪酬分配不尽合理，对中高级管理人员具有较强的激励效应，但对基层一线员工的激励效用不明显，造成一线员工心理失衡，容易导致不满情绪，这也是导致部分员工走向犯罪、引发案件的原因之一。

2010 年 3 月 10 日，银监会发布《商业银行稳健薪酬监管指引》，该指引确

认了可变薪酬与风险相挂钩的有效机制，将风险控制指标纳入绩效考核指标体系中，作为薪酬考核发放的重要依据，以发挥薪酬机制对风险防控的约束作用。明确了绩效考核指标体系的设计中必须包括资本充足率、不良贷款率、拨备覆盖率、案件风险率等监管指标，并对考核结果中达不到相关指标要求的提出了相关约束标准，这是内部控制激励机制上的一大进步。农村中小金融机构要依照这一文件精神，建立科学、合理的绩效考核、收入分配制度，合理确定任务指标，重点关注基层员工的薪酬水平和思想变化，按照内控制度要求和业务发展需求科学合理地定编、定岗、定责，优化人力资源配置，全面实行岗位聘任制和竞争上岗，优化劳动组合，强化工资激励机制，有效解决员工“带病”上岗问题，切实防范各类案件的发生。同时，各家机构要积极探讨实施组合薪酬激励，推行特色薪酬激励；要注重长期薪酬激励，扩大长期薪酬比例，完善薪酬体系设计；要改善薪酬激励内部环境，完善公司治理结构，健全业绩评价体系；要实施薪酬组合激励，重视全体员工激励，加强薪酬信息披露等。

八、风险防范不可忽视细节管理

某天，贷款审查人员王某如往常一样审查一笔住房按揭贷款。当王某查看该笔贷款申请人刘某的银行账户流水时，发现该流水的业务公章和以往所见的某银行流水账有细微差别，便以该笔资料真实性存疑为由退回给信贷员李某。李某称申请人还款能力充足，“流水一般不会造假”，并称不必太在意这些细节问题。但王某坚持原则，要求调查清楚该流水账的真实性，两人为此产生争执。于是王某特地前往某银行咨询，发现该流水确系伪造。李某承认自己风险意识不强，存在定式思维，自我检讨并退回了该笔贷款的申请。

银行业机构的风险管控能力是其生存的生命线。而风险管控必须从细节着手，“千里之堤，溃于蚁穴”，很多风险案件就是由平时的“小”违规日积月累而成的。在风险管控面前，没有一件小事。诚然，按揭贷款风险较小，流水造假的概率很低，但当出现违约风险时，一个小小的细节就会让我们在贷款追索中被动并蒙受损失。一名交易员的违规操作就能够使号称“英国皇家银行”的巴林银行一夜倒闭，而波及全球的美国次贷风波也是一些银行漠视、纵容违规房地产贷款的恶果……可见，无论何时何地，任何违规都可能给银行业机构带来极大的风险！与其等到风险来临、案件发生后悔恨终生，不如每时每刻就从小事做起，防微杜渐，常怀律己之心，筑牢风控防线。而要做好细节管理，需要把握几大要点：一是细节来自制度。制度是管理的基础，严密细化的制度和规范的操作流程是做好细节管理的前提条件，麦当劳对汉堡包的保存时间不得超过 7 分钟的规定确保了其售出食物的新鲜和口感，从而在全世界获得了成功。

如果农村中小金融机构可以将业务操作细化为每一个标准化的步骤，在操作风险的防范上就可以更进一步。二是细节来自用心。只有每一位员工都留心工作中的每一处细节，用心做好，才能为客户提供高标准的产品和服务，才能确保风险管理的有效性，提高机构内部运行效率和提升风险管理效果。三是细节来自习惯。人的习惯是一种潜意识，当人做一件事情达到一定熟练程度后，就会变成一种潜意识，一种习惯，就能够严格地执行无数个小细节。因此，各机构要加强对员工做好每一个细节的意识灌输，并就不同岗位有针对性地进行培训，促使员工养成关注细节、规范操作的好习惯。

九、防范声誉风险要实行协作中的“首问负责制”

一位客户打电话到某农村商业银行询问他的汇款为什么还没有到账，他先打电话到客户服务中心，接电话的客户服务人员说这一问题的查询要询问办理汇出的网点，于是客户又打电话询问网点，网点人员又说他们的操作已经完成，其他的问题要问会计结算部。客户很无奈，打电话到总行合规部投诉，合规部经过协调才最终帮客户解决了问题。随后，该客户心存怨言，就在其个人微博上向朋友讲述了此事，后经个别人在微博相传，给该银行声誉带来不良影响。

经过此事件后，为防范声誉风险，及时解决客户咨询或投诉，该银行实施了接听客户咨询或投诉电话“首问负责制”，即由银行对外公布受理业务或咨询与投诉电话号码，其中第一个接听电话的员工必须自始至终负责解答相关事宜，对于无法解答的由第一个接电话的人员将客户的问题传递给有关部门出具答案，然后由第一个接电话的员工负责及时给客户答复，不能让客户再打第二个电话。实施“首问负责制”后，客户反映该银行服务改进了，员工综合业务素质也明显提升，客户满意度也越来越高，收到良好的效果。

目前，农村中小金融机构办理一笔业务的环节较多，可能会涉及多个部门。但对于客户来说，银行就是一个整体，内部的协调工作不能转嫁给客户，应该由银行内部来完成。因此，在涉及多部门的协调问题时，都可借鉴以上案例的做法，实施“首问负责制”。所谓“首问负责制”，就是指在办公场所、业务柜台和公务处理过程中，首先收到来访、咨询或接待办事的工作人员，要负责给予办事或咨询一方必要的指引、介绍或答疑等服务，使之最为迅速、简便地得到满意的服务。“首问负责制”要求对来人或来电提出的咨询、投诉和业务办理等问题，无论是否属于本部门或本岗位范围的事情，首先受到询问的员工要负责指引、介绍或答疑，不得有任何借口推诿、拒绝或拖延处理时间。首问负责部门或工作人员能当场处理的，要当场解决。不能当场处理或不属于职责范围内的，应该做到：①向对方说明原因，给予必要的解释；②将来人带到或指引到相关部门办理；③可用电话与相关部门联系，及时解决；④转告有关的电话号码或办事地点。答复来人来电提出的问题时，既要准确地掌握政策，又要坚持实事求是的原则。对于不清楚、掌握不确切的问题应及时请示有关负责人，给予对方一个准确的解答。对于确实解决不了、解释不了或不属于本部门或岗位负责的问题，应耐心向对方说明情况。答复、介绍和指引时，首问负责的员工态度要热情、用语要文明，要杜绝服务忌语。例如，经营单位负责人对前来办理业务的客户服务应该做到“五个一”，即一张笑脸、一段热情话、一杯茶水、一把椅子、一个满意的回答。因此，农村中小金融机构要以此为突破点，建立和完善整个机构上下的客户服务协作机制，促使内部“二、三线”部门支持“一线”部门，“一线”部门更好地服务客户，不断提升本机构对外服务水平。同时，为确保“首问负责制”的全面实施，各机构可采取明察暗访和受理举报等形式，加大监督检查力度，对违反规定者，一经查实，必须进行严肃处理。

十、管理人员要时刻关注日常业务的异常情况

2011 年 10 月，某银行网点发生一起案件，作案者在 4 个月内多次直接从应付利息、应付税款、费用等科目账户将 55 万元划转到个人账户然后到异地支取，由于复核人员、监督检查人员、网点负责人等管理人员均在管理上失职，没有及时发现日常业务中的异常情况，缺乏敏感性，最终导致案件。据反映，该网点在 2011 年的应付利息对比往年非正常地大幅度增长，与实际业务不符，总行财务部门发现后主动打电话给该网点负责人查询原因，该网点负责人仍然没有引起重视，而其内部多次进行例行业务检查也没有及时发现问题。后来，这个作案人出于内心的负罪感而到总行监察部门自首。

对银行业机构来说，各类业务报表、财务报表及经营情况报告等是日常业务的折射，往往能反映经营单位在一段时间内业务发展、日常管理等方面的基本概况。而经营单位负责人等相关管理者应定期审核分析各自管理范围内的业务、管理报表及报告，掌握经营管理各项指标基本情况，若发现某项指标突然大幅度增加或减少，就要查询相关原因，避免出现异常状况而未能及时发现。同时，管理者应确保内部信息反馈渠道的畅通，特别是营运信息和管理信息要保证可以快捷、准确地以有效的形式传递给相关人员。而总行合规部门、内审稽核部门等要建立有效的监督约束机制，促使业务营销、柜台人员及其他内部操作人员等提高责任意识、风险意识和敏感性，关注其他员工（特别是相邻或相近的两个岗位人员）的异常情况，若发现异常情况则应及时向有关部门或管理者报告。

十一、加强反洗钱制度执行力，规避合规风险

某农村商业银行营业部储蓄专柜接待了一男一女两位年轻客户，为其办理240万元现金存款业务。经办柜员经过清点汇总后，发现实际金额仅为230万元，比客户填写的金额短缺10万元。经客户调看现场监控录像后，最后确认存款实际金额为230万元。而在办理业务时，经办柜员要求客户出示身份证，客户却称未携带个人身份证，是受别人委托前来存款的；在出示了委托存款人的身份证后，经办柜员为其办理了全部存款手续，并预留了对方手机号码。15天后，该银行反洗钱部门对此笔交易进行了分析，认为该笔存款存在较多疑点，要求前台柜员核查存款人相关证件和资料，发现对方提供的手机号码为空号，遂向当地人民银行报告。当地人民银行经分析认为此笔大额存款的确十分可疑，集中表现为：客户受委托为他人存入巨款却不能提供本人有效身份证且预留的手机号为空号；客户不能提供大额存款合法来源的有效资料；客户对于10万元的差额没有表示出进一步的疑义，却接受了银行的清点结果。因此，当地人民银行当天就向公安机关进行了举报。后经公安机关调查该笔存款果然为存款人巨额财产来源不明，涉嫌贪污受贿，公安机关立即对此事立案侦查。

人民银行制定下发的《金融机构客户身份识别和客户身份资料及交易记录保存管理办法》规定，金融机构为不在本机构开立账户的客户提供现金汇款、现钞兑换、票据兑付等一次性金融服务且交易金额单笔人民币1万元以上或者外币等值1 000美元以上的，应当识别客户身份，了解实际控制客户的自然人和交易的实际受益人，核对客户的有效身份证件或者其他身份证明文件，登记客户身份基本信息，并留存有效身份证件或者其他身份证明文件的复印件或者影印件。在代理办理情况下，金融机构应采取合理方式确认代理关系的存在，在按照有关要求对被代理人采取客户身份识别措施时，应当核对代理人的有效身份证件或者身份证明文件，登记代理人的姓名或者名称、联系方式、身份证件或者身份证明文件的种类、号码。

上述案例中，虽然该农村商业银行向人民银行提供重大线索而成功破获了一起贪污案件，但也在一定程度上暴露出该行在制度执行方面仍然存在漏洞：在代理人不能出具身份证的情况下仍然为其提供存款服务；客户尽职调查工作仅停留在表面，没有核实客户的真实身份和资金来源等；反洗钱内部控制体系运转不畅，对信息的反馈不及时，没有按照在5个工作日内完成核查的要求等。为正确履行职责，规避合规风险，农村中小金融机构首先要从制度层面落实反洗钱规范，制定统一的反洗钱内控制度，明确反洗钱内控制度的具体内容，从根本上夯实反洗钱基础，完善各项反洗钱政策、办法和操作规程。其次要强化

反洗钱制度执行力，将反洗钱制度落实到业务办理的各个环节，从内控制度和执行两个方面出发，堵塞反洗钱漏洞，确保尽职履行反洗钱义务。同时要按照反洗钱的制度要求，进一步建立健全反洗钱的工作网络和工作制度，在横向上扩展到每个岗位，纵向上扩展到每个层级，将反洗钱工作延伸到每个网点，落实到每位责任人。最后，对反洗钱工作的有效性要定期进行评估，及时发现风险与漏洞，确保反洗钱制度执行的连续性、有效性，真正建立起反洗钱工作的自我约束、自我监督、自我管理和自我完善的有效机制。

十二、要时刻关注员工的异常动态

某农村信用社负责人注意到其管辖的营业部主管会计近期上班时总是无精打采，心不在焉。找他谈话，也没有说出实情。该负责人开始对这名主管进行细心观察，并通过家访与其家人沟通，了解到这位主管会计最近每晚都与社会上朋友打麻将到深夜。掌握到这些情况后，该负责人再次与这位主管会计交谈，并将本机构的相关规章制度向其提示，严肃指出其问题的严重性。这位主管最后承认其聚众赌博并欠下数额不小的赌债的事实。随后，该负责人立即将这位主管撤换，并报上级批准后进行纪律处分，同时对其所负责的业务进行重点稽核审查。所幸的是，由于发现及时，这位主管在工作中并没有做违法之事。

人是管理中最为重要的因素，只有以人为本，时刻关注员工的思想动态和行为举动，才能确保案件的“零”发生。在日常工作中，各机构管理人员应从以下几个方面做好人的工作：第一，要强化教育，构筑思想道德防线，要指定一位管理层领导专职负责员工思想教育的统筹工作，党团组织、工会以及合规部门等要采取多种方式教育、引导全体员工积极向先进典型学习，树立正确的世界观、人生观、价值观，培养员工树立敬业精神和良好的道德品质、职业规范、行为准则，自觉抵制各种不良习俗；第二，要加大打击惩处和警示教育的力度，让每一位员工具备为农村合作机构事业负责、为自己人格负责，对各类案件或苗头性问题，要做到发现一件，严肃查处一件，使干部职工加固思想防线，经常警示自己“莫伸手，伸手必被捉”；第三，要建立完善的监督制约体系，对各个重要的环节、岗位实施有效的监督，并充分发挥民主监督作用，通过走群众路线，多听群众意见，形成多层次、多渠道、全方位的群体监督网络；第四，各级负责人要时刻注意员工的异常动态，不仅是在形式上填写一份员工不良行为排查表，而是首先在日常管理中要做到听取本单位、部门内部员工的评价反映，通过多种形式的沟通来掌握员工的思想动态。其次要设立举报箱（邮箱），举报电话（信、短信），保持上下级信息反馈渠道的畅通；还要定期或不定期进行家访，关心员工 8 小时以外的生活，重点抓好重要岗位、出现苗头、有过不良历史记录员工的家访。

十三、定期轮岗有利于管理者及员工的成长

职位轮换，又称轮岗，就一家机构的管理者而言，是指在同一机构内（或同一系统内，如农村合作金融机构系统等）定期对担任高层领导职务的人员进行有计划地调换职位任职。这种轮岗机制不但可以防范高层领导个人的操作风险和道德风险，也有助于改变他们待人接物的固化角度和视野。因为，特定的人必然有着自身特定的待人接物的角度和视野，这是由该特定人的价值观所决定的，可以说这是一个规律性现象。但问题在于人和事并不都在特定人的角度和视野之内，若一个人长期置身某个职位或岗位，其视野和角度之外的人和事会墨守成规。记得有篇报道陈述，当年的尼克松为打开中美两国这扇隔绝之门想派一位精干之士前来中国，基辛格推荐的是老布什，但被尼克松否定，他认为老布什生性懦弱，不足以完成此项重任。不知后来卸任的尼克松总统对后任总统的老布什会有何感想？试想，如果尼克松一直担任总统之职，老布什会有怎样的发展机会？可见，必要的轮岗是人才辈出的有效机制。

一个人长期固守一个职位或岗位，其好处是可以保持整个局面或工作环境的相对稳定，但坏处是容易出现缺乏创新的活力和带来经营管理上的僵化以及容易形成家长式管理模式，更容易引发道德风险和合规风险。例如，一个单位主要负责人如果长期“稳定”在这个位置，很容易阻碍其他人智慧的显露，挫伤其他人的积极性；而其他人的耐心等待将会助长僵化，其他人的不耐心等待却会引发内部矛盾。另外，主要负责人如果缺乏必要的轮岗，极易导致个人故步自封，或居功自傲，也易放松自我合规要求，对个人成长显然相当不利。如果机构对这些负责人管理不到位，内部控制出现漏洞，就可能导致有的人甚至会滑向贪污腐化的深渊，这不仅对个人和家庭是巨大损失，而且对整个机构发展也是不利的。

对广大员工来说，每隔一定时间（如两年或稍长一段时间）让员工调换一次工作岗位，给他们在多个岗位或业务条线学习锻炼的机会，多层次地吸收业务知识和掌握多方面的操作技能，培养他们成为复合型人才，提高他们的综合素质，这对员工的全面发展相当有利。例如，通过内部定期轮岗，可以给员工一种新鲜感、自豪感，可以更好地调动员工的积极性，保持员工对工作的热情。此外，同一员工长期在一个岗位（特别是核心岗位）上工作，极易使其自身或被人利用进行职业犯罪，从而给机构带来风险。对一些重要的、易发案件的岗位实行岗位轮换制度，特别是会计、信贷、国际业务等重要岗位的轮换，可以及时发现问题，消除隐患，增加工作的透明度和可考核性，从制度上制约了员

工违规违纪行为的发生，有效地防范各类风险事故或案件的发生。

为此，各家农村中小金融机构应积极建立和完善各层级人员岗位轮换制度，并使这一制度逐步成为合规文化建设的重要内容进行推广和落实。在具体操作过程中，应认真做好以下工作：一是加强领导，做好宣传。各机构高层领导要从防范风险事故和案件的高度出发，提高对岗位轮换的认识，把岗位轮换列入重要议事日程，为轮岗工作的顺利开展积极创造条件。二是开展轮岗前谈话制度，做好相关人员的思想工作。对每一位管理者或员工来说，工作岗位的改变是件大事，处理不好易使他们闹情绪，影响工作，因此，在具体实施前要逐人进行谈话，使他们放下包袱，以愉快心情接受新的工作安排。三是全盘考虑，统一规划，不搞突击，要制定岗位轮换规则和操作细则，让所有人员都能做到心中有数，整个组织岗位轮换运行有序。四是加强员工业务知识培训。在岗位间人员变动较大，尤其是岗位交接和人员对新的业务尚未熟悉的情况下，必须组织员工学习培训，通过学习使员工及时补充新知识，掌握新岗位的规章制度，更好地适应新岗位的需要。五是保持业务发展的连贯性与稳定性。注意采取灵活的“以老带新”方式理顺与客户关系，保证业务的平稳过渡，做到不因人为原因，使优质客户随之流失，处理好轮岗与保持经营稳定性关系。六是建立管理、考核、监督制度。为保证岗位轮换工作的顺利进行，人力资源部门要负责考核、监督各部门业务岗位轮换工作，并建立整个机构业务岗位人员轮换岗位工作档案。

十四、适时开展营销审计有利于防范内部合规风险

某农村信用联社突击开展了一次以市场营销费用为审计内容的内部审计活动。通过审计发现，其中三家内部经营单位营销费用报销无合规凭证支出的数额达到230万元。究其成因：一是部分营销活动无法提供合规合法发票；二是部分营销活动不真实，利用营销费用方式变相解决其他不合规、不合理费用支出。上述行为不仅影响了财务核算的真实性，也极易滋生经营活动中的违规违纪问题发生。为了解决这一问题，高层领导决定把营销审计纳入整个机构的常规审计范围，通过内部审计监督机制促使营销业务规范化。经过一段时间的实施改进，取得了一定的成效，节约了一些不合理的营销开支。

案例中，节省费用只是全面营销审计的一部分功能，而所谓全面营销审计是对一个组织的营销环境、目标、战略和活动所进行的全面的、系统的、独立的和定期的检查，其目的在于发现营销机会，找出营销问题，提出正确的短期和长期行动方案，以保证营销计划的实施或不合理的营销计划的修正，提高该组织的总体营销绩效。广泛开展营销审计，全面、有效地实施营销控制，对保

证机构高效率和高效益运转，有着重要的意义：一是有利于提高营销效益，节约营销资源；二是有利于整个机构有效地规避营销风险；三是有利于本机构适应环境变化，适时地调整营销计划。因此，农村中小金融机构应将全面营销审计纳入内部审计体系范围内，根据要求定期对营销部门或机构进行审计，并应坚持以下原则：①全面性和系统性原则。全面营销审计不是一种功能性审计，它不是对市场营销组合中的某个功能因素进行审计，而是把市场营销作为一个整体来进行审核。全面营销审计内容应该包括营销环境、营销战略、营销组织、营销制度、营销效率及营销功能等方面。②效用性原则。全面营销审计的目标不仅是发现问题，更是解决问题，应重点关注在执行营销计划以及营销组织等方面存在的问题，特别是对于没有完成预定计划或任务的原因进行分析，找到营销工作的薄弱点，加强营销人员的费用控制，促使营销工作不断改进，提高营销工作的效率和效果。③定期、持久性原则。全面营销审计不是营销出现问题才进行审计，而应作为一种管理制度持之以恒地开展下去，这样市场营销才有实际效果和生命力。

十五、严防内外勾结的洗钱风险

杨某系某信用社客户经理，在开展业务过程中，杨某吸引甲公司将80万元存入该信用社，后偷拿并伪刻银行预留印鉴，使用伪造的转账支票，将甲公司80万元存款中的65万元，转入外部同伙人张某虚假注册成立的乙公司，将15万元转存定期留在甲公司账户，并伪造了一张80万元的定期存单，欺骗甲公司。张某在明知杨某所转65万元资金系诈骗犯罪所得的情况下，为掩饰犯罪所得的来源和性质，仍向其提供乙公司账户，并帮助杨某通过各种方式清洗赃款。半年后案发，杨某、张某对自己的罪行供认不讳。最后法院认定主犯杨某犯票据诈骗罪和金融凭证诈骗罪，判处有期徒刑10年；认定张某犯洗钱罪，判处有期徒刑3年，并处罚金10万元。

本案中杨某作为金融机构的客户经理，通过伪造预留印鉴的方式非法转移他人财产，属于内部人作案。而张某明知杨某犯罪仍为其掩饰和隐瞒非法所得，构成了洗钱罪。本案提醒我们，农村中小金融机构虽然历经改革，并在组织管理、制度建设和经营绩效上取得了很大进步，但有章不循、内控机制流于形式，因各种原因导致的内部人作案、内外勾结作案等风险仍然存在。因此，农村中小金融机构要防止内外勾结的洗钱风险，应该从以下几个方面入手：一是充分发挥全社会统一共享的信息传递分析机制的作用。目前，虽然我国已建立反洗钱部际联席会议制度，涉及银行、司法、工商、税务和海关等23个部际单位，已经在打击洗钱犯罪方面取得了一定成效，但是在部门之间的沟通协调和信息传递分析上仍然有较大的空间。因此，农村中小金融机构应加强与相关部门的联系合作，共同研究当前洗钱犯罪的特点，制订有针对性的追踪方案，共享有关信息，共同打击洗钱犯罪行为。二是拓展反洗钱监测范围，提高可疑报告的有效性。农村中小金融机构应继续加强对非传统银行业务领域洗钱的监测以及拟订相应的反洗钱责任要求，特别要加强对外汇资金的监测，密切注意有关的外商投资企业与私营企业的交易活动，不断扩大监测结果，促使政策、管理、执法等体系以及有关行业部门之间的更为紧密的协作与沟通。三是加大反洗钱管理和违规处罚力度。各机构应坚定贯彻反洗钱责任制，同时要制定一套严格的反洗钱评估考核机制，强化对内部各经营单位执行反洗钱法规情况的监督与检查。

第四章　流程优化与再造

引言：银行的流程是指一系列行动和决策的组合，是业务活动和管理活动的参与者、资源、信息和组织规则等要素的有机集合体，是为生成一种金融产品或金融服务的方法和程序。流程可以说是银行经营管理的关键，任何策略远景的实现、风险管理政策制度的落地、信息系统的导入、企业文化价值观的具体呈现，终将落实到流程。随着银行生存和发展的内外部环境以及客户需求总在不断地变化，对其业务流程与管理流程不断提出新的需求和挑战。为应对这种挑战，农村中小金融机构要加快以流程再造为核心的流程银行建设，通过流程的不断优化或再造提高全面风险管理水平、改进经营管理效率。

一、制度建立应充分体现流程控制

某农村信用联社新的业务系统上线运行一段时间以后，由该机构内审部门组织人力对新业务系统运行情况进行检查。在检查时发现，根据现行制度规定，联社事后监督中心对核心业务系统自动打印生成的 ATM 记账凭证需要进行二次录入，但由于 ATM 发生的业务笔数较多，事后监督中心需要花费大量的人力、物力从事这项工作，而这样再次核对系统自动打印的传票在流程控制上实际上是一个多余的环节。内审部负责人经评估事后监督流程后发现新上线的业务系统能支持 ATM 的记账凭证自动打印，不存在手工制票的情况，现行制度将其纳入事后监督的范围已没有任何意义。于是他向高级管理层提出建议要求对现行相关制度进行修正，以改进事后监督流程，并将节约出来的事后监督员安排到其他岗位。他的提议很快得到批准，并交合规部门及时对相关制度和相对应流程进行修订和规范。

制度是人们相互的约定，制度的制定与执行要充分体现流程控制，没有可操作性和流程控制的制度不能成为制度。目前部分农村中小金融机构往往比较注重制度的制定，但对制度的执行与实际操作效果却普遍缺乏检查、监督和后续评价，导致一些制度与实际工作不相符或者制度与实际流程相脱节，从而影响了一些工作的开展。因此，我们要改变目前规章制度的制定模式。例如，可聘请外部专业机构，发动各业务条线共同对业务流程进行梳理、优化或再造，将制度落实到流程中，实现员工操作手册化、标准化。同时要避免制度的无效性，即当现行制度与现行业务操作发生矛盾时，相关部门或管理者要及时在业务政策、行为手册和操作程序上进行适当的改进和完善，以避免任何类似无效工作的重复发生。此外，要通过定期制度评估和流程测试等工作，主动维护和强化制度对流程的事前预警和事中控制作用。

为保证各项制度规定能真正落实在具体的操作流程中，农村中小金融机构在对现行流程进行梳理、优化与再造时应强化以下几项工作：一要妥善处理制度与流程的关系，即从业务部门或业务条线实际操作的需求出发，分析和妥善处理各项规章制度与操作流程之间的关系，既要严格遵守相关合规要求，又要在流程中体现制度的可操作性和适应性。二要将相关规章制度落实在具体的流程中，并在流程梳理、优化或再造的同时，对现行制度规定进行完善和补充，对于一些已不适应业务发展或不利于风险管控的内部规章制度，要及时根据国家法律法规以及监管要求进行修订和完善。三要建立和完善员工操作手册和制度规范，即通过流程优化或再造，将员工操作各项业务及其相对应的管理活动进行流程化、规范化，并形成完整的员工流程操作手册和行为规范手册，积极引导员工按制度办事，按流程规范操作。四要不断完善流程的操作规范，即在流程的运行过程中，通常会发现多余或重复的环节，需要优化流程以节约成本提高工作效率，同时，随着监管部门和行业管理机构等不断出台新的规章制度，也需要对原有的流程进行优化或再造，以满足外部监管的要求。

二、流程优化与再造应突出合规文化

某农村信用联社通过流程再造后，对员工日常各项业务操作行为进行了规范。例如，通过流程再造后，原由客户经理单独进行客户资信调查的流程改造为由客户经理与风险经理同步进行，即由客户经理进行贷款项目或贷款客户的资信调查，风险经理进行贷款项目或贷款客户的风险调查，两者不能代替。但在执行过程中，个别风险经理出于便利或另有目的而直接套用客户经理的调查资料而自己没有到现场进行风险调查。后来，合规与风险管理部门经过调查对个别违规操作的风险经理进行了严厉的经济处罚并调离风险经理岗位。有人认为这一处罚过于严厉，其实不然。合规与风险管理部门对员工各种违规行为进行严厉处罚的根本目的就是为了营造“热炉效应”，以提高规章制度执行力和真正体现整个机构的合规文化。这里所说“热炉法则”源自西方经济学提出的惩罚原则，即认为有人在工作中违反了规章制度，或不按照规定的流程进行操作，就像去碰一个烧红的火炉，一定要让他受到烫伤的惩罚。通过加大惩戒力度，特别是对管理者违规的惩戒，及时有效制止违规操作，提高执行力，并在实践中形成一种“合规文化”予以渗透，这也是体现流程再造价值所在的重要内容。国外银行合规与风险管理的成功原因之一就是违规成本高。

农村中小金融机构在进行以客户为中心、以风险控制为主线的业务流程和管理流程优化与再造过程中，要不断强化以“合规文化”为导向的内控体系建设。一要在进行流程优化与再造的同时，强化合规文化建设，特别是董事长和高级管理层以及各层级管理人员必须自觉严格按流程办事，以积极培育全体员工按流程办事的习惯，引导员工诚信守法，远离违规。二要打破原有的部门界限，“以客户为中心，以市场为导向”，对现有的操作规程进行系统的梳理、优化与再造，在此基础上按业务条线制作“活页式”或信息化的《业务流程操作指南》或《流程操作手册》，提供给不同层次的操作人员使用，并确保实用性和可操作性，以在整个机构通过流程的运行逐步形成良好的团结协作机制。三要在明确业务品种、梳理操作规程的基础上，明确业务流程中的风险控制要点，对业务流程进行全面优化或再造，使员工在进行流程操作过程中能及时识别风险并按要求进行风险控制，这既能保证整个机构面临的各类风险得到有效控制，又能保护员工个人违规操作或盲目操作所带来的个人风险。四要建立畅通的内部沟通渠道，尤其是业务垂直化管理后的风险报告路线以及报告路线所涉及各方面的责任界定必须清晰，接受报告各方的责任也必须予以明确。例如，可在合规政策中明确不同层次和条线的沟通渠道，制定并执行符合合规要求的沟通计划，明确管理内部报告流程，以确保及时解决发现的问题，并建立管理报告核实流程等。五要积极倡导严格的制度执行文化，建立员工不愿违规、不敢违规和不能违规的流程控制机制。

三、流程优化与再造要同步明确岗位职责

某农村信用联社为强化网点形象建设，规定了由总部人力资源部、办公室、工会办三个职能部门负责指导、监督和实施网点形象建设的职责。但一段时间后，高层领导发现网点的形象建设工作进展缓慢。经过分析研究后，认为三个部室同时具有相同的职责，反而弱化了该项制度的执行力，从而决定由办公室统一对网点形象建设工作负责，并直接纳入对办公室履职考核当中。实施一段时间后，效果果然不同，整个机构对外形象建设工作进度明显加快。同样的道理，如果一个部门内部没有明确的岗位设置以及岗位职责，由多人负责同样一项工作，就会经常出现成绩面前人人争，责任面前人人推，从而导致工作效率低下，风险防控不到位。从流程银行建设的角度来说，机构的发展战略、企业文化、组织架构与流程都是岗位体系设计的输入，如果没有健全的岗责体系，再完善的流程、制度都会因没有执行或执行不到位而流于形式。

以上的事例告诉我们，实施流程化管理模式的关键就是在业务及管理流程活动确定之后要合理定岗、定责、定编（简称“三定”）。而岗位体系设计既要体现机构的发展战略，又要与内部运营模式形成有机的整体，还要与关键的业务流程无缝衔接。只有每个部门和每个经营单位以及每位员工都明确自己从事的岗位和职责，才不会产生推诿、扯皮等不良现象。因此，农村中小金融机构要强化岗位体系管理，建立健全责、权、利相结合的岗责体系：一要进行岗位分析。包括对工作职责的简要描述、工作时间、地点、方法、动因、条件以及任职者的资格等重要问题。岗位分析以本机构的战略目标为导向，原则上，每一岗位的设置都应为实现机构的战略目标服务。岗位分析建立在组织结构的基础上，组织结构不同，岗位的职责、权限、关系等各个方面也不同。二要进行岗位设计。包括岗位序列设计和岗位纵深度设计两个方面。其中，岗位序列按照专业领域的不同或经营活动的各个方面对岗位进行划分；岗位纵深依据员工的岗位等级的发展，对每一专业领域中的岗位进行等级排列形成岗位发展通道。岗位体系设计应遵循以下原则：（1）战略导向原则；（2）因事设岗原则；（3）系统化原则；（4）规范化原则；（5）最少岗位数原则；（6）一般性原则。三要编写岗位说明书。在岗位分析的基础上，对有关工作职责、任务、活动、地点、时间、动因、条件以及岗位对任职者的条件和要求等岗位特性方面的信息进行规范描述形成的书面说明。岗位说明书的目的是明确和规范岗位职责、任务、要求等信息，为人员的配置（招聘、调动）、培训、制定绩效考核标准提供书面依据。四要进行持续的岗位评估。岗位评估是确定岗位的相对价值和重要程度，它需要根据岗位的评价因素进行评价。管理者应当根据情况的变化，适时调整人员数量及分工，避免人浮于事、滥竽充数或者分工不均的现象。从总体来说，一家机构就像一个庞大的机器，每位员工就是机器上的零件，只有他们爱岗敬业，正确履职，这台机器才能得以良性运转。否则，那些“不运转或不正确运转的零件”，给机构带来的不仅仅是资金上的损失，而且可能导致机构整体工作效率下降，甚至停滞不前。

四、员工岗位流程操作必须制定统一规范的标准

某农村信用联社刚刚实施大堂经理制，各项制度尚未完善，特别是缺乏对大堂经理的具体操作规范及其考核标准。此时，李某被聘任为该机构营业部大堂经理，上岗前没有经过专业培训，对大堂经理的岗位职责和操作规程理解甚浅，于是半年下来，李某觉得工作简单、重复，没有挑战性，无聊之极，就消极应付，“做一天和尚撞一天钟”。到年度考评时，营业部负责人宣布他不能胜任大堂经理一职，调任综合柜员。李某很不服气地问：“我哪一点不胜任，难道

我没有做到分流客户、指导客户、解释好客户等工作?”营业部负责人解释说:“基本的工作虽然你完成了，但你微笑不甜，缺乏亲和力；你工作没有激情，缺乏感染力；你知识面不足，对客户咨询解答不规范……”然而，这样的理由始终无法让李某释怀，他直接找联社领导进行投诉，在内部造成不良影响。

本案例中的营业部负责人犯了一个常识性管理错误，李某的微笑不甜、没有激情或者知识面不足，是因为机构事先没有提前公布担任此项工作的标准或操作规范。如果李某担任大堂经理时就明白要成为一名合格大堂经理所必须具备的素质与标准以及实际操作规范，也许他就可以按照事前知悉的标准和规范要求进行履职。比如说，面对客户，大堂经理迎接客户的标准是什么，举止规范有哪些；大堂经理的考核方式与考核内容有哪些，怎么样做才能符合考核要求等。各项业务及其管理活动的操作标准是员工的行为指南和考核依据。缺乏工作标准，往往导致员工的努力方向与机构整体发展方向不统一，造成大量的人力和物力资源浪费。而标准就是规定，规定就是约束，约束才能出效益。事情怎么做必须要有标准，要有规定；要有人检查，形成监督和制约；事情做得好与坏，一定要追究责任，好的有奖励，坏的要惩罚。

因此，农村中小金融机构要通过实施流程银行建设，把基本规矩和操作标准建立起来，让员工养成守规矩和按标准操作的习惯，通过流程实现员工的行为自我调节和持续改善，使他们一切按程序运作，每一流程分几步、做到什么程度、何时要完成等，都有详尽规定；要顺着流程实现横向制约，不以人的意志为转移，事情不能依赖某个人来管，而应该顺着员工做事的流程来管，让做事时挨得最近的前后两个岗位相互制约，让平行部门或岗位之间相互制约和相互评价；要对流程的运行进行量化评估，做到奖惩分明，对员工的考核：一是效益；二是流程运行时间。上述案例的营业部负责人如果要对其大堂经理实行有效管理就必须从整个大堂经理制度运行的效果以及对外提供服务的效率等方面来综合评价和考核，不能凭感觉或个人意志作出判断。同时，要改变理念，强化训练，提高流程化管理模式的运行效果，要在流程化管理模式建立的过程中不断地训练人，要把模式建立的过程当成训练员工的过程；模式在变，管理者及员工的理念和水平也要变，相互适应，最后达到高水平，也就是说，改造模式的过程就是改造人和培养人的过程，人培养出来，模式就稳定，持续的业绩就可实现。上述案例中的大堂经理也必须通过自身的努力和机构统一推出的技能培训等方式，及时掌握作为一名优秀的大堂经理所必须具备的素质、修养与技能，以满足工作岗位的各项要求。

五、对外受理业务要统一操作流程

客户李某到某农村商业银行网点异地存款 2 万元，柜员没要求其出示身份证就成功办理了业务；下一次，李某到该银行另一网点办理异地存款 2 万元业务时，刚好没有带身份证，而这一网点的柜员一定要其出示身份证才能办理业务。这位客户很不解，为何上次自己办理同样的业务时不用出示身份证，而这一次却又需要出示身份证。于是，他认为该工作人员有意刁难他，就投诉到银行的合规部门。

拥有一块时间准确的手表，可以让人知道具体时间，如果拥有两块标准不统一的手表，就让人无所适从。同样道理，银行业机构对外办理同样的业务如果有两套不一样的标准，就导致客户的误解，也会让客户怀疑银行的内部管理能力，最终影响银行的整体形象。与上述案例类似，某农村商业银行所属的一些网点规定办理银行卡开户业务必须本人才能办理，而它所属的其他一些网点并没有此项规定，同样的机构办理银行卡开户业务却有两套不同的标准，使客户产生不满。

因此，各农村中小金融机构应通过流程银行建设，统一规范业务操作流程。按照“人员定岗、操作定型、服务定时、效率提升”的标准，以客户需求为导向进行流程梳理和设计，包括对所有业务和管理流程进行梳理，对内容、程序、时限、责任落实到统一规范。一是规范服务理念。经营管理遵循“以市场为导向，以客户为中心”理念、服务管理推崇“一切为了客户，为了客户一切”理念，内控管理坚持“规范操作，合规经营”理念。二是规范员工行为。对员工职业道德、工作纪律、工作要求、个人仪容仪表仪态及基本商务礼仪等方面进行统一规范要求。三是规范柜面服务。对服务环境、服务流程、服务行为、服务语言、服务态度、服务效率和服务纪律等七个方面进行统一规范要求。四是规范服务技巧。对客户接待技巧、客户维护技巧、分类服务技巧、客户沟通技巧、客户投诉处理技巧以及特例处理技巧进行统一规范引导。五是实行客户分级维护，推进精细化服务。为了满足不同目标客户的金融服务需求，对客户实行分级维护，推进网点服务精细化管理。六是实行服务细节管理，推进品质化服务。为了增强市场竞争力，为客户提供全方面、多层次、高品位的服务，要从细节入手，加强服务品质化管理。

六、授权适度性是保障授信业务流程运行顺畅的关键

授信业务流程是银行业机构的核心业务流程，其运行是否顺畅直接影响银行业机构的经营管理效率。当前，部分农村中小金融机构实施流程银行建设项目后，出于总部对各经营单位的统一管理需要，大部分机构加强了对授信业务的授权管理，普遍上收了所有经营单位对公授信业务的审批权限，即将过于分散的对公贷款审批权不分金额大小、不分距离远近、不分经营单位经营好坏，

全部上收总部进行集中审批。这一举措对机构的授信集中管理和信用风险集中管控等方面起到重要作用。但是，随着市场竞争日益激烈，加上一些机构管理半径很大，因授权不足导致的审批链长、审批效率低下、主动营销积极性受挫等问题也随之出现。例如，一些经营单位远离机构总部，而内部统一授信管理后又没有形成较好的流程运转模式，导致客户贷款从受理到最终审批完成需要花费很长时间，客户满意度明显下降。因此，如何解决授信业务授权的适度性和有效性就成为保障授信业务流程运行顺畅的一大关键要素。

近年来，统一法人之后的各家农村中小金融机构设点布局迅速增加，业务经营情况不断变化，建立以统一管理、分级授权为基础的授信授权体系，合理确定授信权限，在提高审批效率的同时加快业务流程运转效率和有效防范风险，对各家机构提高信贷经营效率具有重要意义。授信业务授权是指总部在法定范围内，对各业务职能部门、经营单位（分支机构）及关键业务岗位授予相应的授信业务经营和管理权限，各经营单位只能在总部的授权范围内开展授信业务。从本质上看，授信业务授权即由总部作为授权人、经营单位作为受权人、受权人在被授予的基本授权、特别授权内行使决策权和行动权。授权行为一般由工作指派、权力授予、责任创造三种要素构成，称为授权的三要件。其中，权力授予是核心的问题，权力授予的适度问题是授权管理的难点所在。授权不足、授权过度，都是影响机构信贷效率的重大问题。

随着各个经营单位目标经营任务的加重，加上外部竞争环境的急剧变化，各家农村中小金融机构下属经营单位普遍感受到生存与发展面临巨大压力。在这种情况下，寻求发展必然成为各经营单位的一项重要选择，争取客户和市场成为主要的工作目标，而在同业金融工具同质化的情况下，审批快慢、审批额度高低就成为营销优质客户的差异化工具，扩大授权相应地成为经营单位提高营销效率、增强市场竞争力的选择工具。上述案例所述的对所有经营单位，不分金额大小、不分距离远近、不分经营好坏，全部授信审批权限上收，这往往会导致一线经营单位存在等待观望的情绪，一切等待上级安排布置，不从本单位的实际情况出发积极主动地改进营销经营工作，或是因缺乏经营手段而使自身陷入了困境。而区别授权原则和视情况调整原则是所有银行业机构实施授权管理的两项主要原则，这要求授权管理具备一定的弹性和灵活性，其执行情况也是衡量授权管理水平的重要标志。但上述授权人对受权人的管理追求所谓的“整齐划一”，会导致授权作为资源配置的功能发挥不出来。因此，无论何种授权类别，都应合理界定授权的适度性。授权大了不利于风险控制，小了不利于调动积极性，重要在于适度，要妥善处理好统一法人体制下加强总部集中授信与适当保持经营单位活力的问题，特别是规模大、管理半径宽的机构，更要处理好授权的适度性，要尽快建立起一套科学的授权评价指标体系，使各经营单位明确适度授权的标准，使授权体系更加标准化、可预期和保持稳定性。总部在授予经营单位权限时应坚持两条原则：一是分类管理原则，要“量其能，授其权”，即在同一级别的经营单位，按同一标准考核后，分成若干类别，授予其不同的经营管理权；二是适时调整原则，应根据受权单位经营管理情况的变化及时调整授权，对受权实施情况较好的可保留或进一步扩大授权，对较差的则应适当收缩直至终止授权。

七、理性认识并持续推进流程优化与再造

某市区农村信用联社实施流程银行建设项目后，由于一些管理者和员工的管理惯性没有及时纠正过来，一些新做法遭到了他们的反对或抵制。例如，他们认为信贷业务流程化管理有太多的限制性规定，严格的条条框框不能突破，不能灵活变通，肯定会降低办理业务的效率；又如，流程再造后，超过经营单位权限的信贷业务必须经总部授信管理部派出风险经理与客户经理一起实施贷前调查，进行平行作业，而部分客户经理觉得平行作业制约了他们工作的自由开展，影响了效率等。然而实践是检验真理的唯一标准，该机构经过一段时间的流程化管理后，办理各项业务井然有序，各职能部门/经营单位各司其职，业务效率不但没有下降，反而极大提速。

以上的事例跟我国最早建设高速公路时的争论一样：公路是用来做什么的？就是为了方便我们的，如今弄个高速公路，有必要将路封闭起来吗？十几公里甚至几十公里才开一个口子，不能随便上下，这不是自找麻烦吗？其实，现在大家都明白了，高速公路正是靠着那些“不能”来实现高速的。在银行业机构的管理中，我们也不难发现：当大家随心所欲，不受约束，都往前冲时，结果就是谁也上不去，效率低下；相反，在最初先设定标准的流程，做一些约束，反倒会井然有序。效率来源于秩序，秩序就是流程，唯有一切按流程办理，在流程规定的时间内完成各项任务，以流程的标准进行监督考核，效率才能大大提高。当然，流程银行建设是一个持续推进的过程，有许多具体问题要逐步解决，各家农村中小金融机构应随着业务的发展和内部风险管理的需要渐进推进各项业务流程的优化与再造，不断完善流程银行运行模式。其中，积极推进信贷业务流程优化与再造是流程银行建设的关键，重点要做好以下工作：第一，加强对信贷服务的重组，实现经营模式由“以产品为中心”向“以客户为中心”转变，要大力开展增值服务，按照客户投资理财的要求，构造增值型信贷业务及流程，努力提升综合服务功能，为客户提供完善的、贴近客户需求的服务。第二，加强对信贷结构的重组，实现“资源集约”。采取整体营销，不断丰富、优化信贷产品结构。第三，加强对重复、分散的程序及环节的重组，实现信贷

业务流程间逻辑关系合理化。如对于新开户企业经过评级、授信后，不再进行建立信贷关系的审批，可直接申请贷款；对低风险信贷业务可不评定信用等级而直接审批、办理贷款。第四，加强对信贷机构的重组，实现扁平化、直通式管理。充分发挥计算机的特长，保证信贷活动在网络系统、信息高速公路上快速传递，降低信贷活动成本，提高信贷服务效率和效益。第五，加强对信息技术开发利用，实现信贷业务集约经营取得突破性进展。努力提高信息技术的开发层次，提高信贷信息的集成化，使计算机系统可以自动拒绝违反程序的操作，使违规行为在计算机和网络系统无法通过。

八、轻“师傅带徒弟”，重“按流程办事”

当前，部分农村中小金融机构的员工素质仍然偏低，管理者及员工主动学习的氛围没有真正形成，业务操作普遍采取“师傅传徒弟”的办法。而由于师法迥异，同工不同调，从而导致习惯性的违规操作问题难以扭转。在这种环境下，员工遇到疑难问题时，总是习惯性地寻找师傅解答，或者依赖于个别权威员工，而不是找流程、查制度，就算出现流程规定与师傅解答不一致时，也宁可舍弃流程而盲目听从师傅“教导”。这种现象就是管理学上所讲的“权威效应”。美国心理学家曾做过这样一个实验：在给某大学心理学系的学生们讲课时，向学生介绍一位从外校请回来的德语教师，并宣称他是一外国著名化学家。当这位“著名化学家”煞有其事地拿出一个装着蒸馏水的瓶子，说这是他新发明的一种有气味的新物质，请在座的学生闻到气味时就举手，结果多数学生都举起了手。这个实验告诉人们“权威效应”的严重危害性，盲目遵从师傅“权威”可能会导致“指鹿为马”的情况频发。

如果一家机构内部让这种“权威效应”长期存在，用习惯代替制度，信任替代流程，日常工作就会非常依赖于个别能力强的人，靠他们去带队。如果这几个人一旦离开了现在的工作岗位，或者是离开了现在的机构，那么整个部门或团队的服务质量就会大幅度下降。这种管理方式也存在较大的风险，对个别人的依赖程度非常高，一旦这些人的工作发生变化，或者是个人志向发生改变的时候，机构需要承受一个很大的挑战。同时，让权威凌驾于流程之上，容易导致流程、制度执行不到位或执行不好，最终将会引发操作风险或案件，造成恶果。因此，农村中小金融机构应尽快改变这种现状，要积极实施流程银行建设，树立起重流程、轻权威的经营理念。那么，如何让每位员工都心甘情愿地尊重流程并严格按流程办事呢？第一，流程一定要简便。各项业务与管理流程的设置，必须使工作更为流畅，工作效率更高，并且使更多人可以受益。这样的流程又有谁会不遵守呢？第二，流程之间要有制衡。如果有了制衡，完不成工作就会连累合作者，合作者无法一直为你承担责任和批评，因而具有强大的制约力。同样，这个流程的下一个流程要由他人接手，你如果完成不好，就会直接影响到下一个流程，谁又会听你的解释？因此，流程里设置相互制约的因素非常奏效。第三，流程要与时俱进，不断优化。作为一个管理工具，流程化管理也是要在实践过程中不断修正和进行革新的。流程的修改，其原则一定是为了提高绩效。第四，流程要使员工"紧张"起来。这里所说的紧张不是让员工惧怕，而是调动起员工的激情。流程管理的目的，是为了高效地达成结果。因此，对于在流程中有贡献的员工，应该给予相应的激励，相反，有负面作用的员工，也要得到相应的惩罚。

九、树立过程管理理念，强化业务运营全过程控制

调查发现，银行业机构在快速成长时期，没有人会在意流程的存在或过程管理是否最优，"跑马圈地"，抢占市场份额；当整个机构进入到稳定的持续发展阶段时，问题就会暴露出来，各方面不能协调，会严重影响机构未来的发展。当前，各家农村中小金融机构（特别是农村商业银行和农村合作银行）经过各项改革和新一轮业务的发展，正进入持续发展阶段，必须切实转变增长方式，走集约型内涵式发展之路，以过程管理的新思维取代过去的粗放管理，切实强化全过程控制。全过程控制就是对事物的发生、演变至发展全过程，即事前、事中、事后进行全方位评估，实施监督、检查、改进。对各家农村中小金融机构来说，其中强化业务运营条线的全过程控制显得特别重要。即通过流程优化与再造，将机构内部的计划、财务、会计结算、清算等运营职能进行整合与规范，逐步实现运营管理的集中化。各家农村中小金融机构特别是规模较小的机构，可以成立运营部替代原有的计划资金财务部和会计结算部以及部分营业部职能，并通过向各经营单位（含营业部）委派运营经理（或主办会计）的方式，来实现对整个机构业务运转（特别是账务处理）的全过程控制，提高业务运营效率。例如，通过委派运营经理实现远程授权和适时的事中监督，完善扁平化管理和业务条线集中处理，这不单可以强化总部对整个机构所有业务的账务集中管控，严防操作风险，而且还可以从中后台释放富余人员充实到前台，优化人力资源结构布局，加强前台营销竞争能力。

当然，各家农村中小金融机构由于经营规模的差异和经营管理能力的不同，在进行业务运营条线改造时也不能"一刀切"，必须根据自身实际进行合理优化与再造。特别强调的是，所有运营条线的资源整合要有利于内部控制和操作风险管理；运营条线的管理职能与营业部现有业务管理职能要理顺和明确；委派会计（运营经理）等要定期轮岗，并实行集中管理，按比例（如6:4，即总部运

营部占60%，运营经理所在经营单位占40%）进行绩效考核。

十、流程银行建设既要规划好又要实施好

某农村信用联社在其省级联社的统一推进下，花了3个月时间进行了各项流程的优化与再造。但在随后的实施过程中，由于其高层领导重视不够，内部没有形成良好的流程银行运行机制，没有正确处理好流程银行管理模式所涉及的多方面关系，包括战略导向与业务发展的关系、客户服务与风险管理的关系、前瞻性与适用性的关系、整体规划与循序渐进的关系等，加上项目后期管理者和员工的参与性不够，导致许多制度与流程无法落地，最终，流程银行建设项目没有取得应有的效果。

其实，对银行业机构来说，实施流程银行建设，不仅仅在于建立起规范的业务操作流程，更在于对公司治理、组织结构、内控制度、监督体系、激励机制、员工素质、企业文化及管理方法等方面进行系统的变革。流程银行建设作为银行业机构经营管理中的重要内容，它强调从流程的层面切入，关注流程是否增值，形成一套“认识流程、建立流程、运作流程、优化流程”的体系，在此基础上开始“再认识流程”和“再造流程”的新的循环。目前，得到国内外银行业机构普遍认同并积极实施的客户导向战略，其根本使命就是为客户创造价值，从而形成自身的竞争优势，而银行的流程就是这个创造价值的过程。因此，银行经营成功与否很大程度上取决于其优异的流程设计及流程运行效率，其中流程银行管理模式最后实施过程是这一模式是否成功的关键。为保证流程银行建设项目取得应有的效果，农村中小金融机构要始终坚持以下原则并将其落实到具体的操作环节中：一是战略导向原则。应制订清晰的发展战略作为流程银行建设的出发点，围绕建设有利于战略实现的各项核心能力作为流程银行建设的重点。二是客户至上原则。流程银行强调结果导向，由结果倒推过程，各项经营管理活动的重点也转变为突出客户服务。流程银行建设就要以客户为中心，以市场为导向，围绕市场变化和客户综合化、个性化和多样化需求，以最短的决策流程、最快的速度响应、最适用的金融产品、最便捷和最优质的服务，有效满足客户及其不断变化的需求。三是前瞻性与适用性相结合原则。流程银行建设应积极吸收、借鉴国内外同业的领先实践和做法，同时充分考虑本机构的市场定位、发展战略、人员素质、地域范围、业务性质和机构特点等因素，以更好地服务“三农”和中小企业，支持地方经济发展。四是流程主导原则。流程银行最重要的特点是突出流程，改变过去以任务为中心而忽略流程运转的管理模式，强调以流程为导向的组织模式重组，以追求整个银行组织的简单化和高效化。流程银行建设要以业务流程为出发点，根据组织架构服务业务

流程的要求，科学再造管理流程和组织架构，最终建立为客户量体裁衣、快捷方便的服务流程，实现流程、岗责和业绩评价的统一整合。五是整体规划与循序渐进相结合原则。流程银行建设是一项系统、长期的内部改革过程，应进行统筹考虑、整体规划，实事求是地分阶段、分步骤、分重点、分条线稳步推进，通过不断的、连续性的改进，逐步优化和再造业务流程和管理流程，改革和完善组织架构，促进流程银行持续改进优化，实现可持续发展。六是兼顾效率与风险原则。流程银行建设应处理好业务发展与风险管理之间的关系，兼顾提高流程效率、满足客户需求与银行自身风险管理的需要。七是科技为本原则。在向流程银行转型时，信息系统将承担重要的信息传递和固化流程的任务，甚至成为流程创新的一大驱动力。因此，实施流程银行建设最直接的效果就是要推进各家农村中小金融机构信息系统的建设和完善。

十一、要实施差异化的流程管理战略

目前，大部分农村信用社没有建立起差异化的流程管理机制，尚未形成对客户服务的标准化管理，也没有建立以客户为导向的客户关系管理系统，更没有根据不同客户、不同业务的风险高低设计不同的业务流程，而一般是根据业务金额的大小划分管理权限，这样不但不能全力满足客户的各类需求，而且往往造成越是优质客户、大客户，却审批环节越多，业务流程越复杂，在一定程度上存在着低效客户驱逐高效客户的现象，优质客户在农村信用社内部没有真正享受到特别的待遇，严重制约着农村信用社的可持续发展。

银行业机构属于服务业，客户又是银行创造价值的源泉，因此银行的竞争力很大程度上取决于为客户提供服务的能力，努力为不同的客户提供不同的优质服务，才能赢得市场。随着农村金融市场竞争的加剧，金融产品的差异化越来越小，而客户需求却是日益更新，要想在竞争中脱颖而出，农村信用社要积极实施差异化流程管理，即从客户的分类、产品的定义入手，充分体现识别客户，识别客户需求，实现低端客户标准化流程、高端客户个性化流程的差异化服务，最大限度地满足客户的不同需求，提升金融服务的水平。例如，针对小企业贷款的快、短、小的特点，开发中小企业信贷管理系统，根据市场、客户、产品、风险等不同组合条件，设计若干标准化的作业流程，明确各环节的操作标准和限时要求，实行专业化、标准化、集约化处理。同时，建立人工审批和电子审批相结合的审批方式，实现低风险、短流程，高风险、长流程，管理强、短流程，管理弱、长流程的差异化信贷管理流程。而农村信用社在实施差异化流程管理战略过程中，要做好以下工作：一要建立客户细分策略。正确地进行客户细分并对客户服务的深刻了解，是建立差异化服务的基础。应重点选择客户价值、客户忠诚度/满意度、客户资产额度、相对服务水平等变量进行细分，划分不同等级的客户，根据不同等级的客户制定不同的管理策略，量身打造不同的管理流程。二要再造业务流程，建立差异化管理流程体系。通过加强对高端客户差异化服务方案设计，为高端客户提供专属的空间和通道，提供“一站式”的高品质服务。同时，要进一步建立和完善“二线为一线、上级为下级”的内部服务机制，并加大服务工作检查监督力度，对服务检查中发现的突出问题重点跟踪检查，不断健全完善服务管理考核办法，促进服务工作标准化、规范化。三要建立起以客户为中心，为客户提供优质服务的客户关系管理系统。通过信息系统管理，对客户信息集成并进行数据挖掘和分析，确定客户价值和风险度，对于不同价值和风险的客户进行等级管理，分析客户层次，从市场和客户角度进行金融产品的研究开发，为各类客户提供更多新的业务品种和服务。同时，要建立统一的客户服务中心，提供专业水准的服务，让客户享受增值服务，提高客户对农村信用社的信赖度、依赖度和忠诚度。四要深化分区服务体系，分流客户。切实落实差异化流程管理，要在营业窗口按客户等级设置客户服务区，提供等级化服务。如对有复杂理财需求的客户实行专区服务，提高效率；对 VIP 客户应设置专柜（大堂经理等）处理，尽量减少其排队时间；对于小额简单业务，应尽量引导其在自助设备办理业务等。

十二、努力实现部门银行向流程银行的转变

某农村信用联社在 2005 年实施统一法人改革后，仍然沿用传统的三层两级的管理模式，即“联社→信用社→分社”，各信用社仍保留所谓的班子成员，联社各职能部门未真正履行总行（总部）的职能，导致联社整体管理能力弱，制度执行力差。加上联社各部门职责不清、制衡不力，在经营与管理流程方面也存在诸多问题：如某些业务多头管理，导致流程周期太长；流程的环节协调困难，甚至存在冲突；一些不必要的管理流程占用了大量的人力和物力；流程不规范，风险隐患大；业务流程因组织而定，没有根据客户及市场的不同区别对待，流程缺乏多样性和灵活性等。以上就是典型的“部门银行”所产生的诸多弊端。这种按照部门职责分工作业，按条块分割配置资源和开展业务的管理模式，极大地制约了该机构的业务发展和风险管控，也造成一些优质客户的流失以及内部管理效率低下。2010 年，该联社在省联社的指导下，大刀阔斧地实施流程化管理改革，以满足客户需求、提升流程效率为核心，重点实施业务垂直化、机构扁平化、操作规范化、决策程序化等改革举措，成功地实现了由“部门银行”向“流程银行”的转变，在短短一年时间内机构的管理效率、经营效益、客户满意度等方面均发生显著的改变。

那么，“流程银行”和“部门银行”的主要区别是什么？可以概括为以下四大方面：一是经营理念的差异。“部门银行”的经营理念以自我为中心，强调“银行自身要卖什么”，市场方向性差，往往忽视市场的需求而自我主导产品设计与供给。而“流程银行”始终考虑“客户想买什么”，贯彻以客户为中心，顾客价值优先的理念。二是组织流程的差异。“部门银行”的组织结构往往表现为总分行制下的多层级管理，组织结构呈金字塔形，管理层级多，信息传递链条长，加之各机构之间的职能存在交叉重叠等，导致管理效率低，内部交易成本高，阻碍服务功能的发挥。而“流程银行”的组织结构的特征为扁平化或事业部制，内部层级少，决策高端与市场末端的距离短，执行力强，运行效率达到最优。三是业务流程的差异。“部门银行”下对业务的多头管理，导致业务环节过多，流程路径过长，不仅让银行本身付出高昂的管理成本，同时使客户承担了巨大的机会成本，且业务流程因组织而定，没有根据客户及市场的不同，区别对待，容易造成大客户的流失。而“流程银行”的业务流程以客户和市场的需求为起点，注重业务流程的完整性和顺畅运行，同时强调业务操作的规范化、标准化、模块化和高效化。例如，根据客户或市场的需求设定业务流程，再根据业务流程设置机构和配置人员；优化、整合流程步骤，形成业务模块，避免重复劳作；强调各环节的紧密配合和无缝链接，资源配置效率高等。四是企业文化的差异。“部门银行”企业文化的核心特征是行政层级文化，强调部门利益和下级对上级的权威服从，这将导致缺乏创新、变革的意识和氛围，且过度关注部门或局部利益，从而使跨部门交流及合作的低效。而“流程银行”企业文化的核心在于以最快的速度响应和满足客户不断变化的需求的服务理念，强调业务流程立足于向外部客户有效地提供高质量的产品和服务，而管理及保障流程向业务流程（内部客户）服务。这就必然淡化行政层级观念，强调合作与协调，鼓励变革和创新。

农村中小金融机构实现“部门银行”向“流程银行”的转变，不能照搬照套商业银行的模式，应结合其地域、经济规模、网点布局、人员素质等特点，自上而下循序渐进。第一，就农村中小金融机构而言，立足于县域或社区，服务“三农”及社区居民，服务中小企业是永远不变的宗旨。为此，各机构应根据其市场地位和客户定位，结合所在经济区域的特点、金融行业竞争环境制定机构3～5年科学可行的发展战略，以发展战略为导向开展流程银行建设。第二，流程的优化与再造是为了充分发挥并提升农村中小金融机构“短、平、快”经营机制的优势，最大限度地满足客户金融服务需求。为此，应树立业务流程的中心地位，重点优化、再造授信、资金运营、柜面操作等业务流程，减少非增值环节，实现金融服务多样化和标准化的有机结合。例如针对大公司提供包括信贷、证券、财务顾问的综合金融服务，为小型企业提供标准化的金融产品和服务。在满足业务流程高效运作与风险制衡的基础上，优化管理流程、支持保障流程以及监督与评价流程。第三，以流程为基础重塑组织活动，建立面向客户的专业化、垂直化和扁平化的组织架构是农村中小金融机构实施流程银行建设的核心。一是实施机构扁平化和精细化管理。将原来信用社（含营业部）及分社的三级管理模式压缩为二级，由联社各部门直管，并按照功能、经济规模、机构人均贡献度、发展前景等将直管的各经营机构划归为不同的序列，实施差异化的管理、考核及资源分配；二是按照客户的类别对业务实行垂直化管理，如成立公司业务部、个人业务部、机构业务部等负责不同业务条线的管理和指导；三是重新定位总分行的功能，总行（联社）实行大客户的集中服务，将分行和支行（信用社）改造为提供零售银行业务为主的服务和宣传渠道等；四是对业务控制部门如风险管理、预算管理、法律合规、事后监督等，采取统一管理为主；五是对业务操作实现集中处理，在总行层面组建业务处理单元，包括核算、清算、单证和客户服务等。第四，强调信息技术的基础地位，逐步实现数据处理、客户关系管理、业务处理以及风险控制的电子化和流程化。如适时引入 GRC（流程与合规管理）管控平台，逐步满足流程运行的电子化和流程持续改进的需要。第五，良好的企业文化是流程银行有效运行的基础。培育以品质服务和品牌服务为核心的服务文化，以客户需求、员工价值、股东利益为本的人本文化，以及建立起高层带头、中层示范、基层执行的良好合规文化与流程文化，才能使“流程银行”的管理模式真正落地并高效运行，实现机构快速、健康、可持续发展。

第五章　合规文化与合规导向

引言：合规文化是银行内部一种对合规经营的共同价值观，并由之形成的一套行事规范。这种规范既通过银行内部自上而下的规章制度，以有形纪律的方式存在，也通过员工之间、管理层与员工之间以及利益相关方等之间的认同，以无形的方式存在，从而指导和约束银行内部个体和群体的行为模式。合规文化是员工长期的、整体的、共同认同的理念和行为习惯，通过启发人的自觉意识达到自控和自律，它强调“心理认同”，强调人的自主意识和主动性。因此，农村中小金融机构在建设合规文化过程中，要积极倡导诚信正直的理念，营建“合规·和谐”的工作环境，关注员工职业生涯的设计与发展，引导各层级管理者和全体员工远离违规，主动合规，以正确的合规导向引领整个机构稳健、合规、可持续发展。

一、诚信是用人的第一要素

员工 A 在某农村信用社工作 4 年并已担任部门岗位负责人，工作认真积极，工作能力也不错，而且通过在职教育取得了大学本科学历。但是人力资源部门在一次对员工档案的例行核查中发现该员工应聘时提交的专科学历证书是伪造的。随后，人力资源部门在对员工 A 处理时出现了两种不同意见：一种意见认为该员工采用欺骗手段进入农村信用社，违背了基本的诚信原则，应予以开除；另一种意见则认为该员工 4 年来工作总体表现良好，况且人力资源部门本身存在对新员工把关不严的责任，建议给予行政处分但保留公职。最后，在经过人力资源部门、合规部门、内部纪检部门等职能部门联席会议讨论并报经联社领导确认后，最终以这位员工提供虚假学历违背基本诚信原则为由，将其开除。

孟子曰：“诚者，天之道也；思诚者，人之道也。”可见古人就认为在人的诸多品质当中，诚信是放在首位。而在现代社会急剧变动的改革时代，诚信尤为重要，诚实是每个人安身立命的根本。《论语·为政》曰：“人而无信，不知其可也。”农村中小金融机构作为经营风险的特殊企业，在引进人才时，应更加关注员工的道德品行，德才兼备，以德为先，对员工任何不诚实和违反道德的情况是零容忍。试想如果员工能力不够，只要他诚实并遵守制度，单位可以通过各种技能培训提高他的工作能力，进而安排能充分发挥其所长的工作岗位，为机构创造价值。而如果员工存在不诚实等道德上的问题时，在某些时候，他的能力越强，其对机构可能造成的风险或危害也会越大，所谓“天下熙熙，皆为利来”，一个人一旦道德沦落，追逐利禄，那他就会不择手段，不讲廉耻，只求私利，不讲公德。所以，诚实是员工最基本的道德素质，诚信也是银行用人的第一要素。

美国罗森布鲁斯旅行管理公司总裁罗森布鲁斯的一个成功秘诀就是，企业要想为顾客提供一流品质的产品，必须将自己员工的素质塑造到一流；要想提升客户的忠诚度，必须先提高内部员工的诚信度。只有经营好员工，提高员工自身诚信度，才能更好地服务客户。巴塞尔委员会积极倡导的银行合规文化建设，也是把“诚信”作为第一要素，其发布的《合规与银行内部合规部门》明确要求，“当企业文化强调诚信与正直，并且董事会和高级管理层作出表率，合规才最为有效。合规与银行内部的每一位员工都相关，应被视为银行经营活动的组成部分。银行在开展业务时应坚持高标准，并始终力求遵循法律的规定与精神。如果银行疏于考虑经营行为对股东、客户、雇员和市场的影响，即使没有违反任何法律，也可能会导致严重的负面影响和声誉损失”。因此，对于银行业机构来说，经营好员工，比经营好业务更重要，员工忠诚度增强了，更能凝聚成团队力量，产生非凡的竞争力，这也是银行发展的内生力和可持续发展的根本动力。而从一些农村中小金融机构实际情况看，仍有不少内部员工诚信度并不令人满意。例如，某农村商业银行一位支行行长与外部客户勾结合谋骗贷3 000万元；某农村信用社一位科技人员以“监守自盗”的方式盗取客户账户资金60万元；某村镇银行内部一位综合柜员因参与外围赌博欠债无力偿还而直接拿走自己管理的尾箱现金30万元等，这些案件都充分说明一些机构内部个别员工存在严重的诚信危机，而且有些农村中小金融机构因领导班子整体诚信出现问题导致集体违规、集体作案等违规违法事件的发生。例如，某农村信用联社因信贷违规问题严重，被其省级联社专项检查，发现这个机构从理事长到高级管理层，从信用社主任到信贷员或一般员工，大部分人员不同程度上涉及违规放贷、弄虚作假等问题，整个机构只有400多人而被查实涉及违规放贷等问题的人员达到80多人。可见一些机构在培养管理层及员工的忠诚度和可信度方面极度缺乏，因而风险极大。所以说，作为经营信用的机构，农村中小金融机构要对外树立良好的诚信形象，首先要求管理层和广大员工要诚信、正直，兴利除弊首先要拿内部人员开刀。试想，如果机构内部的管理者或员工连最基本的诚信都没有，那么这家机构还有何信用？客户怎么放心把钱存在这个机构呢？

二、管理者要积极营建“合规·和谐”的工作环境

营建愉快和谐的工作环境，培养团队精神，是每一位管理者的义务，而以自身的合规示范带动整个团队合规操作、规范运营，则是每一位管理者的职责所在。“合规·和谐”的工作环境不仅指基本的工作硬件条件，更重要的是工作的软环境，即使身处其间的员工能够轻松愉快积极地投入工作，将工作看成是一种快乐的、有吸引力的、有成就感的事业，从而以成为该组织的一员而感到骄傲和自豪，为实现组织的目标而努力工作。某支行刘行长是一位有着丰富管理经验的中层管理人员，除了自己能够主动合规和廉洁从政以外，还能够用自己的行动和个人领导魅力积极营造“合规·和谐”的工作环境。在他所带领的管理团队中，每一位管理者都能根据自己的专长找到合适的位置，并为全体员工营造良好的工作环境与和谐的合作机制。例如，李先生为人热情，兴趣广泛，善于与客户沟通交流，被安排在公司业务部做业务拓展工作；丁小姐在银行业从事信贷业务多年，并掌握银行内部控制、风险管理等专业技能，被安排在授信管理部负责信贷评审；王经理为人直率严厉，原则性强，对工作认真负责，被任命为稽核部负责人；员工小陈原在一家保险公司从事营销业务，到这家支行被安排为对私客户经理，业务开展有声有色……于是在刘行长的带领下，整个团队和谐共处，通力合作，各项业务发展、内部控制以及风险管理活动等都取得积极成效。

人是企业的核心资源。现代企业的竞争，归根结底是人才的竞争。如何发挥人才对生产力的推动和促进作用，增强企业的竞争力和活力，进而达到利用人的创造力增加企业及社会财富的目的，是现代企业一直都关注的问题。要使员工能为单位创造更多的效益，在安排岗位分工时就必须结合员工的性格、资历、学历、兴趣等，各尽所长，坚持用正确的人做正确的事，把员工的潜能激发出来。比如，有的人安静而被动，另一些人则进取而活跃；一些人相信自己能主宰环境，而另一些人则认为自己成功与否主要取决于环境的影响；一些人喜欢高风险的具有挑战性的工作，而另一些人则是风险规避者。那么对于喜欢稳定、程序化工作的传统型员工适宜干会计、内部审计等工作，而充满自信、进取心强的员工则适宜让他们担任客户经理职务、业务创新营销岗位等。员工的个性各不相同，他们从事的工作也应当有所区别。这就是对员工职业生涯进行规划，这是建立在充分了解员工的性格、专业素养、知识面及技能的基础上，用合适的人做合适的事，这样员工也会感到满意、舒适。在如今激烈竞争的市场环境中企业要想脱颖而出就必须不断提升人力资源的价值，人才的差距将在根本上决定企业的差距。如何将员工价值最大化，各机构必须要以人为本，尊

重人的价值和创造价值，建立一个自我控制、自我发展、自我完善的管理机制以及适宜员工健康成才的环境，激发员工的创造力，增强企业凝聚力，做到人尽其才，才尽其用，提高工作效率，提升整个机构经营效益和管理效率。

在实际工作中，要求各层级管理者要充分尊重和重视每位员工的劳动和价值，将每位员工看做本团队成功和发展的贡献者，对员工的努力给予承认、赞赏和奖励，给予每位员工公平的待遇；注重管理者和员工的平等沟通与交流，弱化职位和等级的差别，同时管理者自身必须严格要求自己，强化合规意识，在员工中尽可能形成良好的合规示范；要做好每位员工的思想工作，关心和倾听员工对自身工作岗位以及个人职业生涯设计的要求与愿望，并创造良好的培训教育机制，使每位员工得到应有的再教育；要让每位员工对工作和本团队（单位）的发展充分发表自己的意见和建议，并对其中有益的可行的建议积极采纳；要在员工与员工之间以及员工与管理者（领导者）之间形成一种互相关心、互相协调、互相配合、共同合作的家庭般的和谐氛围，从而培养起集体协作的团队精神，使本团队、本机构的竞争力因员工的努力工作和积极参与而日益提高，员工因此也得到物质上和精神上的双重激励。

三、规规矩矩办银行

“规规矩矩办银行、扎扎实实办银行、开动脑筋办银行”，民生银行成立之初就严格遵循这一经营理念，不断强化依法合规经营意识。尤其是“规规矩矩办银行”这一句，不论是总行还是下属各分支行，几乎在每年的工作总结大会上都会被提到。实践中，民生银行在积极开拓业务的同时，不断探索与创新合规风险管理机制，通过制度创新、技术支持、文化建设三个方面构建合规风险防范的“防火墙”。例如，民生银行在中国银行业第一个推出并实施信贷专家评审制度、独立评审制度和首席稽核（合规）官制度，同时通过各种培训、案例教育和警示教育的开展，将“规规矩矩办银行”这一合规理念深入到每一位员工的内心，成为一种自觉的意识，并渐渐融合成民生银行企业文化的重要灵魂。而在合规培训方式上，民生银行也做足文章，向多样化、实用化、层次化转移。以会计人员培训考核为例，分行级机构针对会计人员不同的知识结构和特点，通过会计经理例会制、事中监督员例会制、晨会制、专题培训等形式，通报分析案例，点评分行本部及各下属支行发生的正面或反面事例，强化员工合规意识和风险防范意识，规范业务操作，同时加大对会计人员的考核力度，做到每周一小考，每月一大考，全面、迅速提高所有会计人员的业务水平和操作能力。在合规意识熏陶下，民生银行的员工在风险防范方面有更强的执行力和敏感性，使民生银行走上了一条持续、快速、稳健的发展道路。2009 年 11 月，民生银行在第四届亚洲金融年会上荣获“亚洲最佳风险管理银行”的称号。

近几年，为适应金融业务特性和银行业务持续发展，适应外部监管、宏观环境的变化要求，各家银行业机构都十分关注合规文化建设。合规文化是银行战略发展导向、经营管理理念、内部运行规范、员工行为规则等方面的集合，它具有同一性、差异性、稳定性、影响力等特性，直接决定银行的发展方向和内部控制规则。一家成功银行离不开科学有效的合规文化的支撑，民生银行的成功说到底是其合规文化的成功。因此，英明的银行家应懂得去培养良好的合规文化，制定代表先进生产力发展要求的规则，积极引导各层级管理者和全体员工打造适应工作和生活要求的共同心态，形成一种独具个性和可持续发展的合规导向，从而保证整个机构稳健发展。

目前，农村中小金融机构普遍处在改革发展的关键时期，如何像民生银行一样用“规规矩矩办银行”的合规理念引导整个机构改革发展就显得尤为重要。当然，建立“规规矩矩办银行”的合规文化不是一朝一夕就能实现的，而是一项长期而艰巨的工作，需要对机构上至董事长、监事长和高级管理层下至每位基层员工，持之以恒地宣传、倡导、培训，树立科学的合规管理理念、营造浓厚的合规管理文化氛围，也需要各个管理层次、各个业务流程、各个操作环节将合规文化的价值观，统一贯彻，逐级渗透，并以点带面，由表及里，不断地实践和完善，以理念同化人，以制度约束人，最终使合规文化的价值观、传统和意识沉淀下来，传承下去，根植于整个机构的运作行为当中。

四、要深刻理会“合规从高层做起”

某农村信用联社理事长向省联社合规部反映在开展合规机制建设方面存在的困难，声称虽然他自身做了不少努力，并带领整个经营管理班子主动合规，倡导合规，但整个机构合规工作仍然收效甚微。省联社合规部负责人问他整个机构的合规部门有多少专职的工作人员，他说只有三位员工从事合规工作，而其中有一位是专职负责整个机构反洗钱工作，真正从事合规风险管理的人员其实只有一位部门经理和一位刚毕业的大学生。从这位理事长反映的情况来看，理事长及其带领的高层领导看似很重视合规，自身也在积极倡导和带头合规，但实际上却远远不够。所谓“合规从高层做起”，应包含两层意思，一层意思是银行业机构高层领导的所作所为首先要合规，另一层意思就是要求高层领导一定要重视合规管理的具体工作，配备合适的合规管理人员，合规管理的职能要细化。

高层领导是整个机构的核心和灵魂，他们的行为准则和价值取向直接影响员工的观念和行为。正所谓“其身正，不令而行，其身不正，虽令不从”。积极做好合规工作是所有员工的共同责任，而高层领导将成为无声的榜样，并对员工的行为模式起到潜移默化的影响。为此，在合规机制建设过程中，高层领导不仅需要以其日常言行垂范，还应该亲自传达合规要求的信息，设定鼓励合规的基调，倡导并推行诚信和正直的道德行为准则和价值观念，努力培育全体员工的合规意识。与此同时，高层领导必须根据整个机构的业务发展和风险管理、内部控制等方面需要，设立专职的合规管理部门，积极组建高效的合规管理团队，配备合适的专职管理人员，理顺合规部门与其他管理职能部门的职责，细化合规管理职能。例如，对于业务量较大的机构，可以在合规管理部门内部设立若干个合规管理团队，有负责管理制度合规性审核的合规政策团队、负责合规风险监测和评估的监测团队、负责保持与监管机构联系的监管关系维护团队等。

具体来说，“合规从高层做起”应体现以下几方面工作：一要强化合规经营理念。作为高层领导，必须将合规融入整个机构的经营管理理念，作为基本的经营策略，始终处理好速度与质量、风险与收益的关系。二要完善内控合规机制。加强合规管理，认识是基础，管理是依靠。必须结合实际，建立一套行之有效的机制与办法，打造制度管人、流程管事的硬环境。三要改进合规工作方法。合规管理是一项长期的系统工程，必须坚持虚实结合、点面结合的原则，统筹规划，循序渐进。四要抓好执行能力建设。制度是根本，执行是关键。高层领导既要亲自抓部署、抓落实、抓督导，在制度执行和合规管理上当表率、做示范，也要在改进监督机制、创新检查方式等方面下功夫，确保规章制度不折不扣地得到执行、管理要求不折不扣地落到实处。五要抓好合规队伍建设，积极引进和培养高素质的合规管理专才。现在不论是大中型银行还是农村中小金融机构，高素质的合规管理专业人才都非常缺乏，加强人才建设显得非常重要，各家机构要投入资源，定期培训，持续提高他们的专业技能。

五、合规文化建设不能搞形式主义

某农村信用联社合规部门成立 5 年来，由于合规部门负责人的管理思维与管理方法不恰当，加上联社高层领导对合规管理资源配置等方面的重视力度不够，导致整个机构合规文化建设收效甚微，合规管理机制建设严重滞后。省级联社合规部经过对该机构进行合规性检查，指出其在合规文化建设方面主要存在以下问题：一是合规文化建设片面化。将合规文化单纯理解为思想政治工作或者制度培训工作，没有将合规文化建设与发展战略、企业文化、风险管理、流程再造、内部控制等进行有机结合。二是合规文化建设形式化。合规文化是一种精神因素的综合体，该机构虽然在合规教育、宣传等方面做了工作，但这些工作往往是运动式地走过场，忽视了企业精神的锤炼、经营理念的创新、管理方法的优化、员工行为的规范以及员工面貌的展现等一系列更高、更深层次文化元素的重要性。三是合规文化建设肤浅化。该机构简单地理解合规文化的约束功能，没有认识到合规文化软约束和制度硬约束的区别，将合规文化等同于制度建设，而在制度的建设上又仅仅满足于制度的制定、执行，疏于制度的深入宣传、有效学习及互动磨合，忽视对员工运行制度所应积累的知识的要求，因而建设的实际效果比较差。

“随风潜入夜，润物细无声”。合规文化建设是一个渐进漫长的过程，对员工的行为起到潜移默化的导向作用，需要经营管理者特别是高层领导长期、持之以恒地倡导和培育，并不是一劳永逸的。它需要各家机构在保持其稳定的合规价值观的前提下，不断进行改进、提高，与先进银行的合规文化进行融合。因此，农村中小金融机构的从业人员特别是高管领导，对合规文化建设的认知必须具有连续性和创造性，只有这样，才能使合规文化的价值观、传统和意识沉淀下来，根植于整个机构的运作行为当中。此外，合规文化建设不是一朝一夕就能完成的，也不能搞突击式的“面子工程”，必须建立一种长效发展机制。需要自上而下各个管理层次、各个操作环节、各种业务类型统一贯彻，逐级渗透，以点带面，由表及里，不断地完善和实践。同时，在建设和培育合规文化的过程中必须建立长期顺畅的沟通渠道，保证高层领导对整个合规文化的设计、构思传达到一定的广度和深度。例如，要保障自上而下的沟通顺畅，确保合规指令传达的及时性，避免和解决沟通中的干扰和失真问题；同时也要保障自下而上的沟通顺畅，确保员工意见及时反馈到相关管理者，使合规文化得到员工的理解和认同；而员工之间的沟通也有相关的机制作为保障，通过各种群体性的宣传、培训、比赛、检测等活动，在群体互动中塑造每位员工的合规行为习惯、行为品质、行为风尚。

六、扑克规则对合规文化建设的启示

对于扑克牌大家都不会陌生，不论你进行何种玩法，都要遵循“玩法规则”，从而形成扑克自身特有的游戏规则，也即游戏文化。这些扑克规则对银行业机构培育合规文化方面很有启发意义。

规则一：在扑克游戏开始前，其游戏规则必须为全体参与游戏的人员悉知和认同，并以此作为衡量是非的标准，形成全体参与人员统一的理念或认识。结合到农村中小金融机构的合规文化建设，这意味着各家机构开展每一项经营管理活动必须制度先行、有规可依。例如，要制定科学的合规风险管理制度体系，包括合规政策、合规计划、合规问责制度、合规绩效考核制度等，并通过各种形式使其落地，组织培训学习，让每一位员工知晓，且这些制度或规矩要科学合理，有操作性，这样才能得到员工的真心拥护和遵守，这是合规文化建设的前提。

规则二：在扑克游戏中，明确权力的制衡，即人们对每一张牌管什么牌，几张牌组合在一起有什么作用都非常明确，不存在任何含糊不清的地方，大家必须按照游戏规则出牌，否则就被判令出局。这对合规文化建设的启示是在权力制衡方面，应职责分明，监督有效，不存在推诿现象。如在合规风险管理机制建设中，董事会对机构合规经营管理承担最终责任；高级管理层及其合规部门负责协助有效识别和管理合规风险，承担管理责任；监事会承担对董事会、高级管理层的合规建设情况进行监督的责任；各职能部门及业务条线、经营单位/分支机构的负责人对合规负有直接责任；全体员工都负有合规操作、合规经营的责任等。

规则三：在扑克游戏进行中，不论谁违反了玩法规则或做小动作等作弊行为，任何人都可以制止并提出处罚意见；无论你是庄家还是边锋，一举一动都处在被注视或监视之中，从而自然形成相互监督、相互制约的机制；而在其游戏过程中，不论是谁违规作弊都一视同仁，不讲情面，不拖泥带水；处罚公平、及时、有效，时效性强。以上扑克游戏的规则也适用于合规文化建设，如倡导合规人人有责，规矩与制度面前人人平等，畅通诚信举报路径，完善激励约束机制，有错必究、违规必罚等，这些都是合规文化建设的保障。

七、“心系员工鱼得水，背离群众树断根”

一天下午，某农村商业银行总行行长因审批一笔贷款业务需要与风险管理部总经理面谈，不巧这位总经理到下属支行检查工作去了。有位员工说要打电话叫总经理回来，但被行长阻拦了，因为他不愿意因自己事先未约好而打扰总经理的正常工作，随后，这位行长在办公室一直等到下班后这位总经理完成任务回来才约他面谈。这件事虽小，但却体现出这位行长尊重他人、体恤下属的良好品质，也体现了该机构高层领导“以人为本”的企业文化。

合规文化建设与整个企业文化建设一样，是一项长期性、全局性的系统工程，需要全体员工的广泛参与。为此，机构高层领导要牢固树立企业即人、以人为本的人本思想，即以员工为出发点和中心，充分激发和调动员工的主动性、积极性、创造性，以实现员工与机构共同发展。并以此作为包括合规文化在内的企业文化建设的切入点和着力点，坚持将以人为本的思想贯穿于企业文化建设的全过程，大力加强教育培训，完善激励约束机制，开展文化活动，建设学习型组织，用目标鼓舞人、用精神凝聚人、用事业留住人，营造良好的企业文化建设氛围，实现企业文化和员工价值的有机统一。而高层领导要坚持以人为本，就必须从细微处着手，例如："三八"妇女节为女员工送上节日的问候、"五四"青年节组织青年员工外出郊游、定期召开非本地户籍员工座谈会、主动看望离退休或者家庭有困难的员工、积极鼓励工作卓有成效的员工、认真倾听和处理好各层级管理者和员工的投诉……这些看似微小的举动，其实就是企业文化最重要的体现。有时候，高层领导的一个细微举动，就能够温暖员工的心。因此，各机构高层领导要建立以人为本的企业文化，心系员工，关心爱护员工，注重聆听员工的心声，体察人情，消除隔阂；要尊重每一个人，视员工如伙伴，待之以礼，处以尊重；要时刻关注员工的动态，聆听他们的呼声，以此来培育引导从业人员的忠诚心和感恩心，主动寻求员工的合规建议，实行合规人人有责、主动合规、合规创造价值等理念教育；要调动员工激情，"要让员工干起来，先让员工乐起来"，当一个人的情绪处于"乐起来"的状态，就能充分调动他的主观能动性，以积极的姿态受领任务，以饱满的热情投入工作；要营造爱心文化，"心系员工鱼得水，背离群众树断根"，只有心中有员工，员工心中才有你；要培育相互尊重、相互鼓励，共同成长，团队协作的企业文化；要建立和完善激励机制、约束机制、保障机制以及合理的竞争机制和压力机制。

八、从"海尔定律"看文化与制度的关系

所谓海尔定律（即斜坡球体论），将企业视同爬坡的一个球，受到来自市场竞争和内部职工惰性而形成的压力，如果没有一个止动力它就会下滑，这个止动力就是基础管理。依据这一理念，海尔集团创造了"OEC"（Overall Every Control and Clear）管理法，其中"O"代表Overall（全方位），"E"代表Everyone（每人）、Everything（每件事）、Everyday（每天），"C"则代表Control（控制）、Clear（清理）。OEC管理法也可以表示为：日事日毕，日清日高。也就是说，当天的工作要当天完成，天天清理并且天天都有所提高。为实现这一管理理念，海尔人将该管理法通过三个体系来实现：目标体系（如何确立目标）→日清体系（如何完成目标）→激励机制（日清的结果必须与正负激励挂钩才有效）。OEC管理法也被称为"海尔定律"，是海尔集团将管理理念（企业文化管理）通过机制建设（制度管理）成功落地的范例之一。事实证明，海尔集团也是通过海尔特色企业文化与企业制度管理实践的不断融合，以文化力促进生产力，强化制度执行力，使每一位员工在认真完成企业核定各项目标之后能够得到公平的薪酬待遇和发展机遇，从而不断提升自己，发展自己，全心全意为企业效力，进而带动整个企业不断发展壮大，使得海尔企业从一个亏空小厂成为今天国际知名集团公司。

联系实际，我们不难发现，某些农村中小金融机构虽然比较重视制度建设，但对包括合规文化在内的企业文化的培育却往往重视不够，最终导致制度执行力不强，各项经营目标与风险管理目标也难以完成；也有一些机构虽然在形式上和思想上比较重视企业文化建设，但企业文化建设往往仅仅停留在表层，而且制度、文化“两张皮”往往是各自为政，无法实现文化的软约束。例如，一些农村中小金融机构虽然逐步建立起员工绩效考核制度，但这项制度在执行过程中却往往体现不出员工多劳多得，吃“大锅饭”现象还相当严重，无法形成“公开、公平、公正”的薪酬文化，无法发挥绩效考核应有的激励作用。而当整个绩效考核制度无法真正体现员工的贡献度时，员工的积极性就会大打折扣，这时，企业文化也难以发挥其凝聚员工战斗力的作用。

借鉴海尔定律原理，农村中小金融机构在构建企业文化过程中，既要重视规章制度对员工行为的约束作用，又要重视企业文化对员工的积极引导作用。首先，要根据机构发展的愿景、目标，以及外部经济市场环境、客户群体金融需求等确定整个机构核心价值观和管理理念，让全体员工有一个共同的发展目标。其次，要从制度上明确和规定机构整体（特别是机构高层领导）以及员工个体必须遵循的行为规范，让员工看出这个机构崇尚什么，反对什么，以及这个机构的做事方式与风格。再次，要建立有效的流程操作机制，让员工严格按照流程进行业务操作，并通过规定流程的运行时间来要求所有员工在规定的期限内完成相关工作，以此量化员工的贡献度。假如不能量化的，则要准确定性，界定等级和区界，以便实施考核评价。最后，要建立正负激励机制。例如，对于工作目标完成较好并且风险管理比较到位的经营单位及其个人，要通过有效的激励机制兑现其应得报酬，并在个人职业升迁等方面给予规划。而在绩效考核方面要真正体现“公开、公平、公正”，可借鉴海尔集团做法，即每天通过3E 卡公布每位员工的收入，不搞模糊工资，使员工在心理上感到相对公平公正，同时要有合理的计算依据。

九、员工行为规范：人人要遵守

近年来，为加强员工职业道德建设，规范员工工作行为，提高全体员工整体素质，各家农村中小金融机构普遍制定了“员工行为规范”。但一些机构制定的“员工行为规范”，要么要求不明确，要么执行不到位；或者只强调基层员工的行为规范，却忽视管理者的行为约束；或者只有书面的规范，却对员工没有实际的监督和奖惩等，从而起不到应有的作用。例如，一些机构的内部员工在正常上班时间到本机构网点办理业务，没有按秩序排队而直接要求柜员给他“优先”办理，从而引起外部客户的不满；一些机构的基层管理人员不注重自己的形象，常常在下属员工面前发牢骚，制造内部矛盾；一些机构高层领导主动合规意识不强，对自己的言行不负责，导致外部监管部门或政府部门等对整个机构的评价欠佳；一些机构对离退休返聘人员和其他非正式职工关心不够，“另眼相看”，导致这些职员怨言多，并常常作出过激行为，不利于内部的团结和协调等。这些高层领导、基层管理者以及普通员工的行为都与其所在机构制定的“员工行为规范”的内容及其执行与落实等方面有关。

为明确全体员工的行为规范，农村中小金融机构应根据内部管理需要并结合外部监管要求，不断充实和完善现有的相关制度规定，建立和规范全体员工必须遵循的行为准则，作为评价员工职业行为的标准以及规范全体员工内外行为的依据。高层领导以及其他管理者要以身作则遵守行为规范，并抓好所辖条线、部门和经营单位的行为规范教育、培训、监督、考核工作，全体员工言行应严格遵循行为规范，共同塑造本机构良好的企业形象。

在制定员工行为规范过程中，各机构应首先明确各级管理者（特别是高层领导）的职业道德规范，并切实带好头，做好示范，这样员工才能以此为榜样，上行下效，才能以己达人，人人合规。对管理者的行为规范要求主要内容包括：坚持原则，坚定信念，在政治上同党中央保持一致，在工作上坚定正确的金融服务方向；执行政策，依章办事，自觉执行国家金融政策，严守金融纪律，维护金融秩序，规范操作，维护本机构荣誉；作风民主，严格管理，充分听取员工意见，坚持民主集中制原则，不断健全管理制度；奉公守法，廉洁自律，以身作则，率先垂范，遵纪守法，廉洁奉公；顾全大局，团结进取，维护团结，自觉维护管理团队威信，开拓进取，勇于创新；公道正派，襟怀坦荡，自觉执行合规政策，处理公务公正清明，奖惩得当；关心员工，团结员工，密切联系群众，关心员工政治上的成长，事业上的进步，生活上的疾苦，充分调动员工积极性；知人善任，任人唯贤，尊重知识，尊重人才，在工作实践中考察、选拔干部，使人尽其才，才尽其用；努力学习，积极进取，增强竞争意识，不断学习，更新观念，更新知识，提高管理水平；尊重科学，实事求是，坚持一切从实际出发，讲实话，干实事，求实效，并在实践中不断探索创新等。而对员工职业道德规范的主要内容应包括：一要加强纪律，严格执行合规政策，自觉遵守各项纪律和规章制度；二要廉洁奉公，拒腐防变，自觉抵御各种腐朽思想和生活方式的侵蚀，坚决反对以权谋私和以工作之便谋取私利的行为；三要精神饱满，着装整洁，举止大方，行为端庄，微笑服务，热诚待客，以良好的精神面貌，向社会展示良好的企业形象；四要客户第一，信誉至上，恪守信用，秉公办事，守约有信，尊重客户，不断提高工作质量和服务艺术，为客户提供一流的服务；五要文明服务，礼貌待人，自觉使用文明用语，言辞得当，对客户和蔼可亲，服务耐心细致；六要爱岗敬业，尽职尽责，以主人翁态度对待工作，认真办事，忠于职守；七要纪律严明，工作有序，团结同事，协力工作，相互理解、关心同事，乐于助人，服从大局，服从工作分配；八要提高警惕，维护安全，严格遵守规章制度，树立防范意识，保护资金安全；九要勤奋学习，精通业务，刻苦钻研业务知识，熟练掌握本岗位业务技能，不断提高业务水平；十要严守机密，维护信誉，增强保密意识，保守国家和本机构以及客户的机密，维护本机构信誉等。不论谁违反了制度规则，任何人都可以制止并依制度报告，不讲情面，相互之间没有私情关系，处罚公平、及时、有效。无论高管层或普通员工，一言一行都处在被注视或监视之中，从而自然形成相互监督、相互制约的机制。

十、树立正确的合规导向：效益、质量、规模均衡发展

目前，大多数农村中小金融机构与其他商业银行业务和产品同质化竞争现象比较严重，追求规模扩张和高速增长的惯性思维普遍存在。在部分机构内部“以业绩论英雄”、“重结果不重过程”等经营理念仍然影响很深，对业绩考核仍以利润、存贷款额等指标为主，导致在业务发展和风险控制难以权衡时，往往会以牺牲风险控制为代价，换取业务优先发展，忽视对相关业务内部控制和风险管理，虽然这在一定时期能带来规模扩张，但如果风险控制能力跟不上就可能带来较大的风险隐患。

银行的经营目标是追求稳定增长的盈利，而不是单纯追求规模与速度的发展，而要达到利润稳定增长这一根本目标，就必须坚持高质量基础上的高速度，要正确处理好质量与发展的辩证统一关系。总结农村中小金融机构的发展历程，大部分机构都经历了资产质量恶化所带来的沉痛教训。历史发展到现在，各家农村中小金融机构必须认真总结经验与教训，坚决杜绝以往片面追求规模扩张而不注重合规导向和风险控制的错误做法，并从理念、制度、技术三个维度，来强化合规导向的作用。首先，在合规理念上，要始终坚持“一三五”理念，即坚持一个思想，就是在经营和发展过程中，始终坚持效益、质量、规模协调发展的“科学发展观”；保持三个理性，即理性地对待市场、理性地对待同业、理性地对待自己；把握五个关系，即要正确处理好管理与发展、质量与速度、长远利益与短期利益、股东客户和员工、制度建设与文化建设五个方面的关系。其次，在制度层面，要积极搭建合规政策、合规准则、合规计划、合规培训与教育制度、诚信举报监督机制、合规问责制度、合规绩效制度等。再次，在技术层面，要积极学习、借鉴和掌握现代银行合规管理技术的最新发展成果，不惜投入，高起点地引进和应用现代银行成熟的合规管理技术，从而为科学决策和做好风险管理工作提供强有力的支持。

十一、规则就是让人来遵守的

曾听说过这样一个故事：个别留学德国的中国大学生，看见德国人做事刻板，不容易变通，就想存心捉弄他们一番。中国大学生在相邻的两个电话亭上分别标上了“男”、“女”字样，然后躲到暗处，看“死心眼”的德国人到底会怎样做。结果发现，所有到电话亭打电话的人，都像是看到厕所标志那样，毫无怨言地进入自己该进的那个亭子。就算“女亭”闲置，“男亭”那边的男性大学生宁可排队也不往“女亭”那边动。中国大学生觉得不可思议，德国人怎么会这么呆板？面对疑问，德国人平静地耸耸肩说：“规则嘛，还不就是让人来遵守的吗？”也许在我们看来，这则故事是可笑的，故事中的德国人真傻。但细细想来，德国人严格的规则意识，是值得我们学习的，他们在规则面前，首先想到的是遵守。

联系我们的实际工作，一些机构的员工平常总是觉得机构内部有的规章制度在束缚着业务的发展，细细想来，其实不然。同样道理，各家机构制定和实施的各项规章制度，往往是从许许多多实际工作经验教训中总结出来的，它是一种文化，是一种景仰，是一种支撑，它的孕育需要我们的浇灌。一些新员工刚开始工作的时候，对于有些规章制度，可能并不明白为什么要规定得这么烦琐，甚至有时很排斥这种麻烦，然而，经过长时间的操作，他们会明白，那不是简单的规定，它的每一个步骤和流程都是正确的引导，它的每一步操作过程都在时时刻刻提醒我们要遵守规章制度，合规操作。正如一架庞大的机器，每一项制度都是一个机器零件，如果我们不按程序去操作和维护，哪怕是少了一颗螺丝钉，也会造成不可估量的风险与损失。目前，各家农村中小金融机构普遍进入快速发展阶段，更加迫切需要各位员工在从事各项业务活动及管理活动中严格按规则办事，按流程操作，积极防范操作风险和道德风险等。当然，各机构的合规部门要根据本机构改革发展需要不断完善和补充各项规则，使员工“呆板”地严格遵守规则的行为能有利于业务的发展和风险的管控。

十二、反洗钱，一项不容懈怠的职责

中国人民银行某支行对辖内一家农村信用联社开展反洗钱现场检查，检查范围涉及该机构反洗钱内控制度建设、客户身份识别和交易资料保存、大额和可疑交易报告、反洗钱宣传培训等方面，检查持续了一个月。现场检查完毕后，人民银行对该机构出具了长达30页的事实确认书，指出了该机构在反洗钱制度建设、反洗钱义务履行等诸多方面存在问题。随后，人民银行对该机构处以90万元人民币的罚款，并对该机构理事长处以10万元人民币的罚款和全辖通报的处罚。

我国《反洗钱法》规定金融机构应当依法建立健全反洗钱内部控制制度，金融机构的负责人应当对反洗钱内部控制制度的有效实施负责。因此，反洗钱工作是金融机构不可懈怠的一项法定义务。上述案例中的农村信用联社因为没有依法履行反洗钱义务，其负责人没有履行反洗钱内控制度的实施，而被人民银行处罚，给该机构带来经济和声誉的双重损失。反洗钱工作是合规管理的重要组成部分，也是我国打击严重经济犯罪，整顿经济金融秩序的一项重要活动。从目前反洗钱工作情况来看，大部分农村中小金融机构在认识层次、人员素质及技术手段等方面都存在一些不容忽视的问题：一是反洗钱工作意识有待提高；二是反洗钱工作机制不健全；三是反洗钱工作专业技术人员缺乏；四是反洗钱工作中存在“尽职未尽心”情形；五是反洗钱培训、宣传和考核工作不到位等，从而在一定程度上制约了农村中小金融机构反洗钱效能的发挥，也使农村中小金融机构面临着严峻的监管风险。

在新的形势下，农村中小金融机构必须进一步完善规章制度，健全有效的反洗钱内控机制和工作机制，不断加大反洗钱工作力度，打击洗钱犯罪，维护地方金融稳定。一是建立和完善有效的反洗钱管理机构。各机构要进一步完善反洗钱组织体系，设立专门的反洗钱职能部门，专司反洗钱工作职责。二是建立和健全反洗钱规章制度。要不断完善反洗钱内控制度，根据反洗钱的规定，结合本机构的工作实际，制订相关工作职责、岗位职责、内控制度管理等制度规定，使各岗位人员明确自身的职责、权限、作用，做到分工明确、职责分明，为反洗钱工作的顺利开展提供制度上的保证。三是加大反洗钱的宣传力度。要根据人民银行反洗钱工作的要求，加大反洗钱知识的宣传力度，充分利用自身点多面广的优势，通过各种形式和手段，广泛宣传反洗钱知识、公民义务及相关的法律法规，通过开展宣传活动，让广大群众认识到洗钱活动对社会、对国家乃至个人的危害，提高全民反洗钱意识。四是加强反洗钱知识培训。要根据反洗钱工作需要，通过以会代训、举行培训班等形式，组织员工系统学习反洗钱知识和相关法律法规，认识和掌握洗钱的常用手法和具体表现，增强分析判断能力，提高反洗钱技能。五是不断提高基层经营单位反洗钱的电子化监测水平。针对目前监控系统滞后的局面，要加大科技资金投入，完善大额和可疑资金报送监测系统，实现监测系统、银行账户管理系统、现代化支付系统的整合，借助现代化技术，及时掌握企业和个人的大额和可疑资金交易情况。六是建立反洗钱工作激励约束机制。要将反洗钱工作的优劣作为岗位任职资格的重要参考指标，纳入员工绩效范围一并考核，建立相关职能部门定期对各经营单位和营业网点进行检查的工作制度，加大对内控制度和反洗钱工作的指导、检查、监督和考核。

十三、要将文化管理提升到经营管理的最高层次

历史和现实均表明，银行业机构竞争在很大程度上就是企业文化的竞争，企业文化决定着每家机构的竞争能力甚至前途命运。在国内银行业，招商银行企业文化建设的成功经验很值得各家农村中小金融机构学习和借鉴。经过20多年的改革发展，招商银行从一家小小的企业财务公司迅速发展成为一家闻名的全国性先进银行，其发展过程有许多可圈可点的成功经验，其中，最重要的经验之一就是在其成功与发展的每一阶段，都能够及时总结、提炼、丰富和发展招商银行的企业文化，自始至终地加强企业文化建设，一直将文化管理提升到银行经验管理的最高层次。例如，在20世纪末，随着经营规模的不断扩大和对外扩张速度加快，招商银行内部不良资产开始上升，部分经营机构的经营惰性等问题也同时出现。此时的招商银行高层领导认识到，一个企业发展到一定阶段之后，不仅需要再造制度和流程，更需要审视自己的文化。因此，进入21世纪之后，招商银行开始了以营造管理文化为主要内容的企业文化建设工作，提出了“质量是第一生命”，“提升质量、强化管理”，“质量是招商银行发展的第一主题”等一系列理念，同时在深入研究和广泛讨论的基础上正式提出了“营造招商银行的管理文化”的企业文化新理念。一些分支机构的负责人也深刻地感受到制度的约束有局限性，光靠制度不能完全起到作用，必须营造一种文化，在广大员工的思想理念中起作用，变成一种习惯，形成一种氛围，人人都这样做，这才能够和制度相符，才能够真正解决问题。目前，“力创股市蓝筹，打造百年招银”的愿景，“效益、质量、规模均衡发展”以及“因势而变”、“因您而变”等理念在全行不断深入人心，也得到同行和广大客户的普遍认可。

“五年的企业靠技术，十年的企业靠管理，二十年的企业靠文化。”文化是企业管理的最高境界，企业文化作为一种管理工具，在现代企业经营发展中扮演着越来越重要的角色，中外优秀的成功企业都有其卓越的文化。包括招商银行在内的一些先进银行，企业文化已经完成或正在经历从一般元素到管理工具，到竞争武器，再到战略资源的过渡，企业文化的本质内涵开始真正展现。因此，对于农村中小金融机构来讲，光靠制度管理还不行，还要靠文化，要积极创造条件逐步从制度管理上升到文化管理，要向招商银行等先进商业银行学习这种文化管理模式，要不断丰富和发展企业文化，营造有特色的企业文化。一要摆正位置。必须把企业文化建设作为本机构发展战略的重要组成部分来研究和实施。二要实行“一把手”工程。将企业文化建设与年终考核，等级管理以及管理人员的晋级、提升等有机联系起来，使企业文化建设真正落实到实处。三要在培育和铸造企业精神基础上，提出建设企业文化的总体思路，并进行充分的

论证。四要在总体构想和发展规划基础上，运用典型示范、先试点后推广的办法，引导整个机构企业文化建设稳妥而积极地发展。五要指定专门部门或岗位进行企业文化建设的系统性调查和具体落实工作，摸清和研究分析本机构企业文化的现状，总结既有的经验，找出其薄弱环节，以便拟定对策，推进企业文化建设发展。六要启动“亮点”工程。企业文化建设往往有一个调研、分析、摸索、提高的过程。应发挥先进典型的引领作用，将服务明星和合规明星等树立为员工楷模，以此树立员工价值观。

十四、建立有效的培训机制是提高员工素质的关键

成先生是某农村商业银行个人业务部的一名总经理，在一次他自以为很有把握的竞聘总行副行长位置时失利而遭到淘汰。事后，他认真分析，发觉自己虽然业务开拓能力和内部管理能力较强，也有较好的人际关系，但长时间从事一线业务管理工作，忽略和放松了对新业务、新知识的学习和吸收，对当今银行业呈现的各种管理新思维、新理念以及新技术缺乏应有的理解和把握，经营管理视野狭隘。随后，他积极参加总行以及外部监管部门等举办的各种培训班，不断提升自身的知识面，并带领本部门员工利用各种渠道强化学习和技能训练，积极建立学习型的业务团队。经过两年多的努力，成先生终于如愿以偿地竞聘成功而成为总行高级管理层的一分子。在这过程中，总行人力资源部门也加大力度对各个层级人员的业务培训及技能培训，并逐步建立起有效的员工培训与考核机制，促使各个层级人员能够通过有效的培训和学习尽快掌握应有的业务知识与操作技能。如新员工小赵被安排到某网点担任综合柜员前经过柜员的上岗培训并通过技能考试；员工小丁被调至某网点担任信贷员之前先经过信贷业务的上岗培训并取得信贷从业资格证书；李经理被调至总行风险管理部担任负责人之前参加了相关的全面风险管理技术强化训练。

就企业员工的岗前培训来说，它是一家企业所聘用的员工从“局外人”转变成为“企业人”的过程，是员工逐渐熟悉、适应组织环境并开始初步规划自己职业生涯、定位自己角色、开始发挥自己才能的过程。当今世界科技发展日新月异，银行新业务的创新层出不穷，银行业的竞争日趋激烈，只有不断提高员工的整体素质和业务水平才能适应竞争的需要，这一方面需要不断加强业务培训，更重要的则是鼓励员工利用业余时间自觉加强学习，这就需要创造一种激励员工不断加强学习的环境和氛围，提供机会和条件使员工不断自我完善和发展，从而为整个机构自身目标的实现和竞争力的提高准备条件。成功的岗前培训可以起到传递企业价值观和核心理念，并塑造员工行为的作用，为新员工迅速适应企业环境并与其他团队成员展开良性互动打下坚实的基础。例如：“奉

行人才第一原则”的韩国三星集团，始终坚信企业的成败在于员工的素质。公司严格执行员工须经过训练后，才能上岗的规则，员工每隔数月或在企业投入新产品生产前，都要重新培训，更新知识技能，它的培养方法之一就是购买先进的教育设备，面向上至董事长下到门卫的所有员工，通过不断的进修，培养出大批适应新的竞争状况的优秀人才。正是因为三星集团在用人方面的高瞻远瞩，方法和措施的得力，使它从一个做进出口贸易的小公司，很快在家电、计算机等方面迈入世界先进行列，成为韩国屈指可数的大财团。重视对人员的培训，保持员工知识结构较快的更新率，使团队内部保持永久的活力，我们的事业才会生机勃勃。因此，农村中小金融机构要不断丰富和创新企业文化的内涵，把人才培养作为一项长远发展的战略性工程来抓，要赋予每个员工应有的职业体面，全力培育一种新型的企业理念和企业精神，努力塑造一种完美的企业形象，锻造一种优秀的企业文化，以文化吸引和留住人才；要充分发挥人才在企业文化建设中的主体地位和榜样作用，通过发挥特色化人才的特殊作用，从根本上给员工以职业稳定感，让他们充分感到机构所赋予的职业体面，并切实激发其爱岗敬业的奉献激情；通过加强对人才资源的高度重视和不断的培训教育，让人才无论是在政治思想上还是在业务知识上都成为大家学习的榜样和表率；通过对企业文化的不断创新，让全体员工自觉接受、认同与信守所在机构的经营理念、行为规范、企业形象、价值观念和社会责任，让优秀的企业文化成为企业留住人才的重要保障；为员工的学习和发展创造机会和条件。

当前，农村中小金融机构在员工培训教育方面要重点解决以下问题：首先是要解决培训对象问题，即培训对象不仅仅是机构的员工，更重要的应是企业的管理层，尤其是高中级管理层，因为企业的发展受员工能力的制约因素并不是很大，而最大的制约因素则是中高级管理层的能力，他们才是决定企业发展命脉和未来的关键，所以培训不能避重就轻，你可以不培训你的员工，但是必须培训你的管理层，尤其是中小企业；其次是解决培训的形式问题，只要能够让培训对象掌握了他该掌握的技能，培训的形式和方法如何并不重要，尤其是对于企业中高级管理人员的培训，往往一些看起来不是正规的培训或者压根不算培训的方法反而能够收到更大的效果，不要害怕你的员工培训好了另谋高就，尤其是中高级的管理人员，企业的人员流动是十分正常的，对于人员的流动可以通过企业的管理来防止和协调；最后是要解决培训成本问题，许多机构都在大喊培训的重要，但是在真正的培训中也就是搞个形式，花了钱却做了一些表面文章，实际效果一点没有，实际上对于一些发展中或者中小型企业来说，投入大量的资金用于培训并不可取也不划算，所以应该根据企业的规模来决定企业的培训方式。当然，无论企业遇到什么困难都不要中断培训，企业的发展不可能是一帆风顺的，不能因为一时的企业境况而中止培训，何况对于中小企业而言，我认为培训并不需要也不应该浪费企业的金钱和时间，培训的目的不仅仅是为了公司，更重要的是为了员工特别是中高级管理人员自身的发展。

十五、坚持“5P”原则，帮助员工规划事业生涯

现代企业普遍以5P原则帮助员工发展事业生涯。5P就是：①个人（Person）。帮助员工了解自己，包含自己的知识面、技能、价值观、潜能等，并且知道如何综合运用这些特质。②看法（Perspective）。员工必须了解别人对他们的看法，并获得他们的主管、同事，以及其他相关人员的意见回馈。③位置（Place）。员工必须了解自己所在的位置，包含自己的岗位、职责、整个机构以及行业基本情况，并且知道自己需要具备哪些技能来适应现在的岗位要求。④可能（Possibility）。员工必须了解事业发展的可能性，即通过努力可能得到的职务升迁，或者调换另一岗位或职务的可能性。⑤计划（Plan）。员工必须在所在团队或部门/经营单位负责人以及人力资源部门等的指导下针对以上四方面内容拟定计划，决定自己需要增加哪些能力和技巧，以达到目标。

当前银行业面临的情况是外部环境变化万千，而机构要生存与发展，必须有一支规模适当、素质较高的员工队伍，如何在机构内部需要的时候以及需要的岗位上及时得到各种需要的人才，是每家机构增加竞争力，实现战略目标的关键。为此，农村中小金融机构必须对自身当前和未来各种人力资源的供求进行科学的预测和规划，重新评估和认识现有员工，积极引导员工规划好自己的职业生涯，挖掘现有员工的潜能，合理进行劳动组合。例如，从人力资源管理的角度来说，管理者应该把多年培养的员工看做一种宝贵的资源，要充分挖掘他们的潜能，并要树立全新的人才观念，加强内部的人才培养，既不将学历、职称、职务简单地等同于人才，也不单单以吸收存款或开拓其他业务的多少论英雄，而要以综合素质、专业水平、工作能力和工作业绩等方面来综合衡量人才，确立正确的人才衡量标准；要充分认识到银行业竞争实力的决定因素将不再是单纯的资金、网点或技术，而是员工队伍的整体素质，人才就是我们最宝贵的资本。因此，各家机构要多方面、多角度发掘、培养人才，避免人才的浪费，避免高素质人才的流失，尽最大可能把现有人才存量盘活，把所有能利用的人才充分利用起来，始终坚持“5P”原则，帮助员工规划事业生涯，并根据每位员工的实际情况进行科学的岗位安排，把最合适的人放在最合适的位置，并通过不断的培训、交流、学习等途径来引导各层级人员提高素质与技能，不断成长。

参考文献

［1］芮明杰、钱平凡：《再造流程》，杭州，浙江人民出版社，1997。

［2］张吉光：《商业银行操作风险识别与管理》，北京，中国人民大学出版社，2005。

［3］韩文亮：《商业银行科学决策的基石》，上海，上海财经大学出版社，2006。

［4］张吉光：《商业银行全面风险管理》，上海，立信会计出版社，2006。

［5］巴塞尔银行监管委员会：《巴塞尔银行监管委员会文献汇编》，北京，中国金融出版社，2002。

［6］巴曙松：《巴塞尔新资本协议研究》，北京，中国金融出版社，2003。

［7］罗平：《巴塞尔新资本协议研究文献及评述》，北京，中国金融出版社，2004。

［8］章彰：《解读巴塞尔新资本协议》，北京，中国经济出版社，2005。

［9］米歇尔·科罗赫、丹·加莱、罗伯特·马克：《风险管理》，北京，中国财政经济出版社，2005。

［10］曾伟：《领导管人，流程管事》，北京，中国经济出版社，2009。

［11］郦锡文：《走向合规经营》，北京，中国金融出版社，2006。

［12］聂明：《商业银行合规风险管理》，北京，中国金融出版社，2007。

［13］马蔚华：《文化之旅》，北京，华夏出版社，2007。

［14］黄兰民：《银行管理“读心术”》，北京，经济管理出版社，2008。

［15］许文、徐明圣：《商业银行风险管理：理论与实践》，北京，经济管理出版社，2009。

［16］马蔚华：《风险之本》，北京，华夏出版社，2007。

［17］中国银行业从业人员资格认证办公室：《风险管理》，北京，中国金融出版社，2007。

［18］吕香茹：《商业银行全面风险管理》，北京，中国金融出版社，2009。

［19］巴塞尔银行监管委员会：《第三版巴塞尔协议》，北京，中国金融出版社，2011。

［20］杨诗林、王长江：《江苏张家港农村商业银行流程银行建设实践写

真》，载《中国农村金融》，2011（4）。

［21］林永毅、李敏强：《企业业务流程管理成熟度模型研究》，载《现代管理科学》，2008（7）。

［22］张明君：《当前我国商业银行的业务流程再造》，载《经济研究参考》，2008（15）。

［23］《浙商银行：从柜员业务切入构建流程银行》，载《中国计算机报》，2010（4）。

［24］乔彦军：《以 SOBA 构造流程银行》，载《中国计算机报》，2008（46）。

［25］《全力服务民生银行发展战略　探索内审创新之路卓见成效》，http：//www. stockstar. com，2011。

［26］张薇：《城市商业银行合规文化建设　以人为本重在激励》，载《新快报》，2009-09-26。

［27］耿卫东：《中小银行债券业务如何规避市场风险》，载《上海证券报》，2008-08-29。

［28］王宏生、韩龙：《地方中小法人银行机构合规文化建设问题探究》，载《金融理论与实践》，2007（12）。

［29］王夫军：《浅析洗钱罪的上游犯罪范围》，http：//www. chinacourt. org，2006-09-16。

［30］李含英、姜连义：《农村合作金融机构合规风险管理机制建设的思考》，http：//www. zgjrw. com，2008-03-06。

［31］侯福宁：《中小商业银行合规风险管理机制建设的探索》，载《金融时报》，2006-02-20。

［32］刘洋洋：《农村合作金融机构的合规风险管理》，载《中国发展观察》，2009（9）。

［33］延红梅：《加强商业银行合规风险管理机制建设——访中国建设银行合规部总经理郦锡文》，载《中国金融》，2007（12）。

［34］姜连义：《农村合作金融机构如何应对合规性挑战》，http：//jly003x. blog. 163. com，2011-06-11。

［35］马昭雄：《农村合作金融机构合规建设的探讨》，载《财经界（学术版）》，2009（5）。

［36］张云海：《农村合作金融机构合规风险管理浅析》，载《中小企业管理与科技（上旬刊）》，2010（10）。

［37］李维林：《对当前农村合作金融机构合规文化建设的思考》，http：//www. zgncjr. com，2011-06-11。

[38] 彭庆武：《浅谈儒家文化对现代人本管理的影响》，载《武汉职业技术学院学报》，2005 (5)。

[39] 李剑：《儒家思想在现代企业文化建设中的智慧价值》，载《集团经济研究》，2007 (20)。

[40] 郑晓燕、王成：《关于农村合作金融机构构建全面风险管理体系的探讨》，载《财经界》，2010 (12)。

[41] 吕彩杰：《对农村合作金融机构全面风险管理的思考》，http://www.chinaacc.com，2011-02-10。

[42] 陈亚敏：《浅谈我国商业银行风险管理存在的问题及其对策》，http://www.studa.net，2010-06-15。

[43] 刘继兵、林馥玲：《我国国有商业银行风险管理研究》，载《时代金融》，2009 (1)。

[44] 汪淼：《加强银行合规风险管理体制建设建议》，载《金融纵横》，2009 (5)。

[45] 王醒春、杨玉玲：《我国银行业的合规管理》，载《农村金融研究》，2004 (8)。

[46] 鲁红、李适：《综合经营条件下工商银行合规管理探析》，载《金融理论与实践》，2007 (3)。

[47] 李万里：《加强我国商业银行操作风险管理的建议》，载《内蒙古金融研究》，2009 (5)。

[48] 范晓英：《浅析核心业务系统防范银行会计风险的可行性研究》，http://www.studa.net，2010-02-22。

[49] 陈岩：《全面风险管理在我国商业银行中的运用》，载《金融研究》，2004 (11)。

[50] 周家龙：《大力推进农村中小企业金融机构风险管理机制建设》，载《中国农村金融》，2010 (11)。

[51] 王玉霞：《新巴塞尔协议与商业银行全面风险管理》，载《金融会计》，2005 (4)。

[52] 胡昆：《商业银行风险管理文化建设的思考》，载《华南金融电脑》，2008 (12)。

[53] 韩晓薇：《关于对构建现代商业银行风险管理文化的思考》，http://www.chinaacc.com，2011-02-24。

[54] 陈菲：《培育农村合作银行风险管理文化之我见》，http://www.zgjrw.com，2009-08-19。

[55] 傅康生、陈过房：《建立风险管理架构 推进全面风险管理》，载

《中国农村金融》，2010（11）。

［56］彭洪辉：《关于建立基于合规的流程银行管理体系的设想》，载《现代信合》，2008（1）。

［57］肖四如：《再造农村合作金融机构管理流程》，载《银行家》，2006（2）。

［58］盐城市农村金融学会课题组：《流程再造——县级支行转型的基础工程》，载《农村金融研究》，2006（11）。

［59］马英文：《谈新监管环境下风险管理的挑战与应对》，载《中山农信潮》，2011（2）。

［60］余志海：《巴塞尔新资本协议框架下农信社强化资本约束和风险管理的对策研究》，载《南方金融》，2006（10）。

［61］中国银监会：《中国银监会关于中国银行业实施新监管标准的指导意见》，银监发［2011］44号。

［62］中国银监会：《中国银监会关于加强当前重点风险防范工作的通知》，银监发［2010］98号。

［63］巫锡铖：《商业银行中间业务国际比较分析》，载《现代商贸工业》，2008（7）。

［64］姜海丽：《现代商业银行柜面业务流程再造探讨》，载《经济师》，2010（4）。

［65］王潇颖、安琪：《流程银行与风险管理》，载《新经济》，2011（2）。

［66］张伟：《银行柜面业务流程再造研究》，载《吉林大学硕士学位论文》，2009。